Gestão de Custos Logísticos

O GEN | Grupo Editorial Nacional, a maior plataforma editorial no segmento CTP (científico, técnico e profissional), publica nas áreas de saúde, ciências exatas, jurídicas, sociais aplicadas, humanas e de concursos, além de prover serviços direcionados a educação, capacitação médica continuada e preparação para concursos. Conheça nosso catálogo, composto por mais de cinco mil obras e três mil e-books, em www.grupogen.com.br.

As editoras que integram o GEN, respeitadas no mercado editorial, construíram catálogos inigualáveis, com obras decisivas na formação acadêmica e no aperfeiçoamento de várias gerações de profissionais e de estudantes de Administração, Direito, Engenharia, Enfermagem, Fisioterapia, Medicina, Odontologia, Educação Física e muitas outras ciências, tendo se tornado sinônimo de seriedade e respeito.

Nossa missão é prover o melhor conteúdo científico e distribuí-lo de maneira flexível e conveniente, a preços justos, gerando benefícios e servindo a autores, docentes, livreiros, funcionários, colaboradores e acionistas.

Nosso comportamento ético incondicional e nossa responsabilidade social e ambiental são reforçados pela natureza educacional de nossa atividade, sem comprometer o crescimento contínuo e a rentabilidade do grupo.

Ana Cristina de Faria
Maria de Fatima Gameiro da Costa

Gestão de Custos Logísticos

Custeio Baseado em Atividades (ABC)
Balanced Scorecard (BSC)
Valor Econômico Agregado (EVA)

© 2005 by Editora Atlas S.A.
Uma editora integrante do GEN | Grupo Editorial Nacional

1. ed. 2005; 13. reimpressão 2015

Capa: Zenário A. de Oliveira
Composição: Set-up Time Artes Gráficas

**Dados Internacionais de Catalogação na Publicação (CIP)
(Câmara Brasileira do Livro, SP, Brasil)**

Faria, Ana Cristina de
Gestão de custos logísticos / Ana Cristina de Faria, Maria de Fatima Gameiro da Costa. – 1. ed. – 13. reimpr. – São Paulo: Atlas, 2015.

Bibliografia.
ISBN 978-85-224-4155-6

1. Administração de materiais 2. Custos 3. Logística (Organização)
I. Costa, Maria de Fátima Gameiro da. II. Título.

05-5306
CDD-658.78

Índice para catálogo sistemático:

1. Custos : Logística empresarial : Administração de materiais   658.78

TODOS OS DIREITOS RESERVADOS – É proibida a reprodução total ou parcial, de qualquer forma ou por qualquer meio. A violação dos direitos de autor (Lei nº 9.610/98) é crime estabelecido pelo artigo 184 do Código Penal.

Depósito legal na Biblioteca Nacional conforme Lei nº 10.994, de 14 de dezembro de 2004.

Impresso no Brasil/*Printed in Brazil*

Editora Atlas S.A.
Rua Conselheiro Nébias, 1384
Campos Elísios
01203 904 São Paulo SP
011 5080 0770
grupogen.com.br

Agradecemos

*A Deus, pela vida e pela
oportunidade deste trabalho;*

*Aos nossos Pais e Avós,
Ananias (in memoriam), Neusa e Maria;
Joaquim da Costa (in memoriam) e Maria G. D. da Costa
por nossa formação como seres humanos e
por todo o incentivo em nossa trajetória
profissional e pessoal;*

Aos Familiares e Amigos pelo apoio;

*Aos nossos queridos Filhos,
Akira e Dante,
Polyana e Alexandre,
que são as razões de nossas vidas.*

Sumário

Prefácio, xi

Apresentação, xiii

Introdução, 1

Parte I – Logística, 13

1 Conceitos, objetivos e evolução da logística, 15
    1.1 Conceito e objetivo da logística, 15
    1.2 Evolução da logística, 17

2 Processos logísticos, 21
    2.1 Logística de abastecimento (*inbound logistics*), 23
    2.2 Logística de planta, interna ou operativa, 23
    2.3 Logística de distribuição (*outbound logistics*), 24
    2.4 Os processos logísticos na Empresa Lógica, 26

3 Vantagem competitiva e valor em logística, 31
    3.1 Vantagem competitiva, 31
    3.2 Cadeia de valor, 33
    3.3 Valor para o cliente, 37
    3.4 Valor para o acionista, 38

4 Logística integrada, 42
 4.1 Nível de serviço, 43
 4.2 Custo logístico total, 45
 4.3 O caso da empresa de alimentos, 49

5 Decisões logísticas, 52

Considerações finais – Parte I, 60
Referências bibliográficas da Parte I, 62

Parte II – Custos Logísticos, 65

6 Conceitos inerentes à gestão dos custos logísticos, 67
 6.1 Conceitos básicos, 67
 6.2 Conceitos de custos aplicáveis à logística, 70

7 Custos de armazenagem e movimentação, 78

8 Custos de transportes, 86
 8.1 Modo rodoviário, 90
 8.2 Modo ferroviário, 92
 8.3 Modo aeroviário, 93
 8.4 Modo dutoviário, 94
 8.5 Modo aquaviário, 95
 8.6 Intermodalidade ou multimodalidade, 96

9 Custos de embalagens, 99

10 Custos de manutenção de inventário, 104
 10.1 Custo de oportunidade dos estoques, 107
 10.2 Custos de serviço de inventário (impostos e seguros), 110
 10.3 Custos de espaço para armazenagem (estocagem), 110
 10.4 Custos de riscos de estoques, 111
 10.5 Custo total de manutenção de inventário, 111

11 Custos de tecnologia de informação (TI), 113

12 Custos tributários, 119

13 Custos decorrentes de lotes, 131

14 Custos decorrentes de nível de serviço, 134

15 Custos associados aos processos logísticos, 141
15.1 Custos da logística de abastecimento, 141
15.2 Custos da logística de planta, 149
15.3 Custos da logística de distribuição, 151

16 Apuração do custo logístico total, 156
16.1 Cálculo do custo logístico total, 156
16.2 Modelo de hierarquia de custo total para competitividade na cadeia de suprimentos, 158

Considerações finais – Parte II, 162
Referências bibliográficas da Parte II, 163

Parte III – Gestão Econômico-financeira da Logística, 167

17 Visibilidade dos custos logísticos, 169
17.1 Onde estão os custos logísticos nos relatórios da contabilidade financeira?, 172
17.2 Necessidades de informações contábil-gerenciais para os gestores de logística, 178
17.3 Como adequar as informações contábil-gerenciais geradas à natureza das decisões logísticas?, 181
17.4 Visibilidade dos custos logísticos totais: o caso da empresa de eletrodomésticos, 188
Referências bibliográficas, 218

18 Logística como unidade de negócio, 220
18.1 Logística como centro de custos ou unidade de negócios?, 221
18.2 Preço de transferência dos produtos transacionados ou serviços prestados, 227
18.3 A gestão da unidade de negócio, 232
Referências bibliográficas, 235

19 Métodos de custeio: custeio baseado em atividades – ABC aplicado à logística, 236
19.1 Métodos de custeio, 237
19.2 Custeio baseado em atividades (ABC) na logística, 264
19.3 Desenvolvimento do modelo de custos ABC para a logística, 268
19.4 Comparação dos métodos de custeio aplicados à logística, 282
Referências bibliográficas, 324

20 Análise de rentabilidade multidimensional (produto, região, canal e cliente): a importância do método do custo para servir (*Cost to serve*), 328
   20.1 Rentabilidade direta do produto (*Direct Profitability Product – DPP*), 331
   20.2 Custo total de entrega, 334
   20.3 O método do custo para servir ao cliente (*Cost to Serve – CTS*), 338
   20.4 Análise de custos logísticos por região, 345
   20.5 Análise de custos logísticos por canal de distribuição, 347
   20.6 Análise dos custos logísticos pela dimensão do pedido do cliente, 349
   20.7 Análise multidimensional dos custos logísticos, 351
   20.8 Exemplo de análise multidimensional baseado no custo para servir, 359
   20.9 Metodologia para apurar o custo para servir em nível multidimensional, 366
   Referências bibliográficas, 368

21 O *Balanced Scorecard* (BSC) e os indicadores de desempenho na logística, 370
   21.1 O que é o *Balanced Scorecard* (BSC) e quais suas perspectivas?, 372
   21.2 Implantação do BSC, 378
   21.3 Mapas estratégicos, 382
   21.4 Indicadores de desempenho, 384
   21.5 Indicadores de desempenho na logística e na cadeia de suprimentos, 392
   Referências bibliográficas, 406

22 O valor econômico agregado (EVA®) e logística, 408
   22.1 Modelo estratégico de rentabilidade (*strategic profit model*), 409
   22.2 Lucro residual (*residual income*), 412
   22.3 Valor de mercado agregado (MVA®) e valor econômico agregado (EVA®), 413
   22.4 O EVA® na logística, 417
   Referências bibliográficas, 426

   Considerações finais – Parte III, 428

Prefácio

O ambiente empresarial moderno apresenta diferenças profundas em relação ao ambiente das primeiras décadas do século vinte. Podemos enfatizar, dentre tantos fatores distintivos, as novas formas de organização empresarial e a utilização intensa dos novos frutos do desenvolvimento tecnológico tanto na geração de bens e serviços quanto nos meios de comunicação. As empresas estão atuando em ambiente muito competitivo e globalizado, buscando atender aos níveis de serviços cada vez mais exigentes dos clientes.

Os desafios empresariais têm levado as empresas a repensar sua forma de atuação no sentido de minimizar as ameaças e aproveitar as oportunidades para a otimização de seu desempenho. Os conceitos de Logística Integrada e Gestão da Cadeia de Suprimentos (*Supply Chain Management*) aparecem como novas abordagens conceituais e instrumentais que objetivam contribuir para o sucesso das organizações. O campo da Logística e da Cadeia de Suprimentos tem sido considerado por estudiosos da Administração Empresarial como aquele que apresenta as maiores oportunidades de ganhos empresariais.

Nos últimos anos, podemos observar uma profusão de publicações na forma de livros e de artigos acadêmicos sobre o tema da Gestão de Cadeia de Suprimentos e de Logística Integrada. As publicações via de regra enfatizam a dimensão que podemos denominar de gestão organizacional e operacional. De forma tímida, as obras abordam a dimensão da gestão econômica da Logística e da Cadeia de Suprimentos. Os principais autores e pesquisadores internacionais alertam para a falta de integração entre a área de Contabilidade Gerencial e o campo da Logística e da Cadeia de Suprimentos. O Departamento de Contabilidade e Atuária da FEA-USP tem incentivado a pesquisa no campo da mensuração econômico-financeira das atividades logísticas, tanto em nível do Curso de Pós-Graduação em Controladoria e Contabilidade, quanto na manutenção do Laboratório de Pesquisa sobre o referido tema.

O livro da Ana Cristina e da Maria de Fatima resulta dos esforços de ambas na pesquisa acadêmica, realizada no âmbito do referido curso de pós-graduação. É uma obra com forte dose de pioneirismo no contexto brasileiro e mesmo internacional. Como toda obra pioneira, corre o risco da audácia na proposição de idéias, e nesse sentido podemos considerar este livro como uma primeira incursão. O assunto, sem dúvida, implica controvérsias e oportunidades para aprimoramentos futuros. Acreditamos que esta obra esteja inaugurando uma trilha por onde devem desfilar inúmeras obras futuras sobre a mensuração econômico-financeira das atividades logísticas. A relevância das atividades logísticas em termos de impacto na geração de riqueza das empresas não permite que os benefícios e custos dessas atividades sejam tratados de forma simplista pelo sistema de Contabilidade Gerencial.

Esta obra é oportuna no sentido de iniciar o preenchimento da lacuna existente no âmbito da mensuração econômico-financeira das atividades logísticas. Neste contexto consubstancia-se um alerta aos profissionais, tanto da Contabilidade quanto da Logística, de que novos desafios estão presentes, e é preciso enfrentá-los. Com certeza esta obra vai ajudar muito nessa tarefa.

Prof. Dr. Reinaldo Guerreiro

Apresentação

Nós autoras, sendo contadoras, nos fascinamos pela Logística, quando tomamos contato com este macroprocesso, inicialmente, em uma disciplina cursada no Programa de Pós-Graduação em Controladoria e Contabilidade da FEA/USP, iniciada em 1999 e ministrada pelo Prof. Dr. Sérgio Rodrigues Bio, que, na época, exercia a função de presidente do Conselho de Administração de um operador logístico, e pelo Prof. Dr. Masayuki Nakagawa, que, além de acadêmico, é um visionário e totalmente empreendedor.

Tivemos uma trajetória profissional de 18 anos na Controladoria de indústrias brasileiras, tais como: Lorenzetti, Santista e Itautec-Philco, entre outras de diversos segmentos, para as quais prestamos serviços de consultoria em Custos; além de mais de 15 anos na carreira acadêmica. Durante toda essa trajetória, tomamos contato com o chamado "chão-de-fábrica" nas unidades dessas empresas. Apuramos custos de produtos, fizemos consolidação de demonstrações contábeis, avaliamos desempenhos de unidades de negócios, análises de investimentos, bem como ensinamos muitos alunos a apurar custos, analisar balanços e gerenciar os resultados econômicos de suas empresas.

Percebemos em toda essa trajetória que a maioria das empresas, pressionada pela velocidade das mudanças atuais, vem buscando responder aos novos desafios, tais como: minimizar seus custos, aumentar a variedade de produtos e personalizar o atendimento a seus clientes, visando a garantir sua continuidade, por meio de vantagem competitiva no mercado. Quando nos deparamos com a Logística, estratégica em todo esse processo, percebemos que era um campo vasto para testarmos nossa experiência em Contabilidade de Custos e Controladoria, pois havia uma demanda por informações que não estavam disponíveis aos gestores da Logística. Então, nos "aventuramos" na descoberta de como conseguiríamos identificar, mensurar, acumular e informar os Custos Logísticos a seus gestores.

Concluímos que, realmente, foi realizada uma grande "aventura" quando, para elaborar sua tese, uma de nós teve acesso aos dados de uma empresa industrial do segmento de eletrodomésticos (linha branca) e teve que realizar uma "arqueologia" para levantar os dados, pois nas demonstrações contábeis tradicionais ou gerenciais as informações não estavam totalmente visíveis. Além disso, as pesquisas bibliográficas realizadas por ambas, bem como a participação em eventos e contatos com profissionais da área, enriqueceram, em muito, nossos conhecimentos sobre o assunto.

Cooperação, colaboração, parcerias e alianças estratégicas são palavras comuns na Logística, mas resolvemos trazê-las para a nossa realidade e, já que dedicamos anos de estudo, no mestrado e no doutorado, para defender nossas dissertações e tese, contamos com a compreensão de nossos filhos e nossas famílias e resolvemos unir nossos esforços, em um processo sinérgico, tal como o que deve ocorrer na cadeia de suprimentos, para escrever este livro.

Esta obra (para nós, "de arte") foi desenvolvida e fundamentada em levantamentos de vasta bibliografia e estudos existentes a respeito dos temas inerentes, em andamento no Brasil e no exterior – a partir de contatos com universidades, centros de pesquisa, revistas técnicas especializadas, entidades, associações temáticas, fóruns, seminários e cursos específicos etc. Para entender o "estado-da-arte" da Logística, foram revistas as obras de renomados autores disponíveis nas principais instituições que abordam o tema Logística e Custos Logísticos, tais como:

- autores fundamentais: Ballou, Bowersox e Closs, Christopher, Copacino, Lambert et al., Pohlen e Reeve, entre outros;
- entidades especializadas: Instituto dos Contadores Gerenciais – IMA, Conselho dos Profissionais de Gestão da Cadeia de Suprimentos (Antigo CLM), Instituto de Movimentação e Armazenagem de Materiais – IMAM, Ernst&Young (Consultoria), Pricewaterhouse&Coopers (Consultoria); e
- universidades: americanas, tais como Ohio, Penn State, Tennessee, Michigan, assim como brasileiras, como Centro de Estudos em Logística do Instituto Coppead de Administração – UFRJ, FGV/SP, FGV/RJ, POLI/USP, Unicamp/SP, Universidade Federal de São Carlos/SP, UFSC-SC – Universidade Federal de Santa Catarina, Escola de Engenharia de São Carlos (USP), além de periódicos específicos, artigos e textos obtidos pela Internet.

Sabemos que muitos questionarão nossa iniciativa de escrever sobre Logística, visto que nossa *expertise* versa sobre Contabilidade de Custos e Controladoria, mas a experiência dentro de indústrias, além da experiência única proporcionada pela Fundação Instituto de Pesquisas Contábeis, Atuariais e Financeiras (FIPECAFI), que uma de nós teve na coordenação operacional de três turmas de Pós-Graduação *Lato Sensu* em Logística Integrada à Controladoria e Negócios, realizadas *in company* na Ford Motor Company, entre os anos de 1999 e 2002, além das aulas supracitadas, cursadas na FEA/USP, fez com que adquiríssemos um conhecimento significativo sobre o assunto. Isso pode ser somado a todas as discussões realizadas com nosso orientador, o Prof. Dr. Sérgio Rodrigues Bio e os Profs. Drs. Masayuki Nakagawa e Léo Tadeu Robles, entre outros, no LOGICON – Centro de Pesquisa em Logística Integrada à Controladoria e Negócios, da FIPECAFI.

Agradecemos, imensamente, aos referidos professores pelas discussões e participações em nossos trabalhos do Mestrado e Doutorado, que foram alicerce para o desenvolvimento deste livro. Agradecemos também aos Profs. Drs. Reinaldo Guerreiro, Antonio Robles Junior, Miguel Juan Bacic, Adalberto Américo Fischman, que muito contribuíram na melhoria de nossos trabalhos, quando presentes em nossas bancas de qualificação e defesa, além dos Profs. Drs. Sérgio Rodrigues Bio, Léo Tadeu Robles e Masayuki Nakagawa.

Não podemos nos esquecer de agradecer, também, a nossos colegas de trabalho que muito nos apoiaram nas fases de elaboração dos trabalhos acadêmicos, bem como desta obra, na Universidade Estadual de Maringá – UEM (PR), Universidade São Judas Tadeu (SP) e Centro Universitário Álvares Penteado – UniFecap (SP).

Nesta obra, estamos buscando "materializar" todo o conhecimento sobre Logística adquirido nos últimos anos, efetivando a missão da Controladoria, no sentido de assistir as áreas da organização com informações econômico-financeiras, úteis e oportunas à sua gestão.

E assim, com este objetivo em mente, concluímos esta apresentação com um pensamento de Henfil, que muito marcou nossas trajetórias e reflete nosso desejo:

> *"Se não houver frutos, valeu a beleza das flores... Se não houver flores, valeu a sombra das folhas... Se não houver folhas, valeu a intenção da semente."*

As Autoras

Introdução

Em um contexto altamente competitivo, com pressões em níveis mundiais, em que o ambiente, assim como os processos empresariais, vêm passando por grandes transformações, a Logística é um conceito em constante evolução, atrelado à busca de ganhos de competitividade e níveis de custos reduzidos, em função do desafio global e da necessidade de agir de modo rápido, frente às alterações ambientais.

O ambiente atual em que a Logística está inserida envolve vários fatores relevantes: mercados turbulentos que se modificam rapidamente e são imprevisíveis; nichos de mercados altamente fragmentados em vez de mercados de massa; altas taxas de inovação tecnológica em produtos e processos; menor ciclo de vida dos produtos, bem como crescimento da demanda por produtos personalizados (customização em massa); distribuição de soluções completas aos clientes, inclusão de produtos e serviços, com exigências de preços reduzidos, qualidade superior e serviços adicionais, além de cooperação e colaboração entre os parceiros em uma cadeia de suprimentos. As tendências são: modelos colaborativos baseados no conhecimento, produtos flexíveis e integração de processos complexos.

Até há pouco tempo, a Logística era, essencialmente, considerada em seu clássico papel de suporte operacional e de marketing, exercendo funções de transportar, armazenar e disponibilizar bens para os processos de transformação e consumo. Atualmente, é cada vez mais essencial para alcançar e sustentar a vantagem competitiva nas organizações, passando a ser considerada por seu caráter estratégico.

A Logística está constantemente em ação, primando pela compressão do tempo, que é um fator crítico de sucesso na busca de vantagem competitiva, pois não pára em nenhum momento: durante 24 horas diárias, nos sete dias da semana, com nível de exigência cada vez maior por parte dos clientes. É um macroprocesso que extrapola os muros das empresas, pois atravessa as cadeias, envolvendo desde o abastecimento de materiais, todo o apoio logístico à produção até a distribuição de produtos acabados, bem como o chamado pós-venda de uma empresa, seja qual for o seu segmento.

Na atual era do Comércio Eletrônico, com o avanço da tecnologia de informação, o aumento do nível de serviço e da expectativa de produtos, a integração organizacional, o equilíbrio entre as forças dos fornecedores e clientes e a redução do *pipeline* entre esses agentes, a pressão das margens, a agilidade e a flexibilidade foram transformados em fatores críticos de sucesso para a sobrevivência da empresa, devendo atender ao nível de serviço requerido por seus clientes, com velocidade, qualidade, eficiência e ao menor custo total possível para a empresa. Muitas das empresas, atualmente, disponibilizam para seus clientes uma gama de produtos diversificados e, muitas vezes, personalizados, para atender às suas necessidades. Em muitos segmentos, esses produtos estão com seus ciclos de vida cada vez mais curtos, suscetíveis a maiores riscos de incorrer em obsolescência, e isso precisa ser devidamente controlado para evitar perdas.

A Logística, operando com a diversidade, seja de línguas, culturas, legislações e fatores climáticos ou bases de mercado, quando bem gerenciada, pode tornar-se um recurso estratégico para obter vantagem competitiva, tanto pela possibilidade de oferecer um melhor nível de serviço ao cliente, quanto pela redução dos Custos Logísticos e melhoria na rentabilidade da empresa, e deve revestir-se de muitos requisitos para surtir o efeito desejado.

Na chamada "Nova Economia", que requer uma nova organização competitiva por parte das empresas, é imprescindível que haja sinergia entre recursos humanos, tecnologia, fornecedores, clientes e capital financeiro e intelectual. Para promover esta integração, crítica para o sucesso das organizações, surgem novas formas de gestão do desempenho empresarial, tais como as ferramentas de custos. Estas ferramentas, que compõem um dos requisitos supracitados, se utilizadas corretamente, são úteis e oportunas, proporcionando uma gestão eficaz, garantindo a continuidade empresarial.

Esses requisitos englobam o uso de metodologias apropriadas para identificar, mensurar e reportar os Custos Logísticos, e permitir, então, correlacionar o nível de serviço requerido com Custos Logísticos minimizados. Para tanto, as decisões têm que ser sustentadas por informações de custos capazes de indicar as alternativas que mais contribuam para a otimização dos resultados econômicos, pois estes são conseqüências das ações. Muitas empresas vêm dedicando-se à busca de eficiência em custos.

Custos minimizados, ativos logísticos otimizados e serviços de excelência prestados aos clientes agregam valor aos acionistas e clientes, bem como são fundamentais para que as parcerias na cadeia de suprimentos possam atingir seus objetivos. Na busca desses resultados, os gestores da Logística empregam modelos de raciocínio próprios – os conceitos e as técnicas de Logística Integrada – os quais demandam informações contábil-gerenciais específicas. No entanto, ao contrário de estarem assim conceituados, os critérios adotados nos sistemas contábeis tradicionais e as informações geradas têm sido objeto de críticas generalizadas entre os estudiosos e autores de Logística, apontando para a inadequação das informações contábil-gerenciais, que são fatores críticos aos processos decisórios da Logística.

A apuração dos custos está relacionada a uma das funções da Controladoria: subsidiar com informações úteis e oportunas ao processo de gestão das diversas áreas da empresa, buscando otimizar seu resultado econômico, o que envolve os processos de identificação, classificação, mensuração, acumulação, análise, interpretação e comunicação das informações operacionais, econômicas, financeiras e patrimoniais, relevantes à tomada de decisão de toda a empresa.

Diante desse contexto, a função dos profissionais de Logística, com o suporte da Controladoria, está voltada para buscar caminhos, visando a eliminar desperdícios, reduzir Custos Logísticos e otimizar o referido resultado, com o objetivo de agregar valor aos acionistas; sem negligenciar, mas, pelo contrário, aprimorando o nível de serviço aos clientes. Para tanto, necessariamente, há de aproximar e integrar as abordagens de Controladoria aos problemas da Logística e de seu processo de gestão, de maneira que os usuários recebam informações úteis e oportunas sobre os custos e resultados econômicos dos processos, atividades e diversos objetos relacionados (produtos, clientes, regiões etc.).

Alguns autores de Logística, como: Magee (1977), Ballou (1993), Pohlen e La Londe (1994), Lambert et al. (1998), Damme e Zon (1999), Bowersox e Closs (2001) e Cristopher (1997), entre outros, comentam a respeito da situação-problema vivenciada no meio empresarial, cujos métodos tradicionais de contabilidade não reconhecem adequadamente os Custos Logísticos, dificultando às empresas atingir custos totais menores por falta de informações adequadas à tomada de decisão em Logística.

Normalmente, as informações contábeis classificam, apropriam e acumulam os gastos em Logística, apenas considerando a natureza dos elementos que os compõem em contas isoladas (mão-de-obra, depreciação etc.), inviabilizando a visualização desses custos de forma adequada aos raciocínios e necessidades da Logística, que focalizam o conceito de Logística Integrada, porém trata-se de custos relevantes, não só para as empresas – na maioria dos setores de negócios –, como também para os próprios países.

Conforme estudos realizados em 1996 pela Agência de Desenvolvimento Tietê-Paraná (ADTP), a Logística movimenta US$ 105 bilhões por ano no Brasil, o que corresponde a cerca de **18%** do **Produto Interno Bruto (PIB)** nacional. A Associação Brasileira de Movimentação e Logística (ABML), por sua vez, estimou os Custos Logísticos no Brasil de 1991 a 1998, apontando que vem ocorrendo um crescimento nesse período de US$ 64 a 153 bilhões.[1] Nos dados da Tabela 1, essas informações podem ser comparadas com as de outros países.

Tabela 1   *Custo estimado da logística por país – base 1991.*

PAÍS	Produto Interno Bruto ($ I Bi)	Custo Total Estimado da Logística ($ I Bi)	Custo da Logística em % do PIB
China	345	50	14,5
Japão	3.363	340	10,1
França	1.200	140	11,7
Alemanha	1.566	185	11,8
Itália	1.151	145	12,6
Holanda	286	35	12,2
Portugal	59	8	13,6
Espanha	527	64	12,1
Suíça	228	30	13,2
Inglaterra	1.015	124	12,2
Canadá	593	70	11,8
México	208	30	14,4

Fonte: Adaptação do *International Financial Statistics*, Washington DC, do Fundo Monetário Internacional. Foram usados dados de 1990 para países que não apresentam dados de 1991. In: Ballou (1993, p. 33).

No que diz respeito ao PIB dos Estados Unidos, que optamos por excluir da Tabela 1, Wilson e Delaney (2003), consultores da Cass Information Systems Inc., no *15th Annual State of Logistics*, mostraram que os Custos Logísticos americanos caíram de **16,1% do PIB**, em **1980**, para **8,5%** em **2002**. Essa queda, que ocorreu, principalmente, nos custos de manutenção do inventário, pode ser justificada pela utilização de novas formas de trabalhar, ou seja, uma mudança em direção ao sistema *pull*, no qual a demanda gerada é que dá início ao fluxo de materiais/produtos do fabricante, por meio do canal de distribuição ao cliente.

No intuito de comparar os Custos Logísticos incorridos na indústria e no comércio brasileiro e europeu, em 2001, Carillo Jr. apresentou, em um seminário sobre Custos da Logística no Brasil, uma pesquisa realizada pelo Instituto de Movimentação e Administração de Materiais (IMAM), junto a 843 empresas brasileiras de médio e grande porte, em âmbito nacional e de diversos segmen-

---

1 Estes dados foram obtidos no *site* <www.guiadelogistica.com.br/estatistica-log.htm>.

tos da Economia.[2] Os dados europeus foram obtidos pelo IMAM na European Logistics Association (ELA). A comparação dos Custos Logísticos nas duas regiões pode ser visualizada na Figura 1.

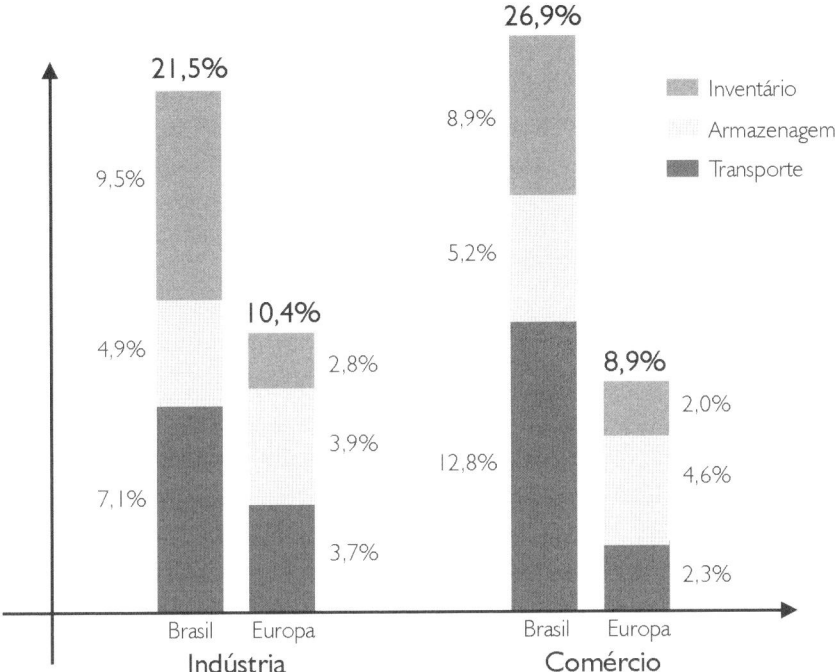

Fonte: Instituto de Movimentação e Armazenagem de Materiais – IMAM (2001).

Figura 1   *Comparativo de Custos Logísticos – Brasil versus Europa.*

Pode-se observar na Figura 1 que os Custos Logísticos brasileiros são maiores que os europeus, tanto na indústria quanto no comércio. As diferenças ocorrem, sobretudo, nos custos de transporte e de manutenção de inventários. Provavelmente, as diferenças geográficas devem explicar, em parte, a variação; mas, por certo, há o efeito das inovações em metodologias e processos logísticos, que ainda estão sendo pouco aplicadas no Brasil.

Fawcett et al. (2000), por sua vez, realizaram uma pesquisa no México e apuraram que os custos relacionados à Logística giravam em torno de 9,6% da estrutura dos custos/despesas totais da empresa. Nos Estados Unidos, Davis e Drumm, executivos da Herbert W. Davis, Inc., desde 1975, vêm apurando em

---

2 A pesquisa realizada pelo Instituto de Movimentação e Administração de Materiais – IMAM está disponível no *site* <www.guiadelogistica.com.br/estatistica-log.htm>.

empresas norte-americanas de diversos segmentos as médias de Custos Logísticos por segmento, bem como a média total das empresas, apresentando os resultados dessas pesquisas nas conferências anuais do Conselho dos Profissionais de Gestão da Cadeia de Suprimentos,[3] como se pode observar nos dados da Tabela 2.

Tabela 2   *Média das empresas – base de dados 2002 e 2003.*

Custos Logísticos	% sobre Vendas (2002)	% sobre Vendas (2003)
Transporte	3,34%	2,63%
Armazenagem	2,02%	1,60%
Processamento de Pedidos e Nível de Serviço	0,43%	0,40%
Administração da Logística	0,41%	0,28%
Manutenção de Inventário	1,72%	2,60%
Total de Custos Logísticos	**7,92%**	**7,52%**

Fonte: Adaptada de Davis e Drumm (2002; 2003).

Os percentuais de 7,92% e 7,52% sobre a receita representam a média geral de segmentos diferenciados, como vimos na Tabela 2. No Brasil, as empresas industriais atingem até 19%, segundo Fleury (2000, p. 31), o que representa, às vezes, mais do que o dobro de uma margem líquida de cerca de 8%; isso significa que qualquer redução nos Custos Logísticos terá um resultado maior nas margens e nos resultados econômicos da empresa. Alguns autores destacam o custo de transporte como o mais representativo.

Voltando à pesquisa de Davis e Drumm (2003), a participação relativa dos elementos em relação a seu total nos EUA, no ano de 2003, foi a seguinte: 40% de custos de transportes, 20% de custos de armazenagem, 20% de custos de manutenção de inventário, 10% de custos relacionados ao nível de serviço e processamento de pedidos e 10% para custos com a gestão de Logística.

Outra consideração relevante é a verificação de que os Custos Logísticos incidem de maneira diferenciada nos diversos segmentos da Economia. Lambert et al. (1998) apresentam a seguinte visão a respeito dos Custos Logísticos, no que diz respeito à sua relação ao Valor Agregado,[4] nos Estados Unidos, em 1984, que acreditamos não ser tão diferente da atual, inclusive no caso brasileiro.

---

[3] O referido Conselho passou a ter esta denominação a partir do dia 1º-1-2005, sendo, até então, denominado Conselho de Gestão da Logística (Council of Logistics Management – CLM). Informações sobre este conselho estão disponíveis no *site* <www.cscmp.org>.

[4] O conceito de Valor Agregado está associado ao quanto uma empresa agrega de valor no que adquire de terceiros.

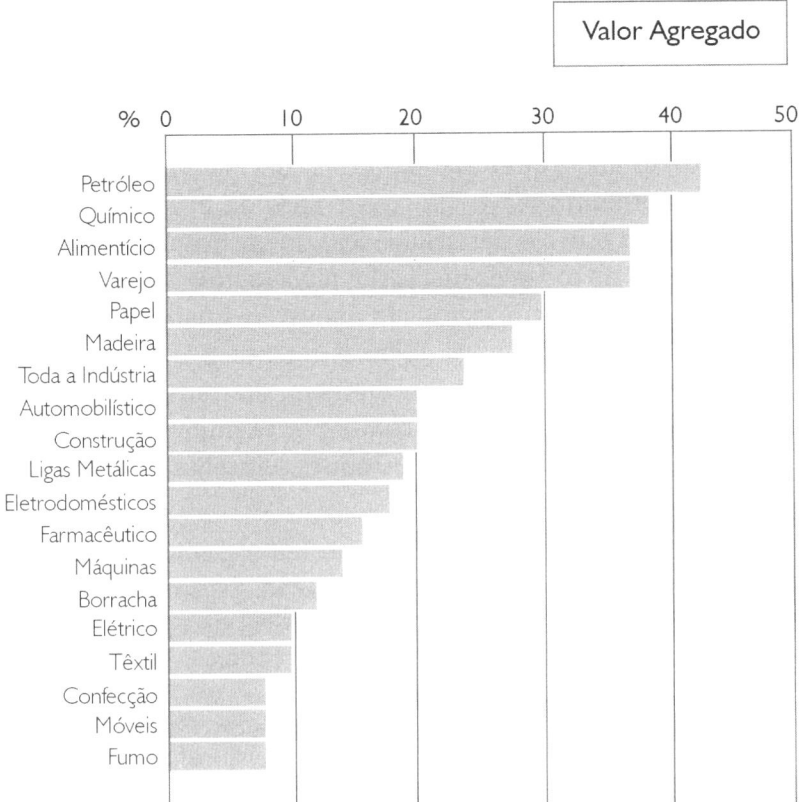

Fonte: Morehouse citado por Lambert et al. (1998, p. 11).

Figura 2 *Custos logísticos como % do valor agregado.*

A análise dos Custos Logísticos por segmento, que consta na Figura 2, demonstra, com clareza, que para diversos setores os referidos custos podem ser decisivos para sua competitividade e seus resultados econômicos. Por exemplo, no caso do segmento petrolífero, a Logística é relevante nas atividades de extração, estocagem e distribuição; portanto, os Custos Logísticos são significativos.

Os Custos Logísticos são fatores críticos num país com as dimensões geográficas e a infra-estrutura para transportes do Brasil, e, com o desafio da exportação e distribuição de produtos em outros mercados, principalmente em um tempo de discussões e negociações da ALCA, União Européia etc., tendentes à abertura dos mercados, é maior a exposição das empresas à competição global.

Por essas considerações, fica evidente a necessidade do aprimoramento da gestão dos Custos Logísticos no Brasil, para que os empresários possam ter visibilidade de cada um dos componentes do referido custo, bem como da análise de Custo Logístico Total, o que constitui um desafio para os sistemas de informações contábil-gerenciais, no contexto da competitividade e sobrevivência das empresas.

Uma das questões relevantes, em todo esse contexto, é entender como as empresas estão monitorando seus desempenhos. Segundo o Instituto dos Contadores Gerenciais dos Estados Unidos – IMA (1992), o sistema de mensuração do desempenho logístico deve levar em conta a responsabilidade e a competência do nível mais baixo até à diretoria executiva, devendo incorporar tanto as mensurações de empreendimento (custos totais da empresa), quanto as mensurações de unidade (custos das atividades), identificando, também, os fatores críticos de sucesso de todos os níveis do negócio, tais como, por exemplo: fluxo de caixa, custos, lucros, tempo de ciclo, inovação, qualidade, satisfação do cliente, participação no mercado, nível de investimento e lucro operacional sobre o ativo total. Devem ser considerados, também, diversos indicadores financeiros e não financeiros de desempenho, como, por exemplo: custos de atividade, tempos de ciclo da atividade, dias de estoques, entregas pontuais, taxas de preenchimento de pedido etc.

É de extrema importância mensurar os fatores logísticos de sucesso que estão vinculados ao plano estratégico da organização, pois o desempenho econômico-financeiro da Logística que está além do nível de custo afeta positivamente o negócio. Na concepção de Fleury e Lavalle (1995, p. 5),

> *"o monitoramento permanente do desempenho dos processos logísticos torna-os mais estáveis. A análise sistemática de indicadores, como custos, serviços a clientes e qualidade do produto, resulta em maior conhecimento do processo como um todo, que em seu turno possibilita uma maior flexibilidade das operações".*

Isto se explica pelo fato de que, assim procedendo, a empresa vincula desempenho com estratégia e passa a ver a Logística como uma contribuição ao resultado econômico, e não mais como mero centro de custos/despesas. Ao monitorar a Logística por meio de indicadores econômico-financeiros mais abrangentes, a Administração é obrigada a adotar um melhor planejamento econômico-financeiro, ao trabalhar em conjunto com a Logística e outras unidades do negócio voltadas para o cliente. Por outro lado, não se deve descartar a utilização da análise de *trade-offs* para os processos logísticos, que têm custos associados, tais como: transporte, armazenagem, movimentação, embalagens, tributários, manutenção de inventário etc., objetivando alcançar um nível ótimo.

Além de analisar a empresa individualmente, devem-se avaliar o desempenho da cadeia global de suprimentos e a complexidade de sua gestão, associados à necessidade de diferenciação para obtenção de vantagem competitiva. Para que a gestão compreenda o inter-relacionamento entre a empresa individual e o desempenho da cadeia de suprimentos, faz-se necessária a adoção de medidas de caráter holístico, que integrem os desempenhos financeiro e não financeiro da organização.

Assim, o objetivo desta obra é auxiliar as empresas a identificar, mensurar, acumular e informar os elementos de Custos Logísticos, de maneira que possam ser auxiliadas na busca de soluções para os dilemas e desafios fundamentais no gerenciamento do Custo Total, tanto em uma empresa individual, quanto em uma cadeia de suprimentos. Para tanto, na seqüência, apresentaremos nosso plano da obra.

PLANO DA OBRA

No intuito de mensurar o impacto dos Custos Logísticos no resultado econômico da empresa, assim como gerar conhecimento sistematizado sobre o assunto e desenvolver uma metodologia para o gerenciamento dos referidos custos, esta obra tem como objetivo desenvolver um referencial para que as informações de Controladoria tornem-se adequadas às necessidades de tomada de decisões em Logística, no seu papel estratégico (ganhos de competitividade e resultado econômico).

Em consistência com o objetivo desta obra, para que todo o sistema logístico flua de maneira eficiente e eficaz, é necessário que os gestores da atividade de Logística partam de alguns pressupostos:

- para criar valor e melhorar seu desempenho, uma empresa executa ações logísticas que visam a minimizar o uso de recursos cada vez mais escassos (Custos Logísticos) em seu processo de tomada de decisão;
- o resultado econômico é fruto das ações tomadas ao longo de todos os processos realizados na empresa; portanto, a Logística, também, impacta seu resultado econômico;
- o fluxo de materiais/produtos/serviços deve ser refletido e a empresa deve ser capaz de identificar os Custos Logísticos Totais, resultantes ao prover-se o nível de serviço ao cliente; e
- para que a empresa possa gerir melhor seus recursos e adicione valor sobre os mesmos, é imprescindível que receba informações úteis e oportunas à gestão.

O tema é relacionado à agregação de valor a clientes, foco da Gestão Logística, e insere-se nas preocupações da Controladoria, que tem como um de seus objetivos o aumento do valor ao acionista. Essa integração da Logística aos conceitos de Controladoria tem condições de mostrar-se relevante à sociedade, a partir das informações sobre Custos Logísticos geradas por relatórios contábil-gerenciais para as decisões logísticas, conforme pode ser observado na Figura 3.

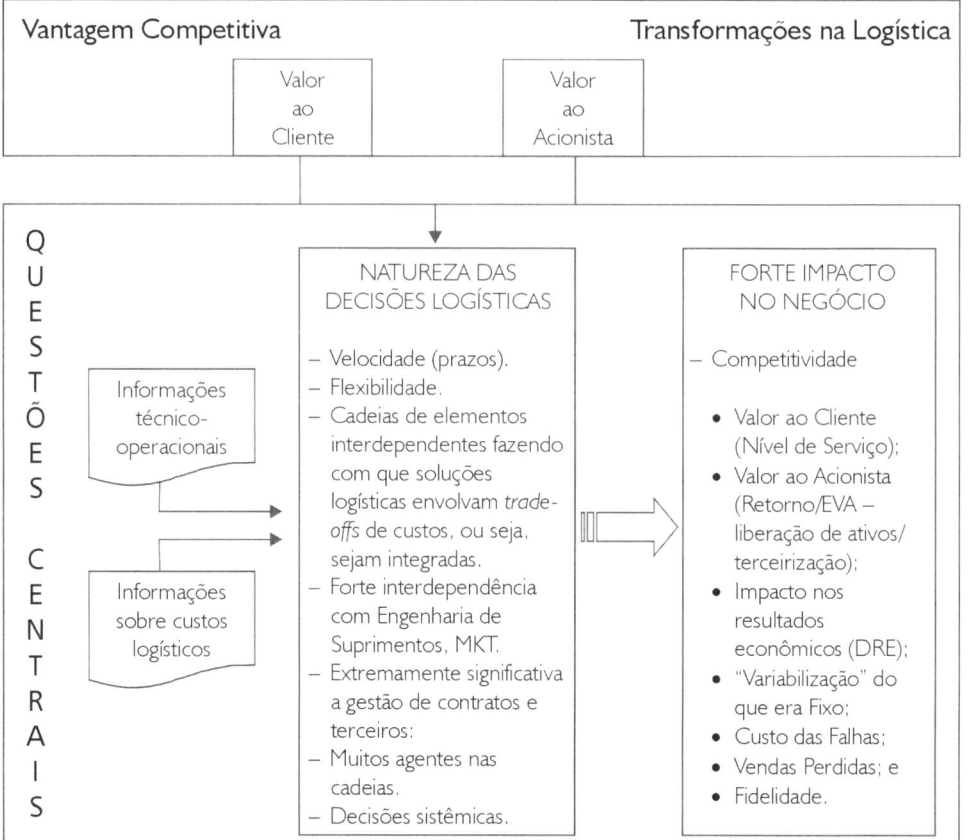

Figura 3 *Encaminhamento lógico.*

Em função das transformações que estão ocorrendo no mundo, as empresas estão em busca de vantagens competitivas, visando a agregar valor a seus clientes e acionistas. A cada dia, percebem que a Logística é um elemento estratégico nesse processo. O foco dessas empresas é voltado para que possam avaliar seus resultados e desempenhos, sendo para isto necessário que obtenham informações de cunho técnico-operacional, bem como sobre Custos Logísticos. Essas informações devem estar disponíveis para que os gestores possam tomar decisões de diversas naturezas que envolvem diversas variáveis ambientais e agentes na cadeia de suprimentos.

Essas decisões causam forte impacto nos negócios, em termos de agregação de valor a clientes e acionistas, que podem ser monitorados, por meio de, por exemplo, análise dos resultados econômicos apurados na DRE e dos custos (variáveis e fixos), da avaliação dos custos das falhas, das vendas perdidas, da fidelização dos clientes, entre outros indicadores.

Buscaremos no decorrer do livro descrever exemplos de empresas, cuja contextualização objetiva facilitar o entendimento do leitor e demonstrar a realidade do gerenciamento dos Custos Logísticos, bem como a necessidade de adequação das informações de Controladoria atrelada aos raciocínios da Logística. A seguir, descrevemos o Plano de Trabalho, que consta na Figura 4.

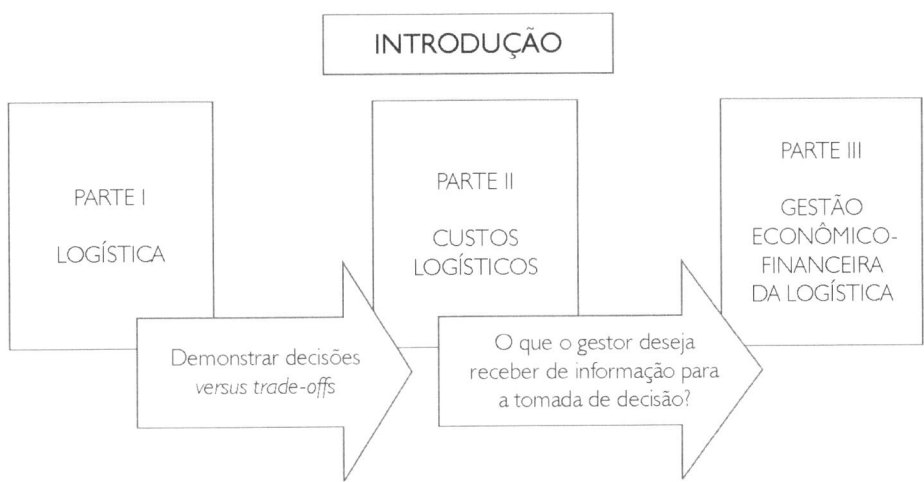

Figura 4 *Estrutura da obra.*

Como se pode observar na Figura 4, esta obra está segregada em três partes. Na Parte I, serão apresentados os conceitos básicos e fundamentações necessárias à compreensão da Logística, proporcionando uma visão global e mais aproximada da temática em que hoje se apóiam os estudiosos da área, além de um breve histórico sobre sua evolução, processos existentes, bem como valor e vantagem competitiva, logística integrada e decisões logísticas.

Na Parte II, será realizado um estudo sobre os elementos de Custos Logísticos individuais, bem como sobre custos associados aos processos logísticos, e também serão analisados os possíveis *trade-offs* existentes entre os referidos elementos e sua incidência nos processos logísticos.

Por sua vez, na Parte III, tendo conhecido os processos e as decisões logísticas, assim como os elementos de custos individuais e associados aos processos logísticos, trataremos dos instrumentos econômico-financeiros a serem utilizados para melhorar a qualidade das informações de Controladoria para a tomada de decisão, nos parâmetros de raciocínio da logística integrada.

Parte I

Logística

Diante da importância e complexidade que envolvem o macroprocesso de Logística dentro das organizações, em franco desenvolvimento, passando por notáveis evoluções em nível mundial, tais como: globalização, impacto de novas tecnologias de informação e comunicação, novos métodos de otimização de processos, novas filosofias etc., faz-se necessário sintetizar o conhecimento teórico sobre a Logística, envolvendo os conceitos básicos, seus objetivos, sua evolução, a questão do Valor em Logística e as decisões inerentes a esta área que afetam o resultado econômico das organizações. Não pretendemos nos estender neste tema, pois existem muitos livros técnicos, inclusive desta Editora, que tratam sobre o assunto de forma mais aprofundada, tais como: Ballou (1993), Bowersox e Closs (2001), Fleury et al. (2000 e 2004) etc. Dessa forma, cabe-nos proporcionar uma base de conhecimento preliminar para o estudo específico dos Custos Logísticos, proposto neste livro.

Conceitos, objetivos e evolução da logística

Para que possamos estudar Custos Logísticos, é necessário que, inicialmente, estejamos bem fundamentados sobre o que é a Logística, quais seus principais objetivos, e como foi sua evolução no meio empresarial.

1.1 Conceito e objetivo da logística

Diversos autores vêm contribuindo para conceituar a Logística, que se acredita ter origem em atividades militares (como forma de defesa ou objetivando a conquista de novos territórios), relacionando-a às atividades de acomodar, suprir e acantonar tropas. Consideramos que a Logística não deveria ter sua origem associada apenas às operações de guerra, pois, por exemplo, na construção das Pirâmides do Egito e em outras obras majestosas foram realizadas, também, muitas atividades relacionadas às atividades da Logística.

Em ocasiões diferentes, muitos termos foram usados para designar a Logística, tais como, por exemplo, *Distribuição Física, Administração de Materiais, Logística de Marketing* e *Administração da Cadeia de Abastecimento*, entre outros. A conceituação mais aceita entre os profissionais relacionados a este processo é a do Conselho dos Profissionais de Gestão da Cadeia de Suprimentos (2005):[1]

---

1 Esta conceituação está disponível no *site* <www.cscmp.org>. O referido Conselho passou a ter esta denominação a partir do dia 1º-1-2005, sendo, até então, denominado de Conselho de Gestão da Logística (*Council of Logistics Management – CLM*).

> *"Logística é a parte do processo da cadeia de suprimentos que planeja, implementa e controla, de forma eficiente e eficaz, a expedição, o fluxo reverso e a armazenagem de bens e serviços, assim como do fluxo de informações relacionadas, entre o ponto de origem e o ponto de consumo, com o propósito de atender às necessidades dos clientes."*

Este conceito revela a essência da Logística, que contempla as atividades relacionadas à obtenção, movimentação e estocagem de materiais e produtos, envolvendo todo o fluxo físico desses bens e de suas informações, desde os fornecedores, processo produtivo, até os consumidores finais, exigindo que todos os subprocessos de transporte e armazenagem/movimentação, assim como suas atividades de recebimento/expedição de materiais e produtos, embalamento, estocagem, separação de pedidos e materiais, transporte etc. sejam planejados e controlados como um sistema interligado entre o mercado fornecedor e o mercado consumidor. Isso remete para o conceito de Gestão de Cadeia de Suprimentos, que será comentado posteriormente.

Outro exemplo básico associado à Logística é do cotidiano da mulher, que é mãe, esposa, filha, amiga e, muitas vezes, profissional, requerendo prover a todos os seus "clientes" (filhos, marido, parentes, colegas, amigos e chefes), com o melhor nível de serviço possível, de maneira sincronizada, não podendo parar sua "linha de produção" em nenhum momento.

Todas essas atividades, seja na vida pessoal, em operações de guerra ou nas organizações, necessitam de um gerenciamento voltado aos seus objetivos, executando suas atividades de maneira coordenada e integrada, para alcançar sua eficiência. Quando se fala de eficiência, refere-se à importância de relacionar a produção obtida com o montante de recursos consumidos, ou seja, a melhor utilização dos recursos. Uma empresa eficiente é aquela que consegue maximizar seus níveis de produção por meio da otimização de seus processos, sem elevar seus níveis de custos.

Voltando à questão principal, como visto anteriormente, existem muitas maneiras de conceituar a Logística, e uma interessante foi sugerida por Christopher (1997, p. 2):

> *"A Logística é o processo de gerenciar, estrategicamente, a aquisição, movimentação e armazenagem de materiais, peças e produtos acabados (e os fluxos de informações correlatas) por meio da organização e seus canais de marketing, de modo a poder maximizar as lucratividades, presente e futura através do atendimento dos pedidos a baixo custo."*

Nesta conceituação está implícita a busca da satisfação do cliente, quando comenta sobre o atendimento dos pedidos a baixo custo, pois se houver insatisfação por parte do cliente poderá gerar resultado econômico positivo no presente, mas não no futuro. Nota-se a preocupação com o sistema logístico, como um todo, no propósito de atender ao cliente, de acordo com suas exigências, buscando obter vantagem competitiva, o que será comentado no Capítulo 3.

O **objetivo** da Logística é prover ao cliente os níveis de serviços por ele requeridos, com a entrega do *"produto certo, no lugar certo, no momento certo, nas condições certas e pelo **custo certo**"*. Esses objetivos foram inspirados por E. Grosvenor Plowman *in* Lambert et al. (1998, p. 10), que os define como os *"cinco certos"* de um sistema logístico.[2]

Satisfazer ao cliente faz parte do objetivo da Logística. Entendemos que o processo é efetivado quando este objetivo é alcançado, também, às suas atividades que lhe possibilitam maior integração, coordenação e sustentação, voltadas a esse objetivo. Para equilibrar as expectativas de níveis de serviços e os custos incorridos, a Logística necessita buscar estratégias, planejamentos e desenvolvimento de sistemas que lhe assegurem atingir seus objetivos.

Para movimentar materiais e produtos aos clientes de maneira oportuna, uma empresa incorre em custos, visando a agregar um valor (nível de serviço) que não existia e que foi criado para o cliente. Isso faz parte da missão da Logística que, conforme já comentado, está relacionada à satisfação das necessidades dos clientes internos/externos, viabilizando operações relevantes de Produção e Marketing, minimizando todos os tempos e custos, dadas as condições de cada elo da cadeia de suprimentos. A Logística, atualmente, é estratégica nas empresas.

Será que a Logística sempre foi importante nas organizações? Para responder a esta questão, necessitamos rever a sua evolução.

1.2 Evolução logística

A Logística, há muito tempo, era uma atividade "esquecida", considerada como "função" de apoio, não vital ao sucesso dos negócios. Essa forma de reconhecê-la vem alterando-se a cada dia, substancialmente, nas últimas décadas. Não descreveremos todos os aspectos de sua evolução,[3] mas, sim, os que são relevantes ao tema central do livro: os Custos Logísticos, em que cabe ressaltar que:

---

2 Existem na literatura de Logística alguns estudiosos, como Shapiro e Heskett (1985), que comentam sobre sete certos, acrescentando na afirmação de Plowman *"a quantidade certa ao cliente certo"*, mas optamos por nos ater aos cinco supracitados, que são os mais clássicos.

3 Existem dois trabalhos interessantes no Brasil que tratam da evolução da Logística: as dissertações de mestrado de Flavia Martinez Ribeiro (FGV-RJ, 2000) e a de Célio Mauro P. R. de Almeida (FEA-USP, 2000).

a) **até 1950**, o foco da maioria das empresas estava nas atividades de Marketing e as funções logísticas estavam dispersas entre os diversos departamentos das empresas. La Londe (1994) menciona que os custos de distribuição representavam entre 10 e 30% dos custos totais e encontravam-se "distribuídos" nas demonstrações contábeis das empresas, seja nos estoques, na movimentação de materiais/produtos, no transporte, na armazenagem etc. Nessa fase, os **Custos Logísticos não eram nitidamente evidenciados**, mas, de acordo com Bowersox e Closs (2001), eram registrados contabilmente em áreas distintas, em alguns momentos, na área comercial, enquanto relacionados à distribuição; em outros, na área de produção, enquanto relacionados ao abastecimento e suporte à manufatura;

b) **de 1950 a 1960**, algumas empresas passaram a "criar" cargos específicos para controlar o fluxo de materiais e transportes. Segundo Lambert et al. (1998), foi realizado, em 1956, um estudo que agregou outra dimensão ao campo da Logística, que apresentava a possibilidade do uso do transporte aéreo na operação da distribuição física. Verificou-se, então, que o alto custo desse transporte poderia ser compensado pela redução dos custos de estoques e armazenagem. Esse estudo introduziu o conceito de **Custo Logístico Total**, que será abordado no Capítulo 4. As empresas tinham **certas noções de certos Custos Logísticos**, mas sem uma estrutura clara e específica, na inter-relação entre os diferentes elementos de custos, tais como transporte e armazenagem/movimentação e, por conta disso, não os consideravam adequadamente em suas decisões;

c) por sua vez, no período **entre 1960 e 1970**, houve uma forte absorção por parte das empresas do conceito de balanceamento de custos, frente à influência dos fatores econômicos de mercado, a evolução dos computadores e de pesquisas acadêmicas a respeito do tema. As empresas, nos EUA, ora mantinham grandes inventários e transportavam por modo ferroviário e marítimo, ora trabalhavam com estoques reduzidos e transportavam por via aérea ou rodoviária, de acordo com os menores custos totais resultantes. O conceito de **balanceamento dos Custos Logísticos**, especificamente, entre os custos de transporte e de armazenagem/movimentação levou à percepção de que existe uma estreita inter-relação entre todos os custos;[4]

d) já **de 1970 a 1980** houve uma grande preocupação em integrar todas as áreas da empresa em torno de um objetivo comum, visando a ocupar uma posição de distinção no mercado, por intermédio de uma estrutura

---

[4] Remete para a existência dos *trade-offs* (trocas compensatórias), que serão tratados no Capítulo 4.

de armazenagem e distribuição eficiente que trouxesse **redução de custos**, otimização de tempo e espaço, com foco em proporcionar maior satisfação ao cliente; e

e) o estágio atual, que se iniciou em **1980, vindo até os dias de hoje,** caracterizou a Logística pela importância dada à integração externa, ou seja, entre os diferentes elos da cadeia de suprimentos. Podem-se destacar o grande desenvolvimento dos sistemas de informações e a disseminação do conceito da **Gestão da Cadeia de Suprimentos** (*Supply Chain Management – SCM*).

Outra preocupação associada é com a Logística Reversa, que envolve os processos de reciclagem (em que o material é coletado, selecionado e entregue à indústria de revalorização), reutilização (retorno para nova utilização das embalagens no processo) e retornos (devoluções causadas por problemas de especificações, prazos de entrega, avarias etc.). Segundo Leite (2003), busca recuperar insumos diversos para reciclagem, o que já vem ocorrendo em países desenvolvidos e, também, no Brasil, em projetos de desenvolvimento de sistemas de coleta, transporte e tratamento de materiais para reciclagem.

Destacam-se, também, no momento atual, a utilização de tecnologia de informação, com o intercâmbio de informações cada dia mais intenso entre os parceiros membros da cadeia, e, também, segundo Novaes (2001), a preocupação com o meio ambiente, que originou a chamada "Logística Verde", que, em razão da globalização, visa a reduzir os impactos provocados pela Logística no meio ambiente, por exemplo, com o transporte dos insumos e produtos.

Cabe ressaltar a importância da **Gestão da Cadeia de Suprimentos (SCM)**, que foi conceituada pelo Conselho dos Profissionais de Gestão da Cadeia de Suprimentos (2005) da seguinte maneira:

> [...] *"abrange o planejamento e o gerenciamento de todas as atividades envolvidas na obtenção e fornecimento, transformação e todo o gerenciamento das atividades logísticas. Importante que, também, inclui a coordenação e colaboração com parceiros nos canais, que podem ser fornecedores, intermediários, provedores de serviços logísticos e clientes. Na essência, a SCM integra o gerenciamento do fornecimento e da demanda entre as empresas membros."*

A Cadeia de Suprimentos é constituída pelo conjunto de organizações que mantêm relações mútuas do início ao final da cadeia logística, criando valor aos produtos e serviços, desde os fornecedores até o consumidor final. Este conceito está associado a um conjunto de fluxos físicos e de informações entre uma empresa e seus parceiros (fornecedores e clientes), gerenciado sob o princípio da busca e sustentação da vantagem competitiva pelas organizações envolvidas.

Estes parceiros, na Cadeia de Suprimentos, atuam de forma estratégica, buscando os melhores resultados econômicos possíveis, na redução de custos e agregação de valor para o consumidor final, por meio de flexibilidade, agilidade, sincronização e da gestão de suas complexidades e diferenciações. A Logística, na Cadeia de Suprimentos, é o elo entre seus membros, é o meio que viabiliza os acordos estratégicos entre as parcerias e alianças de uma cadeia de valor.[5]

Segundo a consultoria Booz Allen Hamilton (2004), a estrutura da cadeia de suprimentos, que é *"um processo multifuncional, com conflitos inerentes"*, pode ser simples ou complexa e, no tocante à Logística, deve levar em consideração fatores relevantes, tais como número de fornecedores locais ou globais, a gestão dos riscos culturais e políticos e os investimentos a serem realizados em tecnologia de informação.

Bender (1997) evidencia inclusive que, para *"maximizar o sucesso da cadeia de suprimentos, é necessário que as empresas desenvolvam uma organização logística global, que utilize sistemas de gerenciamento que assegurem a efetiva operação de todas as atividades logísticas"*. Além da necessidade de grande sincronismo entre os membros da cadeia, no que diz respeito ao fluxo físico e de informações, devem ser utilizadas ferramentas voltadas à gestão dos Custos Logísticos, que são imprescindíveis na gestão da empresa individual, bem como no compartilhamento de informações em sua cadeia de suprimentos.

A tendência atual, para que se possa obter sucesso em um mercado global cada dia com maior competitividade, é que as empresas não conheçam apenas os custos de suas operações, mas também o de sua cadeia econômica inteira. Essa afirmação é corroborada por Norek e Pohlen (2001), quando comentam que, *"sem conhecimento de custos, fornecedores têm poucas evidências para demonstrar como as transferências na cadeia de suprimentos afetam seu valor econômico, bem como para seus clientes ou o consumidor final"*.

Segundo Drucker (1999, p. 95), *"o importante no mercado é a realidade econômica, os custos do processo como um todo, independente de quem é o dono de quê"*. Para que se passe para o custeio da cadeia econômica inteira, é necessário que haja uniformização ou, no mínimo, compatibilização dos sistemas contábeis de todas as empresas, membros da Cadeia de Suprimentos.

Os conceitos sobre Logística apresentados neste capítulo correspondem apenas a um entendimento básico. O objetivo principal desta obra está voltado aos Custos Logísticos, sendo necessária, para um melhor entendimento sobre o assunto, uma seqüência de conteúdos preliminares. Desta forma, buscaremos agora uma base de conhecimento sobre os processos relacionados a este macroprocesso, a Logística.

---

[5] Trataremos sobre Cadeia de Valor no Capítulo 3.

2

Processos logísticos

Na atualidade, o foco da gestão empresarial está voltado para os processos. O processo é composto por um conjunto de subprocessos, atividades e tarefas que se inter-relacionam, no esforço de agregar valor e gerar bens e serviços, no intuito de atender às necessidades dos clientes internos ou externos, conforme se pode observar na Figura 2.1.

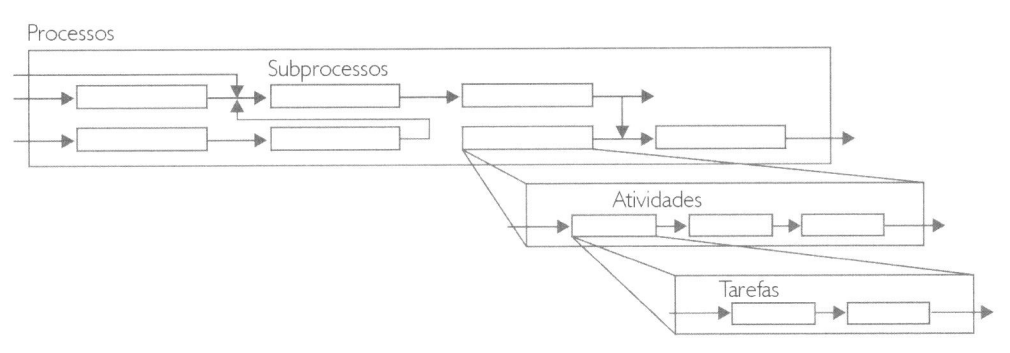

Fonte: Harrington in Gasparetto et al. (1999).

Figura 2.1   *Hierarquia dos processos.*

Adotando um procedimento baseado em processos, as empresas começam a reconhecer a importância de gerenciar sua produção, e não apenas suas funções hierárquicas. Os processos de negócios criam e agregam valor ao cliente, por meio dos movimentos internos, para além das fronteiras organizacionais, e as empresas baseadas em processos consideram-se, cada vez menos, como autônomas, e, cada vez mais, como um elo na cadeia de valor.

Neste livro, estamos tratando a Logística como um macroprocesso, composto de três processos básicos: *Abastecimento* (obtenção de materiais e componentes nacionais e importados), *Planta* (suporte à manufatura) e *Distribuição* (entrega do produto ao cliente, tanto no mercado nacional como no externo, incluindo as atividades relacionadas ao pós-venda).

Estes processos, por sua vez, podem ser segregados em diversos subprocessos e atividades. Podemos citar como exemplos de subprocessos a Armazenagem/Movimentação e o Transporte, e nestes, como atividades, respectivamente: acondicionar e movimentar materiais, bem como carregar um caminhão.

As atividades, conforme Nakagawa (2001), descrevem a forma como a empresa utiliza seu tempo e recursos para cumprir seus objetivos e metas. Brimson (1996) é de opinião que as atividades são o *"coração da gestão de custos"*, sendo que, através da análise dos processos/atividades, a empresa estará assegurando que os planos sejam transmitidos nos níveis em que as ações podem ser tomadas, facilitando a congruência dos objetivos, destacando os geradores de custos, apoiando o aperfeiçoamento contínuo e auxiliando no processo de tomada de decisões. Voltaremos às atividades quando formos tratar do Custeio Baseado em Atividades (ABC) na Logística, no Capítulo 19.

Como se pode observar na Figura 2.2, o macroprocesso logístico envolve fluxos de materiais, produtos e informações em toda a sua cadeia de suprimentos.

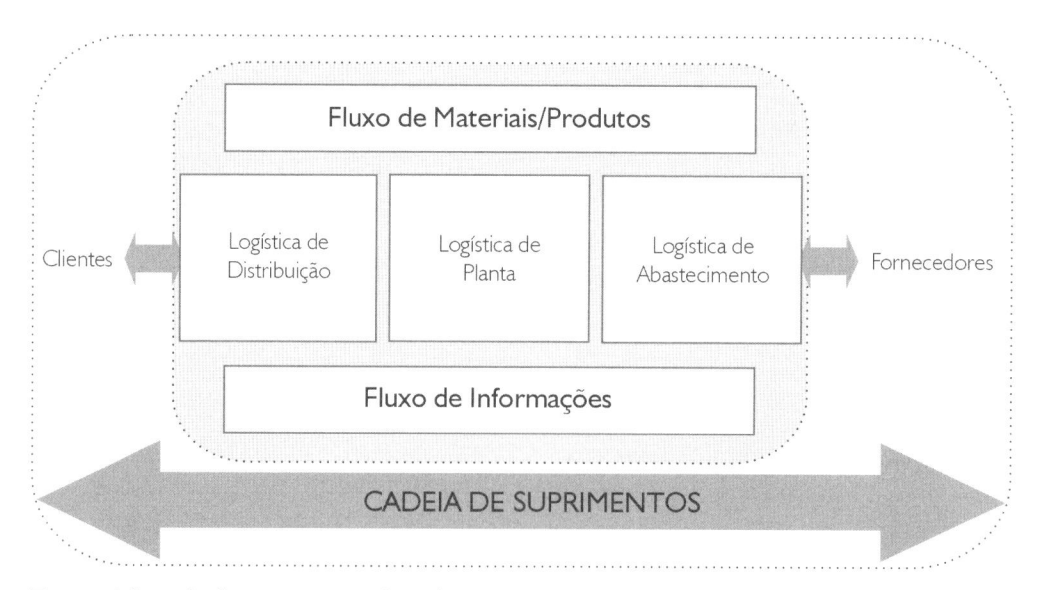

Fonte: Adaptada de Bowersox e Closs (2001, p. 44).

Figura 2.2 *A cadeia de suprimentos e os processos associados.*

Estes processos logísticos, cujos Custos Logísticos envolvidos serão destacados na Parte II desta obra, podem ser assim entendidos:

2.1 Logística de abastecimento (*inbound logistics*)

A Logística de Abastecimento engloba as atividades realizadas para colocar os materiais e componentes (nacionais e importados) disponíveis à produção ou distribuição, utilizando técnicas de armazenagem, movimentação, estocagem, transporte e fluxo de informações. Suas principais questões estão relacionadas ao processo de obtenção de materiais e controle de estoques em múltiplos locais (espaço e sistemas de armazenagem).

Segundo Ballou (1993, p. 63), *"o termo obtenção é utilizado para referir-se aos aspectos de compras que têm algum impacto nas atividades de Movimentação e Armazenagem"*. Nesta obra, estamos considerando que a Logística não é responsável pelas negociações com os fornecedores, resultando nos processos de compras de insumos, mas sim pela armazenagem, movimentação e transporte dos materiais/produtos.

Este processo compreende as relações com o ambiente, no que diz respeito à obtenção aos insumos, no país e no exterior, envolvendo as atividades realizadas, desde o ponto de origem (fornecedores) até a sua entrega no destino (empresa). Após o recebimento dos insumos, estes são armazenados, e apenas serão disponibilizados quando da sua solicitação à Produção ou Vendas. Engloba, basicamente, os subprocessos de Armazenagem e de Transporte. O subprocesso de Armazenagem envolve as atividades de recebimento, inspeção, movimentação interna e estocagem; e o subprocesso de Transporte corresponde ao deslocamento externo dos insumos obtidos dos fornecedores até a empresa.

2.2 Logística de planta, interna ou operativa

A Logística de Planta envolve todas as atividades realizadas no suporte logístico à produção, envolvendo todo o fluxo de materiais e componentes na manufatura dos produtos em processo, até a entrega dos produtos acabados para a Logística de Distribuição.

De acordo com os planejamentos de produção, esses materiais são manuseados/movimentados para o abastecimento às linhas de produção na planta ou interplantas, quando se tratar de produtos em processos, que correspondem, eventualmente, às submontagens. Como exemplo de submontagens, podemos citar a do motor de um caminhão ou a entrega de subconjuntos, como o do painel de um carro à linha de produção de uma indústria automobilística.

Este processo envolve, também, os subprocessos de Armazenagem e de Transporte. O subprocesso de Armazenagem envolve as atividades de movimentação interna e acondicionamento; e o subprocesso de Transporte pode ocorrer no deslocamento externo interplantas de componentes para submontagens.

2.3 Logística de distribuição (*outbound logistics*)

A Distribuição é uma parte do composto de Marketing (produto, preço, promoção e distribuição), que no âmbito dos subprocessos de Armazenagem e Transporte busca uma forma estratégica de agregar valor ao cliente. A Logística de Distribuição, bastante significativa em empresas comerciais e industriais, tem seu processo inicial com o subprocesso de Armazenagem, recebendo e estocando os produtos acabados oriundos da fábrica, como, também, as embalagens adquiridas de terceiros, conforme poderá ser observado na Figura 2.3.

Com a solicitação de vendas, inicia-se a *1ª fase do processamento do pedido*, ainda na área de Vendas/Marketing, que recebe a solicitação do pedido e o integra a um sistema de informação, em que é possível verificar o estoque disponível e o crédito do cliente. Se o produto não estiver disponível no estoque, o referido sistema de informação realiza a programação da produção, para que esta possa suprir o produto que estiver em falta.

Após o pedido ter sido efetivado pela área de Vendas/Marketing, aciona-se o processo logístico de distribuição, no momento em que a informação é transferida à Armazenagem. Inicia-se, então, a *2ª fase do processamento do pedido*, com o subprocesso de Armazenagem, envolvendo, por exemplo, as seguintes atividades: emissão das etiquetas de identificação do cliente e código de barras dos itens a serem separados, separação, conferência, embalagem, emissão do conhecimento de frete, faturamento, consolidação de carga e expedição.

Processos logísticos **25**

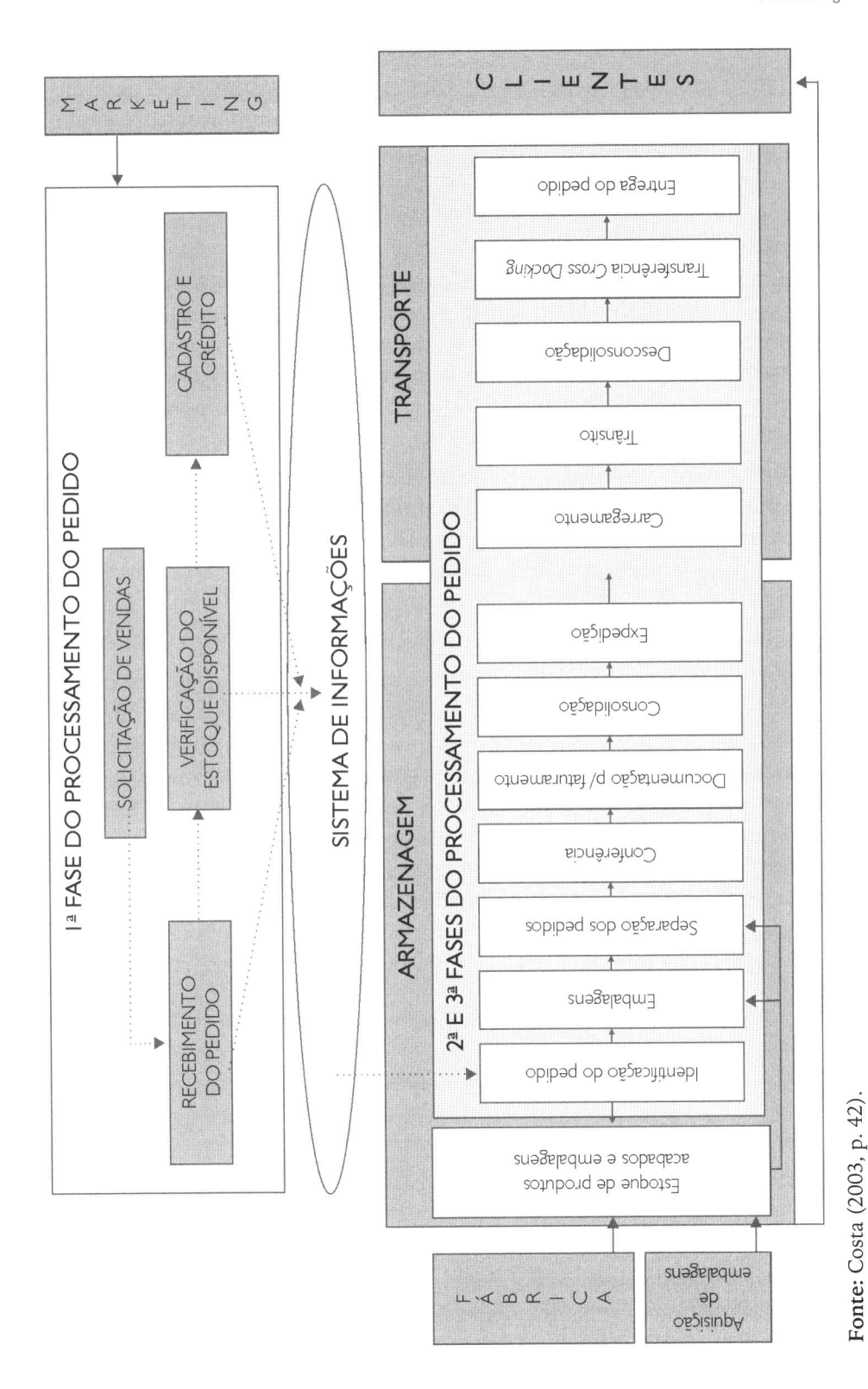

Fonte: Costa (2003, p. 42).

Figura 2.3 *Fluxo básico dos subprocessos e atividades que integram o processo da logística de distribuição.*

Concluída a 2ª fase do processamento do pedido na Armazenagem, inicia-se então a 3ª *fase do processamento do pedido*, executada pelo subprocesso de Transporte, que engloba as seguintes atividades para seu cumprimento: carregamento dos produtos, trânsito até o centro de distribuição regional, desconsolidação da carga, transferência *cross docking*[1] para transporte e entrega do pedido ao cliente. Desta forma, encerram-se o ciclo do processamento do pedido e, também, as atividades da Logística de Distribuição.

Em algumas empresas, os três processos supracitados, Abastecimento, Planta e Distribuição, realizam-se sob a responsabilidade de um ou mais gestores, que têm por objetivo a administração do todo o sistema logístico. No macroprocesso de Logística está inserido um dos maiores desafios, que é gerenciar cada um desses processos, de maneira coordenada, tendo como ponto principal atender aos objetivos do sistema logístico.

Os três processos descritos, que compõem o fluxo do produto, não devem atuar de forma isolada, visto que a busca de **minimização dos custos** acumulados, em um processo, pode acarretar uma elevação compensatória dos custos em um outro. Isto enseja, portanto, uma abordagem sistêmica praticando os *trade-offs* de custos, que serão estudados posteriormente, no Capítulo 4.

Na seqüência, serão analisados os processos logísticos de uma empresa industrial.

2.4 Os processos logísticos na Empresa Lógica

Para entender melhor como ocorrem os processos logísticos, podemos visualizar na Figura 2.4 a realidade físico-operacional de uma indústria de bens de consumo, mais precisamente da chamada "linha branca", cujos produtos incluem fogões, refrigeradores, *freezers*, depuradores de ar, lavadoras e secadoras, que será chamada de Empresa Lógica, e cujo fluxo logístico será comentado, a seguir.

---

1 *Cross docking* é uma das estratégias logísticas que têm tido sucesso em algumas empresas, sobretudo nos ramos varejistas, onde as lojas são supridas por armazéns centrais, que agem como coordenadores no processo de suprimentos, assim como pontos de transbordo (descarga e recarga em determinado ponto, troca de transporte) para seus pedidos.

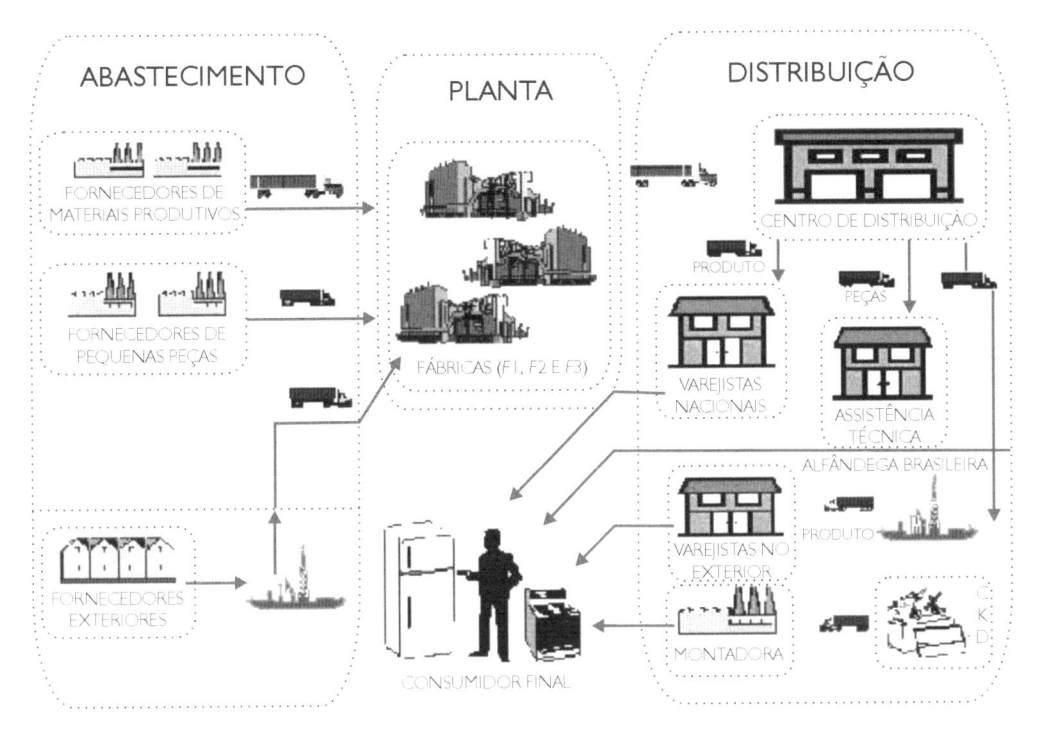

Fonte: Faria (2003, p. 161).

Figura 2.4   *Realidade físico-operacional de uma indústria de bens de consumo.*

Optamos por trazer o exemplo desta empresa, pois no Capítulo 17, quando formos comentar sobre como identificar e mensurar os Custos Logísticos, iremos tomar como base esta mesma empresa. Desta forma, é relevante, para que sejam apurados os referidos custos, que sejam conhecidos os processos existentes.

Por ser do segmento industrial de bens de consumo (linha branca), a Empresa Lógica, que tem seu fluxo logístico apresentado na Figura 2.4, contempla os três processos logísticos, relacionando-se com fornecedores de materiais produtivos e de peças de reposição nacionais, bem como fornecedores no exterior, no abastecimento de três unidades fabris, sendo uma – F1 (refrigeradores) – localizada em torno de 120 km da cidade de São Paulo e as outras duas – F2 e F3 (fogões e lavadoras, respectivamente) – no perímetro urbano da capital paulista. No que diz respeito aos produtos acabados e peças de reposição, estes são transferidos das plantas para um Centro de Distribuição, que, por sua vez, distribui para varejistas nacionais e no exterior e empresas montadoras de itens *Completely Knocked Down* (CKD), que incluem peças e conjuntos desmontados a serem utilizados em montagens de produtos finais.

Em termos organizacionais, as atividades típicas de Logística nesta empresa, tais como abastecer as fábricas com materiais, receber, armazenar, movimentar, planejar, transportar e entregar, estão dispersas em sua estrutura, apresentando-se subordinadas a duas vice-presidências distintas: uma que responde pela Logística de Abastecimento e Planta (de produção) e outra responsável pela Logística de Distribuição (vendas/marketing).

Na Logística de Abastecimento, a empresa opera com cerca de 400 fornecedores ativos de materiais produtivos e peças de reposição, nacionais e importados, englobando em torno de 1.500 itens. Os itens A[2] representam nesta empresa 70% dos custos dos produtos acabados e englobam: motor da lavadora, compressor do refrigerador, aço, mesa do fogão, subconjuntos de tubulação do fogão, bateria (gás), sistema de queimadores, "carcaça" dos produtos e vidros, entre outros. A cadeia de abastecimento nacional é de total responsabilidade da própria empresa e, no exterior, terceiriza apenas as atividades de transportes, envolvendo operadores logísticos, agentes de cargas e despachantes aduaneiros nos processos de importação.

Os processos de Abastecimento de materiais e peças nacionais na Empresa Lógica envolvem atividades de Recebimento de Materiais (incluindo classificação contábil e fiscal) e Administração de Materiais (matérias-primas e produtos em processo). Toda Logística dos materiais e peças importados é de responsabilidade da área de Logística Internacional.

A área de Planejamento e Administração de Materiais, subordinada à Administração das Fábricas, é responsável por "cobrar" os fornecedores nacionais (fazer *follow-up*) e realizar a "ativação" dos materiais, ou seja, dar entrada, física e contábil, no inventário de matéria-prima da empresa. A gestão do estoque de matéria-prima e das embalagens de produtos acabados (itens que fazem parte do custo do produto final) é de responsabilidade dessa área em cada uma das plantas. A Armazenagem desses itens é realizada nas próprias unidades fabris, pelas áreas supracitadas.

No que diz respeito à Logística de Planta, a área de Planejamento e Administração de Materiais supracitada realiza a gestão dos estoques de produtos em processo. A Armazenagem desses itens é própria e realizada nas próprias unidades fabris. O Planejamento, Programação e Controle da Produção (PPCP) faz toda a previsão e acompanhamento da produção. A empresa optou por terceirizar toda a parte de Manuseio e Movimentação de Materiais das fábricas F2 (fogões) e F3 (lavadoras) para um Operador Logístico, no intuito de reduzir seus Custos Logísticos e "liberar" ativos logísticos, visando a otimizar seu resultado econômico. Na planta F1 (refrigeradores e *freezers*), a operação é própria.

---

[2] Item A é um item que, na Curva ABC de estoque – segundo a Lei de Pareto, compõe 20% dos itens que representam 80% do valor do inventário –, é representativo em termos de valor, frente aos demais itens existentes.

Em relação à Logística de Distribuição, existem, em média, 300 clientes ativos, no mercado local, distribuídos por todas as regiões do país, consumindo os diversos produtos existentes. Nas exportações, há 50 clientes, localizados na Argentina, Chile, Venezuela, Caribe, África do Sul, México, Peru, Bolívia e Uruguai. As exportações incluem produtos acabados, peças de reposição e os itens CKD para montagem no exterior. Os itens CKD são compostos de peças e conjuntos desmontados, em razão de diferentes voltagens e maior variedade de cores que no mercado local.

As atividades da Logística de Distribuição iniciam-se, conforme pode ser visto na Figura 2.4, com a Armazenagem dos produtos acabados e peças de reposição, assumindo a disponibilização dos produtos acabados para a transferência das fábricas (F1, F2 e F3) para o Centro de Distribuição, sendo, então, responsáveis por armazenar, movimentar, separar e disponibilizar os produtos acabados e as peças de reposição para distribuição aos varejistas, assistências técnicas e montadoras no exterior. A gestão das devoluções de produtos acabados e peças de reposição, que representam em torno de 1,5% dos produtos distribuídos, também está sob a responsabilidade da Logística de Distribuição, e a metade delas ocorre por causa de problemas de entrega, tais como atrasos, erros na emissão de notas fiscais, avarias no transporte etc.

Conclui-se, a partir deste exemplo, que as operações logísticas em uma empresa industrial, independentemente de seu segmento, ocorrem de acordo com os processos estabelecidos para, basicamente, mover, transportar, estocar e entregar materiais e produtos, a quem deles necessita, em conformidade com suas especificações, no local e momento contratados. Todos os referidos processos logísticos geram custos como conseqüências de suas atividades, que necessitam ser identificados, mensurados, acumulados e informados aos gestores da Logística.

A Logística, como um macroprocesso, conforme comentado anteriormente, pode ser gerenciada em um sistema que liga a empresa a seus clientes e fornecedores, em que o fluxo de materiais/produtos e informações é coordenado para otimização dos três processos logísticos, que são, de fato, sistêmicos, englobando um conjunto de elementos interdependentes, assim como as decisões sobre o processo são inter-relacionadas, com o objetivo comum de atender ao cliente.

Na concepção de atender ao cliente em um processo único, com uma visão integrada do processo logístico, a distribuição ocorre em todos os elos da cadeia de valor, em que, de acordo com o sistema *pull* (demanda puxada), por exemplo, o cliente faz o pedido e toda a cadeia é acionada para atendê-lo. Ocorre, assim, uma seqüência de distribuição, desde o fornecedor do fornecedor até o último estágio, que é a entrega do pedido ao cliente/consumidor final.

O relacionamento da Distribuição física com a área de Marketing, por exemplo, está na capacidade de atender à demanda que esta conquistou. Obtida a demanda, que deve ser atendida, o esforço da distribuição física está em colocar o produto certo nas condições exigidas pelo cliente. Por sua vez, o relacionamento da Distribuição com a Produção efetiva-se com mais freqüência, na programação de ordens de ressuprimento para abastecer os estoques de produtos acabados dos armazéns, que deve ser desempenhado, de forma a não prejudicar o seqüenciamento da manufatura dos produtos, levando em conta os custos de produção. Por outro lado, a produção não deve desprezar os custos de distribuição. Em virtude do seqüenciamento de produtos, o custo de entrega pode ser alto, caso este relacionamento com a produção não ocorra, apresentando formas não econômicas de transporte e exigindo maiores níveis de estoque para atender à demanda.

A efetiva integração da atividade de Logística com Marketing e Produção é necessária para que a minimização do **Custo Logístico Total**[3] e a rentabilidade da empresa sejam alcançadas. Por certo, a amplitude do processo em exame diferirá, substancialmente, em termos de complexidade. Uma coisa é o profissional de Logística estar empenhado em compreender as interações e possíveis relações entre os elementos de custos na Logística da empresa como um todo, outra, diversa, é buscar, por exemplo, uma solução para o abastecimento de determinada peça na linha de montagem.

Com esse intuito, na gestão dos processos logísticos, é relevante que se reconheça o tratamento das diversas atividades neles existentes como um sistema integrado, bem como suas interações com outras atividades da empresa, agregando valor a clientes e acionistas. Em função da relevância dessa questão, trataremos a seguir sobre Vantagem Competitiva e o Valor em Logística.

---

3 O Custo Logístico Total inclui os custos de todos os elementos logísticos, contemplando os possíveis *trade-offs* de custos. Este tema será discutido nos Capítulos 4 e 16.

3

Vantagem competitiva e valor em logística

A Logística mostra-se relevante para os negócios de uma empresa, pois é um recurso estratégico na obtenção e sustentação de vantagens competitivas, tanto pela possibilidade de oferecer um melhor nível de serviço ao cliente, quanto pela redução dos Custos Logísticos e melhoria na rentabilidade. Shapiro (1997) destaca que uma empresa de qualquer segmento não deveria pensar em estratégias voltadas para o valor e outras aos custos, mas, sim, *"em estratégias que resultam em posições de custos atrativas em relação aos benefícios fornecidos"*. Percebe-se neste comentário que as empresas precisam acompanhar seus custos, de forma a otimizar seu resultado econômico, no intuito de agregar valor a seus clientes e acionistas.

Nesse sentido, a maioria das empresas tem-se dedicado à busca da obtenção e sustentação de vantagens competitivas, por meio de formas de operação efetivas e voltadas para a geração de resultados econômicos em sua cadeia de suprimentos, nas atividades de comprar, produzir, movimentar, vender e distribuir seus produtos.

3.1 Vantagem competitiva

Para alavancar a vantagem competitiva, é necessário um conhecimento detalhado acerca das atividades da empresa, não sendo suficiente analisá-la de forma global, mas considerar as diversas variáveis quanto à realização de suas atividades, pois somente dessa forma será possível determinar qual o caminho mais adequado para atingir os fins propostos.

A vantagem competitiva é obtida mediante a prestação de um serviço ou a oferta de um produto diferenciado, que consiga chamar a atenção do cliente, seja pelo fator preço, qualidade ou atendimento. Em meio às turbulências do mercado atual e à diversificação de produtos e serviços ofertados, torna-se difícil obter êxito nas atividades se a empresa não contar com uma administração eficiente e voltada a procedimentos diferenciados.

Em suas duas principais obras – *Estratégia competitiva* (1985) e *Vantagem competitiva* (1985) –, Porter sugere uma sistemática de análise estratégica, setorial e empresarial para escolha e adoção de uma entre as três estratégias genéricas, a saber:

- Liderança de Custo;
- Diferenciação; e
- Foco.

No intuito de optar por uma dessas estratégias, a empresa deve avaliar seus ambientes, interno e externo, e determinar suas condições de sustentação da estratégia escolhida, a qual passa a constituir sua vantagem competitiva. Uma das principais contribuições desse autor é explicitar que os resultados econômicos da empresa e, portanto, de seus acionistas efetivam-se em função de suas possibilidades de atuação no mercado, as quais refletem sua capacidade de enfrentar e superar a concorrência.

A **Liderança de Custo** significa que a empresa apresenta o menor custo do segmento, em comparação ao da concorrência, o que, tendo em vista os preços praticados, pode representar uma margem superior ou um preço de venda menor que a concorrência. Na **Diferenciação**, por sua vez, a empresa distingue-se da concorrência pela agregação de um valor superior aos compradores – tratado por Porter (1985) como preço-prêmio. Está claro que esse valor adicional, percebido e valorizado pelos compradores, deve ter um custo de realização inferior ao preço superior que pode ser obtido.

No que diz respeito à Logística e, também, à Produção, Gattorna (1990, p. 394) preconizou que, para que as empresas possam ser líderes em custos, devem:

- eliminar atividades que não agregam valor;
- reduzir os custos de produção por meio da simplificação e integração de processos, bem como com a utilização de novas tecnologias;
- enfatizar a qualidade dos produtos e processos, assim como reduzir os custos associados com desperdícios;
- reduzir as necessidades de estoques por meio de sistemas de planejamento, menores tempos de ciclo, processos integrados etc.;
- melhorar a flexibilidade e conformidade ao/com o mercado.

Por sua vez, entende-se que, para os compradores da indústria e do comércio que irão comercializar o produto, a **Diferenciação** ou o valor para o cliente estará implícito na redução dos custos, ou, então, no melhor desempenho que esse produto possa proporcionar ao comprador, como, por exemplo, adquirindo um produto, material ou componente que seja respeitado no mercado; o comprador estará disposto a pagar mais, se o produto lhe proporcionar uma receita maior. Dessa forma, a empresa fornecedora pode aumentar a vantagem competitiva do comprador, sem precisar vender seu produto por um preço mais baixo.

Outro exemplo, voltado à Diferenciação, citado por Gattorna (1990), é o do uso da tecnologia de informação que provê uma oportunidade para que a Logística disponha de sistemas de suporte à decisão ou baseados em transações, como uma fonte de diferenciação ou aumento de sua participação no mercado. A empresa poderá aumentar seus custos, mas irá gerar mais informações à sua operação, bem como à de seus parceiros na cadeia de suprimentos, o que pode ser um fator relevante em sua vantagem competitiva.

Já a estratégia de **Foco** está relacionada ao fato de a empresa atuar como especialista em um segmento de mercado (nicho, tais como indústria automobilística, farmacêutica ou alimentícia) ou conjunto de segmentos, onde opta por diferenciar-se ou ser líder em custo.

Para ilustrar, vamos imaginar o seguinte:

> A Empresa Franguinho está focada no mercado alimentício, envolvendo produtos de granja, tais como frangos, ovos etc. Além de vender produtos frescos, aos finais de semana comercializa frangos assados. Em dado inverno, percebeu que suas vendas haviam apresentado uma queda em relação ao ano anterior e passou a refletir sobre alguma estratégia para diferenciar-se e fidelizar seus clientes. Decidiu que iria entregar os frangos assados nas residências de seus clientes, em um raio de dois quilômetros, com um funcionário distribuindo com uma bicicleta, pelo mesmo preço da loja, sem nenhum acréscimo pela entrega. Seu preço era igual ao da concorrência. Isso foi uma estratégia logística que melhorou o nível de serviço ao cliente e fez com que suas vendas alcançassem patamares superiores aos do ano anterior.

Com base nesses argumentos, percebemos, claramente, que a diferenciação pode estar centrada em um simples detalhe, cujo retorno pode tornar-se expressivo, em se tratando da obtenção dos resultados econômicos finais.

Discutindo vantagens competitivas, cabe, também, abordar sobre *"Cadeia de Valor"*, pois esta é tida como um instrumento de avaliação estratégica, no estabelecimento de vantagens competitivas.

3.2 Cadeia de valor

Estudar Cadeia de Valor significa entender como funciona todo o processo de produção: desde a obtenção da matéria-prima até o momento da entrega do produto acabado ao consumidor final, que está associado ao conceito de Logística visto no Capítulo 1 desta obra.

A partir deste conceito, ressalta-se uma categorização elaborada por Gattorna e Walters (1996), que afirmam ser possível que um negócio qualquer possa gerar quatro tipos de valor em produtos ou serviços, visando a melhorar a satisfação dos clientes: (1) **forma**, (2) **tempo**, (3) **lugar** e (4) **posse**. A utilidade de **forma** está relacionada ao fato de o produto estar disponível e pronto para uso/consumo. Ao consumidor não interessa, simplesmente, a utilidade da forma, mas a de **lugar** e **tempo**, estando o produto ou serviço no lugar certo, no momento certo e disponível para aquisição (**posse**, por parte do cliente). O produto/serviço só terá valor efetivo se o cliente encontrá-lo onde e quando precisar. A Logística adiciona o valor de **tempo** e de **lugar** nos produtos/serviços, sobretudo por meio dos transportes, fluxos de informações e inventários.

Para Porter (1985), por sua vez, valor é aquilo que os compradores estão dispostos a pagar pelo que a empresa lhes oferece, ou seja, cada indivíduo estabelece o valor do produto ou serviço adquirido em função do benefício agregado por este produto ou serviço. Complementando, Tyndall et al. (1999) ressaltam que *"valor é o relacionamento entre os benefícios verdadeiros e **todos os custos**"*. [grifo nosso]

Para que um produto chegue às mãos do consumidor final, conforme pode ser observado na Figura 3.1, há uma série de etapas previamente elaboradas, em que cada uma constitui uma parte da cadeia de valor genérica.

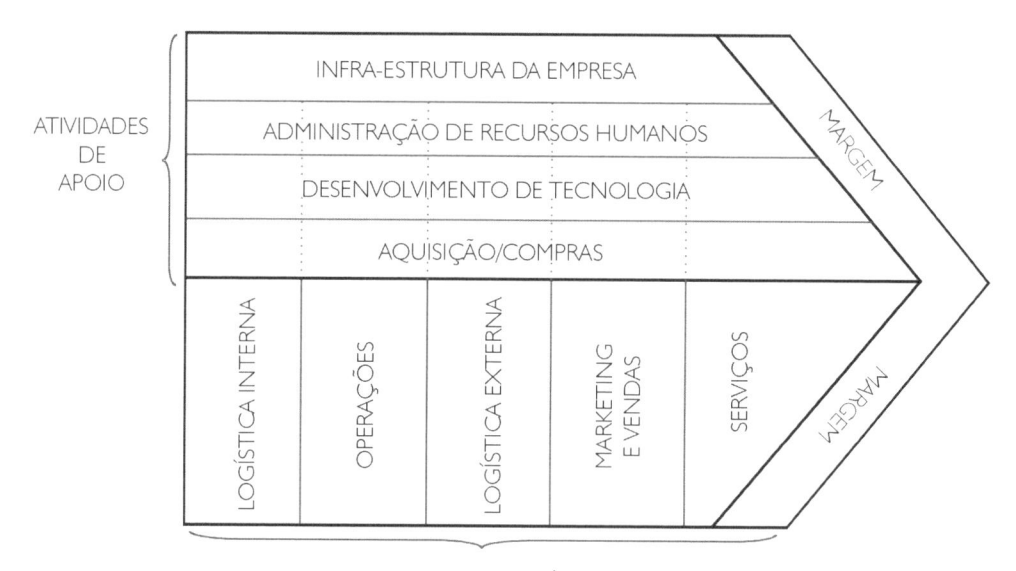

Fonte: Adaptada de Porter (1985, p. 35).

Figura 3.1 *A cadeia de valor genérica.*

Os processos/atividades de Logística, tanto internas como externas, como se pode observar na Figura 3.1, são considerados fundamentais à criação de valor aos clientes, destacando-os da concepção de função de apoio às de operação ou Marketing e serviços. Outra atividade realçada pelo autor, no conjunto das de apoio, foi a aquisição/compra, a qual, por vezes, mostra-se determinante nos resultados empresariais e, por certo, tem um papel preponderante quando uma organização passa a operar no conceito de cadeia de suprimento.

A Cadeia de Valor, na proposição de Porter (1985a), serve de instrumento de avaliação estratégica pela consideração de três princípios, não mutuamente excludentes:

- o volume e o crescimento dos **custos** da atividade;
- o comportamento desses **custos**; e
- as diferenças na forma de a concorrência desempenhar a atividade.

A empresa deve buscar identificar seus custos e desempenhos em cada atividade geradora de valor, buscando constantes melhorias. Vale lembrar, ainda, segundo Bio et al. (2002), que a Cadeia de Valor tem como objetivo analisar estrategicamente a empresa para determinação de vantagem competitiva. Incorpora, também, o conceito de **Direcionadores de Custo** (*cost drivers*), ou seja, de variáveis estruturais que, de maneira isolada ou combinada, influenciam a magnitude e o comportamento dos custos.

A determinação dos Direcionadores de Custo, suas inter-relações e relações de causa e efeito com os custos das atividades da cadeia de valor, bem como a comparação desses aspectos com os da concorrência, constitui uma metodologia da Gestão Estratégica de Custos, cuja proposta principal está associada à identificação de vantagem competitiva sustentável. Para efeito desta obra, focalizaremos a análise, apenas dos Direcionadores de Custos, referente aos **Elos e à Integração**, os quais têm uma relação mais estreita com o conceito de Cadeia de Suprimentos.

O custo de uma atividade de valor é, segundo Bio et al. (2002), freqüentemente, afetado pela maneira como outras atividades, que guardam com ela uma relação estreita ou não, são realizadas. Dessa forma, **elos** criam uma oportunidade de reduzir o Custo Total de atividades inter-relacionadas, podendo constituir-se em fontes poderosas de vantagens competitivas, ao exigir coordenação e otimização conjunta das atividades ao longo das linhas organizacionais.

Porter (1985a) indicou a existência de **elos** dentro da cadeia de valor, por exemplo, entre as atividades de operação, manutenção e Logística, destacando que o inventário representa uma manifestação de um elo entre atividades, sendo sua diminuição ou eliminação possíveis com seu melhor gerenciamento. Cabe ressaltar que novas técnicas de produção, tal como o *Just in Time*, propõem-se a lidar com essa questão de redução de inventário e, por sua vez, com a minimização dos custos, inclusive de manutenção de inventário.

Em consonância com o conceito de Cadeia de Suprimentos, Porter (1985) apresentou a existência de **elos** verticais, ou seja, **elos** com fornecedores e canais de distribuição, refletindo a interdependência entre as atividades de uma empresa e as Cadeias de Valor de seus parceiros de negócio. Esses elos envolvem empresas independentes e, às vezes, acordos difíceis para exploração e compartilhamento de ganhos.

O outro direcionador a ser analisado é a integração ou verticalização das atividades do processo produtivo de uma empresa, envolvendo a decisão de fazer ou comprar (*make or buy*), que remete para a questão da terceirização (*outsourcing*),[1] por exemplo, para operadores logísticos, que a cada dia vêm tornando-se agentes responsáveis por funções logísticas, tratadas até há pouco tempo como parte do "*core business*"[2] das organizações.

Os critérios de decisão da terceirização ou não desses serviços passam, segundo Bio et al. (2002), necessariamente pela comparação dos gastos decorrentes e pela decisão estratégica de minimização de custos de capital investido. Essa comparação deve ser feita no contexto da Cadeia de Suprimentos, objetivando o impacto na competitividade da empresa, pela agregação de valor aos clientes, a **relevância dos Custos Logísticos** e os ativos alocados nessas atividades. Desse modo, a terceirização de serviços logísticos, como decisão estratégica, parte da decisão de concentração da organização em suas competências centrais e apóia-se na busca de vantagem competitiva e de resultados econômicos relevantes.

Para ilustrar essa questão, cabe comentar sobre uma pesquisa realizada por Rutner e Langley Jr. (2000), que envolveu, aproximadamente, 100 empresas. Esta pesquisa confirmou que os gestores de Logística das referidas empresas pensam que este macroprocesso agrega valor por sua utilidade de tempo e lugar, como supracitado; mas alguns acrescentaram, ainda, que o valor da Logística está associado à contribuição à rentabilidade, à penetração no mercado, ao aumento do retorno à empresa, via crescimento da receita, redução dos ativos e dos custos, bem como à satisfação de seus clientes.

Essa pesquisa identificou três temas relevantes, no que diz respeito ao valor a ser criado pela Logística: serviço ao cliente, qualidade e custo/lucro.

---

1 *Outsourcing* consiste na prática em que parte dos produtos e serviços gerados por determinada empresa (na realização de operações em uma cadeia produtiva) é executada por outra empresa externa, com um relacionamento interdependente e de colaboração (PIRES, 1998).

2 *Core business* é o negócio principal da organização, por exemplo, no caso de uma empresa calçadista de Franca (SP), a produção e comercialização de calçados.

Isso nos faz perceber que existe uma preocupação muito grande com a satisfação do cliente, mas, também, com a do acionista. Focalizando essa questão, na seqüência, comentaremos o Valor da Logística para o Cliente e, posteriormente, para o Acionista.

3.3 Valor para o cliente

Gerar valor para o cliente tornou-se uma poderosa arma para garantir a vantagem competitiva para as empresas. Verifica-se que é mais importante para a rentabilidade da empresa, no longo prazo, *manter o cliente,* ou até mesmo fidelizá-lo, do que buscar *outros novos.* Entretanto, para que se possam manter e, também, buscar novos clientes, é necessário um conhecimento do que vem a ser *valor para o cliente* e de que forma esse valor pode ser proporcionado, que é algo individual para cada cliente, em função de suas necessidades específicas.

Segundo Christopher (1997), o valor para o cliente é gerado quando *"as percepções dos benefícios percebidos em uma transação superam os custos totais de propriedade"*[3] e pode ser expresso na seguinte fórmula:

$$\text{Valor para o Cliente} = \frac{\text{Benefícios Percebidos pelos Clientes}}{\text{Custo Total de Propriedade}}$$

As percepções de benefícios, muitas vezes intangíveis, estão relacionadas aos valores do produto para cada cliente, em termos de serviços, inovação, qualidade etc., enquanto o custo total de propriedade está associado aos "custos"[4] físicos (em termos de consumo de energia e tempo) e monetários ($). Por exemplo, um torcedor em um estádio, preparado para assistir ao jogo de seu time favorito, em um dia de muito calor, sem acesso a uma lanchonete, paga a quantia que for pedida pelo vendedor, que vai atendê-lo na arquibancada com uma cerveja gelada, pois está satisfazendo às suas necessidades naquele instante, ou seja, está agregando-lhe valor, pois, normalmente, os clientes agem sobre o valor percebido individualmente.

No que diz respeito à Logística, outro exemplo é o de um fornecedor que busca melhorar suas estratégias logísticas de distribuição para alcançar melhorias significativas no valor para o cliente, tais como: melhor rendimento no espaço de exposição do produto para o varejista ou, até mesmo, se necessário, redesenho

---

3 O Custo Total de Propriedade envolve o custo de obtenção e manutenção de determinado bem. Este conceito será tratado, posteriormente, com mais profundidade, no Capítulo 19.

4 No sentido de consumo, sacrifícios realizados.

da embalagem para melhorar o espaço ocupado pelos produtos no transporte ou na armazenagem.

Não obstante, para que essas estratégias sejam atingidas, há a necessidade do conhecimento detalhado das atividades do cliente, sua estrutura de custos, suas necessidades e sua dinâmica de mercado. Dessa forma, à medida que o benefício começa a revelar-se para o cliente, aparece, também, o retorno para o fornecedor. Por exemplo, se alguém quiser tomar um refrigerante em um bar em determinada esquina da cidade do Oiapoque (AP), esse produto precisa estar à disposição, pois, do contrário, perderá seu valor para o cliente e, ainda, o deixará disponível para que se aproxime do produto concorrente, reduzindo o valor para o acionista.

Por todas essas razões, a Logística vem sendo cada vez mais considerada um componente relevante, de natureza estratégica. A criação do valor nesta atividade só ocorre na medida em que leva a empresa a criar valor no futuro, assegurando sua continuidade. Desse modo, o resultado econômico caracteriza-se não apenas como valor criado, mas também como acréscimo na capacidade da empresa em gerar valor, dentro da visão de que o verdadeiro conceito de riqueza está relacionado à capacidade que a empresa possui de produzir riqueza (benefício futuro).

3.4 Valor para o acionista

A agregação de valor para o acionista ocorre a partir do momento em que este agente apura um resultado operacional líquido positivo, menos o custo de oportunidade sobre todos os ativos investidos, semelhante ao conceito do Lucro Residual,[5] utilizado há muitos anos, ou ao EVA®, um conceito atual, associado a essa agregação de valor, que será comentado no Capítulo 22. Tyndall et al. (1999) evidenciam que parcerias, integrações e melhores soluções, no âmbito da Administração da Cadeia de Suprimentos e da Logística da empresa, podem criar valor para o acionista, como se pode observar na Figura 3.2.

---

5 O Lucro Residual, segundo Martins (2001, p. 244), pode ser entendido como *"os recursos gerados pela entidade que sobram após a dedução dos juros reais aplicados sobre o capital investido pelos sócios"*. Será tratado no Capítulo 22.

Eficiência do custo fixo
- Retorno dos ativos
- Geração da capac./quant.
- Otimização da rede
- Terceirização

Eficiência do capital de giro
- Tempo de ciclo do caixa
- Contas a receber
- Gerenciamento do inventário
- Contas a pagar

Minimização de impostos
- Localização dos ativos
- Localização das vendas
- Preços de transferência
- Taxas alfandegárias

Minimização dos custos
- Menores custos de processos
- Serviços compartilhados
- Terceirização

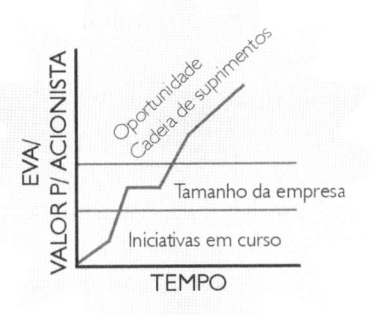

Melhoria da rentabilidade
- Desenv. de novos produtos
- Alcance global
- Serviços pós-venda
- Inovação do valor do serviço

Fonte: Adaptada de Tyndall et al. (1999, p. 12).

Figura 3.2   *Criação de valor na logística.*

Visando a agregar valor econômico para o acionista, como se pode observar na Figura 3.2, decisões podem efetivar-se por meio de:

- **minimização dos custos**: racionalização de operações, introdução e melhor aproveitamento das tecnologias utilizadas, menores custos de processamento de pedidos, compartilhamento de recursos e serviços entre os membros de uma cadeia de suprimentos ou decisões de terceirização de funções que não sejam da competência central da empresa;
- **eficiência no capital de giro**: por meio de reduções no tempo do ciclo do caixa, em que, por exemplo, os prazos médios de contas a receber e os de inventário sejam reduzidos e os prazos médios de pagamento sejam dilatados;
- **eficiência do custo fixo**: pode ocorrer se houver adequada utilização das capacidades, se a rede logística for otimizada ou se houver terceirização de serviços e, inclusive, retorno positivo sobre os ativos investidos;
- **minimização de impostos**: uma decisão de localização de uma fábrica ou um CD, por exemplo, pode afetar os custos tributários relacionados à obtenção de materiais ou à distribuição dos produtos acabados, assim como a determinação dos preços de transferências entre as unidades. Outra questão a ser ressaltada são todos os custos tributários envolvidos nos processos de importações e exportações, assim como as tarifas

(taxas alfandegárias) existentes para desembaraços desses processos que devem ser melhor estudados; e
- **melhoria da rentabilidade**: para obter rentabilidade para seus acionistas, as empresas desenvolvem novos produtos, inclusive, de modo conjunto com outros membros da cadeia de suprimentos em que a empresa esteja inserida, de forma que sejam atendidos os níveis de serviços dos clientes, inclusive no pós-venda, com inovação de valor.

É óbvio que estes objetivos, muitas vezes, são difíceis de atingir, mas requerem integração entre as diversas áreas da empresa, por meio de adequada gestão do negócio. A melhoria contínua em cada um desses quesitos só trará resultados positivos, o que impactará o valor para o acionista. Tyndall et al. (1999, p. 12) ressaltam que *"melhorar a eficiência da cadeia de suprimentos, muitas vezes requer mudanças estruturais ou outras que afetam a taxa de encargos da empresa. Só quando os dois forem otimizados definitivamente é que o valor para o acionista será verdadeiramente maximizado"*.

A otimização do resultado econômico, por meio, por exemplo, de uma gestão adequada de Custos Logísticos, que trataremos com mais detalhe na Parte III, obviamente, agrega valor ao acionista. No entanto, o retorno econômico-financeiro ocorre no mercado, pois a empresa atua para fora, impactando e sendo impactada por sua cadeia de suprimentos.

Novack et al. (1995) definem que *"o valor da Logística reúne, ao mesmo tempo, o atendimento ao nível de serviço ao cliente, enquanto os custos da cadeia de suprimentos são minimizados e os lucros dos parceiros maximizados"*.

A partir dessa afirmativa, conclui-se que os gestores de Logística podem focalizar-se na minimização dos custos e otimização do uso dos ativos, bem como estabelecer sua função como uma operação que agrega valor à empresa. Em função dos custos e benefícios de serviços de valor agregado e inovações nos processos logísticos, os gestores podem explicitar elos das atividades realizadas aos custos e desenvolvimento das estratégias.

Visando a buscar o valor para o cliente, a eficácia e eficiência dos processos, assim como obter vantagens competitivas, os gestores necessitam desenvolver, implantar e operar um sistema logístico diferenciado e difícil de reproduzir, mas, sobretudo, que torne viável produzir um nível de serviço de excelência ao menor custo total possível, que é a essência da Logística Integrada.

Podemos citar o exemplo do produto Sedex 10, da Empresa Brasileira de Correios e Telégrafos (EBCT),[6] que é *"o Serviço de Encomenda Expressa com garan-*

---

6 Disponível no *site* <http://www.correios.com.br/encomendas/servicos/Sedex/Sedex10>.

tia de entrega até as 10 horas da manhã do dia útil seguinte ao da postagem". Adquirindo o Sedex 10, o cliente obtém, por um preço único, alguns serviços logísticos, tais como: coleta domiciliar (para quem tem contrato com a EBCT); entrega vertical; três tentativas de entrega, sendo a primeira até as 10 horas da manhã no dia útil seguinte ao da postagem e, em caso de não-entrega após a terceira tentativa, a devolução imediata ao remetente; sistema de rastreamento para fazer o acompanhamento de entrega da encomenda e, nos casos de não-cumprimento pela EBCT do horário estabelecido para a primeira tentativa de entrega do objeto, indeniza-se o valor correspondente a duas vezes o valor postal pago (exceto serviços adicionais), além de um seguro automático por extravio, danos ou avarias.

Percebe-se, pelo exemplo do Sedex 10, que a Logística pode contribuir na busca de vantagem competitiva, agregar valor ao cliente pelo nível de serviço, de forma diferenciada, tentando, também, agregar valor ao acionista, de modo a obter o menor custo total possível. Vista por esse prisma, pode ser considerada como um ativo[7] para a empresa.

Lambert et al. (1998, p. 13) reforçam essa visão da Logística, afirmando que: "*se uma empresa proporciona produtos ao cliente rapidamente a um custo baixo, como resultado de eficiência em Logística, pode ganhar vantagens de fatia de mercado em relação aos concorrentes*". Logo, conclui-se que a Logística traz benefícios futuros à empresa, apresentando um dos requisitos para ser considerada como um "Ativo".

Essa é a visão da Logística Integrada, que será tratada no próximo capítulo.

---

7 Os ativos são todos os bens e direitos, de propriedade da empresa, que podem beneficiar exercícios futuros (IUDÍCIBUS, 2004).

4

Logística integrada

A Logística Integrada é vista como um conjunto de atividades e processos interligados, cujo propósito é otimizar o sistema como um todo, minimizando os custos e, conseqüentemente, gerando valor para o cliente. A implementação desse conceito ajuda as empresas a minimizar seus custos totais, no que se refere à execução das operações logísticas, e sua não-utilização acaba gerando informações isoladas e sem sentido.

Na aplicação desse conceito, portanto, **a solução ótima é aquela que melhor atende à equação nível de serviço ótimo/custo total mínimo**. O processo analisado sob a abordagem de Logística Integrada otimiza seu funcionamento, ao menor Custo Logístico Total apurado, atendendo ao nível de serviço demandado.

A Figura 4.1, explorada por Bio (2001) em palestra proferida no Centro de Pesquisa em Logística Integrada à Controladoria e Negócios (Núcleo Logicon da Fundação Instituto de Pesquisas Contábeis, Atuariais e Financeiras – Fipecafi – FEA/USP), ajuda a evidenciar este conceito:

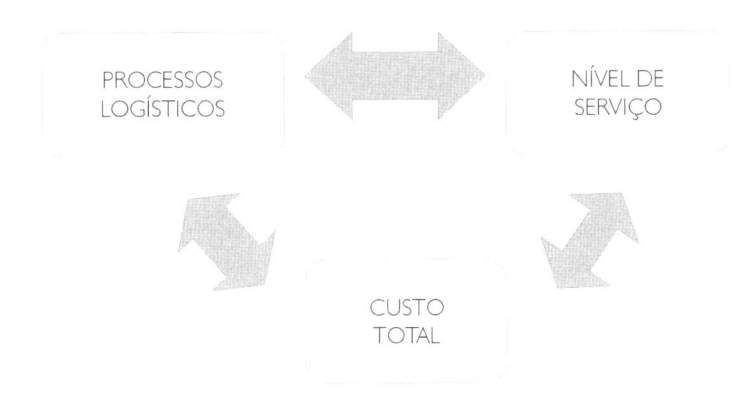

Fonte: Bio (2001).

Figura 4.1   *Conceito de logística integrada.*

Em um ambiente competitivo, há a necessidade imperiosa de melhorar, cada vez mais, o nível de serviço, preferivelmente mantendo, ou até reduzindo, o custo total. Uma estratégia logística que vise a atingir o balanceamento entre custos totais e nível de serviço envolve a determinação de critérios de desempenho que o sistema logístico necessitará manter. Em termos de objetivos de custos e níveis de serviço, estes, normalmente, contemplam uma relação direta que uma empresa deve considerar para determinar o desempenho logístico desejado. Ao buscar atender às especificações dos clientes, com exigências cada vez maiores de nível de serviço, normalmente, os Custos Logísticos tendem a aumentar.

> Esse é o grande desafio da Logística Integrada: agregar Valor por meio de um Nível de Serviço de excelência, mas ao menor Custo Total possível, como condição de otimização do resultado econômico e continuidade da organização.

4.1 Nível de serviço

Cada processo logístico é o que liga a empresa a seus clientes e fornecedores, internos e externos. Assim, o gestor de determinada unidade fabril é cliente interno da Logística de Abastecimento; por sua vez, o comprador de determinado produto é cliente externo da Logística de Distribuição, e assim por diante.

A partir desse contexto, observa-se o desencadeamento de uma série de atividades ligadas à satisfação do cliente, tais como qualidade do produto demandado, eficiência dos meios de transporte utilizados, critérios de armazenagem e estocagem adotados. Em essência, o nível de serviço é o atendimento das especificações e necessidades definidas pelos clientes, com um objetivo preestabelecido de gerar valor para estes.

Um nível de serviço de excelência é aquele que "encanta" o cliente, ou seja, surpreende e vai além da simples satisfação de seus requerimentos. Envolve fatores como: freqüência de entrega, tempo de ciclo do pedido, confiança no atendimento, flexibilidade no ressuprimento, acurácia no atendimento do pedido completo e na documentação, qualidade dos produtos/serviços etc.

Por exemplo, vamos imaginar que determinado cliente espera da operação de Logística de Distribuição de seu fornecedor: entregas em horário (entre 19h e 21h) e locais predefinidos (armazém 34 e doca 47), com freqüência rigorosa de entrega a cada dois dias, de acordo com a especificação do pedido e em embalagem retornável, já projetada para eficiência de manuseio, desconsolidação, armazenagem e retorno. Se, além de atender a todos esses quesitos, o fornecedor, por exemplo, ainda encaminha por meio eletrônico (Internet) uma comunicação sobre sua hora de chegada estimada e os pedidos a que se refere a entrega, estará excedendo a expectativa do cliente.

Voltando ao exemplo hipotético supracitado, a cadeia logística (seqüência de elementos e eventos desde a expedição até a entrega) poderia ser concebida com distintas alternativas de embalagem, de modo e de equipamentos de transporte, de rota etc. Assim, pode-se verificar, por exemplo, que determinada alternativa de embalagem pode ter um custo unitário maior do que outra, porém gera maior otimização cúbica no transporte, o que diminui os custos de transporte, resultando em menor custo logístico total. Em tese, o nível de serviço de excelência garante receitas ao agregar valor ao cliente. Na Figura 4.2, podem ser visualizadas, graficamente, as compensações gerais no custo e na receita em vários níveis de serviço aos clientes.

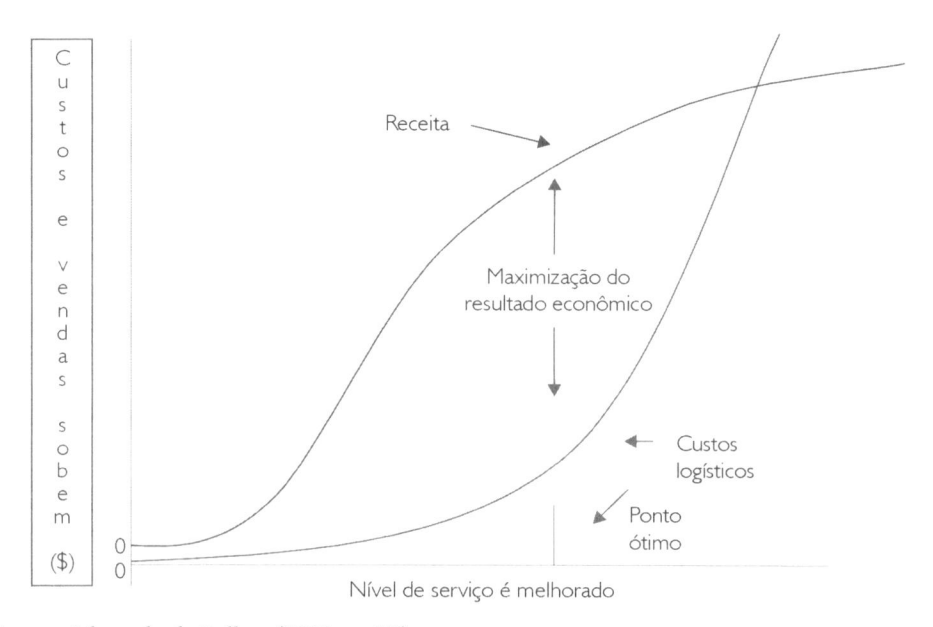

Fonte: Adaptada de Ballou (1993, p. 79).

Figura 4.2 *Compensações gerais na receita e custo em vários níveis de serviço.*

Os retornos decrescentes na relação receita-serviço e o aumento na curva de custos-serviço resultam em uma curva de lucro (resultado econômico positivo). De acordo com Ballou (1993), se a receita e o Custo Logístico para cada nível de serviço são conhecidos, pode-se determinar o nível de serviço que otimizará o resultado econômico da empresa, chamado de Ponto Ótimo, que é o ponto em que **a receita é máxima e os Custos Logísticos são mínimos,** ou seja, o ponto de máxima eficiência. Christopher (1997, p. 45) complementa afirmando que *"não importa a forma da curva de resposta ao serviço ou em que ponto os retornos começam a diminuir; se a curva de custos pode ser deslocada para a direita, então os lucros serão melhorados em todos os níveis de serviço".*

Se uma empresa possui conhecimento da representatividade de seus custos logísticos totais em relação às suas receitas (provenientes de vendas) e consegue reduzi-los por meio de um programa bem conduzido, poderá otimizar seu resultado econômico. Se conseguir fazer isso e, ao mesmo tempo, melhorar seu nível de serviço, irá agregar valor aos clientes e aos acionistas. Um nível de serviço excelente, provido por um sistema logístico único e de difícil reprodução que, ao mesmo tempo, otimiza o resultado econômico da empresa, traz vantagem competitiva.

Para otimizar o resultado econômico com ações tomadas em Logística, é imprescindível: (1) um nível de serviço que ajude a potencializar as receitas (e não perdê-las, como ocorre com freqüência por falhas logísticas); (2) ao menor custo logístico total possível, a este dado nível de serviço; e (3) reduzindo investimentos em ativos logísticos, no intuito de aumentar o retorno sobre o investimento (ROI).

O nível de serviço é, então, por assim dizer, o "cardápio" oferecido para atendimento das necessidades e exigências do cliente atendido, até mesmo além de sua expectativa: produto entregue, rigorosamente, em conformidade com o que o cliente especificou, no prazo estabelecido, sem avarias, no local, no horário predeterminado, em condições que facilitem o manuseio e a estocagem, ou, se for o caso, assistindo o cliente na instalação etc.

4.2 Custo Logístico Total

O conceito do Custo Logístico Total é a premissa que sustenta as análises dos custos de todo o macroprocesso logístico, auxiliando o gestor na tomada de decisão. Esse conceito surgiu, de acordo com Lambert et al. (1998), após um estudo realizado, em 1956, por Lewis, Culliton e Steele, sobre a *"Função do frete aéreo na distribuição física",* o qual provou que, mesmo sendo um transporte caro, o frete aéreo poderia ser compensado pela redução dos custos de inventário e armazenagem, em função da velocidade de distribuição a seus clientes. Este estudo demonstrou que os custos deveriam ser analisados no conjunto dos Custos Logísticos do processo de distribuição, e não apenas em uma atividade logística em particular.

Copacino (1997) afirma que o conceito de custo total, chave da Logística Integrada, é baseado no inter-relacionamento dos custos de abastecimento, produção e distribuição. A análise do Custo Logístico Total envolve a minimização dos custos de transporte, armazenagem e movimentação de materiais/produtos, embalagem, manutenção de inventário, tecnologia de informação, tributários e dos custos decorrentes de lotes.

Pela ótica da Logística Integrada, os custos não podem ser vistos de forma isolada como se fossem elementos independentes, assumindo que possuem uma relação direta com outras categorias de custos. Dessa forma, todos os custos decorrentes dos processos logísticos devem ser identificados e mensurados na análise do Custo Logístico Total.

Ao buscar a solução para um determinado problema, o profissional da Logística, como comentado anteriormente, lida com um conjunto de elementos interdependentes, cujos custos, por se compensarem entre si, resultam, a cada alternativa estudada, em um diferente custo total. Nessa afirmação está implícito o conceito de *trade-off*.

4.2.1 Trade-offs

Os *trade-offs* são as trocas compensatórias existentes entre os elementos de custos, na apuração do Custo Logístico Total. De acordo com *Informe Logística* nº 26 do Centro de Estudos em Logística – CEL (2000) do Instituto Coppead de Administração – UFRJ, *"afirma-se, com freqüência, que um trade-off ocorre quando aumentos de custo numa determinada atividade são mais do que compensados por reduções de custos em outra atividade"*.

São identificados a cada alternativa de solução logística, pois, ao minimizar-se um elemento de custo, os custos totais podem ser aumentados, tal como em uma situação de contratação, no Brasil, de um transporte pelo modo marítimo com um custo unitário menor por item, porém de tempo de trânsito maior que o modo rodoviário. Essa decisão pode aumentar, significativamente, os custos de manutenção de inventário.

Há uma grande preocupação, por parte dos gestores, de elevar os níveis de qualidade dos serviços prestados ou produtos elaborados, sem a elevação dos custos decorrentes desses processos. O gestor envolvido deve ser capaz de gerenciar os custos totais das atividades, de maneira eficiente, contribuindo, assim, para que seja determinado o ponto ótimo entre os custos e o nível de serviço oferecido ao cliente (Figura 4.2).

Isso conduz à observação de que baixar o custo de um elemento nem sempre é uma boa solução, pois pode resultar em um aumento maior em um outro. O aumento dos custos de um elemento da cadeia logística pode justificar-se, desde que o Custo Logístico Total seja minimizado. Por outro lado, é preciso ponderar o Custo Logístico Total *versus* o Nível de Serviço. Vejamos alguns exemplos:

- Decisões de novas embalagens de transporte a serem introduzidas no processo logístico de distribuição custando 20% a mais do que as anteriores. Desta forma, pode ser possível melhorar em 10% a ocupação cúbica no transporte; esse aumento de 20% na embalagem resultará na redução de 10% do principal elemento de custo, o transporte.
- Um outro problema clássico dos *trade-offs* na estruturação do *network* de distribuição ocorre quando há necessidade de definir-se o número e a localização de armazéns *versus* custos de transportes. Um único Centro de Distribuição, ao invés de três ou quatro, significa menor custo de armazenagem, mas poderá proporcionar custos de transporte maiores do que se a opção fosse por três ou quatro CDs.
- Outro exemplo é o de um aumento dos custos de transporte quando a opção é feita pelo modal aéreo para produtos de alto valor agregado, que é maior do que em outros modos de transporte, mas que pode ser compensado pela redução do custo de manutenção de inventário.

O fato é que o gestor de Logística tem que se concentrar no custo total da cadeia logística, ao planejar sua solução. E, praticamente, não há decisões logísticas, num elemento da cadeia, que não afetem os custos dos demais elementos.

Para gerenciar os custos conflitantes, minimizando-os, é relevante que se realize a gestão da Logística como um todo, contemplando, de fato, o conceito de Logística Integrada. Isso significa que, tanto no âmbito da administração logística da empresa como um todo, quanto no de operações e cadeias logísticas específicas, deve-se buscar uma solução que integre as atividades logísticas envolvidas (armazenagem e transportes), de modo a chegar ao menor custo total possível, atendido o nível de serviço requerido.

Na prática, problemas e soluções são intensamente demandados da área de Logística, diariamente. Na distribuição, pode ser o nível de serviço que está insatisfatório e gerando muitas reclamações em determinada região; ou são produtos que chegaram avariados em determinado cliente; é o nível de inventário elevado de determinados produtos, ao longo da cadeia logística e assim por diante. Nesse contexto, as respectivas cadeias logísticas de distribuição (distribuição na região A, no canal X etc.) precisam ser repensadas, de acordo com o enfoque de Logística Integrada.

Esse esforço de melhoria contínua é parte fundamental da gestão logística. No entanto, com freqüência, a estrutura organizacional inviabiliza a coordenação integrada das funções logísticas. Por exemplo, o setor de transporte pode considerar pouco razoável ter que pagar maiores custos de transporte para diminuir os custos na gestão dos estoques. Isto pode prejudicar o seu desempenho, que é medido, em algumas empresas, pela comparação de seus custos reais com os orçados (previstos).

De uma perspectiva abrangente, pode-se vislumbrar que os Custos Logísticos não só são interdependentes entre si como, também, afetam e são afetados, principalmente por decisões de outros macroprocessos, como mostra a Figura 4.3. Estão sendo contemplados aqui todos os Custos Logísticos que envolvem os processos de Abastecimento, Planta e Distribuição.

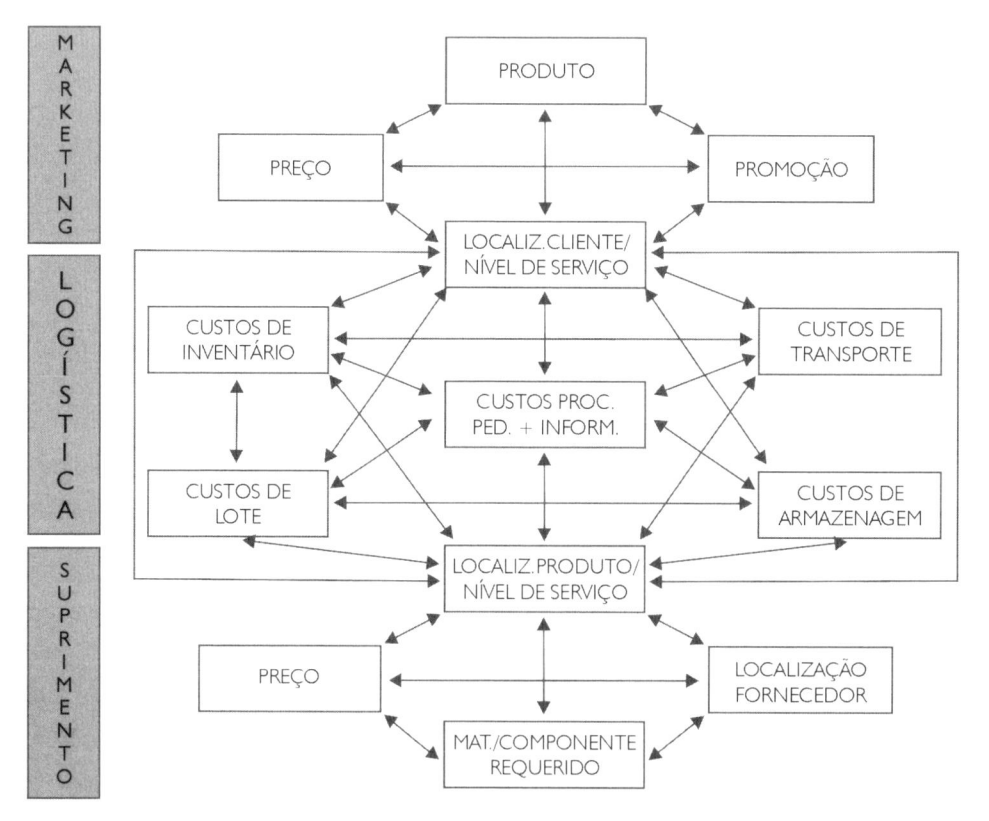

Fonte: Adaptada de Lambert et al. (1998, p. 586).

Figura 4.3   Trade-offs *entre Custos Logísticos.*

Marketing tem seu foco voltado para a satisfação dos clientes, em termos de preço, produto, promoção e praça (distribuição), alocando recursos aos processos mercadológicos para otimizar os resultados econômicos da empresa no longo prazo. Por sua vez, é Suprimentos que decide o fornecedor e a origem pela qual vai obter os materiais e componentes requeridos. Cabe à Logística fazer a integração entre estas atividades, contemplando todos os custos inerentes às suas atividades, visando a atender aos clientes ao menor custo total possível, levando em consideração todas as características e peculiaridades de cada atividade. Para ilustrar, veremos, na seqüência, um exemplo de uma empresa de alimentos.

4.3 O caso da empresa de alimentos

No Fórum Internacional de Logística organizado pelo Centro de Estudos em Logística (CEL) do Instituto Coppead de Administração – UFRJ, em 2001, Baretta e Tabach apresentaram um exemplo interessante, ressaltando a importância dos *trade-offs*, conforme a Figura 4.4.

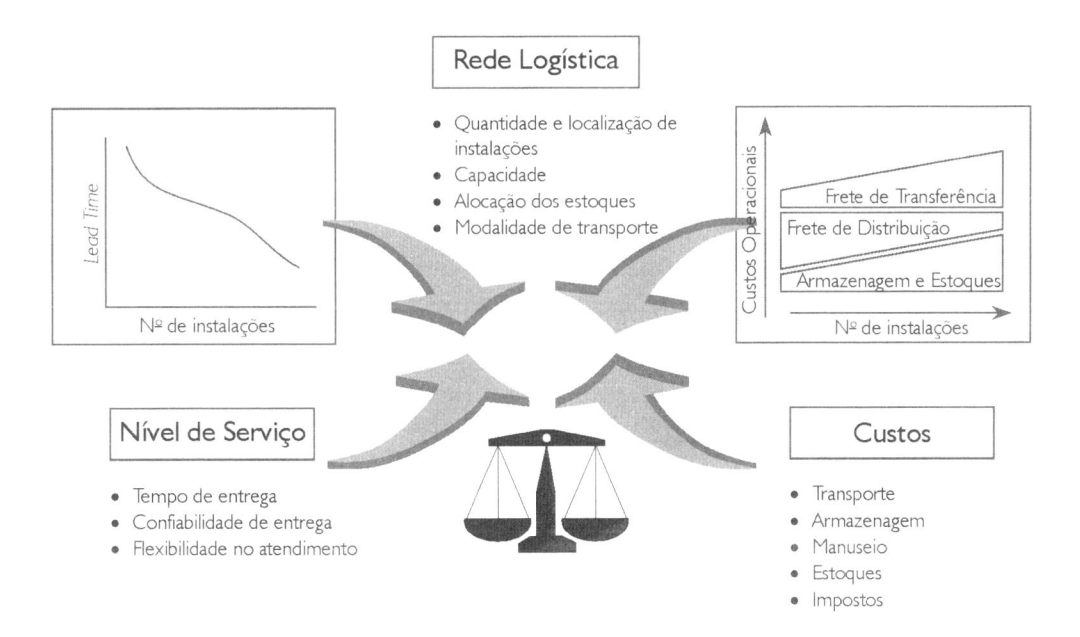

Rede Logística
- Quantidade e localização de instalações
- Capacidade
- Alocação dos estoques
- Modalidade de transporte

Lead Time × Nº de instalações

Custos Operacionais × Nº de instalações
- Frete de Transferência
- Frete de Distribuição
- Armazenagem e Estoques

Nível de Serviço
- Tempo de entrega
- Confiabilidade de entrega
- Flexibilidade no atendimento

Custos
- Transporte
- Armazenagem
- Manuseio
- Estoques
- Impostos

Fonte: Baretta; Tabach (2001).

Figura 4.4 *Balanceando os custos e o nível de serviço aos clientes.*

A empresa em questão, do segmento alimentício brasileiro, estava em fase de expansão de suas operações, com imensa complexidade operacional e apresentando alguns desafios, tais como: definição do nível de inventário em cada ponto de *armazenagem*; consolidação de cargas, considerando densidade dos produtos (ex: *pizza versus* mortadela); produtos congelados e resfriados (produtos congelados devem ser transportados a – 20°C; produtos resfriados a 0°C); definição da área de atendimento de cada Centro de Distribuição; a vida útil dos produtos (média de 30 a 45 dias; redes varejistas, em geral, não aceitam produtos com mais de um terço da vida útil corrida); crescimento da demanda em regiões afastadas das unidades produtoras (CO, NE, N); garantia de rotatividade à frota terceirizada, considerando que a rede logística havia sido "herdada" das diversas empresas adquiridas, durante a história da referida empresa.

A fim de adequar-se à nova realidade de mercado, a empresa realizou um projeto de redefinição de sua rede logística, inicialmente, alterando o fluxo da demanda, do sistema *push* (produção para estoque) para o sistema *pull* (demanda puxada pelo cliente), considerando, também, os processos logísticos envolvidos. Vários cenários para a simulação da rede logística foram utilizados, desde a manutenção da rede logística atual, otimizando as áreas de atuação das filiais, até a eliminação de vários Centros de Distribuição, aumentando a centralização do estoque com a utilização intensa de *cross-docking*.

Com a utilização de simulações das várias alternativas de custos e níveis de serviço, chegou-se a uma redução de 6% no Custo Logístico Total, em relação à situação anterior. Visando a alcançar o balanceamento entre Custos Logísticos (transporte, armazenagem, manuseio, estoques e impostos) e o nível de serviço aos clientes (tempo e confiabilidade de entrega e flexibilidade no atendimento), a empresa decidiu por realizar as operações de *cross docking*, diminuindo o número de instalações, portanto reduzindo custos de armazenagem e de manutenção de inventários e gerando flexibilidade no atendimento, diminuindo seu tempo de entrega (*lead time*), resultando na confiabilidade da entrega, ou seja, melhorando o nível de serviço aos clientes.

A seleção da melhor alternativa baseou-se em fatores quantitativos (**menor custo total**) e qualitativos alinhados à estratégia de crescimento da empresa, tais como: melhorar o nível de serviço em algumas regiões ou barrar a entrada de concorrentes, ou, ainda, reduzir o impacto nas mudanças operacionais. Neste exemplo, percebe-se que a Logística Integrada reconhece que os processos logísticos são sistêmicos, havendo interdependência entre os processos e os elementos das cadeias que deve ocorrer por meio de uma solução sistêmica que resulte no **melhor nível de serviço ao menor custo logístico total**.

As soluções em Logística Integrada, tal como a que foi aplicada pela empresa em questão, buscam racionalizar a coleta de insumos, agilizar a distribuição de produtos no mercado, reduzir investimentos em estoques e equipamentos, aumentar a satisfação do cliente e tornar a empresa mais competitiva no mercado em que atua.

Cabe ressaltar que há diferença quando se trata de Logística Integrada e Gestão Integrada de Logística. A primeira está associada ao momento em que se pretende operar uma solução integrada que contemple a análise dos elementos isolados e o impacto da integração dos mesmos no custo logístico total. Quando se fala em administrar de forma integrada, sendo considerada a integração das funções e processos logísticos, estará sendo feita uma Gestão Integrada de Logística.

Para alcançar a excelência da gestão logística, é necessário compreender as decisões inerentes a esse macroprocesso, que serão estudadas no próximo capítulo.

5

Decisões logísticas

O "negócio" de uma empresa é resultado de investimentos realizados em condição de risco, com o objetivo de obter resultado econômico positivo (lucro), por meio do fornecimento de produtos/serviços que atendam às necessidades e desejos do mercado. O lucro, que é a diferença entre o benefício obtido e o sacrifício realizado, é a conseqüência das decisões que são tomadas em determinado momento. A Logística agrega valor ao "negócio", pois é considerada uma atividade primária na Cadeia de Valor e contempla uma diversidade de alternativas e possibilidades de redução de custos ou aumentos de receitas, por meio da redução de vendas perdidas (*stockout*).

Yoshizaki (2004) comentou em um evento sobre Gestão dos Custos Logísticos que "*o tipo de decisão afeta o que deve ser medido. Precisa-se simplificar a realidade logística, pois esta é mais complicada que qualquer sistema de custeio*".

A natureza das decisões logísticas, muitas vezes, é bastante complexa, pois está associada a muitas variáveis não controláveis, tais como: fatores políticos/legais, econômicos, socioculturais, geográficos, tecnológicos e competição e diversidade de culturas, entre outros, que disponibilizam diversas alternativas de escolha a serem mensuradas, gerando informações úteis e oportunas. As simplificações da realidade logística dependem do que se pretende analisar, como: produtos, clientes, regiões ou canais de distribuição.

A essência dessa reflexão e do processo de análise para a tomada das decisões logísticas encontra-se nos preceitos da Logística Integrada, vista no Capítulo 4. Soluções de Logística Integrada envolvem *trade-offs* de custos entre elementos interdependentes, não contemplando os elementos de custos de forma isolada e, sim, analisando o Custo Logístico Total da operação, visando a atender ao nível de serviço comprometido com o cliente.

Segundo Cokins (2002), o modelo de sucesso da Cadeia de Suprimentos, por exemplo, é dividido em quatro fatores: *diferenciação dos clientes; fornecimento a baixos custos; uso efetivo de ativos e flexibilidade*. Para otimizar esses quatro fatores de sucesso, o gestor deve tomar decisões efetivas em sua rede logística, planejando a armazenagem e o desenvolvimento de novas alternativas, considerando, fundamentalmente, a análise dos *trade-offs*. Esta análise tornar-se-á cada vez mais crítica para os gestores da cadeia de suprimentos, pois os dados contábeis tradicionais não fornecem informações suficientes para facilitar uma análise comparativa desse tipo.

As decisões logísticas, na empresa individual ou na cadeia de suprimento, causam impacto relevante nos negócios:

- na competitividade, por meio de níveis de serviços diferenciados aos clientes, mas verificando os custos totais dessas diferenciações;
- na agregação de valor ao cliente, por meio do atendimento ao nível de serviço comprometido; e
- na agregação de valor ao acionista, com retorno positivo de seus investimentos, que na Logística pode ocorrer com a minimização dos custos totais logísticos e da liberação de ativos por meio de terceirizações.

O processo de tomada de decisões em Logística envolve a análise qualitativa e quantitativa de uma série de alternativas de ações, que requerem informações úteis e oportunas, nos diversos níveis de decisões.

A Logística envolve ampla variedade de decisões a serem tomadas, durante todas as etapas de seu processo de gestão. Alguns estudiosos e instituições de Logística, tais como Lambert (1994), Copacino (1997), Wood e Zuffo (1997), Instituto de Movimentação e Administração de Materiais – IMAM (2000) e Ballou (2001), segregam as decisões logísticas nos seguintes níveis: Estratégico, Tático ou Estrutural, Funcional ou Operacional e de Implementação, conforme se pode observar na Figura 5.1.

```
                    Serviço
                      ao
                    cliente
            ┌──────ESTRATÉGICO──────┐
            │ Estrutura │ Estratégia │
            │ do Canal  │  de Rede   │
        ┌───────TÁTICO OU ESTRUTURAL───────┐
        │ Armazenagem, │ Gestão de │ Gestão de │
        │   Projeto e  │Transportes│ Materiais │
        │   Operações  │           │           │
    ┌─────────FUNCIONAL OU OPERACIONAL─────────┐
    │ Sistema de │ Políticas e │ Instalações e │ Gestão da     │
    │ Informação │Procedimentos│ Equipamentos  │ Organização e │
    │            │             │               │ de Mudanças   │
    └─────────────IMPLEMENTAÇÃO────────────────┘
```

Fonte: Adaptada de *Andersen Consulting* in Lambert (1994, p. 261).

Figura 5.1   *Pirâmide logística.*

As decisões na Pirâmide Logística, de níveis estratégico, estrutural (tático), operacional e de implementação são interdependentes, e esse instrumento pode ser utilizado como uma forma efetiva de integração dessas decisões. Essa integração pode ser considerada ao se consubstanciar o conceito de Logística Integrada nos diversos níveis de decisões logísticas:

- **Estratégico:** envolve decisões de posicionamento no ambiente externo que, normalmente, têm efeito de longo prazo para a empresa, tais como: questões de localização de plantas, Centros de Distribuição (CDs) e instalações de distribuição, estratégias da rede logística, dependendo dos serviços aos clientes. As decisões estratégicas que, normalmente, são tomadas pela Alta Administração da empresa envolvendo seus objetivos e políticas são relacionadas ao comprometimento de capital e com a alocação eficiente dos recursos, em função do horizonte de longo prazo. Essas decisões, se tomadas de forma errônea, *podem resultar em altos custos,* exercendo um impacto direto na eficiência e eficácia do sistema logístico, afetando o resultado econômico da organização.

A Estratégia Logística, de acordo com o IMAM (2000), deve responder às seguintes questões, que se integram com as preocupações de Marketing e Produção:

- Quais as necessidades dos clientes?
- Que mercados serão atendidos?
- Qual variedade de produtos será necessária?
- Como, quando e onde será realizada a produção?
- Qual o nível de inventário a ser mantido?
- Quantos fornecedores serão necessários?
- Quando, onde e como deverá ser movimentado e mantido o estoque?

Para responder a todas estas questões, no Nível Estratégico, deve ser definido o sistema contábil a ser utilizado pela empresa, visando à identificação, mensuração e informação dos Custos Logísticos associados aos processos/atividades a serem realizados.

- **Estrutural ou Tático**: envolve os planos, previsões e orçamentos. Alguns autores de Logística contemplam as decisões de nível estrutural, associando-as à seleção da modalidade de transporte; políticas de Inventário (níveis e giros); sistemas de controle de produção; subcontratação de serviços ou a freqüência com que os clientes receberão produtos.
- **Funcional ou Operacional:** as decisões de curto prazo nas operações logísticas são as mais variadas, relacionadas à armazenagem e movimentação, expedição, determinação de rotas e carregamento de cargas, equipamentos de transporte, minimização ou eliminação das ineficiências de processos e ociosidades, bem como à administração de materiais. Buscar a excelência funcional requer que operações sejam redesenhadas, de forma a otimizá-las.

Essas decisões cotidianas são caracterizadas pelo baixo investimento de capital e englobam freqüências e tamanhos dos lotes de produção, assim como das transferências entre armazéns e plantas; rotas de distribuição por produtos, canais e clientes, bem como o nível do quadro de funcionários alocados à atividade, instalações, equipamentos e recursos. Este nível pode ser considerado como a etapa de Planejamento Operacional em algumas organizações objetivando a utilização dos recursos, de maneira eficiente, para que os objetivos predefinidos sejam atingidos. Envolve o processo orçamentário (*budget*).

- **Implementação**: está associada à execução do que foi efetivamente decidido nos outros níveis. Nesta etapa, os sistemas de informações gerenciais são as peças-chave, pois apóiam todos os outros níveis. Envolve os fluxos físicos das operações, que são, portanto, interdependentes.

No Quadro 5.1, podem ser visualizados, de maneira mais analítica, alguns exemplos de decisões em Logística, nos diversos níveis supracitados.

Quadro 5.1 *Alguns exemplos de decisões logísticas.*

Tipo de decisão	Estratégica	Tática	Operacional
Localização	Número de locais, tamanho e localização das plantas e dos armazéns, rede. – Onde produzir e armazenar?	Posicionamento dos estoques (em cada local).	Roteirização, velocidade e despacho.
Transportes	Seleção de modais, frota própria ou terceirizada, dimensão da frota, investimento em infra-estrutura, localização dos pontos de entrega.	Definição de rotas, gestão da rede, sazonalidade do *mix* de serviço, estratégia de consolidação. – Existem oportunidades de otimização?	Quantidades e tempo de reabastecimento, carregamento dos veículos e despacho.
Processamento de Pedidos	Seleção do sistema de pedidos, grau de automação, centralização.	Regras de prioridades para clientes. – Quais as melhores tecnologias?	Velocidade de atendimento de pedidos.
Armazenagem	Número de CDs, localização, grau de automação, terceirização.	Escolha sazonal de espaço, *layout*.	Processamento de pedidos.
Manutenção de Inventário	Políticas de inventário (determinação dos níveis de estoque).	Produção sob encomenda, consignação. – A questão de estoques é adequada à demanda de serviços?	Estoque de segurança (pontos de mínimo e máximo).
Nível de Serviço	Número de canais de distribuição, carteira de clientes. – Quais as necessidades de serviços? – Qual o melhor sistema de distribuição?	% de disponibilidade de produtos. – Como atingir a integração do canal?	*Lead time*.

Fonte: Adaptado de Wood; Zuffo (1997); Ballou (2001, p. 42); Lima (2001); Ratliff; Nulty (2003).

Foram ilustrados no Quadro 5.1 alguns exemplos de decisões em Logística, apresentando questões específicas e pertinentes da Logística que não têm resolução simples e carecem de planejamentos e de definições prévias, por parte de seus gestores, as quais devem ser tomadas levando-se em consideração o conceito de Logística Integrada.

Vamos imaginar, por exemplo, uma decisão de localização de um Centro de Distribuição, que envolve três pontos relevantes: níveis de serviço ao cliente, decisões de inventário e decisões de transporte. Inicialmente, a empresa precisa conhecer as necessidades de seus clientes e qual o nível de serviço requerido. Posteriormente, deve decidir onde localizar o(s) Centro(s) de Distribuição, visando a atender ao nível de serviço objetivado, observando a viabilidade de apurar o menor custo total possível, no que diz respeito às compensações dos custos de transporte, armazenagem e manutenção de inventários, entre outras coisas.

Um outro exemplo diz respeito à seleção de modais de transporte. Para que essa decisão seja tomada, devem ser levados em consideração fatores como: velocidade, confiabilidade, capacidade, disponibilidade e adequação do equipamento e do serviço, freqüência do serviço, segurança, administração de reclamações, rastreamento do embarque e assistência na solução de problemas. Pode ser que, por exemplo, o modal marítimo, no Brasil, seja mais barato que o rodoviário, em algumas situações, mas, em função do tempo de trânsito, na maioria das vezes, é mais lento que o rodoviário e aumenta os custos de manutenção de inventários, além de poder não atender ao nível de serviço comprometido com os clientes, de entrega diária ou duas vezes ao dia. É necessário realizar essas análises em cada decisão.

No cotidiano das empresas, como descrito, são tomadas decisões estratégicas, táticas e operacionais, que exigem que sejam elaborados estudos e simulações dos possíveis impactos econômico-financeiros das alternativas, ou seja, cada uma das decisões, como afirma Drucker (2002), deve ter *"resultados mensuráveis"*, pois necessita que os gestores apóiem-se em informações de diversas naturezas. Seguindo este raciocínio, percebe-se que é necessário que os gestores tenham consciência sobre o nível de serviço requerido pelos clientes, e concebam soluções logísticas que resultem no menor custo total possível para atingi-lo.

Em função da relevância da Logística no negócio e do estágio de desenvolvimento dos instrumentos de gestão, a empresa deverá avaliar quais são as informações necessárias à tomada de decisões estratégicas, táticas ou operacionais. Seja em que níveis as decisões forem tomadas, os gestores precisam receber informações úteis e oportunas à sua gestão.

Na opinião de Norek e Pohlen (2001), o conhecimento das informações de custos na tomada de decisão é importante por duas razões:

> *"Em primeiro lugar, pode estabelecer uma vantagem competitiva. A administração pode usar o conhecimento de custos para focalizar nos produtos ou clientes mais importantes, para aumentar rentabilidade e nível de serviço. Em segundo, os gestores devem conhecer os custos de suas empresas durante as negociações com outros membros da cadeia de suprimentos, para realizar trocas e parcerias justas."*

Fica evidenciada, nessa afirmação, a relevância do conhecimento dos custos no processo de tomada de decisões, tanto na empresa individual, quanto no relacionamento entre as empresas na cadeia de suprimentos. Lambert (1994, p.

262) apresenta alguns exemplos de questões que requerem informações contábil-gerenciais, de acordo com as categorias de decisões que foram apresentadas na Figura 5.1 – Pirâmide Logística, conforme pode ser visualizado no Quadro 5.2.

Quadro 5.2 *Exemplos de questões logísticas que requerem informações contábil-gerenciais.*

Categoria na pirâmide	Questões
Serviço ao Cliente	Quais os custos associados aos diversos níveis de serviços aos clientes? Quais os *trade-offs* necessários? Quais os benefícios ou perdas incrementais?
Estrutura do Canal	Quem deve ser envolvido na distribuição de produtos aos clientes? A empresa poderia distribuir por meio de atacadistas, diretamente a varejistas ou diretamente a consumidores finais com um catálogo? **Quais os efeitos dos Custos Logísticos na margem de contribuição por produtos, por região, por cliente ou por vendedor?** Podem ser explorados novos mercados? Quais os papéis para cada membro dos canais de distribuição?
Estratégia de Rede	Quantos armazéns deveriam ser utilizados e onde devem ser localizados?
Estruturas e Operações de Armazenagem	Qual o espaço necessário? Algo pode ser modificado para aumentar a capacidade e os ganhos?
Gerenciamento do Transporte	Qual *mix* de modos de transporte deveria ser usado? Podem-se obter vantagens de sistemas de transporte inovadores?
Gerenciamento de Materiais	Qual o nível ótimo de inventário? Quão sensível é o inventário às mudanças nos padrões de armazenagem ou nos níveis de serviço aos clientes? **Qual o custo de manutenção do inventário?** Deveriam ser aumentadas as entregas ou aumentados os níveis de inventário? Deve haver alguma mudança na embalagem?
Planejamento de Produção	Quantos *setups* de produção são requeridos? Quais plantas irão produzir cada produto? (Mesmo que não seja um elemento da pirâmide logística, o planejamento de produção exerce maior impacto nas decisões de administração da cadeia de suprimentos).
Sistemas de Informação	Até que ponto os processamentos de pedidos deveriam ser informatizados? Quais sistemas são necessários para apoiar novas estratégias?
Políticas e Procedimentos	Como deveriam ser modificadas as regras-padrão para enfrentar mudanças de condições? Quais atividades devem ser desempenhadas para apoiar os relacionamentos dos canais?
Instalações e Equipamentos	Deveriam ser atualizadas (ou reformadas) as instalações, os *hardwares* e equipamentos de movimentação? Em que momento?
Organizações e Gerenciamento da mudança	As comunicações atuais com empregados são adequadas ou devem ser melhoradas? Quem deve ser envolvido no planejamento para responder às questões relacionadas às mudanças das condições atuais? Como os processos devem ser estruturados?

Fonte: Adaptado de Lambert (1994, p. 262) [grifos nossos].

Para que essas questões sejam respondidas, informações contábil-gerenciais são imprescindíveis, requerem que sejam identificados, mensurados e informados os Custos Logísticos, no momento oportuno das decisões, ou seja, em todas as etapas do processo de gestão.

Da mesma forma que Moura e Beuren (2003), defendemos a hipótese de que a Controladoria, para contribuir para o processo decisório da Logística, deveria estar exercendo esse suporte informacional, utilizando-se de *"um sistema de informações eficaz e sinérgico entre os gestores, zelando pela maximização do resultado da empresa"*.

Cabe ressaltar que, além da identificação e mensuração dos Custos Logísticos, **há necessidade de que seja definido, para a Controladoria ou quem estiver responsável pela geração das informações, em que nível de detalhamento os gestores de Logística precisam recebê-las**, ou seja, quais objetos de custeio (região, cliente, canal, produto etc.) serão analisados. No Capítulo 17, voltaremos a tratar sobre as informações contábil-gerenciais necessárias à tomada de decisão em Logística.

Considerações finais – Parte I

Nesta Parte, buscou-se contemplar os conceitos fundamentais para o entendimento dos raciocínios peculiares da Logística: seu conceito, sua evolução no que diz respeito aos Custos Logísticos, os Processos Logísticos, a Vantagem Competitiva e Valor em Logística, a Logística Integrada, ressaltando os conceitos de *Nível de Serviço ao Cliente* e a importância da *Análise de Custo Logístico Total* e dos *trade-offs* de custos, bem como as *Decisões Logísticas*.

Nos últimos anos, observamos que a Logística está emergindo, levando muitas empresas a reestruturarem suas operações. Este macroprocesso, por alguns considerado em seu clássico papel de transportar, armazenar e disponibilizar bens aos processos de transformação e consumo, apresenta-se como fator estratégico para o sucesso das empresas.

A Logística depara com muitas variáveis incontroláveis, do ponto de vista de seus gestores, porém, todos os envolvidos, e sobretudo os acionistas, desejam que tudo funcione da maneira mais eficiente e eficaz possível. Está sendo desafiada pela globalização, explosão de produtos oferecidos, pressões ambientais, entre outros fatores; isso tem levado seus profissionais a desenhar (ou redesenhar) e operar redes globais (*networks*) que estejam, constantemente, em funcionamento e tem que responder a uma série de preocupações críticas, incluindo nível de serviço, resultados econômicos, flexibilizações, interdependências, políticas internacionais, programas de reciclagem, entre outros fatores. O nível de serviço pode ser um diferencial competitivo; contudo, se obtido "a qualquer custo", poderá ser atendido, porém poderá comprometer o resultado econômico da organização.

A Logística é um elemento integrador entre as atividades de uma empresa, apresentando-se como um ponto estratégico que deve ser gerenciado da melhor maneira possível, pois pode ser considerada como o "ponto nevrálgico" de uma empresa, a sua "última fronteira de gestão", como em 1962 afirmou Peter Drucker, citado por Lambert et al. (1998), agregando valor econômico a clientes e acionistas.

Buscando tornar-se fator de vantagem competitiva, a Logística deve estar preparada para atender, com a melhor eficiência e eficácia possível, à agregação de valor ao cliente e, para isso, deve estar constituída de componentes (processos e atividades) que a tornem otimizada.

As soluções logísticas devem estar fundamentadas no conceito de Logística Integrada, voltadas para a Administração da Cadeia de Suprimentos e para o emprego de sistemas de informações gerenciais. Para que isso ocorra de maneira eficiente e eficaz, é necessário, inicialmente, que todos os elos da cadeia de suprimentos (empresas membros), também, melhorem seus sistemas logísticos e operações individuais, ou seja, seus processos logísticos totais.

Em muitos segmentos da economia, a Logística apresenta-se crítica e relevante, e requer modelos de raciocínio e decisões com especificidades e peculiaridades próprias. Sendo observada como um sistema integrado, poderá levar à concretização de reduções efetivas em seus custos, pelo gerenciamento dos mesmos, com foco na otimização de seus *trade-offs*, buscando a minimização de seu custo total, atendendo aos níveis de serviços exigidos pelo mercado.

Um dos grandes desafios existentes é a sustentabilidade da vantagem competitiva pelo gerenciamento dos recursos consumidos e disponibilizados em suas atividades. Existem algumas dificuldades na integração dos processos e atividades de Logística, como por exemplo a falta de informações sobre esses Custos Logísticos nas Demonstrações Contábeis.

A partir do momento que uma empresa não tem disponíveis informações contábil-gerenciais precisas, úteis e oportunas, acerca de seus elementos de custos, métodos de custeio e técnicas de avaliação econômico-financeira,[1] que apóiem seu processo de tomada de decisão, fica extremamente difícil implementar o processo de integração das informações, tendo em vista a execução das operações de forma fragmentada.

Diante dessa necessidade de informações, os Custos Logísticos devem ser identificados e mensurados, para que possam ser informados aos gestores. Desta forma, iremos analisar, na Parte II, cada um dos elementos relacionados às operações logísticas.

---

1 Os métodos de custeio e algumas técnicas econômico-financeiras aplicáveis à Logística serão vistos na Parte III desta obra.

Referências bibliográficas da Parte I

ALMEIDA, Célio M. P. R. de. *Um levantamento das práticas de logística na indústria de alimentos*. 2000. Dissertação (Mestrado em Administração) – FEA-USP, São Paulo.

BALLOU, Ronald H. *Logística empresarial*. Tradução de Hugo T. Y. Yoshizaki. São Paulo: Atlas, 1993.

_____. *Gerenciamento da cadeia de suprimentos*. Tradução de Elias Pereira. Porto Alegre: Bookman, 2001.

BARETTA, Cid N.; TABACH, Omar. Revisão da rede logística e *"business case"* para API – caso Perdigão. In: FÓRUM INTERNACIONAL DE LOGÍSTICA – COPPEAD. Rio de Janeiro, 2001.

BENDER, Paul. How to design an optimum worldwide supply chain. *Supply Chain Management Review*, Massachusetts, v. 1, nº 1, Spring 1997.

BIO, Sérgio Rodrigues. *Logística e vantagem competitiva*. In: Centro de Pesquisa em Logística Integrada à Controladoria e Negócios – Núcleo Logicon – Fundação Instituto de Pesquisas Contábeis, Atuariais e Financeiras – FIPECAFI, FEA/USP, São Paulo, 2001.

_____; ROBLES, Léo T.; FARIA, Ana C. Em busca da vantagem competitiva: *trade-offs* de custos logísticos em cadeias de suprimentos. *Revista de Contabilidade*, São Paulo: CRCSP, ano VI, nº 19, mar. 2002.

BOOZ ALLEN HAMILTON. Tendências para cadeia de suprimentos no Brasil. *Apresentação*. In: 10º Simpósio Ciclo – *Supply Chain* e Logística na Gestão dos Negócios. São Paulo, 2004.

BOWERSOX, Donald J.; CLOSS, David J. *Logística empresarial*: o processo de integração da cadeia de suprimento. Tradução da Equipe do Centro de Estudos em Logística, Adalberto Ferreira das Neves. São Paulo: Atlas, 2001.

BRIMSON, John. *Contabilidade por atividades*: uma abordagem de custeio baseado em atividades. São Paulo: Atlas, 1996.

CEL – Centro de Estudos em Logística. Instituto Coppead de Administração – Universidade Federal do Rio de Janeiro. O Conceito do Custo Logístico Total como Ferramenta para a Integração da Cadeia de Suprimento. *Informe Logística*, ano 7, nº 26, jul./ago./set. 2000.

CHRISTOPHER, Martin. *Logística e gerenciamento da cadeia de suprimentos*. Tradução de Francisco Roque Monteiro Leite. São Paulo: Pioneira, 1997.

COKINS, Gary. *A collaboration enabler*: sharing open-book profit and cost data (Activity Based Cost Management [ABC/M] and marginal cost analysis). Council Of Logistics Management – CLM. San Francisco, 2002.

CONSELHO DOS PROFISSIONAIS DE GESTÃO DA CADEIA DE SUPRIMENTOS – CSCMP. *Conceitos de logística de gestão da cadeia de suprimentos*. Disponível em: <http://www.cscmp.org>. Acesso em: 17 jan. 2005.

COPACINO, William C. *Supply chain management*: the basics and beyond. EUA: St. Lucie Press, 1997 (APICS Series on Resouce Management).

COSTA, Maria de Fátima G da. *Gestão dos custos logísticos de distribuição*. 2003. Dissertação (Mestrado em Controladoria e Contabilidade) – FEA/USP, São Paulo.

DRUCKER, Peter F. *Desafios gerenciais para o século XXI*. São Paulo: Pioneira, 1999.

_____. *Administrando para obter resultados*. São Paulo: Pioneira, 2002.

EMPRESA BRASILEIRA DE CORREIOS E TELÉGRAFOS – EBCT. *SEDEX10*. Disponível em: <http://www.correios.com.br/encomendas/servicos/Sedex/Sedex10>. Acesso em: out. 2004.

FARIA, Ana C. *Custos logísticos*: uma abordagem na adequação das informações de controladoria à gestão da logística empresarial. 2003. Tese (Doutorado em Controladoria e Contabilidade) – FEA/USP, São Paulo.

FLEURY, Paulo Fernando. Supply Chain Management. In: FLEURY, Paulo Fernando; WANKE, Peter; FIGUEIREDO, Kleber Fossati. *Logística empresarial*. São Paulo: Atlas, 2000. (Coleção Coppead de Administração. Centro de Estudos em Logística).

_____; WANKE, Peter; FIGUEIREDO, Kleber Fossati. *Logística empresarial e gerenciamento da cadeia de suprimentos*. São Paulo: Atlas, 2004. (Coleção Coppead de Administração. Centro de Estudos em Logística).

GASPARETTO, Valdirene; FREIRES, Francisco G.; BORNIA, Antonio C.; RODRIGUEZ, Carlos T. Custeio da cadeia logística: uma análise das ferramentas disponíveis. In: CONGRESSO INTERNACIONAL DE CUSTOS, 6. *Anais...* Minho: Universidade do Minho, 1999.

GATTORNA, John L. *The Gower handbook of logistics and distribution management*. 4. ed. Vermont, Reino Unido: Gower, 1990.

_____; WALTERS, D.W. *Managing the supply chain*: a strategic perspective. Londres: Macmillan, 1996.

INSTITUTO DE MOVIMENTAÇÃO E ARMAZENAGEM DE MATERIAIS (IMAM). *Gerenciamento da logística e cadeia de abastecimento*. São Paulo: IMAM, 2000.

IUDÍCIBUS, Sérgio de. *Teoria da contabilidade*. 7. ed. São Paulo: Atlas, 2004.

LAMBERT, Douglas M. Logistics cost, productivity and performance analysis. In: ROBESON, James F.; COPACINO, William C. *The logistics handbook*. New York: MacMillan, 1994.

_____; STOCK, James R.; VANTINE, José G. *Administração estratégica da logística*. Tradução de Maria Cristina Vondrak. São Paulo: Vantine Consultoria, 1998.

LEITE, Paulo R. *Logística reversa*. São Paulo: Makron Books, 2003.

LIMA, Maurício P. Gerência de custos logísticos (tutorial). In: FÓRUM INTERNACIONAL DE LOGÍSTICA. Rio de Janeiro: COPPEAD/UFRJ, 2001.

MARTINS, Eliseu. *Avaliação de empresas*: da mensuração contábil à econômica. São Paulo: Atlas, 2001.

MOURA, Verônica de M.; BEUREN, Ilse M. O suporte informacional da controladoria para o processo decisório da distribuição física de produtos. *Contabilidade & Finanças*, São Paulo: Departamento de Contabilidade e Atuária – FEA/USP, ano 14, nº 31, 2003.

NAKAGAWA, Masayuki. *Custeio baseado em atividades*. 2. ed. São Paulo: Atlas, 2001.

NOREK, Christopher D.; POHLEN, Terrance L. Cost knowledge: a foundation for improving supply chain relationships. *International Journal of Logistics Management*, v. 12, nº 1, 2001.

NOVAES, Antonio Galvão N. Quanto custa a logística no Brasil. *Revista Tecnologística*, São Paulo: Publicare Editora, jul. 2001.

NOVACK, Robert A.; LANGLEY JR., C. John; RINEHART, Lloyd M. *Creating logistics value*: themes for the future. EUA: Council of Logistics Management, 1995. 259 p.

PIRES, S. R. I.; RODRIGUES, S. A. Supply chain management: an empirical study in Brazil. In: INTERNATIONAL CONFERENCE OF THE MANUFACTURING VALUE CHAIN, Troon, Escócia: Kluwer, Aug. 1998.

PORTER, Michael E. *Estratégia competitiva*: técnicas para análise de indústrias e da concorrência. Rio de Janeiro: Campus, 1985.

_____. *Competitive advantage*: creating and sustaining superior performance. EUA: Free Press, 1985a.

RATLIFF, H. Donald; NULTY, William G. *Logistics composite modeling*: the logistics Institute at Georgia Tech. Disponível em: <http://www.tli.gatech.edu/downloads/lcmwpaper.pdf>. Acesso em: 14 abr. 2003.

RIBEIRO, Flávia Martinez. *Novos processos logísticos decorrentes de profundas transformações físicas e funcionais*. 2000. Dissertação (Mestrado em Administração) – Escola Brasileira de Administração. Pública – Centro de Formação Acadêmica e Pesquisa – FGV, Rio de Janeiro.

RUTNER, Stephen M.; LANGLEY JR., C. John. *Logistics value*: definition, process and measurement. *International Journal of Logistics Management*, v. 11, nº 2, 2000.

SHAPIRO, Eillen C. *Verdades empresariais e sucesso competitivo*: como evitar que as "verdades empresariais" se transformem em barreiras para o sucesso. Rio de Janeiro: Campus, 1997.

SHAPIRO, Roy D.; HESKETT, James L. Logistics strategy: cases and concepts. Minnesota: West Publishing Company: Harvard University, 1985.

TYNDALL, Gene et al. *Supercharging supply chains*: new ways to increase value through global operational excellence. EUA: John Wiley, 1999.

WOOD JR., T.; ZUFFO, P. K. Supply chain management: uma abordagem estratégica para a logística. In: ENANPAD, 21. *Anais...* Rio das Pedras, 1997.

YOSHIZAKI, Hugo. Palestra conceitual sobre custos logísticos. In: 19º ENCONTRO DO CLUBE SUPPLY CHAIN. Gestão dos Custos Logísticos e da Cadeia de Suprimentos. São Paulo, 2004.

Parte II

Custos Logísticos

Há poucos estudos e discussões sobre Custos Logísticos, considerando o macroprocesso logístico como um todo, desde o processo logístico do abastecimento, o suporte à manufatura (planta), até a entrega dos produtos finais aos clientes, considerando inclusive a operação pós-venda (distribuição). A maioria dos estudos existentes direciona suas análises para cada um dos elementos de custos individuais (transporte, armazenagem, embalagem, manutenção de inventários etc.), deixando de associá-los, muitas vezes, aos processos logísticos. Além disso, considera-se relevante, também, a discussão sobre os Custos Logísticos Totais nas cadeias de suprimentos, que ainda está em fase embrionária.

De fato, questões práticas de identificação e coleta dos dados sobre os Custos Logísticos ao longo das cadeias de abastecimento, produção e distribuição tornam muito difícil associá-los aos produtos entregues e determinar seu custo total. Por outro lado, o mais freqüente é a literatura tratar desses custos por processos da Logística (por exemplo, distribuição) ou ainda, dentro desses processos, tratar de atividades específicas, como modos de transporte aéreo e armazenagem. Desde então, estabelece-se uma ponderável dificuldade para uma discussão ordenada sobre Custos Logísticos, dentro da linha de interpretação do processo logístico como um todo.

Como abordar tais custos, de modo a considerar sua importância relativa em diferentes tipos de negócios, possibilitar à gestão logística tomar decisões e ações capazes de – via Logística Integrada – levar aos níveis de serviço desejados ao menor custo total possível, nas mais variadas situações práticas em que se configuram as cadeias logísticas de abastecimento, produção e distribuição?

Numa dada situação, a empresa incorre em Custos Logísticos muito relevantes, por exemplo, acima de 20% das vendas. Em outra, estes custos podem ser pouco significativos. Determinada empresa pode ter uma forte incidência de Custos Logísticos de abastecimento sobre os materiais que utiliza, por serem importados de diversos países, enquanto para outra esta condição pode ser irrelevante, do ponto de vista de Custos Logísticos, por se abastecer sobretudo no mercado nacional.

Certas empresas vendem somente para uma determinada região do mercado nacional, por um único canal de distribuição, enquanto outras exportam seus produtos e peças para vários países, além de distribuir em todo o país por diferentes canais. As situações, evidentemente, são muito diversas. Os níveis de serviços requeridos ao menor Custo Logístico Total possível significam, portanto, desafios, resultados (e potenciais vantagens competitivas) diferenciados em cada uma das diversas situações descritas.

Nesta parte pretende-se abordar os conceitos inerentes à gestão dos Custos Logísticos, bem como identificar os elementos que os compõem. Em um primeiro instante, analisando-os individualmente e, na seqüência, associando-os aos processos logísticos (abastecimento, planta e distribuição), focalizando uma perpesctiva de Logística Integrada, buscando a minimização dos Custos Logísticos Totais. Não temos a pretensão de abordar todos os aspectos operacionais de cada elemento, pois não é o nosso foco, mas ressaltar os aspectos relevantes, que impactam o resultado econômico da empresa.

6

Conceitos inerentes à gestão dos Custos Logísticos

Diante de um contexto de intensa competição, na maioria dos segmentos da economia, a gestão dos Custos Logísticos tem como objetivo principal estabelecer políticas que possibilitem às empresas, simultaneamente, uma redução nos custos e a melhoria do nível de serviço oferecido ao cliente. Para isso, é preciso conhecer quais são os custos inerentes a todo o processo logístico.

6.1 Conceitos básicos

Parece primário voltar em alguns conceitos, mas percebemos que algumas obras de Logística não deixam claro do que estão tratando quando vão falar sobre os Custos Logísticos. Para viabilizar a compreensão das informações extraídas das demonstrações contábeis para a análise das alternativas de decisões por parte do gestor, apresentaremos, na seqüência, alguns conceitos básicos, que são relevantes para o bom entendimento dos Custos Logísticos:

- **gastos:** envolvem sacrifícios financeiros (desembolsos) para uma empresa, que podem ser representados, segundo Martins (2003, p. 24), *"pela entrega ou promessa de entrega de ativos (normalmente dinheiro)"*. O desembolso, segundo este autor, é *"um pagamento resultante da obtenção de um bem ou serviço"*, que não coincide necessariamente com o momento do gasto. Quando entramos nessa esfera, envolvemo-nos com o grande dilema para os não-contadores, que é a diferença entre o **Regime de**

Competência e o **Regime de Caixa**. O Regime de Competência está associado à ocorrência dos fatos e o Regime de Caixa, aos pagamentos ou recebimentos. Por exemplo, podemos contratar um operador logístico que prestará seus serviços no mês de janeiro, mas só iremos pagar-lhe no mês subseqüente, fevereiro. Em termos contábeis, ou seja, para apuração do resultado de uma operação e seus reflexos patrimoniais, esse gasto é de competência do mês de janeiro, mas em termos de Fluxo de Caixa será um componente da movimentação do mês de fevereiro. Os gastos desembolsáveis são aqueles que irão afetar o caixa da empresa quando consumidos, como, por exemplo, os custos de transportes, enquanto os não desembolsáveis são aqueles considerados econômicos, ou seja, afetam o resultado econômico da empresa mas não afetam o caixa no curto prazo, tal como a depreciação de um veículo;

- **investimentos**: contemplam os recursos comprometidos para funcionamento específico. São os gastos ativados, ou seja, que fazem parte do ativo da empresa, compostos por bens e direitos, de propriedade da empresa e que beneficiarão os exercícios, presente e futuro. De acordo com nosso foco, todos os ativos logísticos, tais como equipamentos de movimentação, veículos, instalações, prateleiras, os próprios estoques etc., podem ser considerados como Investimentos. A tendência atual, aliás, é terceirizar algumas atividades como, por exemplo, serviços de transportes de operadoras logísticas que são especializadas nesta área, otimizando, de forma eficiente, os investimentos envolvidos nos processos logísticos. Por outro lado, as empresas, geralmente, têm como objetivo produzir e vender, sem muita habilidade para distribuir seus produtos, não otimizando de forma eficiente os investimentos aplicados em Logística; e

- **perdas:** estão associadas, segundo Martins (2003), aos bens ou serviços consumidos de forma anormal ou involuntária, ou seja, algo inesperado, tal como a obsolescência dos estoques. Podemos, também, associar as perdas às falhas e aos desperdícios incorridos no processo, por exemplo, com atividades que não agregam valor e precisam ser minimizadas ou eliminadas.

Continuando o raciocínio e focando, efetivamente, no que nos interessa nesta obra, cabe-nos ressaltar, como contadoras que somos, que a Teoria da Contabilidade segrega os gastos em despesas e custos:

- **despesas:** são todos os gastos incorridos no esforço de obter receitas. Por exemplo, um gasto com propaganda e publicidade realizado pela área de marketing para obtenção de clientes e, conseqüentemente, obter receita, assim como o gasto com frete da distribuição, é contemplado contabilmente, na Demonstração de Resultados Societária, como Despesas Comerciais. Os gastos com a Controladoria, normalmente, são Despesas Administrativas;

- **custos**: são gastos relacionados aos sacrifícios dos recursos ocorridos no processo produtivo. Poderíamos considerar como custo a depreciação das empilhadeiras (ativos logísticos) assim como a mão-de-obra do pessoal envolvido na função de armazenagem de matéria-prima.

Martins (2003) comenta que inúmeras empresas prestadoras de serviços passaram a utilizar os princípios e técnicas de Contabilidade de Custos, em razão da similaridade da situação, tratando seus gastos como custos. Como a atividade de Logística é, eminentemente, prestadora de serviços para outras atividades da empresa, os consumos dos recursos associados a esta atividade serão tratados aqui como **custos**, de maneira similar à tratada pelos autores e profissionais ligados à atividade de Logística.

Os custos são elementos essenciais, considerados nas estratégias competitivas de uma empresa. Sink e Tuttle (1993, p. 67) afirmam que *"em algumas linhas de produtos ou serviços, o custo é o principal determinante do sucesso competitivo"* e a competitividade continuará a forçar uma grande preocupação com custos em todos os processos de negócios e segmentos da economia. Isso vale para o estratégico macroprocesso de Logística.

A partir deste ponto, então, só falaremos em **Custos Logísticos**, sobre os quais o Instituto dos Contadores Gerenciais – IMA (1992), em um documento sobre seu gerenciamento, expressa:

> *"Os Custos Logísticos são os custos de planejar, implementar e controlar todo o inventário de entrada (inbound), em processo e de saída (outbound), desde o ponto de origem até o ponto de consumo."*

Esta conceituação está em linha com o que foi discutido na Parte I, ao considerar os Custos Logísticos como aqueles em que a empresa incorre ao longo do fluxo de materiais e bens, dos fornecedores à fabricação (Logística de Abastecimento), nos processos de produção (Logística de Planta) e na entrega ao cliente, incluindo o serviço pós-venda (Logística de Distribuição), buscando a minimização dos custos envolvidos e garantindo a melhoria dos níveis de serviço aos clientes.

De acordo com o conceito de Logística Integrada, visando a obter o menor custo total possível, para que uma organização de natureza industrial, comercial ou prestadora de serviços possa gerenciar seus custos, é essencial que se tenha conhecimento de alguns conceitos aplicáveis à gestão da Logística, que serão utilizados no decorrer desta obra.

6.2 Conceitos de custos aplicáveis à logística

Neste tópico, serão descritos alguns conceitos de custos aplicáveis à gestão da Logística, que serão inseridos no contexto do estudo dos Custos Logísticos. É importante que os gestores do sistema logístico compreendam e utilizem uma série de informações de custos, bem como o comportamento de cada um deles.

Bloomberg et al. (2002) sugerem que os custos sejam segregados em: diretos e indiretos, fixos, variáveis e semivariáveis, irrecuperáveis (*sunk costs*) e incrementais ou marginais. Cada um desses custos revela uma importância única para a tomada de decisões em Logística e, dessa maneira, os classificaremos da forma que se pode observar no Quadro 6.1.

Quadro 6.1 *Classificação dos Custos Logísticos quanto à finalidade da informação.*

Finalidade da Informação	Classificação dos Custos Logísticos
Quanto ao relacionamento com o objeto	Diretos e Indiretos
Quanto ao comportamento diante do volume de atividade	Variáveis e Fixos
Quanto ao relacionamento com o processo de gestão	Controláveis e Não Controláveis; Custos de Oportunidade; Custos Relevantes; Custos Irrecuperáveis; Custos Incrementais ou Diferenciais; Custos Ocultos (*Hidden Costs*); Custo-Padrão; Custo-Meta; Custo *Kaizen*; Custo do Ciclo de Vida.

6.2.1 Quanto ao relacionamento com o objeto

No que diz respeito ao *relacionamento com o objeto* (fornecedor, cliente, produto, regiões ou canais de distribuição), os Custos Logísticos podem ser classificados em:

- **Custos Diretos**: aqueles que podem ser diretamente apropriados a cada tipo de objeto, pela sua fácil identificação e mensuração no momento de sua ocorrência, tal como, por exemplo, os custos de transportes na distribuição, que podem ser identificados em função dos produtos faturados e entregues a cada cliente; e
- **Custos Indiretos**: são aqueles que não se podem apropriar diretamente a cada tipo de objeto, no momento de sua ocorrência, por não estarem diretamente relacionados ao mesmo. Como exemplo, podemos citar os custos com a tecnologia de informação utilizada em um processo logístico que atenda a diversos clientes. Os Custos Logísticos indiretos são os mais difíceis de mensurar e alocar a cada objeto de análise. Este aspecto será tratado no Capítulo 19, quando formos abordar o Custeio Baseado em Atividades (ABC) na Logística.

Existem elementos de Custos Logísticos, que serão comentados posteriormente, tais como os custos de transporte, que podem ser alocados diretamente ao objeto cliente. Por exemplo, os custos de armazenagem, assim como os custos com a administração da Logística, que podem ser considerados, tipicamente, indiretos, não podem ser alocados diretamente ao cliente, a não ser que exista para cada cliente um sistema de armazenagem ou local específico que identifique os produtos faturados para o mesmo.

6.2.2 Quanto ao comportamento diante do volume de atividade

Outra análise relevante aos custos do macroprocesso de Logística ocorre em função de seu *comportamento diante do volume de atividade*. No caso da Logística, volume é um fator preponderante, pois se trabalha muito com volumes produzidos, movimentados, transportados, vendidos, distribuídos etc. Os custos podem ser segregados em fixos, variáveis e semivariáveis ou semifixos:

- **Custos Fixos**: são os custos estruturais que ocorrem período após período, sem alterações, ou cujas alterações não se verificam como conseqüência de variação no volume de atividade em iguais períodos. Na Logística, podem ser citados os custos com armazenagem própria, contemplando a depreciação dos ativos logísticos, os gastos com a mão-de-obra mensalista e outros gastos gerais;
- **Custos Variáveis**: são custos que variam em função do volume da atividade. Conhecer os custos variáveis auxilia em muitas decisões de curto prazo, como, por exemplo, o ajuste do *mix* de produtos em face dos fatores limitantes de condições operacionais e de mercado existentes.

O mesmo exemplo apresentado nos Custos Diretos pode ser tratado como Custo Variável, pois o frete varia em função do volume a ser entregue a determinado cliente, se este for contratado com base nas unidades físicas a serem transportadas; e

- **Custos Semivariáveis ou Semifixos**: são custos que têm uma parcela variável e outra fixa; por exemplo, um vendedor que recebe um salário fixo e mais comissão sobre vendas, que é variável. Outro exemplo é o da energia elétrica, em que a empresa negocia com a companhia de energia uma parcela fixa para determinado nível de produção e acima deste nível a cobrança será variável. Atualmente, os termos *semivariáveis* e *semifixos* não são muito utilizados – costuma-se dizer que o custo tem parcela fixa e parcela variável.

A flexibilidade requerida nos sistemas logísticos é enorme; muitas vezes, os volumes oscilam acentuadamente, sendo este um dos elementos impulsionadores do processo de terceirização (*outsourcing*) em Logística, por parte de empresas preocupadas em tornar variáveis seus custos fixos ("variabilização").

6.2.3 Quanto ao relacionamento com o processo de gestão

Quando falamos em gestão, estamos nos preocupando com o processo de tomada de decisões em Logística, sejam elas de natureza estratégica, tática ou operacional, como visto no Capítulo 5. Existem vários conceitos de custos que são praticados e relevantes à gestão, tais como: controláveis e não controláveis; custos de oportunidade; custos relevantes; custos irrecuperáveis (*sunk*); incrementais, marginais ou diferenciais; custos ocultos (*hidden*); custo-padrão; custo meta, custo *kaizen* e custo do ciclo de vida, que serão descritos na seqüência:

- **Custos Controláveis** e **Não Controláveis**: inicialmente, quando se fala em tomada de decisão, devemos analisar o que faz parte, efetivamente, da gestão de cada processo. Lambert (1994) comentou sobre os custos controláveis e incontroláveis, dizendo que os primeiros variam com o volume de esforço de um processo/atividade e devem estar relacionados a um objeto e identificados separadamente. Contabilmente falando, dizemos que o *Custo Controlável* é aquele que é influenciado pela decisão e ação de um gestor e pode ser identificado ao objeto ou rastreado em determinado processo/atividade. O *Custo Não Controlável* não pode ser influenciado pela decisão de um gestor, por exemplo, o gestor de Logística pode controlar os custos de transporte e armazenagem, mas não pode controlar os gastos com a segurança ou a limpeza do prédio, que também são utilizados por outras áreas da empresa e poderão ser "alocados" ao processo/atividade por diversos critérios questionáveis, ou seja, não diretamente identificados. Voltaremos a tratar disso no Capítulo 18, quando formos falar sobre a Logística como uma Unidade de Negócio.

- **Custo de Oportunidade:** é um conceito de custo imprescindível à gestão da Logística, sobretudo no que tange aos investimentos em ativos logísticos. É um tipo de custo imputado, um custo de capital,[1] que não é registrado contabilmente (nos livros contábeis tradicionais) e não implica desembolsos de caixa, pois tem natureza econômica, mas deve ser contemplado nos relatórios gerenciais. O custo de oportunidade, de acordo com Martins (2003, p. 234), *"representa quanto a empresa sacrificou em termos de remuneração por ter aplicado seus recursos numa alternativa ao invés de em outra"*.

Na opinião de Nascimento (1998), a ocorrência desse custo implica desembolsos futuros ou redução do resultado econômico líquido. É um elemento relevante no processo decisório, pelo fato de as decisões sempre envolverem um processo de escolha, que por sua vez envolve um tipo de sacrifício.

Para ilustrar este conceito, um exemplo pode ser o de uma empresa que poderia aplicar seus recursos em operações no mercado financeiro e "ganhar" 1% ao mês, em vez de investir em estoques ou em outros ativos logísticos; portanto, a decisão de manter esses ativos deveria render, no mínimo, o que a empresa poderia obter no mercado financeiro, ou seja, 1% ao mês. Este é o custo de oportunidade desses ativos.

No caso da Logística, ocorrem investimentos em Ativos Imobilizados (veículos, empilhadeiras, instalações etc.) e Estoques ao longo da cadeia de suprimentos, sendo imprescindível considerar o custo de oportunidade sobre os ativos logísticos como um Custo Logístico, a ser contemplado no resultado econômico da empresa. Cabe ressaltar ser necessário que, nas tomadas de decisões de manter ou não os estoques ou outros ativos logísticos, os gestores estejam conscientes da existência desses custos financeiros.

Para que seja aplicado este conceito, segundo Nascimento (1998), deve-se reconhecer a existência dos **juros sobre o capital empregado** (ativos) nas operações. A contabilização desses juros é defendida por Anthony (1973), que ressalta que *"os juros são elementos de custos e, como*

---

1 Conforme afirma Assaf (2001, p. 237), o Custo de Capital *"equivale aos retornos exigidos pelos credores da empresa e por seus proprietários"*.

tal, devendo ser tratados como os outros fatores de produção". Pensando desta forma, este autor desenvolveu uma metodologia para a mensuração e contabilização do custo do capital próprio, que se baseia na estimativa de um custo ponderado de capital, que será a base para a mensuração do custo do capital, a ser agregado ao valor dos Ativos (Estoques ou Imobilizados) ou, no caso dos Custos Logísticos, tendo como contrapartida uma conta no Patrimônio Líquido. Voltaremos a tratar sobre o Custo de Oportunidade e sobre o referido Custo Médio Ponderado de Capital, quando formos discutir sobre o Custo de Manutenção do Inventário, no Capítulo 10;

- **Custo Relevante**: é um conceito, como comentado por Lambert (1994), importante à gestão logística. Custos Relevantes são *custos futuros*, que diferem entre as diversas alternativas. Para ser relevante, um custo não deve ser apenas um custo futuro, mas, também, precisa ser diferente de uma alternativa para outra. Na escolha entre alternativas, por exemplo, dos modais de transporte, apenas alguns custos serão relevantes na análise, tais como os custos de embalagem ou os custos de manutenção de inventário, pois irão ocorrer como resultado da tomada de decisão de qual modal de transporte utilizar e afetam o fluxo de caixa. *"Custo Relevante não é necessariamente o que foi incorrido no passado, mas aquele que se espera incorrer no futuro para um determinado nível de serviço. Os trade-offs enquadram-se na categoria de custos relevantes"* (CEL, 2000). Nos projetos logísticos, devem ser considerados todos os custos relevantes;

- **Custos Irrecuperáveis** (*sunk costs*): são *custos incorridos no passado* e que *não são relevantes* para decisões no presente, pois não se alteram em função das decisões. A depreciação de um ativo já existente, por exemplo, não deve ser considerada como um custo relevante, pois não afeta o fluxo de caixa; em compensação, os custos de capital sobre esse ativo devem ser considerados. Adaptando o exemplo de Jiambalvo (2002), se você comprou ingresso para assistir a um filme no cinema e gastou R$ 12,00, e um amigo o convida para ir a um churrasco, sem custo nenhum, e você aceita, os R$ 12,00 gastos pelo ingresso não serão recuperados.

- **Custo Incremental, Marginal** ou **Diferencial**: este conceito é importante na análise dos Custos Logísticos e normalmente é considerado como um custo extra, associado a uma unidade adicional. Em uma tomada de decisão, devemos analisar os aumentos (ou diminuições) nas receitas e nos custos, que ocorrerão em cada decisão, ou seja, incluem custos que se modificam, como conseqüência da escolha entre as diversas alternativas. Em uma análise incremental, devemos observar qual o resultado econômico que será apurado, pela diferença entre a receita e o custo incremental. Podemos citar como exemplo a questão, descrita no Custo Relevante, da escolha do modal de transporte, em que a alternativa que tiver o melhor resultado econômico, ou seja, a melhor solução logística, deverá ser a escolhida. Novamente, isso remete para o conceito de *trade-off*, que concluímos que envolve custos relevantes e incrementais, marginais ou diferenciais;

- **Custos Ocultos** (*Hidden Costs*): são custos que não são visíveis aos gestores, mas que afetam o resultado econômico da empresa, pois ocorrem em condições anormais de operação, associados ao conceito de *Perdas*, tais como falhas e desperdícios nos processos logísticos. Este é um dos maiores problemas de identificação de custos, pois muitas falhas não são perceptíveis. No decorrer das atividades, por exemplo, os gestores, muitas vezes, não percebem o quanto estão desperdiçando de recursos ou de tempo, em atividades que não agregam valor à empresa, ou que não produzem nenhum produto ou serviço, o que impacta, diretamente, o resultado econômico das empresas, de forma negativa.

McNair (2000) chama os desperdícios de *"ladrões de lucro"*, incluindo questões como complexidade excessiva, redundâncias, "re^2-qualquer coisa", treinamento inadequado, comunicação deficiente, funcionários sem poder e imperícias, além da questão da capacidade humana, que também pode vir a causar perdas. Entre outros exemplos de Custos Logísticos ocultos, baseados no *Toyota Production System* comentado por Shingo (1981), podem ser citados: superprodução (quando existe a geração de estoques desnecessários); defeitos (erros que necessitam de mensuração); esperas e atrasos (que podem causar ociosidade em determinado momento e horas extras em outros); acúmulos de material em processo, transportes internos e ações, que podem gerar movimentações desnecessárias, e processos (que, muitas vezes, necessitam ser modificados para serem eficientes).

Mesmo que a empresa consiga repassar para seus clientes, por meio de seu preço, todos os desperdícios ou custos ocultos, seu lucro só será obtido pelo diferencial entre suas receitas e seus custos totais, que estarão "inchados" pelos referidos itens, que não agregam valor. Qualquer atividade que gere desperdício (perda) apenas aumenta o custo total, não agregando nenhum valor, e um cliente não vai querer pagar por isso;

- **Custo-padrão**: pode ser considerado como um custo "elaborado", que contempla aspectos físicos e monetários, em que são considerados, dentro da normalidade, os materiais, mão-de-obra, equipamentos e ou-

---

2 Os "res" são as repetições de processos, tais como: re-trabalhos, re-engenharias, re-negociação etc.

tros custos, aplicados ao produto/serviço ou à atividade. É o custo que se deseja alcançar, em termos físicos e monetários, se tudo ocorrer de acordo com o normal da atividade. Por exemplo, se formos apurar o custo-padrão de um serviço a ser prestado, devemos avaliar quanto tempo iremos gastar para realizá-lo (padrão físico) e qual é o custo da mão-de-obra envolvida, bem como outros custos associados (padrão monetário). Após o serviço ter sido prestado, é necessário realizar o acompanhamento das variações dos custos reais em relação aos padrões, justificando as causas dos desvios, para que sejam tomadas as devidas ações corretivas;

- **Custo-Meta ou Alvo (*Target Cost*)**: É aquele em que, a partir do preço de mercado do produto/serviço e tendo definida a margem de lucro desejada, a diferença é o custo-meta. Para ilustrar, vamos imaginar que o serviço a ser prestado tenha um preço de mercado de R$ 200,00 e que a empresa espera ter uma margem de lucro de 20%, ou seja, R$ 40,00. Portanto, o custo a ser atingido (meta) é de R$ 160,00. Normalmente, é apurado na etapa de desenvolvimento do produto/serviço;
- **Custo no Ciclo de Vida**: atualmente, em função de, em muitos segmentos, os produtos estarem com ciclos de vida cada vez mais curtos, o tempo é a base para a competitividade, é um elemento de diferenciação, e a tendência é que cada vez mais os tempos sejam comprimidos. Quando se fala em compressão do tempo, estamos nos atendo às diversas etapas do ciclo de vida de um produto, sendo que o tempo de vida de um produto varia de acordo com a atividade econômica da empresa e independe desta atividade. O conceito do Ciclo de Vida do Produto abrange todos os estágios de evolução dos produtos, desde sua concepção, desenvolvimento, crescimento, maturidade até sua saturação e declínio, quando será descontinuado. Desde sua concepção até a descontinuidade de um produto, os custos devem ser acompanhados pelo custeio do ciclo de vida. O Custeio do Ciclo de Vida é um sistema que fornece informação para que sejam entendidos e gerenciados os custos existentes nos vários estágios ou ciclos de projetos, desenvolvimento, fabricação, comercialização, distribuição, manutenção, serviços, até a entrega do produto. Um fator extremamente relevante é a gestão dos materiais/produtos a serem descontinuados (*stock-outs*), quando chegam em sua etapa de declínio. Se não são bem administrados, podem gerar perdas irrecuperáveis para a empresa;
- **Custo *Kaizen***: está relacionado à melhoria contínua dos processos, visando à redução constante dos custos em todas as fases do ciclo de vida de um produto/serviço. O Custo *Kaizen* é similar ao custo-meta em sua missão de reduzir custo, exceto que enfoca a redução dos custos durante as outras fases do ciclo de vida, além do desenvolvimento. Por

exemplo, se em um determinado mês o custo de transporte incorrido foi de R$ 1 milhão, de acordo com a filosofia do *kaizen*, os gestores deverão encontrar um meio de reduzi-lo.

Vimos, até este ponto, alguns conceitos básicos de custos e outros específicos a serem aplicados à gestão logística. No sentido de ordenar esta discussão sobre Custos Logísticos, procuramos estabelecer um *framework* – uma estrutura de raciocínio – que, de um lado, permitisse uma discussão dos custos relativos a cada elemento de custo em si mesmo (Capítulos 7 a 14) e, de outro lado, os associasse aos processos logísticos (Capítulo 15).

7
Custos de armazenagem e movimentação

O subprocesso[1] de Armazenagem constitui um elo entre o fornecedor, a produção e o cliente, formando um sistema do abastecimento à demanda e proporcionando, assim, um serviço eficiente ao cliente. Neste subprocesso são consideradas as atividades de *Movimentação dos materiais, embalagens e produtos* e *Acondicionamento dos estoques (estocagem)*, que estão intimamente ligadas ao espaço físico, ao manuseio e à movimentação dos materiais e produtos.

É importante destacar, para que se tenha um raciocínio lógico do subprocesso de Armazenagem, qual o entendimento do termo *estocagem* e qual a correlação existente com a armazenagem. No entendimento de alguns autores, há uma segregação de armazenagem e estocagem; neste estudo, será adotado o entendimento de que a estocagem é uma atividade da Armazenagem, na qual os materiais/embalagens e produtos são acondicionados durante um determinado período, até o momento de serem utilizados no processo de produção ou de sua comercialização.

Assim, destaca-se a contribuição de Moura (1989, p. 4), que diz que a estocagem

> "É uma das atividades do fluxo de materiais no armazém e o ponto destinado à locação estática dos materiais. Dentro de um armazém, podem existir vários pontos de estocagem. A estocagem é parte integrante da armazenagem."

---

[1] No início do Capítulo 2, quando se tratou sobre os processos logísticos, apresentou-se uma hierarquia dos processos, subprocessos e atividades.

As decisões operacionais de armazenagem, no tocante ao acondicionamento dos estoques, contemplam questões relativas ao *layout* envolvendo as embalagens e as estruturas (porta-*pallets*, *cantilever*, roletes, *drive-in*, mezaninos, estantes, *flowracks* etc.) para acondicionamento dos estoques e movimentação dos materiais/embalagens/produtos, como por exemplo: a ocupação volumétrica e acessibilidade; volumes; pesos; tempo de permanência; condições para itens críticos; tipos e padronização de *pallets*; os níveis de estoque; o sistema de registro e controle. Além disso, requerem, também que sejam solucionadas questões referentes à localização, dimensionamento da área, arranjo físico, projeto de docas e configuração dos armazéns, tecnologia de movimentação interna, estocagem e sistemas.

Há um grande esforço por parte das empresas para minimizar o uso dos locais de armazenagem, com o objetivo de sincronizar a produção com a demanda do consumidor, visando a evitar o acúmulo dos estoques ao longo da cadeia para que obtenham menores custos, carregamentos e descarregamentos mais freqüentes e giro mais rápido dos estoques.

No que diz respeito ao manuseio (*handling*) e à movimentação de materiais, são incluídos todos os movimentos associados ao recebimento na aquisição de materiais e produtos até o ponto de estocagem, como também a retirada destes materiais até o local onde serão utilizados ou os produtos expedidos para distribuição, como, por exemplo, movimentar os itens necessários às submontagens de motores de um caminhão ou painéis de carros, realizadas no processo produtivo da indústria automobilística.

Estabelecer o fluxo de movimentação dos materiais/produtos é o objetivo principal desta atividade. Assim, os problemas dela decorrentes implicam organizar as quantidades agregadas que devem ser produzidas, quando e onde devem ser fabricadas. As decisões operacionais de movimentação (deslocamento interno) dos materiais e produtos, de acordo com o IMAM (2000), estão relacionadas às seguintes questões, entre outras:

- áreas, condições e equipamentos e métodos operativos;
- inspeção e devolução de materiais;
- rotas de movimentação e manuseio;
- tempo de ciclo; e
- ativos logísticos envolvidos.

É imprescindível verificar se a movimentação de materiais e produtos é necessária. Se for, deve-se verificar se a distância entre as operações é mínima, se o *layout* existente proporciona o melhor fluxo, se os materiais são estocados no ponto de uso, entre outros fatores. Normalmente, considera-se que esta atividade não agrega valor ao produto, portanto essas operações devem ser mantidas em nível mínimo. Para itens de baixo valor unitário, a proporção dos custos de manuseio e movimentação, em relação ao custo total, pode ser significativa e deve ser minimizada, para evitar desperdícios (custos ocultos).

O que ajuda a aperfeiçoar a movimentação é a redução dos movimentos normais dos materiais, a eliminação de retrocessos, a manutenção de controle visual dos materiais estocados, a localização do almoxarifado próximo à montagem, o uso de acessórios nas empilhadeiras para melhorar a produtividade etc.

Segundo Ballou (1993), uma empresa que necessita de espaço físico para acondicionar seus estoques de materiais e produtos tem opções de possuir prédio próprio, alugar espaço físico, alugar um prédio para a operação ou estocar em trânsito. Nas três primeiras opções, estará realizando uma operação de **armazenagem própria** e, se estiver alugando espaço físico temporário, diretamente ou via operador logístico, estará realizando operação em armazém público/geral.

De acordo com o Instituto dos Contadores Gerenciais – IMA (1989), há numerosos fatores que contribuem para a determinação dos custos de armazenagem, tais como:

- características de recebimento: contemplando volumes por grupo de produto, modo de transporte, características da carga etc.;
- características de acondicionamento (estocagem – quantidade por *pallet*, empilhamento de *pallet*, temperatura requerida etc.);
- características de seleção de pedido ou embarque – volume por grupo de produto, quantidade de lote de pedido, modo de transporte, taxa de atendimento de pedido e tempo de atendimento;
- necessidades de etiquetagem;
- características de re-embalagem (bens danificados e especiais);
- necessidade de mão-de-obra direta e de equipamentos; e
- necessidade de recursos indiretos (supervisão, manutenção de equipamentos, limpeza, segurança, suprimento etc.).

Todos os fatores supracitados afetam os custos de Armazenagem. Na Figura 7.1, podemos observar os referidos custos.

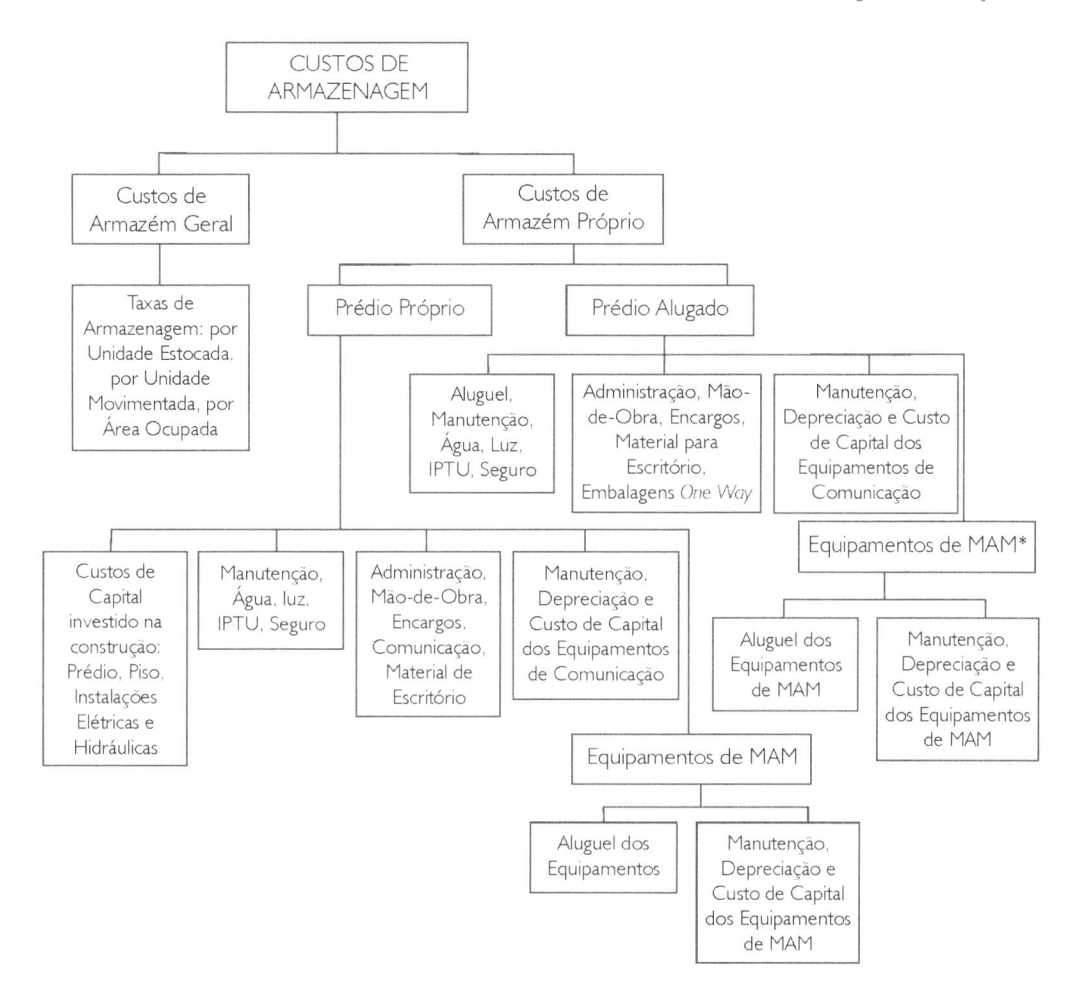

```
                        ┌──────────────────────┐
                        │  CUSTOS DE           │
                        │  ARMAZENAGEM         │
                        └──────────────────────┘
```

(Diagrama — Figura 7.1)

- **Custos de Armazém Geral**
  - Taxas de Armazenagem: por Unidade Estocada, por Unidade Movimentada, por Área Ocupada

- **Custos de Armazém Próprio**
  - **Prédio Próprio**
    - Custos de Capital investido na construção: Prédio, Piso, Instalações Elétricas e Hidráulicas
    - Manutenção, Água, luz, IPTU, Seguro
    - Administração, Mão-de-Obra, Encargos, Comunicação, Material de Escritório
    - Manutenção, Depreciação e Custo de Capital dos Equipamentos de Comunicação
    - Equipamentos de MAM
      - Aluguel dos Equipamentos
      - Manutenção, Depreciação e Custo de Capital dos Equipamentos de MAM
  - **Prédio Alugado**
    - Aluguel, Manutenção, Água, Luz, IPTU, Seguro
    - Administração, Mão-de-Obra, Encargos, Material para Escritório, Embalagens *One Way*
    - Manutenção, Depreciação e Custo de Capital dos Equipamentos de Comunicação
    - Equipamentos de MAM*
      - Aluguel dos Equipamentos de MAM
      - Manutenção, Depreciação e Custo de Capital dos Equipamentos de MAM

* MAM é Movimentação e Armazenagem de Materiais.
Fonte: Adaptada de Instituto de Movimentação e Armazenagem de Materiais – IMAM (2001).

Figura 7.1 *Custos de armazenagem/movimentação.*

Os custos do espaço de armazenagem, para acondicionar os estoques de materiais e produtos, podem estar relacionados a diferentes instalações, como armazéns próprios ou armazéns públicos/gerais. Dependendo da forma como os estoques estão sendo acondicionados, esses custos podem ser fixos ou variáveis. Fixos, quando se tratar de armazenagem própria e quando ocorrer em armazéns públicos. Esses custos, geralmente, variam com o nível de estoque.

> No caso de armazenagem própria, é necessário considerar que existem operações que apresentam alto valor agregado e requerem um investimento significativo por parte da empresa, gerando os seguintes custos:
>
> - custo de oportunidade sobre o investimento em ativos logísticos (imóveis, equipamentos, instalações etc.). O custo de oportunidade representa o valor que a empresa deixou de ganhar em outros projetos, quando optou pela utilização do imóvel para estocagem. Representa o montante líquido que a empresa iria ganhar, se não tivesse utilizado os recursos na aquisição do imóvel para estocagem. A taxa de aplicação para o cálculo desse custo está relacionada ao tempo de investimento que seria feito, por exemplo, se o imóvel não fosse utilizado para benefícios próprios e, sim, alugado a terceiros, em que o custo de oportunidade seria o valor cobrado por este aluguel não realizado; ou a taxa de juros, se a opção da empresa fosse pela aplicação desses recursos no mercado financeiro;
> - custos com a mão-de-obra envolvida (salários, benefícios e encargos sociais da mão-de-obra operacional e de supervisão, tais como conferentes, auxiliares, separadores e operadores de empilhadeiras);
> - custos com gastos condominiais (aluguéis, impostos, seguros, energia elétrica, água, telecomunicações, segurança, limpeza etc.);
> - custos com manutenção dos ativos destinados à Armazenagem/Movimentação;
> - custos com prestação de serviços de terceiros; e
> - custos com depreciação dos ativos destinados à armazenagem/movimentação envolvidos nas operações logísticas, que correspondem ao tempo de utilização do imóvel, das instalações e dos equipamentos de manuseio/movimentação. A depreciação é a perda de valor do bem pelo uso ou desgaste e seu cálculo depende do método a ser utilizado. Pelo método linear, por exemplo, é determinado pelo governo brasileiro um percentual sobre o valor do imóvel, 4% ao ano. Para calcular o valor mensal de depreciação deve-se dividir o valor líquido do bem (valor de aquisição – valor residual) pelo tempo (número de meses) em que o bem será utilizado.

Esses **custos fixos** podem ser reduzidos pela eliminação de movimentos desnecessários na operação, acompanhados pelo aumento da rotatividade por meio do sistema todo, reduzindo o número de movimentos pelo aumento de quantidade movimentada (lote) em cada operação. Segundo Freese (1999), as principais reduções ocorrem, quando se tentam reduzir o número de movimentações de materiais e distâncias (questões de *layout*), o espaço e os custos de mão-de-obra e níveis de inventário por tipo de material.

Os custos de **armazenagem pública/geral**, que são gerados pelas taxas de armazenagem, conforme pode ser visto na Figura 7.1, podem ser reduzidos por meio da redução de tarifas, de aluguel de contêineres, do planejamento de desova de contêineres e da integridade de dados de inventário, entre outros fatores. São exemplos de armazenagem pública/geral em fluxos de importação/exportação os Terminais Retroalfandegados (TRA) (na zona portuária primária) e as Estações Aduaneiras do Interior (EADI) ou Depósitos Alfandegados Privados (DAP) (fora da zona primária), estes últimos chamados de portos secos (*dry ports*), que foram criados para diminuir o fluxo nas zonas primárias.

Quando uma empresa utiliza os serviços de um **armazém público/geral**, tais como os TRA ou EADI, assim como quando decide terceirizar sua atividade de armazenagem para um operador logístico, sabe com precisão seus custos de armazenagem, bem como pode prever custos para níveis diferentes de atividade, pois os custos são conhecidos de antemão, por unidade estocada ou movimentada, dependendo da negociação. Muitas empresas estão, inclusive, terceirizando os serviços de armazenagem para operadores logísticos, visando a reduzir seus custos, procurando **"transformar" seus custos fixos em variáveis**.

Outra decisão logística que deve encontrar um *trade-off* ótimo entre custos de transporte e de armazenagem é a opção de manter armazenagem própria utilizando-se de **Centros de Distribuição**, que estão muito em voga no momento, por poder proporcionar redução nos custos de manutenção de inventário e transportes, entre outros custos. A decisão de concentrar os produtos acabados em único centro de distribuição, por exemplo, envolve a análise de alguns *trade-offs*: os custos condominiais são reduzidos e pode, também, ser possível reduzir inventários; o volume para distribuição é menor, mas podem ser aumentados os custos de transporte e os decorrentes do nível de serviço comprometido com o cliente.

Alvarenga e Novaes (2000) ressaltam que os materiais e produtos chegam, muitas vezes, aos armazéns em pequenas quantidades, vindas de diversos fornecedores ou pontos geográficos variados. Uma vez que exista um único armazém, torna-se necessário preparar carregamentos completos para outros pontos da rede logística, que são chamados de centros de distribuição avançados. Segundo Lacerda (2000), o estoque é posicionado em vários elos de determinada cadeia de suprimentos e permite atender rapidamente às necessidades dos clientes de regiões distantes dos centros produtores. Estes poderiam ser considerados centros de distribuição regionais.

Desta forma está implícito o conceito de **Consolidação**, que corresponde ao processo de juntar cargas de origens diversas, para formar carregamentos maiores, que também apresenta seus custos específicos. Quando esse carregamento chega ao centro de distribuição ocorre a **desconsolidação** da carga – o processo inverso da consolidação, em que carregamentos maiores são desmembrados em pequenos lotes para serem encaminhados a destinos diferentes pelo sistema (*cross docking*).

Outra consideração a ser feita no que diz respeito ao *trade-off* com os custos de transporte e custos de manutenção de inventários está relacionada à **estocagem em trânsito**, que, segundo Ballou (2001), refere-se ao tempo em que os materiais/produtos permanecem em um veículo durante a entrega e é uma forma especial de armazenagem que requer integração com algum modo de transporte. Lacerda (2000) comentou sobre novas estratégias de armazenagem, que envolvem o conceito do trânsito, no intuito de reduzir os níveis de estoques, tais como: centros de distribuição avançados, instalações do tipo *transit point*, *cross docking* e *merge in transit*.

Nas instalações tipo *transit point,* que podem ser consideradas instalações de passagem, não existem estoques físicos, mas são recebidas cargas consolidadas de único fornecedor, que são separadas e entregues, individualmente, aos clientes locais. A diferença entre as instalações anteriores e as do tipo *cross docking* é que esta última envolve cargas de diversos fornecedores que atendem a clientes comuns, reduzindo inclusive os custos de transporte. O *merge in transit*, por sua vez, conforme Lacerda (2000), é semelhante ao *cross docking*, mas combinado com o sistema *Just in Time (JIT)* requer maior necessidade de coordenação e utilização de sistemas de informações para eficiência das operações.

Um desafio nos custos de armazenagem é assegurar que as estratégias de armazenagem e gerenciamento de custos sejam consistentes com todas as estratégias de nível de serviço da empresa, o que inclui novas tecnologias, com alto nível de atendimento completo de pedidos e separação por clientes. Para isso, existe, também, a função de separação (*picking*), que é responsável pela coleta de *mix* correto de produtos da área de armazenagem para satisfazer às necessidades de cada cliente. Dependendo do segmento, dos tipos de produtos, do tempo de ciclo de pedido, pode ser uma das atividades mais críticas da armazenagem.

Tornou-se necessário, também, que ocorram investimentos em novas tecnologias de gerenciamento, movimentação e separação de materiais/produtos, tais como *Warehouse Management Systems* (WMS) voltados ao gerenciamento do armazenamento, transelevadores e sistemas automáticos ou semi-automáticos de separação de pedidos (*picking*).

Os Custos da Atividade de Armazenagem, normalmente, são tratados, contabilmente, como **custos indiretos de fabricação**, quando mantêm estoques de matérias-primas ou produtos em processo em empresas industriais (associados à Logística de Planta). Portanto, são contabilizados nos Estoques, aparecendo no Balanço Patrimonial enquanto não são consumidos. Quando os Estoques de Produtos Acabados são vendidos, aparecem na DRE como Custo dos Produtos Vendidos (CPV) ou como **Custos de Distribuição**; quando estocam produtos acabados ou peças de reposição (associados à logística de distribuição), em muitas empresas são tratados como Despesas Comerciais. Estes custos são, predominantemente, **de natureza fixa**, quando se trata da armazenagem própria, e variáveis, quando dizem respeito à armazenagem pública/geral.

Um fator que aumenta os custos de Armazenagem é a quantidade mantida em estoque, que só poderá ser movimentada com a utilização de mais mão-de-obra ou, então, com maior uso de equipamentos, tendo como conseqüência a elevação desses custos. No caso de um menor volume em estoque, o efeito é contrário.

Conforme Pagotto et al. (2000), citando um exemplo da Toyota, para a redução dos custos de armazenagem, é necessária a redução do *lead time* de abastecimento e produção, bem como a sincronização das entregas dos materiais com a necessidade de produção, a definição das necessidades de estoque, a maior rapidez no processamento de pedidos e melhoria no sistema de informação, a redução dos tempos de planejamento de produção e a efetivação dos planos de distribuição, a partir das bases de distribuição existentes.

Os principais *trade-offs* de custos que ocorrem nas atividades de Armazenagem e Movimentação de Materiais estão relacionados à Estocagem dos materiais/produtos entre os Custos de Manutenção de Inventário e Custos de Transporte, podendo ocorrer em função de decisões estratégicas e operacionais de armazenagem, inclusive sobre que produtos manter em cada local. Há, também, os custos com Tecnologia de Informação e Custos Tributários, mas que, também, são sensíveis às alternativas possíveis de uma rede logística com muitos armazéns. Para reduzir os custos de transporte na entrega do pedido ao cliente, pode-se buscar a solução em depósitos regionais (CDs). Em contrapartida a essa decisão, os custos de manutenção de inventários e os custos de armazenagem tendem a aumentar.

Percebe-se que os custos de armazenagem interagem ou são influenciados pelos custos de transporte (em função da localização e das quantidades movimentadas), pois dependem da necessidade por tipo e modo de movimento. Movimentos de transporte primários, por exemplo, são os transportes da fábrica para armazéns, aumentam com armazéns adicionais, mas podem reduzir custos de transporte de armazéns para clientes. Daí a necessidade de se conhecerem os custos de transporte, para melhor **análise de custo total**, focalizada na Logística Integrada, para equilibrar todos os Custos Logísticos.

8

Custos de transporte

O transporte, no plano nacional ou internacional, é considerado como um dos subprocessos mais relevantes da Logística. Envolve o deslocamento externo do fornecedor para a empresa, entre plantas e da empresa para o cliente, estando eles em forma de materiais, componentes, subconjuntos, produtos semi-acabados, produtos acabados ou peças de reposição. É um fator na utilidade de tempo e determina com que rapidez e consistência um produto move-se de um ponto a outro.

Segundo Gurgel (2000, p. 398), os principais objetivos da qualidade do transporte estão associados aos objetivos finais da empresa; portanto, devem ser tratados de modo a corresponder às expectativas previstas em termos de qualidade:

- fazer com que o produto chegue ao seu destino final sem qualquer tipo de avarias;
- cumprir os prazos previstos, evitando, assim, transtornos ao cliente;
- entregar a mercadoria no local certo, bem como facilitar o processo de descarga para o cliente;
- investir no aprimoramento dos processos, possibilitando, assim, executar o processo de forma mais ágil; e
- reduzir os custos de entrega, levando-se em consideração a satisfação do cliente e os benefícios gerados para a organização.

Muitas empresas conseguem um diferencial competitivo no mercado mediante uma correta utilização dos modos de transporte; como o elo entre o fabricante e o consumidor final, portanto, precisa ser visto e analisado cuidadosamente, tendo em vista o seu impacto na apuração final dos Custos Logísticos Totais; portanto, as empresas devem sempre estar atentas ao gerenciamento dessa função, visto que sua eficiência está ligada à satisfação do cliente e à minimização dos custos.

Os custos de transporte deveriam ser observados sob duas óticas: a do **usuário** (contratante) e a da **empresa operadora** (que possui frota própria). Na ótica do usuário (contratante), quando a empresa terceiriza as operações de transporte (ou parte dela), os custos de transporte são variáveis. Na ótica da empresa operadora (com frota própria), os custos de transporte têm uma parcela fixa e uma parcela variável. Isso será melhor detalhado quando tratarmos de cada modo de transporte.

A decisão de manter frota própria ou terceirizada, de acordo com Fleury (2004), deve considerar os aspectos custo, qualidade do serviço e a rentabilidade financeira das alternativas, ou seja, deve dar retorno ao acionista. Segundo esse autor, algumas características contribuem para essa decisão, tais como o tamanho da operação, a capacitação interna, a competência do setor, captação de cargas de retorno e o modal utilizado, pois se houver necessidade de um investimento muito alto, tal como em uma ferrovia ou dutovia, é preferível terceirizar a operação.

Independentemente de uma operação ser própria ou terceirizada, deve-se buscar a otimização do transporte, por meio de economias de custos, por exemplo, utilizando o frete de retorno (*back hauling*), ferramentas de otimização (pesquisa operacional e computação), desenvolvendo rotas por meio de ciclos fechados (*continuous moving*), "casando" carga e descarga entre os membros de uma cadeia de suprimentos.

Os custos de transporte, segundo Bowersox e Closs (2001), são influenciados, basicamente, pelos seguintes fatores econômicos:

- **distância**: é o que tem **maior influência no custo,** pois afeta os custos variáveis. Embora a relação custo/distância seja considerada linear, ou seja, quanto maior a distância, maior o custo total, mas o custo de frete por quilômetro rodado diminui, gradualmente, com a distância, em função de os custos fixos permanecerem os mesmos;
- **volume**: segue o princípio da economia de escala, ou seja, o custo do transporte unitário diminui à medida que o volume da carga aumenta. Com carga consolidada e ocupação completa da capacidade do veículo, tem-se uma diluição dos custos por unidade transportada;

- **densidade**: é a relação entre peso e volume e incorpora considerações de peso a ser transportado e espaço a ser ocupado. Um veículo, normalmente, é mais restrito quanto ao espaço do que quanto ao peso. Em termos logísticos, para melhor aproveitamento da capacidade do veículo, deve-se aumentar a densidade da carga. Esses custos devem ser balanceados com os custos dos sistemas de carga/descarga, no intuito de minimizar o custo total;
- **facilidade de acondicionamento**: refere-se às dimensões da carga e de como estas possam afetar o aproveitamento do espaço do veículo (carreta, contêiner, vagão etc.). Produtos com tamanhos ou formas não padronizadas levam ao desperdício de espaço, o que gera custos desnecessários;
- **facilidade de manuseio**: para agilizar e facilitar a carga/descarga, podem ser utilizados equipamentos especiais que, também, afetam o custo de manuseio/movimentação;
- **responsabilidade**: o grau de responsabilidade está relacionado à questão do risco e incidência de reclamações, contemplando as características da carga a ser transportada, tais como: suscetibilidade de avarias, de roubo, de combustão ou explosão espontânea, riscos de deterioração e produtos com alto valor agregado (seguro da carga); e
- **mercado**: os custos de frete são influenciados por fatores de mercado, tais como sazonalidade das movimentações dos produtos, intensidade e facilidade de tráfego, nacional ou internacional, entre outros. A existência de carga em rotas de retorno, por exemplo, pode reduzir o custo do frete por unidade de peso. Se isso não ocorre e o veículo volta vazio, o custo de retorno irá onerar o custo da viagem inicial.

Por sua vez, a escolha do modo de transporte é influenciada pelos fatores **custo**, tempo de trânsito da origem ao destino, risco (envolvendo a integridade da carga) e freqüência (regularidade do transporte). Normalmente, o fator custo é o mais importante, em termos econômicos e financeiros, mas os outros fatores também podem comprometer a definição do modo de transporte, estando relacionados ao atendimento do nível de serviço exigido.

O transporte, nacional ou internacional, pode ser realizado pelos seguintes modais (ou modos): rodoviário, ferroviário, aeroviário, dutoviário e aquaviário (marítimo, fluvial e lacustre).

Tabela 8.1   *Transporte de carga no Brasil.*

Modos	1999
Rodoviário	61,8%
Ferroviário	19,5%
Aquaviário	13,8%
Outros	4,9%

Fonte: Adaptada de IMAM (2004).
(Base: Empresa Brasileira de Planejamento de Transportes – GEIPOT).[1]

Na Tabela 8.1, percebemos que, no Brasil, o modo rodoviário ainda é o mais significativo, sendo que a matriz de transportes está sendo recomposta, e o modo ferroviário vem ganhando espaço, em conjunto com o aquaviário, por meio da utilização da cabotagem. No Quadro 8.1, são apresentadas algumas características dos modos de transporte.

Quadro 8.1 *Características dos principais modos de transporte.*

Item/Modo	Rodoviário	Ferroviário	Aéreo	Dutoviário	Aquaviário
Capacidade do embarque	Embarques médios	Embarques médios	Embarques menores	Embarques maiores	Embarques maiores
Velocidade	Média	Menor	Maior	Menor	Menor
Preço (para usuário)	**Médio**	**Menor**	**Maior**	**Menor**	**Menor**
Resposta do serviço	Média	Mais lenta	Mais rápida	Lenta	Lenta
Custo de inventário	**Médio**	**Mais caro**	**Menos caro**	**Mais caro**	**Mais caro**
Custos fixos	**Baixo**	**Alto**	**Alto**	**Alto**	**Médio**
Custos variáveis	**Médio**	**Baixo**	**Alto**	**Baixo**	**Baixo**

Fonte: Adaptado de Fleury (2000, p. 129), Ballou (2001) e Ratliff; Nulty (2003, p. 20) [grifos nossos].

---

1 Disponível em <http://www.guiadelogistica.com.br/estatisticas/transportes>.

Observando-se o Quadro 8.1, verifica-se que os preços são inversamente proporcionais aos custos de inventários, com exceção do rodoviário, identificando *trade-offs* diretamente associados, em função da decisão de seleção do modo de transporte. Na busca da redução dos custos de transporte, pode-se optar pelo transporte lento em vez do mais veloz. Por exemplo, pode utilizar-se o ferroviário (preço menor) em vez do aéreo (preço maior); conseqüentemente, o giro do capital investido é menor, pois o inventário irá ficar mais tempo em trânsito, o que resulta em custos maiores para o sistema logístico.

Na busca pela excelência no transporte, a determinação do tipo de modal a ser utilizado pode contribuir para a redução dos Custos Logísticos, fator de grande relevância para o sistema. A escolha do modal de transporte utilizado pode assegurar para a empresa economias significativas, como elevar o nível de desempenho no que se refere aos serviços prestados aos clientes.

Diante da relevância da atividade de transporte, serão comentados, na seqüência, os tipos de modais utilizados.

8.1 Modo rodoviário

Esse tipo de modalidade de transporte é utilizado para cargas pequenas e médias, para curtas e médias distâncias, com coleta e entrega ponto a ponto. O transporte rodoviário oferece uma ampla cobertura, podendo ser caracterizado como flexível e versátil, sendo mais compatível com as necessidades de serviço ao cliente do que outros modos de transporte.

Segundo Fleury (2000), este modo é amplamente utilizado devido a sua praticidade, no que se refere à movimentação de diversos tipos de carga (completa ou fracionada) do ponto de origem a um destino. E como no Brasil as rodovias são construídas com fundos públicos, mesmo com algumas concessões a empresas privadas, deparamos com custos fixos baixos, mas médios custos variáveis (combustível, pedágios, manutenções etc.).

Ainda de acordo com esse autor, muito embora pareça óbvio que, ao executar a operação com recursos próprios a empresa tenha maior controle sobre qualidade, prazos, disponibilidade, flexibilidade, devido à proximidade, exclusividade e facilidade de coordenação, nem sempre esses argumentos se efetivam na prática.

No que diz respeito aos custos, caso a frota seja própria, em que a própria empresa realiza a operação de transporte, existem alguns custos fixos, associados ao fator tempo, assim como variáveis, que são relacionados ao fator distância. Os custos fixos que podem ser associados ao transporte rodoviário são:

- salário do motorista e dos ajudantes: gastos mensais com salário do motorista e dos ajudantes dos veículos, incluindo salário-base, benefícios e os encargos sociais;
- manutenção – oficina própria: gastos mensais com salários do pessoal de manutenção dos veículos, incluindo benefícios e encargos sociais;
- depreciação dos veículos: corresponde à perda de valor do ativo, destinada à reposição do veículo, no final de sua vida útil, em função do desgaste pelo uso e/ou ação do tempo;
- depreciação do equipamento: o equipamento corresponde à carroceria ou à carreta acoplada ao veículo de tração e sua reposição refere-se à perda de valor do ativo, destinada à reposição do mesmo, ao final da vida útil daquele que, atualmente, está em operação;
- licenciamento e IPVA do veículo: representam as taxas e tributos que o proprietário do veículo deve recolher para que lhe seja permitido transitar, que devem ser alocados 1/12 por mês;
- seguro do veículo: corresponde a um prêmio anual pago à seguradora para ressarcimento de eventuais sinistros ocorridos com o veículo. Para o cálculo desse prêmio anual, as seguradoras utilizam procedimentos internos que consideram o tipo de veículo, a importância segurada, o custo de apólice e o Imposto sobre Operações Financeiras (IOF). Do ponto de vista da empresa usuária que irá pagar o seguro, resulta um valor anual (prêmio), que deve ser alocado 1/12 por mês;
- seguro dos equipamentos: de forma semelhante ao seguro do veículo, é pago, também, um prêmio anual à seguradora, para ressarcimento de eventuais sinistros ocorridos com os equipamentos, que deve ser alocado 1/12 por mês;
- seguro de responsabilidade civil facultativa: esse é um prêmio anual de seguro, pago a uma seguradora, que visa à cobertura de eventuais danos materiais e/ou pessoais causados a terceiros. O prêmio anual é definido pelas seguradoras a partir dos níveis de cobertura desejados para os danos materiais e pessoais. Para cada cobertura, há um prêmio anual que deve ser alocado 1/12 por mês; e
- custo de oportunidade sobre os ativos investidos: corresponde ao ganho que seria obtido no mercado financeiro, caso o capital empregado em veículos e equipamentos de transporte não tenha sido utilizado para sua aquisição.

Os custos variáveis do modo rodoviário, tomando-se por base a quilometragem percorrida, podem ser:

- peças, acessórios e material de manutenção: são os gastos mensais com peças, acessórios e material de manutenção, rateados pela quilometragem rodada a cada mês pelo veículo;
- combustível: são gastos efetuados com combustível para cada quilômetro percorrido pelo veículo;
- óleos lubrificantes: é um gasto correspondente à lubrificação do veículo e é composto de dois segmentos principais: a lubrificação interna do motor e o sistema de transmissão do veículo;
- pedágios: é um gasto correspondente à utilização e conservação das rodovias públicas;
- lavagens e graxas: são os gastos correspondentes à lavagem e à lubrificação externa do veículo; e
- pneus: são os gastos referentes à rodagem dos pneus utilizados no veículo, incluindo a sua compra, substituição de câmaras, protetores e reformas do pneu (recauchutagens e/ou recapagens).

Deve-se levar em conta que a classificação supracitada entre **custos fixos** e **variáveis** depende tanto da operação da empresa quanto da ocorrência do fato gerador. Como exemplo, se o motorista tiver um rendimento mensal, esse custo será fixo; se esse profissional for remunerado por quilometragem, o custo passará a ser variável. Podemos concluir que um veículo parado gera custo de tempo (**custos fixos**) e, quando em movimento, gera custo de tempo e custo de distância (**custos fixos e custos variáveis**).

Diante do processo de modernização por que passam as empresas, em decorrência de competitividade, tanto no que se refere à capacitação tecnológica quanto à qualidade dos produtos e serviços oferecidos, surgiu a figura dos operadores logísticos, que podem vir a responsabilizar-se pela operação de transporte de uma empresa (terceirizado). O custo do **transporte terceirizado**, que pode existir no modo rodoviário ou em qualquer outro modo, englobando todas as taxas pertinentes, além dos custos com a infra-estrutura do operador, comumente, é calculado pela multiplicação entre peso da carga e a distância a ser percorrida, levando em consideração, também, a densidade (relação peso/volume), dependendo do tipo de carga a ser transportada. Utiliza-se sempre o que der o maior valor, e este é um **custo variável** para o usuário (empresa contratante).

8.2 Modo ferroviário

O transporte ferroviário é mais apropriado para grandes massas, e torna-se pouco eficiente e muito oneroso para o deslocamento de pequenas quantidades. Normalmente, é utilizado para itens de baixo valor agregado, mas com grandes volumes de movimentação (granéis, minérios, produtos agrícolas etc.) e para longas ou pequenas distâncias, com baixas velocidades.

Lambert et al. (1998, p. 170) comparam o transporte ferroviário com o rodoviário, argumentando: *"o transporte ferroviário não tem a versatilidade e flexibilidade dos transportes rodoviários, porque está limitado a instalações fixas de trilhos"*. Essa característica passa a ser relevante diante da crescente necessidade de agregar valor ao serviço do cliente, mediante a prestação de um serviço rápido e eficaz.

Segundo os referidos autores, um dos principais problemas apresentados por esse tipo de modal é que o transporte ferroviário opera de acordo com horários previamente determinados, o que dificulta a rapidez na entrega e a satisfação do cliente. Outro problema apresentado, também, é que, muitas vezes, o vagão não está disponível na hora e no lugar necessário.

O modo ferroviário, conforme comenta Ballou (2001), apresenta altos custos fixos, provenientes da manutenção e depreciação de terminais, equipamentos, estradas de ferro etc., e custo variável baixo, dependente da distância a ser percorrida.

> Para as empresas que possuem frota própria, os custos fixos do modo ferroviário são semelhantes aos que foram descritos no transporte rodoviário, no que diz respeito a mão-de-obra, depreciação, manutenção, seguros e custos de oportunidade sobre o capital investido, estando relacionados à utilização dos trens, das locomotivas (elétricas, a vapor ou automotrizes) e dos vagões (vagões-gôndolas, vagões fechados, plataforma, tanques, refrigerador etc.), à utilização da estrada de ferro e das estruturas (pontes, galerias, túneis, grades etc.), incluindo os custos das atividades das estações, oficinas de reparos e sinais de comunicação ou terminais; limpeza dos veículos e da estrada e outros serviços especiais.
>
> O custo do modo ferroviário (sob a ótica do usuário) é, geralmente, calculado pela multiplicação da tarifa ferroviária pela densidade (peso/volume), utilizando aquele que proporcionar maior valor para definição do preço do serviço. Normalmente, não são incluídas as taxas de armazenagem, manuseio e movimentação mas, sim, taxas de estadia de vagão ou administrativas pelo transbordo entre modais.

8.3 Modo aeroviário

O transporte aéreo, tendo em vista seus custos elevados, é utilizado somente em circunstâncias especiais, que podem justificar-se por apresentar um nível de perdas baixo tal como, por exemplo, para produtos de alto valor. Conforme explica Lambert et al. (1998, p. 173), *"o frete aéreo não se justifica, em custo, para artigos de baixo valor, porque o alto preço do frete aéreo representaria muito do custo do produto"*.

Deve ser escolhido para médias e longas distâncias, em caso de produtos de alto valor agregado, como já mencionado e com alto grau de exigência quanto aos níveis de serviço aos clientes. Neste modo, são menores os custos com seguro e embalagem, em função do menor tempo de trânsito.

> Os custos fixos são altos em empresas com frota própria e, mesmo que estas não sejam proprietárias dos terminais e do espaço aéreo, esses custos são relacionados à operação das aeronaves, no que diz respeito à mão-de-obra, manuseio e movimentação de cargas, depreciação e manutenção, seguros e custos de oportunidade sobre o capital investido. Apresentam, também, custo variável alto (relacionado aos combustíveis, manutenção e as taxas de utilização dos terminais, entre outros).
>
> No transporte aéreo brasileiro, para as empresas usuárias, como custos variáveis existem algumas taxas específicas cobradas pela Empresa Brasileira de Infraestrutura Aeroportuária (INFRAERO), vinculada ao Comando da Aeronáutica, tais como: as tarifas de aeronave (embarque, pouso e permanência em solo) e tarifas de carga (armazenagem e capatazia). As tarifas de carga são cobradas por serviços prestados nos Terminais de Carga Aérea (TECA).
>
> A tarifa que se refere à armazenagem, pelo acondicionamento das mercadorias nos armazéns de carga, equivale, segundo Ferreira (2003), a um percentual sobre valor, o CIF (incluindo custo + seguro + frete), dependendo do período de armazenagem (em dias úteis), variando entre 1% e 3%; e a de capatazia, pelo manuseio e movimentação das mesmas. Segundo o referido autor, é cobrado US$ 0,015 (um centavo e meio de dólar) por quilograma, a um preço base por quilograma bruto, cumulativamente com os valores relativos à tarifa de armazenagem. Há, também, o Adicional de Transporte Aéreo (ATA), que incide sobre as tarifas aeroportuárias, que é de 50% sobre as tarifas de armazenagem e capatazia.

> A base de cálculo do frete aéreo (empresa usuária) leva em consideração o peso ou volume da mercadoria, sendo considerado o que proporcionar maior valor. A *International Air Transport Association* (IATA), citada por Ferreira (2003, p. 84), estabeleceu a seguinte relação:
>
> $$\text{Comprimento} \times \text{Altura} \times \text{Largura} = m^3$$
> $$m^3/0,006 = \text{Quantidade de kg (peso cubado)}$$
> $$\text{ou seja, } 6.000 \text{ cm}^3 = 1 \text{ kg ou } 6 \text{ m}^3 = 1 \text{ ton}$$
>
> Se um material de 1 kg estiver acondicionado em mais de 6.000 cm³, considera-se o volume como base de cálculo; se não, considera-se o peso. As tarifas aéreas baseadas em rotas, tráfegos ou custos são estabelecidas pelas empresas aéreas, em âmbito da IATA, para serem cobradas uniformemente.

Uma das principais vantagens apresentadas por esse meio de transporte refere-se ao tempo-em-trânsito. O produto é disponibilizado com maior rapidez e confiabilidade ao seu destinatário, em se tratando dos níveis de segurança do produto transportado.

8.4 Modo dutoviário

Essa modalidade refere-se aos transportes de produtos por meio de dutos subterrâneos e ainda não é amplamente utilizada em todos os segmentos da economia, pois sua utilização é restrita a produtos em estado gasoso, líquido ou pastoso. Segundo Lambert et al. (1998, p. 175), "*as dutovias transportam apenas um número limitado de produtos, incluindo-se aí o gás natural, petróleo cru, produtos de petróleo, água, produtos químicos e pastas fluidas*". Estes autores ainda abordam o prazo de entrega dos produtos, salientando que os produtos têm condições de serem entregues dentro de um determinado tempo, tal como se pode observar na seguinte afirmação:

> "*Os fluxos de produtos dentro do duto são monitorados e controlados pelo computador; Perdas e danos devido a vazamentos ou danos no duto são extremamente raros; Condições climáticas têm efeitos mínimos sobre os produtos movimentados nos dutos; As dutovias não exigem muita mão-de-obra, portanto, greves ou ausências de funcionários têm pouco efeito nas operações.*" (LAMBERT et. al., 1998, p. 175-176).

O modo dutoviário, que é utilizado para o transporte de granéis, gasosos ou líquidos e combustíveis, segundo Fleury (2000) e Ballou (2001), apresenta custo fixo elevado, que equivale aos da ferrovia, em função do direito de acesso, construção, requisitos para controle das estações e capacidade de bombeamento.

Algumas empresas possuem a tubulação (oleodutos, minerodutos ou gasodutos), os terminais e o equipamento para o bombeamento, o que aumenta seus custos fixos significativamente. É vantajoso caso movimentem grandes volumes, no intuito de diluir esses altos custos fixos.

Este modo, também, apresenta custo variável mais baixo, que diz respeito à energia utilizada para movimentar o produto, bem como os custos associados com a operação das estações de bombeamento (mão-de-obra e outros). É utilizado para grandes volumes, grandes distâncias, com baixas velocidades e fluxo contínuo, normalmente, de itens de baixo valor agregado.

8.5 Modo aquaviário

Para que este modo seja utilizado, é preciso que se tenha condição geográfica favorável, de maneira que o deslocamento seja concretizado com êxito. Pode ser desmembrado, segundo Lambert et al. (1998, p.173-174), em diversas categorias, como: *"(1) fluvial para o interior, tais como rios e canais; (2) lagos; (3) oceanos litorâneos e interlitorâneo; e (4) marítimo internacional"*. A maioria dos produtos transportados por essa modalidade é de semi-acabados ou matérias-primas a granel, como minérios, grãos, produtos de polpa de madeira, carvão, calcário e petróleo.

O modo aquaviário não apresenta flexibilidade de rotas e terminais e depende, portanto, de soluções com intermodalidade e de legislação pertinente ao processamento em armazéns alfandegados. Normalmente, é utilizado para grandes distâncias, mas apresenta baixas velocidades. Este modo possui algumas restrições, pois, se tratando da sua utilização no transporte para o interior, é preciso levar em consideração a existência de mares, rios, lagos e canais que sejam navegáveis. Está associado à expansão do uso de contêineres, que foi um grande evento ocorrido na Logística nos últimos anos.

> Os custos fixos no modo aquaviário são considerados como médios, em relação aos outros modais, no caso de empresas com frota própria, e são relacionados à operação dos navios e equipamentos, no que diz respeito à mão-de-obra, manuseio e movimentação das cargas, depreciação e manutenção dos equipamentos e de instalações em terminais, seguros e custos de oportunidade sobre o capital investido.
> Apresenta custo variável baixo, em função de ter capacidade para transportar grande quantidade de tonelagem (relacionado aos combustíveis, manutenção e envolvendo todas as taxas de utilização dos terminais – *Terminal Handling Charge (THC)*, – incluindo os custos dos estivadores, taxas de capatazia (manuseio e movimentação), Adicional de Frete da Marinha Mercante (AFRMM), Taxa do Sindicato dos Despachantes Aduaneiros (SDA), entre outras, documentações etc. Está, também, relacionado à operação dos diversos agentes, tais como o armador, o agente marítimo e a empresa que opera por meio de navios de empresa de navegação (*Non Vessel Operating Common Carrier – NVOCC*).

> A tarifa normal do frete marítimo, que é um custo variável para os usuários de transporte, por exemplo, é composta pelo valor do frete básico, o *ad-valorem*, e da sobretaxa de combustível (% aplicado sobre o frete básico). O frete básico é calculado em função do peso ou do volume da carga, prevalecendo o que gerar maior receita para o armador (que agencia navio próprio ou não). O *ad-valorem* é o percentual aplicado quando o valor do frete básico ultrapassar US$ 1.000/tonelada e é incidente sobre o valor FOB[2] da mercadoria, podendo substituir ou complementar o valor do frete básico.
>
> Segundo Robles (2004), podem existir outros custos variáveis no transporte aquaviário, gerados por situações atípicas, tais como: taxas para volumes pesados (para cargas acima de 1.500 kg, que exijam condições especiais), taxas para volumes de grande dimensão (com comprimento superior a 12 m), sobretaxas de congestionamento (em portos em que existe demora na atracação de navios), fator de ajuste cambial (utilizado para moedas que, em relação ao dólar americano, desvalorizam-se sistematicamente) e adicional de porto (cobrado quando a origem da mercadoria está fora da rota ou em porto secundário).

Ballou (2001) complementa essa questão afirmando que existem tarifas relacionadas ao volume, à distância e à demanda (sazonalidade), bem como podem existir tarifas especiais, tais como as supracitadas, que estejam relacionadas, especificamente, ao tipo de produto, ao tamanho de embarque, por rota ou taxas diversas (por cubagem, para importação e exportação etc.) e para cobrança de serviços especiais, tais como desvio referente à mudança do destino enquanto em rota, privilégios de trânsito, proteção e interligação.

Cabe ressaltar que, ainda, devem ser contemplados nos custos do transporte, em qualquer modo, os gastos relacionados ao processo de documentação, que envolve os conhecimentos de transporte, a nota de frete, recibos de doca, as declarações de importação e exportação, liberações de frete, bem como outros documentos exigidos pela legislação de cada país.

8.6 Intermodalidade ou multimodalidade

O sistema de transporte pode ainda ocorrer pela integração entre duas ou mais espécies de modos, formando sistemas logísticos denominados **transportes intermodais** para deslocamento da forma mais econômica possível, considerando o nível de qualidade pretendido, que é uma tendência em transportes, com o objetivo principal de obter ganho de eficiência e **redução de custos**. Por exemplo, para uma empresa enviar materiais de São Paulo para Manaus (AM), há muitos anos empresas vêm utilizando-se dos modos rodofluvial (rodoviário mais aquaviário por rios) e, atualmente, estão combinando, também, com o modo ferroviário.

---

2 Na condição FOB (*Free On Board*), segundo Reis (2001), o comprador deve assumir todos os custos e riscos de perda ou avaria das mercadorias a partir do costado do navio (da transposição da amurada).

O conceito de multimodalidade (ou intermodalidade) envolve o transporte combinado de cargas, por meio de dois ou mais modos, sob um único conhecimento de transporte, o qual pode ser emitido por um Operador de Transporte Multimodal (OTM), que coordena o fluxo físico e da informação. Isso reduz, significativamente, os custos de transporte.

Um exemplo que pode ser citado é o do *piggiback* (*trailer on flatcar*), que é uma combinação do modo ferroviário com o rodoviário, em que carretas padronizadas são colocadas em um vagão-plataforma, visando a eliminar o transbordo, unindo a flexibilidade do modo rodoviário com o baixo custo do modo ferroviário. Outro exemplo é o da combinação do modo aquaviário com o rodoviário, no *roll-on-roll-off*, em que, no intuito de aproveitar a flexibilidade do modo rodoviário com o baixo custo do hidroviário, diretamente, em balsas ou navios, são embarcados veículos, visando a evitar, também, o transbordo.

Entre as decisões de transporte, não se pode deixar de comentar da **consolidação do transporte,** fundamental para o planejamento das decisões de embarque e reduções de custos. No sistema logístico, os embarques podem ser roteirizados e agendados no intuito de gerar **economias de escala**. Há várias maneiras de consolidar o transporte: roteirizando veículos, criando um *pool*[3] com vários embarques, utilizando intermodalidade ou estruturando tabelas de embarques, que podem ser ajustadas a outros embarques, evitando várias idas e vindas.

Para que haja a otimização dos transportes, devem ser reconhecidas as restrições existentes em cada origem, destino, modo etc. Por exemplo, se houver 10 origens e 100 destinos, existe um trilhão de combinações a serem realizadas. Para isso, atualmente, são utilizadas diversas ferramentas de otimização, que levam em consideração a pesquisa operacional.

Ao adotar um programa de consolidação de transportes, a empresa pode beneficiar-se de economias de escala significativas, maior competitividade e redução dos preços, caso esteja integrada a um sistema eficiente de processamento de pedidos (tecnologia de informação), ou seja, possa minimizar seus Custos Logísticos. O esforço para reduzir os custos de transporte pode, ainda, resultar no aumento dos custos de armazenagem, de manutenção de inventário e de tecnologia de informação que pode superar a economia feita no transporte (*trade-offs*). Deve-se levar em consideração, também, a questão da embalagem a ser usada em cada modal, pois este elemento pode afetar os custos de transporte, bem como os de armazenagem.

---

3 Um *pool* é um conjunto de empresas visando ao lucro, tipo uma cooperativa.

O impacto dos custos de transporte pode ser compensado, também, pela pontualidade do serviço na entrega dos pedidos, na flexibilidade de manuseio de uma grande variedade de produtos, no gerenciamento dos riscos associados a roubos, danos e avarias. A resposta a cada uma dessas exigências está vinculada ao desempenho e tipo de modo de transporte utilizado. Em contrapartida, este subprocesso contribui para o nível de serviço que a empresa presta a seus clientes, evitando o custo de vendas perdidas (*stockout*).

9

Custos de embalagens

Um dos objetivos da Logística é movimentar bens sem danificá-los. As embalagens e os dispositivos de movimentação (*pallets, racks* etc.), na Logística, têm como principais objetivos facilitar o manuseio e a movimentação, bem como a armazenagem, garantir a utilização adequada do equipamento/veículo de transporte, proteger o produto e prover o valor de reutilização para o usuário.

Conforme Bowersox e Closs (2001), esse elemento de custo, geralmente, é classificado em dois tipos: (1) embalagem para o consumidor, com ênfase em *marketing*, e (2) embalagem voltada às operações logísticas (transporte e armazenagem). Para a Logística, o manuseio/movimentação, de forma eficiente, dos materiais e produtos, que garanta a sua integridade e qualidade, depende da embalagem.

Há três tipos principais de embalagem, segundo Alvarenga e Novaes (2000, p. 125): (a) *invólucros diversificados,* como caixas de madeira ou papelão, sacas, tambores etc., que são os mais comuns, onde são movimentados sem outro invólucro especial; (b) *pallets,* são estrados de madeira, plástico (*slip sheets*) ou metal (*shrink*), necessitando de empilhadeiras para mover a carga para o transporte; (c) *contêineres,* caixas grandes fechadas, normalmente de aço ou alumínio, utilizadas, principalmente, na importação e exportação de produtos.

Na opinião de Bowersox e Closs (2001), essas embalagens são chamadas de embalagens secundárias, por agrupar produtos em unidades ou cargas maiores para formar um só volume. Para facilitar o manuseio ou transporte, tem-se a unitização da carga, que pode ocorrer em contêineres, transportados em vagões ferroviários abertos, em chassis rodoviários, em navios ou grandes aeronaves.

Esses equipamentos podem acondicionar embalagens secundárias ou produtos soltos, durante a armazenagem e o transporte, protegendo e facilitando o manuseio, reduzindo avarias e roubos dos produtos, protegendo contra fatores ambientais, ou reutilizando os contêineres para outros transportes.

Para otimizar a cadeia logística, é importante padronizar a embalagem para reduzir o custo de transporte, manuseio, movimentação e armazenagem. O contêiner é uma forma de padronizar a embalagem, visando a aumentar a eficiência do manuseio e movimentação dos materiais. Como o investimento em contêineres é alto, o armador cobra um aluguel e, se é ultrapassado o tempo contratado, existe multa pelo atraso na devolução.[1]

As embalagens e dispositivos de movimentação podem ser de uma única utilização (*descartáveis – one way*) ou retornáveis, que são reutilizáveis. O capital investido na compra de embalagens *retornáveis*, aquelas que voltam à empresa após a entrega dos produtos aos clientes, bem como sua manutenção e administração (*follow up*), está associado aos custos de embalagem. Para uma decisão de qual embalagem utilizar em uma operação logística, deverá ser levado em consideração o investimento que deverá ser feito na embalagem retornável, bem como o número de vezes em que será utilizada, verificando se existe um retorno positivo, frente ao custo das embalagens descartáveis.

Em relação aos *pallets*, de acordo com Alvarenga e Novaes (2000, p. 125-126), a maioria dessas embalagens é reutilizável, ou seja, retorna à sua origem ao final do processo, mas pode haver alguns problemas como o custo do transporte do estrado vazio e, também, a dificuldade de controlar a sua devolução, quando estes são entregues junto com a mercadoria a terceiros, como transportadoras ou clientes. Deve ser considerada, também, a manutenção dos *pallets*, a alocação da mão-de-obra, dos materiais e recursos financeiros, criando assim um custo adicional. Segundo os autores, uma forma alternativa de eliminar esses problemas é a utilização de *pallets* descartáveis, que são estrados leves de baixo custo e com uma certa resistência para serem utilizados em uma única operação.

A embalagem, de qual tipo for, impacta o custo de diversas atividades logísticas, conforme mencionam Bowersox e Closs (2001):

- o controle de estoque depende da identificação que, normalmente, é afixada na embalagem do produto;
- viabiliza a rapidez na separação dos pedidos pela identificação e facilidade no manuseio;

---

[1] A multa pelo atraso na devolução do contêiner na importação é chamada de *demurrage* e na exportação de *detention*. A multa pode ser considerada como uma perda no sistema logístico, causada por uma falha.

- o custo de manuseio e movimentação do produto depende da capacidade de unitização e das técnicas aplicadas;
- os custos de transporte e de armazenagem são influenciados pelas dimensões e densidade das unidades embaladas; e
- a qualidade do serviço ao cliente, também, depende da embalagem, para manter especificações de qualidade durante a distribuição, e atender às legislações ambientais vigentes.

> Os custos de embalagens e dispositivos de movimentação, para o fabricante das embalagens, englobam custos variáveis, com materiais, tais como: madeira, papelão, plástico, aço, ferro, entre outros, e os custos tributários inerentes (não recuperáveis). Os custos fixos, no fabricante, são relacionados à mão-de-obra envolvida na produção das referidas embalagens, os custos com pesquisa e desenvolvimento destas, devendo contemplar, ainda, os custos com a depreciação e manutenção dos equipamentos utilizados na produção das embalagens.

Na empresa usuária da embalagem, esses custos são incorporados ao estoque de matéria-prima quando estão associados à obtenção de materiais pela Logística de Abastecimento; e considerados custos indiretos de fabricação quando associados às operações de produção (suporte da Logística de Planta); ou custos de distribuição, na Logística de Distribuição. As embalagens retornáveis, que requerem investimentos significativos, muitas vezes são contabilizadas no Ativo Imobilizado e aparecem no Balanço Patrimonial, gerando custos de oportunidade sem esses ativos.

Os usuários da embalagem no sistema logístico podem considerá-la como **custo variável** nas cadeias de abastecimento ou distribuição, pois dependem do volume movimentado/transportado; ou, também, ser considerada como **custo direto** aos objetos de custeio a serem analisados, tais como, por exemplo, cadeia, cliente ou canal de distribuição, **quando é possível identificá-la ao referido objeto**.

Para ilustrar os conceitos aplicados, no Quadro 9.1 apresenta-se, como exemplo, uma cadeia de exportação de peças e componentes referentes à indústria automobilística. Evidenciam-se algumas conseqüências que auxiliam na tomada de decisões de custos ao longo das etapas provocadas pelo projeto da embalagem, movimentação e utilização dos materiais e peças, podendo-se perceber que o que pareceria a um leigo uma "simples embalagem" apresenta o impacto das embalagens nos custos ao longo da cadeia logística.

Quadro 9.1 *Impactos nos custos de soluções de embalagens em operações logísticas.*

Etapas da Cadeia	Conseqüências/*Trade-offs*
1. Embalamento no país de origem	– Maior ou menor dificuldade no processo de embalamento e conseqüente utilização de recursos; – Maior ou menor risco de avarias no processo de embalamento; e – **Maior ou menor quantidade de peças por embalagem (otimização cúbica).**
2. Movimentação, armazenagem temporária, conteinerização e carregamentos	– Maior ou menor complexidade de movimentação, armazenagem e carregamento com conseqüência nos recursos necessários e custos; e – **Otimização da utilização de contêineres e/ou de meios de transportes.**

3. Transporte Internacional
    Rodoviário até o porto ou aeroporto
    Marítimo ou aéreo
	– Proteção adequada das peças, evitando ou minimizando custos de avarias, quebras, corrosão etc.; e
	– **Otimização da utilização no transporte, acarretando significativas reduções ou aumentos de custos do transporte por peça (otimização cúbica no transporte).**

4. Descarregamento no porto ou aeroporto e transporte até o destino final	– Riscos de avarias; e – Custos de transporte até o destino final.
5. Recebimento, desconsolidação, armazenagem temporária e abastecimento de linhas	– Facilidade ou dificuldade de movimentação; – Idem para desconsolidar cargas; – Área demandada para movimentação e armazenagem; e – Abastecimento de linha.
6. Reutilização ou disposição final de embalagens *one-way*	– Controle e devolução de embalagens retornáveis (quantidade potencial de sua reutilização *versus* custo); e – Dificuldades do *disposal* (poluição, área, processamento, danos ambientais etc.).

Fonte: Bio citado por Faria (2003, p. 75).

Um dos *trade-offs* mais relevantes entre o custo unitário da embalagem dá-se com o transporte, em função da otimização cúbica, conforme foi indicado em negrito no Quadro 9.1. Pode-se imaginar uma economia de custos no transporte internacional proporcionada por 20% a mais de peças na mesma área cúbica, com embalagens que possibilitem, também, como é óbvio, uma utilização ótima do contêiner. Outro *trade-off* do custo de embalagem pode ocorrer com os custos de armazenagem, em função da alocação física dos materiais/produtos a serem acondicionados.

Quanto maior o grau de proteção dado às embalagens usadas no manuseio e transporte dos produtos, maior será o seu custo. Em compensação, o aumento do custo de embalagens pode resultar em diminuição nos custos de avarias, perdas e danos nos produtos. Se ocorrer o contrário, reduzindo os custos de embalagens pode diminuir a proteção do produto e, conseqüentemente, aumentar os custos em perdas e danos dos produtos.

A Logística pode não dominar, completamente, o projeto das embalagens, mas é importante que suas necessidades sejam avaliadas, juntamente com as necessidades de Produção e Marketing, quando da padronização de embalagens secundárias. O desenho e o material da embalagem devem ser combinados, de forma a garantir o nível de proteção desejada, mas sem incorrer em custos superdimensionados.

A embalagem deve ser analisada e projetada em função de sua movimentação e utilização na cadeia logística e não, como freqüentemente ocorre, condicionando a cadeia aos tipos de embalagem preexistentes. Significa que, eventualmente, o maior custo de uma embalagem pode resultar em importante redução do custo total da cadeia em que ela é utilizada.

10

Custos de manutenção de inventário

Os Estoques (ou inventários) são ativos tangíveis, adquiridos ou produzidos por uma empresa, visando a sua comercialização ou utilização própria em suas operações. O nível de inventário a ser mantido depende do nível de serviço objetivado e da política a ser adotada pela empresa, e essa decisão está relacionada à incerteza na demanda ou no fornecimento.

Na Logística, existem algumas visões funcionais diferenciadas, em que os inventários são lembrados com freqüência. Cada atividade da empresa tem uma intenção e um comportamento diferente em relação à manutenção dos estoques. A atividade de Marketing, por meio de seus canais de distribuição, gostaria de atender a seus clientes, disponibilizando estoques diversificados e estando o mais próximo possível destes. A Produção pretende atender ao volume programado, dispondo de todo o material necessário para sua viabilização aos custos unitários previstos. Compras, por sua vez, quer realizar bem sua atividade, ao menor custo possível por unidade comprada. Nenhum dos agentes supracitados quer comprometer suas operações e ser cobrado pelo fato de ter decidido manter inventário, para não prejudicar a avaliação de seu desempenho.

O fato de reduzir os níveis de estoque, sem uma análise preliminar sobre o grau de eficiência do transporte, do armazém e do processamento de pedidos, pode gerar um aumento no Custo Logístico Total. Por outro lado, se nenhum dos membros da cadeia assumir os estoques, o consumidor terá de fazê-lo, ou pela espera de outro produto no ponto-de-venda, ou pelo incremento nos preços em razão do aumento dos custos em algum outro elemento da distribuição (por exemplo, nos fretes, por causa do aumento da freqüência de embarque). Ao diminuir um custo, na esperança de obter alguma melhoria no processo da rentabilidade da empresa, o efeito pode ocorrer na direção contrária ao esperado.

Quanto ao momento de considerar a obtenção de materiais e insumos como investimento (contabilização), Iudícibus et al. (2003, p. 101), no *Manual de contabilidade das sociedades por ações*, afirmam que o momento de contabilização da compra de um item como Estoque, assim como de sua venda, deve ser o da transmissão do direito da propriedade do mesmo, não sendo relevante o momento da posse física. Dessa maneira, segundo estes autores, os Estoques são representados por itens:

(1) físicos existentes;
(2) adquiridos pela empresa, mas que estão em trânsito, a caminho da sociedade, na data do balanço, quando sob condições de compra FOB[1], ponto de embarque (fábrica ou depósito do vendedor); ou
(3) de propriedade da empresa, mas que estão em posse de terceiros para consignação, armazenagem, beneficiamento etc.

No que diz respeito ao Estoque em Trânsito, cabe ressaltar ainda que, segundo Iudícibus et al. (2003, p. 101-102),

> *Não devem ser incluídas as compras em trânsito, quando suas condições de negociação são de sua segurança na fábrica ou em outro lugar designado pela empresa (FOB-destino), bem como as mercadorias recebidas de terceiros (quando a empresa é consignatária ou depositária) e os materiais comprados, mas sujeitos a aprovação.*

Reiterando essa questão, consideramos que quando o fornecedor nacional irá entregar a mercadoria diretamente na empresa compradora, não há necessidade de contabilizar o Estoque em Trânsito. Já no caso de materiais importados, quando existe um tempo (*lead time*) maior de trânsito, responsabilidades e riscos envolvidos, se os custos estão sob a responsabilidade do comprador no processo logístico deve ser contabilizado o Estoque em Trânsito.

O capital "empatado" em estoque, que podemos considerar como o capital investido que está "parado", financeiramente falando, segundo Magee (1977),

> *não é o valor contábil em estoque e sim, deve ser determinado calculando-se o impacto da modificação do investimento em estoque, de grandeza geral, como a que, provavelmente, resultará das modificações do sistema logístico em estudo, sobre o fluxo de caixa da empresa.*

---

1 O *Incoterm* FOB (*Free on Board*) está associado à colocação da mercadoria no navio.

> Para o cálculo do valor em Estoque (global, por família de produto ou por item, dependendo do objeto analisado) a ser considerado no cálculo do Custo de Manutenção de Inventário, deve-se utilizar o saldo médio da parcela variável dos estoques em determinado período, e não o saldo final do Balanço Patrimonial, que pode não refletir o volume gerenciado pelo sistema logístico no período como um todo.

Reiterando essa posição, Lambert et al. (1998, p. 372) afirmam que "*o custo de capital deve ser aplicado ao investimento de desembolso em estoques. Embora a maioria dos fabricantes utilize alguma forma de custo de absorção para estoques, só são relevantes os custos diretos de fabricação (variáveis)*".

Em uma empresa comercial, os valores dos estoques são, basicamente, formados por custos variáveis (valor da mercadoria, frete sobre compras, seguro, desembaraços etc.), mas na empresa industrial existe maior complexidade, em função da existência dos custos fixos, que, conforme a legislação societária (e fiscal) brasileira, devem ser absorvidos pelos produtos acabados (Método do Custeio por Absorção).[2]

> Quando estivermos calculando os Custos de Manutenção de Inventário sobre o Estoque de Matérias-Primas, fica mais simples pensar em calcular os referidos custos apenas sobre os Custos Variáveis do saldo do Estoque, mas, quando nos deparamos com o cálculo sobre o Estoque de Produtos Acabados, surge uma situação mais difícil.
>
> Considera-se que calcular o Custo de Capital dos estoques de Produtos Acabados apenas sobre os Custos Variáveis irá requerer que as empresas definam, inclusive, se a Mão-de-Obra Direta será considerada como um custo variável ou fixo no custeio do produto acabado. Outro fator relevante de ser considerado é que é necessário que se controlem os custos variáveis e fixos por item de estoque (*Stock Keeping Unit – SKU*), pois é interessante analisar a Rentabilidade dos Produtos por item, família ou linha de produto.

Os Custos de Manutenção de Inventário são os custos incorridos para que os materiais e produtos estejam disponíveis para o sistema logístico. Ocorrem com as decisões de manter estoques de matérias-primas, produtos em processo, produtos acabados ou peças de reposição e representam uma das principais parcelas do Custo Logístico Total. Cabe ressaltar que não são registrados contabilmente pelas empresas e, também, não geram desembolsos, pois são custos imputados gerencialmente (custos de capital).

A magnitude desses custos e o fato de os estoques estarem sob influência do sistema logístico demonstram a real necessidade de obtenção de dados preci-

---

2 Por este Método de Custeio, que é o único aceito fiscalmente no Brasil, todos os custos, diretos e indiretos, fixos e variáveis são absorvidos pelos produtos, assim como no Custeio Baseado em Atividades, que é um método estratégico (gerencial), que será tratado posteriormente, no Capítulo 19.

sos sobre custos de estocagem, caso se pretenda, de fato, entender as trocas compensatórias de custos no desenvolvimento de determinada solução para um sistema logístico.

Para Lambert et al. (1998), cada empresa deve determinar seus próprios custos de inventário e procurar minimizar a totalidade desses custos, em razão dos níveis de serviço exigidos pelo cliente. Os custos para manter o estoque devem incluir somente aqueles que variam com os níveis de estoque e que podem ser agrupados em: (1) custo de capital (oportunidade); (2) custos de serviços de inventário (impostos e seguros); (3) custo de espaço de armazenagem (estocagem); e (4) custos de risco de estoques.

10.1 Custo de oportunidade dos estoques

O Estoque exige capital que pode ser utilizado para outros investimentos. Para estabelecer o custo de oportunidade do capital empatado nos estoques, no caso de uma indústria, deve-se buscar apenas o montante correspondente ao desembolso feito pela empresa na aquisição de materiais, mão-de-obra direta e outros que variam em relação ao volume de produção. Outros custos de fabricação que são absorvidos no custo do produto, e não variam em relação ao produto, não devem ser considerados como base de cálculo do custo de oportunidade do capital investido em estoques, por não considerarem um desembolso direto de estoques.

Ao investir em estoques, a empresa renuncia à taxa de retorno que poderia obter com tais investimentos, em outras alternativas. A determinação da **taxa de oportunidade** mais adequada ao custo de oportunidade de manter estoques é inerente ao tipo de investimento que se faria, caso os recursos não fossem aplicados em estoques. Para ilustrar, vamos considerar o exemplo de Lambert et al. (1998, p. 369), em que diz que *"se o dinheiro fosse destinado a uma conta bancária ou utilizado para abater dívidas, então se aplica a taxa de juros adequada"*.

No que tange à determinação da **taxa de oportunidade** mais adequada ao custo de oportunidade de manter inventários, devemos considerar o tipo de investimento que se faria, caso os recursos não fossem aplicados nesses ativos (estoques), mas sim em outros. No dia-a-dia das empresas, na ausência da taxa de oportunidade da alternativa desprezada, pode-se obter outra forma de calculá-la, como, por exemplo, a apuração do Custo Médio Ponderado de Capital (CMPC).[3]

---

3 O conceito do Custo Médio Ponderado de Capital foi desenvolvido por Anthony (1973) em sua obra *Accounting for cost of equity*. Este conceito é intrínseco ao EVA®, que será tratado no Capítulo 22.

Para a apuração do CMPC, Martinez et al. (2001) sugerem que seja reconhecido o custo de capital de cada fonte específica de financiamento (capital próprio e de terceiros), levando em conta determinada estrutura de capital ideal ou possível. Assim, *"os custos das fontes específicas seriam ponderados por participações determinadas no total de financiamentos"*.

O processo para a apuração do CMPC, segundo Martinez et al. (2001, p. 217), é realizado da seguinte maneira:

1. cálculo do custo de cada fonte financeira específica;
2. determinação da porcentagem de cada fonte financeira no total do financiamento; e
3. soma dos produtos dos itens 1 e 2.

Para entender melhor essa colocação, é preciso identificar quais são as fontes de recursos da empresa, que são registradas contabilmente no Balanço Patrimonial no Passivo: Capital Próprio (PL) e Capital de Terceiros (PC+ELP). Estes recursos são investidos no Ativo da empresa, que contempla todos os seus bens e direitos, tais como duplicatas a receber, estoques, máquinas, equipamentos etc., conforme pode ser observado na Figura 10.1.

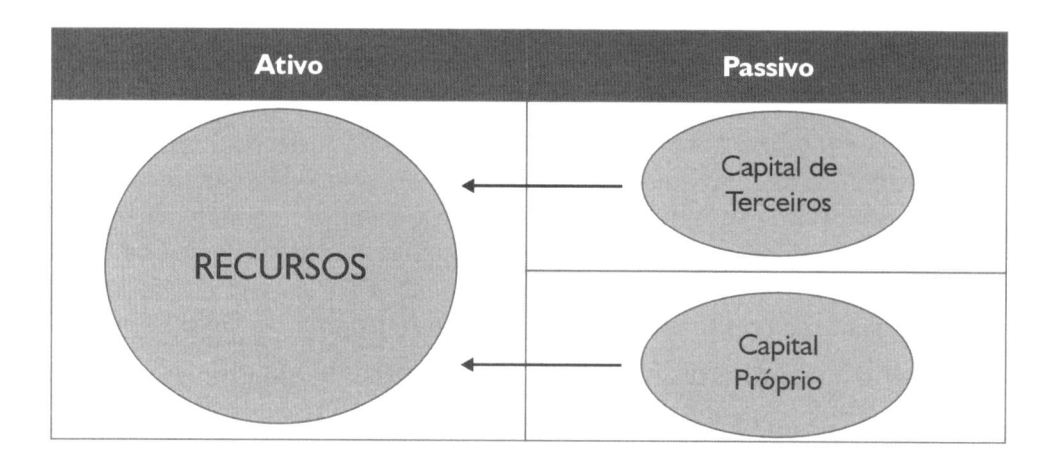

Figura 10.1 *Balanço patrimonial – segregação das fontes de recursos.*

O Capital de Terceiros é proveniente das dívidas de curto e longo prazo que a empresa tenha contraído para investir em suas operações e que constam no Balanço Patrimonial no Passivo Circulante e no Exigível a Longo Prazo, envolvendo: Empréstimos, Financiamento, Dívidas com Fornecedores etc. O custo do Capital de Terceiros é apurado conforme as taxas de remuneração contratadas com as instituições financeiras, fornecedores e outros credores.

O Capital Próprio, registrado contabilmente no Patrimônio Líquido da empresa (Capital Social, Reservas e Lucros Acumulados), representa o montante investido pelo sócio/acionista que tem determinada expectativa de retorno sobre esse investimento (taxa de remuneração desejada).

Cada uma dessas fontes de recursos apresenta um custo próprio, como já comentado. Por exemplo, um empréstimo pode custar 4% ao mês, um financiamento pode custar 3% ao mês, dependendo da contratação com a instituição financeira; o sócio/acionista espera ter um retorno de 1,2% ao mês, pois é o que teria caso investisse em uma aplicação financeira, em vez de na empresa (custo de oportunidade da alternativa desprezada).

> Vamos imaginar, para efeitos didáticos, que o Passivo da empresa tenha apenas um Financiamento com o Banco Nacional de Desenvolvimento Econômico e Social – BNDES, que lhe custe 3% ao mês, no valor de R$ 1.170.000 (Capital de Terceiros) e que o Patrimônio Líquido (Capital Próprio) seja de R$ 2.730.000, e que o sócio/acionista, por investir na empresa, deseje um retorno de 2% ao mês (custo de oportunidade da alternativa de investir na referida empresa – retorno do acionista).
>
> O Passivo Total da Empresa é de R$ 3.900.000, sendo que 30% (terceiros) custam para a empresa 3% ao mês, e 70% custam 2% ao mês; qual é o Custo Médio Ponderado de Capital dessa empresa?
>
> CMPC = (30% * 3%) + (70% * 2%)
> CMPC = 0,9% + 1,4% => CMPC = 2,3%

Tendo apurado o CMPC (taxa de oportunidade) de 2,3% ao mês, vamos supor que o saldo médio do produto Y seja de R$ 150.000. O custo de oportunidade dos estoques será calculado, simplesmente, mediante a multiplicação desses valores:

> Saldo Médio da Parcela Variável dos Estoques * Taxa de Oportunidade
> R$ 150.000 * 2,3% = R$ 3.450

Um dos principais fatores que estão motivando as cadeias de suprimentos a reduzir, continuamente, seus níveis de estoque é o elevado custo de oportunidade de capital e o crescente foco gerencial no controle do capital de giro.

Raedels (1995) afirmou que, embora os níveis de inventário possam ser reduzidos em meio a controles mais rígidos, os ganhos reais virão por uma melhoria no gerenciamento dos processos de abastecimento. O envolvimento dos fornecedores no gerenciamento dos inventários, a preocupação com a redução de *lead times*, a melhoria nos processos de transferências de informação e acessibilidade podem trazer muitos ganhos para todos os envolvidos.

Pode-se concluir que os inventários são um dos maiores focos atuais da Logística, pois há diversos potenciais de redução para esses custos nas empresas. Sugere-se que o gerenciamento de inventário seja uma das prioridades essenciais dos próximos anos, pois o investimento em inventário, na maioria dos casos, representa dinheiro parado, cujo objetivo seria o giro desse ativo, visando ao aumento do fluxo de caixa.

10.2 Custos de serviços de inventário (impostos e seguros)

Os custos de serviços de inventário incluem os custos com impostos e seguros. No Brasil, ao menos até o lançamento deste livro, não existem tributos incidentes sobre os estoques. Alguns autores comentam que nos EUA, por exemplo, há tributos incidentes sobre o inventário.

No que diz respeito aos seguros, segundo Bowersox e Closs (2001), estes incidem sobre o valor dos estoques, por um determinado período de tempo, em função do risco ou exposição ao risco a que o material ou produto está exposto. Produtos com maior valor agregado ou materiais perigosos têm custos de seguros mais elevados.

10.3 Custos de espaço para armazenagem (estocagem)

Se houver custos variáveis em relação ao espaço de armazenagem, como no caso de armazéns públicos/gerais ou alugados, onde o custo é calculado em função do volume estocado, devem ser considerados como custo de manutenção dos estoques.

Segundo Lambert et al. (1998, p. 374), *"apenas as cobranças do armazém público devem ser incluídas nos custos de manutenção de estoques, uma vez que trata-se de cobranças de armazenagem pública que variarão com o nível de estoques"*.

Todos os custos de armazenagem própria ou terceirizada e que não variam em função do volume de estoque são considerados fixos e não devem compor os custos de manutenção dos estoques, pois, conforme já mencionado, somente os custos que variam com o volume de estoques pertencem aos custos para manter estoques.

10.4 Custos de riscos de estoques

Os custos de riscos de estoques dependem do tipo de materiais e produto estocados e, de acordo com Lambert et al. (1998, p. 375-376), incluem: obsolescência, avarias, perdas e custos de realocação.

Os custos de deterioração e obsolescência costumam relacionar-se ao ciclo de vida do produto e podem tomar várias formas: o estoque pode deteriorar-se, enquanto armazenado (perecibilidade, incêndio etc.); pode tornar-se tecnicamente obsoleto (se o projeto original for modificado) ou "sair de moda" (mudança de estação, sazonalidade etc.).

As avarias (quebras, produtos danificados etc.) nos estoques podem ocorrer nos subprocessos/atividades de transporte e armazenagem, enquanto as perdas envolvem possíveis roubos que requerem segurança. Os custos de realocação, por sua vez, envolvem as transferências de materiais/produtos entre armazéns, visando a evitar excessos em um armazém e obsolescência em outro. Em nossa visão, estes custos podem ser considerados como **perdas** efetivas para a empresa e não deveriam ser tratados como Custos de Manutenção de Inventários, pois são custos irrecuperáveis (*sunk*).

10.5 Custo total de manutenção de inventário

Para se obter o custo total para manter o estoque, faz-se a somatória de todos os custos inerentes ao mesmo, sendo: custos de capital sobre investimentos em estoques (custo de oportunidade), custos de serviços de inventário, custos de espaço para armazenagem (variável) e custos de riscos de estoques, mas devem ser considerados os *trade-offs* entre outros elementos de custos, tais como transporte e armazenagem.

A relação entre custos de transporte pode ocorrer quando o transporte tem seus custos reduzidos em função do aumento do nível de consolidação, pois, quanto maior a ocupação do caminhão ou outro modo, menor é o custo unitário de transporte. Porém, com o aumento da consolidação da carga, os lotes de transferências aumentam e, com isso, o custo de manutenção dos inventários também aumenta, necessitando de maior espaço de armazenagem, recursos financeiros para manter ativos, maior controle etc. Em situação inversa, para reduzir-se os custos de manutenção dos inventários, torna-se necessário reduzir os lotes; isto poderá impossibilitar a consolidação da carga, aumentando-se os custos de transporte.

Os *trade-offs* dos custos de manutenção do inventário, armazenagem e transporte são claros, pois, por exemplo, viagens freqüentes entre armazém e varejista podem significar menores lotes para embarque, custos de inventário baixos e custos de transporte altos. Por outro lado, se houver menos viagens com embarques grandes, haverá maiores custos de inventário e menores custos de transporte. O ideal é que se definam níveis de inventário e estratégias de transporte, pois afetam os custos de armazenagem.

Uma estratégia que vem sendo utilizada para auxiliar no controle dos inventários é a tecnologia de informação, que será estudada no Capítulo 11.

Custos de Tecnologia de Informação (TI)

A Tecnologia de Informação (TI) vem sendo considerada por muitos estudiosos como uma importante fonte de melhoria da produtividade e competitividade e a utilização desse recurso pelas empresas tem aumentado significativamente, visando à minimização dos custos operacionais e à otimização dos resultados econômicos. Uma contribuição expressiva proporcionada pelo atual ambiente informatizado é a maior disponibilidade de informações sobre os processos e a possibilidade de analisar-se tais informações com o auxílio de diversas ferramentas.

Os sistemas de informações logísticas funcionam como um elo entre as atividades logísticas a um processo integrado (que envolve todas as áreas), combinando *hardware* (computadores, coletores de dados, separadores automáticos, transelevadores etc.) e *software* (sistemas em si) para medir, controlar e gerenciar as operações logísticas que ocorrem em uma empresa específica, bem como ao longo de toda cadeia de suprimentos. Na concepção de Ballou (2001, p. 286):

> *O fluxo de informações é um elemento de grande importância nas operações logísticas. Pedidos de clientes e de ressuprimento, necessidade de estoque, movimentações nos armazéns, documentação de transporte e faturas são algumas das formas mais comuns de informações logísticas.*

A ineficiência na troca de informações entre as empresas pode vir a comprometer o resultado de suas operações; os dados do gerador de informações devem ser os mesmos dos usuários.

Podemos ressaltar, inclusive, que as informações contábil-gerenciais, para serem úteis e oportunas, dependem da utilização de TI. Nos últimos anos, houve um grande avanço da TI, pois as empresas estão cada vez mais preocupadas em aperfeiçoar todos os seus processos, buscando a excelência em suas atividades e em seus resultados econômicos.

As empresas estão em busca de sistemas/soluções específicas que possam monitorar todas as transações diárias realizadas na empresa individual ou entre os membros da cadeia de suprimentos. Em função do volume de transações ocorridas, da complexidade destas e das práticas para gerenciamento das informações, são agregados custos e tempos à Cadeia de Suprimentos, associados ao preenchimento, coleta, envio e redigitação dos dados, relacionados ao fluxo de materiais/produtos e de informações que ocorrem. Essas informações podem comprometer o processo decisório se não houver um bom acompanhamento. Um dos grandes desafios das empresas com sistemas de informação integrados na cadeia de suprimentos é a decisão de como processar e utilizar as informações disponíveis aos usuários na cadeia.

Existem diversas dificuldades em resolver problemas de Logística no mundo real e algumas empresas já optam por utilizar sofisticados sistemas de suporte à decisão para otimizar suas operações logísticas, como, por exemplo, no processamento de pedidos, no relacionamento com fornecedores e clientes, na movimentação de materiais/produtos no transporte etc. Nesses sistemas, são alimentados os dados que são processados e validados, executando alguns algoritmos (etapas bem definidas para se chegar à solução) e, posteriormente, apresentando sugestões de solução.

Saliby (2000) comentou que a simulação, por exemplo, é uma ferramenta para buscar uma solução logística e teve suas primeiras aplicações na Logística, no Brasil, em torno de 1950, em empresas de siderurgia e de transporte aquaviário. A simulação, atualmente bastante utilizada em Logística, envolve modelos voltados para o estudo de situações reais, de natureza complexa, com diversas alternativas de ação possíveis, por meio de experiências computacionais que podem prever os diversos impactos das referidas alternativas.

No que diz respeito à automação na armazenagem, por exemplo, Lacerda (2000, p. 170) ressaltou a questão dos investimentos a serem efetivados na implementação de tecnologia de informação:

> *Os altos investimentos envolvidos e o enorme esforço necessário para sua implementação exigem uma abordagem extremamente disciplinada no desenvolvimento e execução do projeto. Embora isto seja claro, é comum haver uma desproporção entre os gastos realizados em equipamentos e softwares e os gastos em tempo e pessoal dedicado às etapas anteriores de planejamento em vários projetos que têm sido realizados.*

Para que o retorno esperado sobre os altos investimentos realizados seja otimizado, a empresa deve seguir um estruturado planejamento de implementação, em que: os objetivos devem estar bem definidos; o pessoal envolvido no projeto de implementação bem selecionado; e os processos operacionais determinados e analisados, para que os *softwares* possam ser desenvolvidos para apoiar esses processos. Após todos esses procedimentos, processos operacionais determinados e o pessoal treinado, pode-se então iniciar o processo de implementação no qual os equipamentos e *softwares* são testados e operacionalizados.

Lavalle (1995) realizou uma pesquisa de campo em dez empresas brasileiras de diversos segmentos, em que evidenciou que os sistemas de informação eram importantes, principalmente para auxiliar nas seguintes atividades: controle de estoques, compras, previsão de vendas, processamento e recebimento de pedidos; transmissão eletrônica de pedidos; suporte financeiro; fretes; roteamento e programação de transporte; rentabilidade; monitoramento do desempenho e recepção de pedidos *on line*. Por mais que tenham se passado dez anos, desde a pesquisa de Lavalle, as necessidades, praticamente, continuam as mesmas, mas existem ferramentas de Tecnologia de Informação ou habilitadores tecnológicos bastante eficazes que podem auxiliar no processo de gestão da Logística.

Entre as ferramentas de Tecnologia de Informação que podem ser utilizadas no processo de gestão da Logística, podem ser citadas:

- sistemas de gerenciamento da Cadeia de Suprimentos, que podem incluir vários módulos, voltados ao planejamento, tais como: Planejamento de Demanda, Estratégia da Rede Logística, de Produção, de Distribuição, de Gerenciamento de Inventários etc. A tendência atual é a estratégia de utilização de *softwares* voltados à colaboração dos diversos membros da cadeia de suprimentos, tais como o *Extended Relationship Management* (*XRM*), que tem por objetivo a integração e sincronização dos dados de seus múltiplos usuários;
- sistemas voltados à gestão da Armazenagem – *Warehouse Management Systems* (*WMS*);
- sistemas voltados para o Transporte – *Transportation Management System* (*TMS*), incluindo *softwares* simuladores de rotas de transporte e controle de frota, simuladores de dimensionamento de carga e descarga;
- *softwares* de localização e rastreamento, tais como: *Geografic Information System* (*GIS*), *Global Positioning Systems* (*GPS*) e *Spatial Decision Support Systems* (*SDSS*);
- sistemas de controle de inventários;
- simuladores de dimensionamento do estoque;

- sistemas utilizados no processamento de pedidos/faturamento;
- *e-Procurement* – focalizado em operações de suprimentos;
- sistemas integrados – *Enterprise Resources Planning* (*ERP*);
- leitores óticos para Códigos de Barras, bem como a tendência atual, que é o *Radio-Frequency Identification* (*RFID*) voltado para o rastreamento e o controle das Etiquetas Inteligentes (*Electronic Product Code – EPC*);
- Intercâmbio Eletrônico de Dados (*Electronic Data Interchange – EDI*);
- Internet – Comércio Eletrônico; e
- *Business Intelligence* (BI), voltada para a geração de relatórios gerenciais etc.

Além das ferramentas supracitadas, cabe ressaltar que existem, atualmente, novas práticas de gerenciamento da Cadeia de Suprimentos, que visam a obter vantagens competitivas por meio do melhor gerenciamento do fluxo de produtos, da demanda e do relacionamento com os clientes, que têm como base o uso de Tecnologia de Informação, para melhorar a utilidade do produto, tais como:

- *Continuous Replenishment Programme* (*CRP*), que inclui o *Vendor Managed Inventory* (*VMI*) e o *Co-Managed Inventory* (*CMI*), voltados para a redução do tempo de resposta de ressuprimento dos inventários, associado às variações da demanda;
- *Collaborative Planning, Forecasting and Replenishment* (*CPFR*), voltado para a redução dos inventários e dos custos de processamento de pedidos; e
- *Efficient Consumer Response* (*ECR*), que visa à resposta rápida ao cliente, mas considerando, inclusive, as categorias de produtos em todo o seu ciclo de vida.

Não é o foco deste livro tratar sobre a utilidade de cada uma destas práticas ou ferramentas, pois existe literatura específica para isto,[1] mas, sim, cabe ressaltar que existem custos, muitas vezes significativos, para a amortização da licença de uso dos *softwares* e da manutenção dos mesmos, entre outros. O que é mais relevante na decisão de uma empresa investir ou não em tecnologias de ponta é a questão do benefício da informação. A famosa relação de **custo *versus* benefício**.

---

1 Mais detalhes sobre a questão de novas técnicas que podem envolver Tecnologia de Informação Aplicada à Logística podem ser encontrados no Capítulo 9 de Fleury et al. (2000) e nos Capítulos 8, 20, 30 e 37 de Fleury et al. (2004).

> Os custos de Tecnologia de Informação incluem os custos de emissão e atendimento dos pedidos, os de comunicação, além dos custos de transmissão de pedidos, entradas, processamentos, bem como todos os relativos às comunicações internas e externas, acompanhamentos etc., que envolvem o grau de informatização dos sistemas utilizados, bem como o tempo de execução das atividades, englobando:
>
> - mão-de-obra – incluindo os salários-base, encargos sociais e benefícios do pessoal envolvido na operação dos sistemas, tais como: digitadores, analistas, programadores, supervisores etc.;
> - depreciação ou *leasing*/aluguel de equipamentos, instalações e *hardware* e amortização do *software* (licença de uso);
> - manutenção do *hardware* e do *software*;
> - materiais de consumo/serviços aplicados; e
> - seguros, treinamentos etc.
>
> Esses custos, normalmente, são tratados na maioria das empresas como custos indiretos e fixos (ou, contabilmente, em algumas empresas, como despesas administrativas), apresentando dificuldade de alocação direta aos produtos, por exemplo. Em algumas situações, ter um determinado sistema é uma exigência de nível de serviço de determinado cliente, sendo possível de ser alocado diretamente ao cliente.

Ainda no que diz respeito à Tecnologia de Informação na cadeia de suprimentos, podemos, também, considerar que podem existir alguns custos ocultos (*hidden costs*), segundo IBM (2004):

- custos de informação imprecisos às empresas;
- informações incorretas;
- sistemas redundantes;
- perda de produtividade;
- falha na leitura;
- correções no recebimento; e
- lentidão para novos produtos.

Esses custos podem estar sendo incorridos, mas, na maioria das vezes, não são considerados pelos parceiros na cadeia de suprimentos, quando não existe integração entre os sistemas ou sincronização dos dados. Quanto maior for o número de parceiros com dados sincronizados e sistemas integrados, maiores serão os benefícios para a cadeia de suprimentos, no que diz respeito à redução de custos. Para que isso seja implementado, as empresas podem deparar-se com diversos obstáculos, tais como: resistência interna aos novos processos; incompatibilidade de padrões; falta de confiança nos parceiros e dados internos não disponíveis.

Com o emprego dos sistemas de informações logísticas, que, por um lado, geram aumento dos Custos com Tecnologia de Informação, por meio de *trade-*

offs, podem ser reduzidos vários outros elementos de Custos Logísticos, trazendo os seguintes benefícios:

- a padronização e redução na quantidade de documentos, melhorando, inclusive, o fluxo de materiais/produtos como, por exemplo, a leitura dos dados por código de barras;
- abastecimento uniforme das necessidades das diversas plantas;
- controle do inventário em trânsito;
- redução do *float* (estoque de segurança) com menor *lead time* de importação; e
- maior integridade de dados etc.

Um dos benefícios dos investimentos em Tecnologia de Informação é que podem levar a ganhos significativos em produtividade, com melhoria do nível de serviço ao cliente, redução de tempo de ciclo e dos custos das falhas pela eliminação de erros e retrabalhos, bem como aumentam o nível de confiança nas informações, podendo integrar informações entre fornecedores e clientes, oferecendo melhorias de resultados para a cadeia de suprimentos envolvida. Atualmente, muitas empresas já se encontram informatizadas e as aplicações na empresa individual ou no relacionamento com a cadeia de suprimentos aumentam o nível de conhecimento entre os membros e integram a cadeia, visando a otimizar seus resultados.

A relação entre os Custos de Tecnologia de Informação e os Custos de Manutenção de Inventários, por exemplo, ocorre quando aumenta a freqüência no recebimento dos pedidos, aumentando, assim, os custos do recebimento do pedido, beneficiando a diminuição dos custos de manutenção dos estoques pela diminuição do intervalo dos lotes de reposição. Também, pode-se verificar o inverso: se diminuir a freqüência dos pedidos, o intervalo de reposição dos lotes pode aumentar e, conseqüentemente, aumentam os custos de manutenção dos inventários, por ficarem mais tempo armazenados.

Outro elemento bastante significativo no ambiente empresarial brasileiro é o custo tributário, que será discutido no Capítulo 12.

12

Custos tributários

Neste capítulo, trataremos sobre os custos tributários, que no Brasil são extremamente relevantes em alguns segmentos da Economia.

Segundo o Portal Tributário[1] (2004), o conceito de tributo engloba impostos, taxas de serviços públicos e contribuições de melhoria (decorrentes de obras públicas), contribuições sociais e econômicas, encargos e tarifas tributárias (com características fiscais) e emolumentos, a serem pagos ao Poder Público em função de obtenção/transferência de bens e/ou serviços, diretos, específicos ou de concessão.

Na China, Coréia e França, entre outros países, existe apenas um tipo de imposto sobre o valor agregado, mas, no Brasil, até março de 2005, há, segundo o Portal Tributário (2004), 74 tipos de tributos, entre os quais alguns podemos considerar que estão, direta ou indiretamente, associados aos processos logísticos (variando em função dos segmentos e tipos de materiais/produtos movimentados, bem como dos serviços executados) e que, obviamente, afetam os Custos Logísticos, caso não sejam recuperáveis, tais como:

1. Adicional de Frete para Renovação da Marinha Mercante – AFRMM – Lei nº 10.893/2004;
2. Contribuição à Direção de Portos e Costas (DPC) – Lei nº 5.461/1968;
3. Contribuição ao Seguro Acidente de Trabalho (SAT);

---

[1] Disponível em: <www.portaltributario.com.br>.

4. Contribuição ao Serviço Nacional de Aprendizado dos Transportes (SENAT) – Lei nº 8.706/1993;
5. Contribuição ao Serviço Social do Cooperativismo (SESCOOP);
6. Contribuição ao Serviço Social dos Transportes (SEST) – Lei nº 8.706/1993;
7. Contribuição Confederativa Laboral (dos empregados);
8. Contribuição Confederativa Patronal (das empresas);
9. Contribuição de Intervenção do Domínio Econômico (CIDE Combustíveis) – Lei nº 10.336/2001;
10. Contribuição Provisória sobre Movimentação Financeira (CPMF);
11. Contribuição Sindical Laboral (não se confunde com a Contribuição Confederativa Laboral, vide comentários sobre a Contribuição Sindical Patronal);
12. Contribuição Sindical Patronal (não se confunde com a Contribuição Confederativa Patronal, já que a Contribuição Sindical Patronal é obrigatória, pelo artigo 578 da CLT, e a Confederativa foi instituída pelo artigo 8º, inciso IV, da Constituição Federal e é obrigatória em função da assembléia do sindicato que a instituir para seus associados, independentemente da contribuição prevista na CLT);
13. Contribuição Social sobre o Lucro Líquido (CSLL);
14. Contribuições aos órgãos de fiscalização profissional (OAB, CRC, CREA, CRECI, CORE etc.);
15. Contribuições de melhoria: asfalto, calçamento, rede de água e de esgoto etc.;
16. Fundo Aeroviário (FAER) – Decreto-lei nº 1.305/1974;
17. Fundo de Fiscalização das Telecomunicações (FISTEL) – Lei nº 5.070/1966 com novas disposições da Lei nº 9.472/1997;
18. Fundo de Garantia do Tempo de Serviço (FGTS);
19. Impostos/Circulação de Mercadorias e Serviços (ICMS);
20. Imposto sobre a Exportação (IE);
21. Imposto sobre a Importação (II);
22. Imposto sobre a Propriedade de Veículos Automotores (IPVA);
23. Imposto sobre a Propriedade Predial e Territorial Urbana (IPTU);
24. Imposto sobre a Renda e Proventos de Qualquer Natureza (IR – pessoa física e jurídica);
25. Imposto sobre Operações de Crédito (IOF);
26. Imposto sobre Serviços de Qualquer Natureza (ISS);
27. INSS Autônomos e Empresários;
28. INSS Empregados;
29. INSS Patronal;
30. IPI (Imposto sobre Produtos Industrializados);

31. Programa de Integração Social (PIS) e Programa de Formação do Patrimônio do Servidor Público (PASEP);
32. Taxa de Coleta de Lixo;
33. Taxa de Combate aos Incêndios;
34. Taxa de Conservação e Limpeza Pública;
35. Taxa de Controle e Fiscalização Ambiental (TCFA) – Lei nº 10.165/2000;
36. Taxa de Controle e Fiscalização de Produtos Químicos – Lei nº 10.357/2001, art. 16;
37. Taxa de Emissão de Documentos (níveis municipal, estadual e federal);
38. Taxa de Fiscalização de Vigilância Sanitária – Lei nº 9.782/1999, art. 23;
39. Taxa de Fiscalização dos Produtos Controlados pelo Exército Brasileiro (TFPC) – Lei nº 10.834/2003;
40. Taxa de Licenciamento Anual de Veículo;
41. Taxa de Licenciamento para Funcionamento e Alvará Municipal;
42. Taxa de Serviços Administrativos (TSA) – Zona Franca de Manaus – Lei nº 9960/2000;
43. Taxa de Serviços Metrológicos – art. 11 da Lei nº 9.933/1999;
44. Taxas ao Conselho Nacional de Petróleo (CNP);
45. Taxas de outorgas (radiodifusão, telecomunicações, transporte rodoviário e ferroviário etc.); e
46. Taxa de Utilização do MERCANTE – Decreto nº 5.324/2004.

Diante dessa quantidade de tributos, pode-se constatar que o sistema tributário incide sobre, praticamente, todos os agregados econômicos: renda, trabalho, propriedade, fluxos de produtos e serviços. É muito trabalhoso e extremamente útil analisar todo o impacto fiscal em alternativas de determinadas operações logísticas.

As empresas deveriam focar seus estudos nos tributos sobre o fluxo de bens e serviços, que são os mais significativos, concentrando-se:

- nos tributos sobre o produto/serviço propriamente dito, tais como o Imposto sobre Produtos Industrializados (IPI) e Imposto de Importação (II), que variam em função do tipo de material/produto. Estes tributos necessitam serem analisados isoladamente, já que são mais voláteis e sensíveis às variáveis ambientais (guerra fiscal interna e barreiras protecionistas), mas não serão focalizados neste trabalho;
- nos tributos das operações logísticas, que podem ser modeladas em função do trajeto (transporte), do contratante (industrialização por encomenda), do local de origem, do tipo de modo de transporte utilizado,

do local do desembaraço etc., tal como o Imposto sobre Circulação de Mercadorias e sobre a Prestação de Serviços de Transporte Interestadual e Intermunicipal e de Comunicação (ICMS);
- no fluxo de informações, papéis e obrigações acessórias, tais como as taxas incidentes sobre operações alfandegárias.

Segundo Ribeiro (1999), os tributos podem incidir sobre operações entre estabelecimentos da organização, tais como remessas dos bens produzidos para um armazém, a partir do qual tais bens não são distribuídos. Por outro lado, segundo esse autor, os chamados **tributos transacionais**, que são os incidentes sobre as operações logísticas, não agem sobre operações realizadas dentro de um determinado estabelecimento, tais como: a movimentação de materiais de uma linha de produção para outra, dentro da mesma fábrica, desde que os materiais não ultrapassem os limites de um estabelecimento da fábrica ou outro estabelecimento da mesma empresa. Esses tributos estão relacionados, basicamente, às operações realizadas entre a empresa e seus fornecedores e clientes, mas, se houver transferências entre plantas ou Centros de Distribuição (CD) da mesma empresa (mesmo Cadastro Nacional das Pessoas Jurídicas – CNPJ), também existe a incidência do ICMS.

Nos sistemas logísticos, o Custo Tributário é formado por tributos de vários tipos, tais como: impostos sobre a propriedade, sobre as vendas, circulação, taxas, contribuições etc. Os impostos sobre as vendas ou circulação variam entre as regiões e sobre os tipos de produtos sobre os quais incidem (no Brasil, em termos de Logística, nos referimos ao Imposto sobre Circulação de Mercadorias e sobre a Prestação de Serviços de Transporte Interestadual e Intermunicipal e de Comunicação – ICMS, Imposto de Importação – II, Programa de Integração Social – PIS e Contribuição para Financiamento da Seguridade Social – COFINS, Imposto sobre Serviços – ISS, taxas alfandegárias etc.). Os impostos sobre a propriedade podem ser aplicados às instalações e veículos utilizados no sistema logístico, tais como o Imposto Predial e Territorial Urbano (IPTU), Imposto sobre Produtos e Veículos Automotores (IPVA), taxas etc.

Ribeiro (1999) fez um levantamento das operações logísticas sujeitas aos tributos transacionais, que foi adaptado no Quadro 12.1. Cabe ressaltar que quando falarmos sobre débito de certo tributo estaremos nos referindo ao desembolso que deverá ocorrer e o crédito está relacionado à recuperação do tributo a ser compensada com o valor a ser recolhido por ocasião de um débito gerado por ocasião de uma operação de venda.

Quadro 12.1 *Operações logísticas e respectivos tributos incidentes.*

Operação Logística	Tributos Incidentes	Efeito Fiscal
Vendas para industrialização, comercialização	ICMS; IPI; PIS; COFINS	Débito de ICMS, IPI, PIS/COFINS
Compras para industrialização e imobilização	ICMS; IPI; PIS; COFINS	Crédito de ICMS, IPI, PIS e COFINS*
Compras para comercialização	ICMS; IPI (se for indústria), PIS e COFINS	Crédito de ICMS, PIS e COFINS
Compras para uso ou consumo	ICMS; IPI (se for indústria), PIS e COFINS	
Remessas de mercadorias para industrialização por terceiros ou o retorno de mercadorias com objetivo de industrializar e/ou comercializar	ICMS; IPI	Suspensão de ICMS e IPI
Remessas de mercadorias para industrialização por terceiros com objetivo de uso, consumo ou imobilização	ICMS; IPI	Suspensão de ICMS e IPI
Retornos de mercadorias industrializadas por terceiros com objetivo de uso, consumo ou imobilização	ISS; ICMS; IPI	Suspensão de ICMS e IPI
Remessas e retornos de mercadorias para armazenagem	ICMS	Suspensão de ICMS
Saídas por transferência para estabelecimentos da mesma organização	ICMS; IPI	Débito, suspensão ou diferimento de ICMS; suspensão de IPI
Entradas por transferência de estabelecimento da mesma organização	ICMS; IPI	Crédito, suspensão ou diferimento de ICMS; suspensão de IPI
Saídas por devolução	ICMS; IPI (se for indústria), PIS e COFINS	Débito de ICMS, IPI, PIS e COFINS
Entradas por devolução	ICMS; IPI; PIS e COFINS	Crédito de ICMS, IPI, PIS e COFINS
Remessa para conserto ou reparo	ICMS	Suspensão de débito de ICMS (na mercadoria)
Retorno de conserto ou retorno	ISS; ICMS; IPI	Débito de ISS; suspensão de débito de ICMS (nas mercadorias); Débito de ICMS (nas peças); Débito de IPI (se conserto ou reparo executado pelo fabricante)
Remessas e retornos para/de demonstração	ICMS; IPI	Suspensão, diferimento ou não-incidência do ICMS; Suspensão do IPI
Doações e cessões gratuitas	ICMS; IPI	Débito de ICMS; IPI (se for entidade governamental ou assistencial, não há incidência)
Devoluções de doações e cessões gratuitas	ICMS; IPI	Estorno de débito de ICMS e de IPI (se houver incidência)
Exportação ou equiparada à exportação	ICMS; IPI	Não-incidência do ICMS; Suspensão do IPI
Importações	ICMS; IPI; II; IOF, PIS e COFINS	Débito/Crédito de ICMS; IPI; II; IOF, PIS e COFINS
Remessas para área de livre comércio (incentivadas fiscalmente)	ICMS; IPI	Isenção de ICMS e Suspensão do IPI
Importação sob o regime de *drawback*	ICMS; IPI; II; IOF, PIS e COFINS	Suspensão, isenção ou até restituição dos tributos
Remessas e retornos para/de consignação	ICMS; IPI	Suspensão do ICMS e IPI

* O Crédito de PIS e COFINS sobre a aquisição de imobilizado ocorre sobre o valor da depreciação do bem adquirido.

Fonte: Adaptado de Ribeiro (1999, p. 49-55).

Para que os tributos possam ser calculados, é imprescindível que seja verificada a maneira como o tributo incide sobre o valor do bem. Por exemplo, o II e o IPI são incidentes sobre o valor do produto e calculados por meio da multiplicação do referido valor pela alíquota do imposto (por fora). O ICMS, por sua vez, é embutido no valor do bem, sendo calculado pela divisão do preço pela unidade decrescida da alíquota (por dentro). Por exemplo, caso a alíquota seja de 7%, o cálculo deve ser feito da seguinte maneira: $(1 - 0{,}07 = 0{,}93)$.

A preocupação com os custos tributários justifica-se não só pelas alíquotas relativamente elevadas no Brasil, mas também por sua interferência, às vezes decisiva, na localização de unidades industriais ou centros de distribuição, quando da oferta (ou não) de incentivos por governos estaduais ou municipais.

Mesmo os impostos incidentes nas operações logísticas, considerados recuperáveis, que são os impostos não cumulativos (ICMS, PIS, COFINS), têm o custo do capital investido em pagamento antecipado, como afirma Carvalho (1992), independentemente do momento de suas realizações; ou seja, nos impostos recuperáveis a empresa desembolsa dinheiro na compra e este valor é compensado, posteriormente, com o valor do imposto a recolher (proveniente das vendas). Os **tributos recuperáveis** incidentes sobre o transporte **não são efetivamente custos,** pois serão compensados fiscalmente com os incidentes sobre as vendas.

As decisões de transporte, por exemplo, envolvendo rotas, podem ser influenciadas pelo aspecto tributário, pois no Brasil existem alíquotas diferenciadas de ICMS para cada região ou para diversos tipos de produtos, bem como alíquotas diferenciadas para os diversos tipos de modais.

Ainda no que diz respeito ao transporte, por exemplo, quanto ao aspecto jurídico-tributário, segundo Coffani (2004), não havia tributação dos serviços de transporte pelo hoje conhecido ICMS; a tributação se dava pelo Imposto sobre Serviços de Transporte Rodoviário (ISTR) (artigo 21, VII da CF/69 e Decreto-Lei nº 1.438/75), exceto as prestações intramunicipais, que já eram de competência tributária dos Municípios (Decreto-Lei nº 406/68). Com o advento do "novo" Sistema Tributário Nacional (artigos 145 a 162 da CF/88), o ISTR deixou de existir, passando os referidos serviços a serem tributados pelo ICMS. No Estado de São Paulo, o ICMS é regulamentado pelo Decreto nº 45.490/00, ou, como é mais conhecido, Regulamento de ICMS – RICMS/SP.

A prestação de serviço de transporte, conforme a Resposta à Consulta da Secretaria da Fazenda do Estado de São Paulo nº 713/2000, comentada por Coffani (2004), pressupõe, necessariamente, o deslocamento de mercadoria entre dois pontos: origem da carga e destino da carga. Estes pontos podem ser dentro do Estado, entre Municípios, ou entre Estados:

> *No caso de prestação de serviço de transporte, a alíquota aplicável em cada caso, interna ou interestadual, depende, necessariamente, de quem seja o destina-*

tário da mercadoria ou prestação, contribuinte do ICMS ou não, e do Estado de sua localização, final da prestação de serviço.

Na prestação de serviço de transporte rodoviário por empresa transportadora estabelecida em território paulista, exceto microempresa ou empresa de pequeno porte, o tomador do serviço (responsável pelo pagamento do frete), remetente ou destinatário, desde que contribuinte do imposto, fica responsável pelo pagamento do imposto.

A prestação intramunicipal (início e término do trajeto itinerário dentro do mesmo Município) é de competência tributária dos Municípios e a prestação intermunicipal/interestadual (início e término do trajeto itinerário em Municípios/Estados diversos) é de competência tributária dos Estados e do Distrito Federal, nos termos do artigo 155, II, da Constituição Federal. O fato gerador ocorre no início da prestação de serviços, isto é, onde as mercadorias, bens ou pessoas são colocadas a bordo.

É responsável pelo pagamento do imposto devido o transportador (artigo 11, II, do Decreto nº 45.490/00), quando: (a) em relação à mercadoria proveniente de outro Estado para entrega a destinatário incerto em território paulista; (b) solidariamente, em relação à mercadoria negociada durante o transporte; (c) solidariamente, em relação à mercadoria aceita para despacho ou transporte sem documentação fiscal; e (d) solidariamente, em relação à mercadoria entregue a destinatário diverso do indicado na documentação fiscal. Na legislação do ICMS paulista, ainda segundo Coffani (2004), por exemplo, as alíquotas estão definidas da seguinte forma:

a) Interna: 12% (artigo 54, I do RICMS/SP).
b) Interestadual (artigos 52, II e III, IV e 56 do RICMS/SP):
   b.1 Destinatário da prestação contribuinte do ICMS estabelecido nas Regiões Norte, Nordeste, Centro-Oeste e Espírito Santo: 7%; Regiões Sul e Sudeste, exceto Espírito Santo: 12%;
   b.2 Destinatário da prestação não contribuinte do ICMS estabelecido em qualquer unidade da federação: 12%;
   b.3 Destinatário da prestação de serviços de transporte aéreo de passageiro, carga e mala postal contribuinte do ICMS estabelecido em qualquer unidade da federação: 12%.

Está previsto no artigo 37, VIII, do Decreto nº 45.490/00, o preço do serviço. Vale ressaltar que o ICMS integra sua própria base de cálculo, ou seja, o imposto deve estar "embutido" no valor do serviço, independentemente de a prestação estar sujeita à substituição tributária ou não (artigo 49 do Decreto nº 45.490/00).

Vamos supor, como exemplo, que temos um serviço cujo preço sem ICMS seja R$ 100,00 e a alíquota desse imposto seja 7%. Para conhecer a base de cálculo do ICMS de determinada prestação, temos a seguinte operação:

> R$ 100,00 ÷ 0,93 = R$ 107,53
> R$ 107,53 x 7% = R$ 7, 53
>
> Em que:
>
> R$ 100,00 = preço do serviço sem o ICMS
> R$ 107,53 = preço do serviço com o ICMS
> R$ 7,53 = valor do ICMS

Para entender melhor essa questão tributária, a Tabela 12.1 apresenta um exemplo adaptado de Carvalho (1992), que contempla as seguintes premissas:

- o preço do bem sem impostos é de R$ 100,00;
- as alíquotas de ICMS, PIS, COFINS e IPI são, respectivamente, 18%, 1,65%, 7,6% e 15% (base fev./2005);
- o custo de transporte da Fábrica ao Distribuidor é de R$ 5,00 e do Distribuidor ao Varejista é de R$ 10,00; e
- o lucro do distribuidor é de 20% e o do varejista de 30% sobre o preço de venda.

Observa-se na Tabela 12.1 que, na cadeia logística de distribuição, um bem cujo custo é de R$ 100,00 está disponível para o consumidor final pelo preço de R$ 419,29, sendo 319,29% a maior, compostos, basicamente, por Custos Logísticos de transporte e tributários, além da margem desejada pelos membros da cadeia: fábrica, distribuidor e varejista. Na seqüência, podemos observar a memória dos cálculos realizados para obtermos os números que constam na Tabela 12.1:

FÓRMULA BÁSICA

$P_{LIQ.}$ Venda + ICMS + COFINS + PIS = P_{VI}
P_{VI} + IPI = P_{Venda}
$100,00 + (18\% P_{VI} + 1,65\% P_{VI} + 7,6\% P_{VI}) = P_{VI}$
$100,00/(1 - (0,18 + 0,0165 + 0,076)) = P_{VI}$
$100,00/0,7275 = P_{VI}$
$P_{VI} = 137,46$
$P_{VI} + 15\% P_{VI} = P_{Venda}$
$137,46 * 1,15 = P_{Venda}$
Preço de venda com impostos = 158,08

Tabela 12.1 *Cálculo dos custos e preços dos produtos para os agentes.*

Em Reais ($)	Fábrica	Distribuidor	Varejista	Consumidor
Preço de Venda Líquido de Impostos – Fábrica p/ Distribuidor	100,00			
Impostos sobre Vendas ao Distribuidor	58,08			
Transporte até o Distribuidor (líquido de impostos)	3,64			
Impostos sobre Frete*	1,36			
Preço de Venda – Fábrica p/ Distribuidor (CIF)	**163,08**			
Custo do Distribuidor		**124,26**		
Impostos sobre Vendas ao Varejista		64,19		
Lucro do Distribuidor		47,11		
Preço de Venda do Distribuidor ao Varejista (FOB)		**235,56**		
Transporte do Distribuidor até o Varejista (líquido de impostos) – frete contratado pelo varejista		7,88		
Impostos sobre Frete**		2,12		
(=) Valor total pago pelo varejista		**245,56**		
Custo do Varejista			**179,25**	
Impostos sobre Vendas ao consumidor			114,25	
Lucro do Varejista (30% s/PV)			125,79	
Preço de Venda do Varejista ao Consumidor			**419,29**	
Custo do Consumidor				**419,29**

* Frete Incluso na Nota Fiscal (ICMS 18%, PIS 1,65% e COFINS 7,6%)
** Frete Contratado (conhecimento frete) – (ICMS 12%, PIS 1,65% e COFINS 7,6%)
Fonte: Adaptada de Carvalho (1992).

O valor apurado de R$ 158,08 envolve: o Preço de Venda sem Impostos (R$ 100) mais os impostos sobre vendas ao distribuidor (58,08). Partindo deste preço, iremos ter a apuração dos outros custos, preços e tributos incidentes na cadeia logística.

Assumindo que o Custo de Transporte seja igual a R$ 5,00, compostos por R$ 1,36 de tributos sobre o frete (ICMS, PIS e COFINS), serão apurados os demais custos e tributos que serão base para a formação dos preços a serem praticados na cadeia logística, como se pode observar a seguir:

DISTRIBUIDOR
   Crédito de ICMS (Distribuidor) = P_{VI} * 18%
   Crédito de ICMS (Distribuidor) = 137,46 * 0,18
   Crédito de ICMS (Distribuidor) = 24,74
   Crédito de ICMS (Distribuidor) s/ Frete = 5,00 * 18%
   Crédito de ICMS (Distribuidor) s/ Frete = 0,90

   Crédito de PIS/COFINS (Distribuidor) = P_{VI} * (1,65% + 7,6%)
   Crédito de PIS/COFINS (Distribuidor) = 137,46 * 0,0925
   Crédito de PIS/COFINS (Distribuidor) = 12,72
   Crédito de PIS/COFINS (Distribuidor) s/ Frete = 5,00 * 0,0925
   Crédito de PIS/COFINS (Distribuidor) s/ Frete = 0,46

   Total dos créditos de impostos (Distribuidor) = 38,82

   Custo do Distribuidor = P_{Venda} + Frete – Impostos
   Custo do Distribuidor = 158,08 + 5,00 – 38,82
   Custo do Distribuidor = 124,26
   Preço de Venda do Distribuidor = C + (20% P_{Venda} + 18% P_{Venda} + 1,65% P_{Venda} + 7,6% P_{Venda})
   Preço de Venda do Distribuidor = 124,26 + (47,25% P_{Venda})
   Preço de Venda do Distribuidor = 124,26/(1 – 0,4725)
   Preço de Venda do Distribuidor = 124,26/0,5275
   Preço de Venda do Distribuidor = 235,56

   Impostos sobre Venda do Distribuidor = ICMS, PIS e COFINS
   ICMS = 235,56 * 18% = 42,40
   PIS e COFINS = 235,56 * 9,25% = 21,79
   Impostos a serem recolhidos pelo Distribuidor = (64,19 – 38,82) = 25,37

   VAREJISTA
   Crédito de ICMS (Varejista) = P_{VI} * 18%
   Crédito de ICMS (Varejista) = 235,56 * 0,18
   Crédito de ICMS (Varejista) = 42,40
   Crédito de ICMS (Varejista) s/ Frete = 10,00 * 12%
   Crédito de ICMS (Varejista) s/ Frete = 1,20

   Crédito de PIS/COFINS (Varejista) = P_{VI} * (1,65% + 7,6%)
   Crédito de PIS/COFINS (Varejista) = 235,56 * 0,0925
   Crédito de PIS/COFINS (Varejista) = 21,79
   Crédito de PIS/COFINS (Varejista) s/ Frete = 10,00 * 0,0925
   Crédito de PIS/COFINS (Varejista) s/ Frete = 0,92

   Total dos créditos de Impostos (Varejista) = 66,31

   Custo do Varejista = P_{Venda} + Frete – Impostos
   Custo do Varejista = 235,56 + 10,00 – 66,31
   Custo do Varejista = 179,25
   Preço de Venda do Varejista = C + (30% P_{Venda} + 18% P_{Venda} + 1,65% P_{Venda} + 7,6% P_{Venda})
   Preço de Venda do Varejista = 179,25 + (57,25% P_{Venda})
   Preço de Venda do Varejista = 179,25/(1 – 0,5725)
   Preço de Venda do Varejista = 179,25/0,4275
   Preço de Venda do Varejista = 419,29

Impostos sobre Venda do Varejista = ICMS, PIS e COFINS
ICMS = 419,29 * 18% = 75,47
PIS e COFINS = 419,29 * 9,25% = 38,78
Impostos a serem recolhidos pelo Varejista = (114,25 − 66,31) = 47,94

CONSUMIDOR
Valor de custo do consumidor = 419,29

Deixando um pouco de lado as operações domésticas brasileiras e focalizando a Logística Internacional, Januário (2001) comentou que existe uma série de análises a respeito dos custos tributários que pode ser realizada na busca da minimização dos Custos Logísticos, tais como: a utilização das zonas primárias (portos ou aeroportos) ou das zonas secundárias (a mais de cinco quilômetros dos portos ou aeroportos), a seleção do modal de transporte, a análise dos benefícios fiscais e utilização de regimes fiscais especiais (Regime Aduaneiro de Entreposto Industrial sob Controle Informatizado – RECOF, *drawback* etc.), seguros, lotes de compras, terceirização de atividades para despachantes aduaneiros e agentes de cargas, uso de portos alternativos, sem esquecer o controle do *lead time* que pode causar impactos em todo o fluxo logístico, associado aos Custos de Manutenção do Inventário, estudados no Capítulo 10.

O RECOF, um regime em que o desembaraço é realizado próximo ao local de produção e está associado às exportações de valores relevantes, segundo Brito Jr. (2004), visa a proporcionar reduções de custos e tempos no processo aduaneiro, por meio da suspensão ou isenção de tributos, aliados à agilidade no processo logístico, permitindo que a empresa compradora realize processos de liberação aduaneira sem a inspeção da Receita Federal[2] nas áreas de desembaraço e pague os tributos incidentes sobre as mercadorias armazenadas no momento da venda do produto final.

A Admissão Temporária, segundo Ferreira (2003, p. 53), *"é o regime aduaneiro que permite a entrada no país, de bens que devam permanecer, por prazo fixado com suspensão dos tributos"*. O *Drawback*, por sua vez, pode ser definido como um incentivo fiscal à exportação, compreendendo a isenção, suspensão ou restituição de tributos incidentes na importação de uma mercadoria que será utilizada na industrialização de um produto que será exportado, tais como: ICMS, II, IPI e o Adicional ao Frete para Renovação da Marinha Mercante (AFRMM).

Por exemplo, a Estação Aduaneira do Interior (EADI), já comentada no Capítulo 8, quando se falou de Armazenagem Pública, é também chamada de Porto Seco (*Dry Port*), um regime que permite, na importação e na exportação,

---

2 A Receita Federal realiza auditoria remota de todo o fluxo das mercadorias importadas sob o regime RECOF, por meio de controle informatizado, integrado aos sistemas corporativos da empresa compradora.

o depósito de mercadorias, em local alfandegado, com suspensão do pagamento de tributos sob controle fiscal e aduaneiro, tendo como premissa a consignação de materiais/produtos. Apresenta as seguintes vantagens: **redução de custos**, importação sem cobertura cambial (*hedging*), armazenagem, compatibilidade com regimes especiais, retiradas parciais de mercadoria, redução de prazo de importação e de custo/giro de inventário.

Cabe ressaltar que outra questão relevante a ser analisada é a incidência dos tributos sobre o valor acrescido dos impostos (imposto sobre imposto), pois na importação o IPI, por exemplo, incide sobre o valor aduaneiro mais II, e o ICMS, por sua vez, deve ser calculado sobre o valor aduaneiro acrescido do II e IPI. A Lei nº 10.865/2004 instituiu a incidência de PIS e COFINS sobre a Importação, contemplando em sua base de cálculo os outros tributos já incidentes na Importação (II, IPI e ICMS).[3] O AFRMM, existente no modo de transporte, incide percentualmente sobre o frete da importação. No Quadro 12.2, veremos a forma de como calcular alguns tributos em uma importação:

Quadro 12.2 *Cálculo dos tributos incidentes em uma importação.*[4]

```
      II   = Valor do Produto • Alíquota Específica
     IPI   = (Valor do Produto + II) • Alíquota Específica
    ICMS   = (Valor do Produto + II + IPI) • [Alíquota Específica / (1 − alíquota)]
   AFRMM   = Valor do Frete • Alíquota Específica
```

Fonte: Brito Jr. (2004, p. 64).

Os custos tributários, relevantes na realidade brasileira, seja nas operações nacionais ou internacionais, são impactados pelas diversas decisões logísticas, tais como: decisões de localização de fábricas ou centros de distribuição, modos de transporte etc. Mesmo que alguns tributos sejam recuperáveis, não onerando, efetivamente, o resultado econômico da empresa, merecem uma atenção especial, visando à sua minimização, o que pode ser atingido por meio das diversas soluções logísticas que podem existir em cada processo.

No Capítulo 13, trataremos dos custos decorrentes de lotes.

---

3 Uma fórmula matemática para a apuração do PIS e COFINS na Importação encontra-se disponível no *site* <www.receita.fazenda.gov.br> na Instrução Normativa SRF nº 552, de 28/06/2005.

4 Sobre o cálculo do PIS e COFINS na Importação, ver nota anterior.

13

Custos decorrentes de lotes

O conceito de Lote, no processo produtivo, está associado à atividade de *setup*, que consiste no trabalho requerido para preparar uma máquina específica, recurso, centro de trabalho ou linha, entre o término da fabricação de um item e o início da produção do próximo item na programação. O tempo gasto na preparação é uma das perdas principais (desperdícios) que devem ser evitadas no processo de produção e a redução nesse tempo permite desenvolver lotes de produção com custos menores, ter flexibilidade na resposta às necessidades dos clientes, minimizar estoque de produtos em processo, aumentar qualidade – menos sobras (falhas) –, e reduzir *lead time* da manufatura.

Segundo Lambert (1994), os custos associados ao tamanho do lote de produção/compra/venda mudam à medida que muda o sistema de distribuição e, normalmente, incluem:

- custos de preparação de produção (tempo de *setup* de máquina, inspeção, refugo de *setup* e ineficiência do início da operação);
- capacidade perdida devido à troca de ferramentas ou mudança de máquinas; e
- planejamento, manuseio e movimentação de materiais.

Os custos de preparação na produção e de perdas na capacidade são provenientes das entradas no Planejamento, Programação e Controle da Produção (PPCP). Podem, também, conforme afirmam Lambert et al. (1998), ser obtidos outros custos, tomando-se como base os custos totais incrementais contraídos para dois diferentes níveis de atividade, divididos pelo incremento no volume. Este raciocínio, também, vale para os lotes de compra na Logística de Abastecimento ou os lotes de venda, na Logística de Distribuição. O aumento do custo no lote de produção, por exemplo, pode ser provocado por ineficiência da Logística de Distribuição. Assim, o custo inerente a esse aumento deve ser agregado aos demais Custos Logísticos.

Para o fornecedor, quanto maior for o lote, melhor, pois otimiza seu processo produtivo e pode diluir os seus custos fixos; por outro lado, para o cliente, quanto menor for seu lote de compra, menos inventário estará sendo mantido, portanto, menor será seu custo de manutenção de inventário.

Na opinião de Magee (1977, p. 39), "*os pedidos de reposição feitos pelo sistema de distribuição física, quando erráticos, instáveis ou descoordenados, onerarão desnecessariamente a produção*". Este autor enfatiza que o sistema logístico pode criar problemas à produção, se for administrado como atividade independente e que, se a produção tivesse conhecimento da necessidade unitária de cada armazém, poderia saber, antecipadamente, quando os armazéns precisariam ser abastecidos, tendo condições de programar a produção de maneira ordenada. É a tão falada questão da integração das atividades.

Os custos excessivos na produção podem, também, ser provocados não só pela ineficiência do processo logístico de distribuição, mas, também, pela capacidade da produção, em responder a pedidos especiais ou incomuns dos clientes. Nesse caso, conforme Magee (1977), a produção depende não só da sua capacidade de operação, como também do sistema de abastecimento de materiais para atender às condições exigidas pelos clientes.

Um benefício importante dos lotes deve ocorrer, também, na Logística de Abastecimento, onde a matéria-prima pode ser comprada em lotes menores, minimizando custos de manutenção de inventário e de armazenagem e movimentação de materiais. A decisão de utilizar lotes para abastecer, produzir ou distribuir materiais/produtos tem, também, como objetivo, uma redução nos custos:

- desenvolvendo lotes otimizados;
- permitindo flexibilidade na resposta às necessidades dos clientes;
- minimizando estoques em processo;
- aumentando a qualidade; e
- reduzindo o *lead time* logístico.

Dessa maneira, os gestores de Logística devem estar cientes do impacto de suas decisões na eficiência das operações de compras, produção e distribuição, considerando mudanças associadas aos custos de produção ao estabelecer as políticas logísticas.

O aumento no Custo dos Lotes ocorre, como já comentado, pela falta de integração entre os macroprocessos envolvidos, tais como Compras, Produção, Logística e Marketing, entre outros, necessários à otimização do sistema logístico.

Para que ocorra essa otimização, há necessidade de controlar todas as operações, os elementos de custos individuais, os Custos Logísticos associados aos processos logísticos (que serão estudados no Capítulo 16) ou analisar seus custos totais, em função do nível de serviço contratado, e, para isso, é relevante que haja uma área responsável pela Logística dentro da empresa e isso gera alguns custos com sua administração.

Já que falamos em custos totais que só devem ser minimizados na gestão logística, o grande paradigma está em como atender às necessidades dos clientes (nível de serviço desejado) ao mínimo Custo Total possível.

14

Custos decorrentes de nível de serviços

O Nível de Serviço ao Cliente está associado ao que se deseja de resposta no próximo elo da cadeia, em termos de disponibilidade do produto/serviço (inventário), confiabilidade do serviço (qualidade) e desempenho (velocidade e consistência de entregas). É algo que está sendo acordado entre comprador e vendedor, onde o comprador faz suas exigências e o vendedor irá verificar a viabilidade de atendê-las, criando valor para ambos.

As maiores exigências de níveis de serviço podem requerer maior nível de estoques, pessoal envolvido, sistemas de informação, enfim, determinar maiores Custos Logísticos, com serviços cada vez mais diferenciados. Podemos considerar que o nível de serviço é a maior restrição existente na Logística.

Vamos supor que a empresa decida definir o nível de serviço que pretende oferecer aos clientes. Para isso deverá definir, inicialmente, o limite aceitável de possíveis rupturas (ou vendas perdidas), que vamos supor, por exemplo, seja de 3% (três por cento). O nível de serviço será, então:

NS (%) = (100 − limite máximo aceitável de rupturas)
NS (%) = (100 − 3)
NS = 97%

A empresa pretende atender a no mínimo 97% (noventa e sete por cento) das necessidades de seus clientes e, para isso, deveria estar criando indicadores para controlar esse nível de atendimento. Essa questão será tratada no Capítulo 20, quando estudarmos o *Balanced Scorecard* na Logística.

Um planejamento inadequado na Logística, que acarrete, por exemplo, falta de produto para atender à demanda, pode resultar em vendas perdidas, comprometendo a imagem da empresa, a fidelidade de seus clientes, além de seu resultado econômico. A mensuração do **custo da venda perdida (custo da falta ou ruptura/*stockout*)**, em um determinado serviço, é considerada difícil, pois, conforme afirmam Lambert et al. (1998, p. 47), não se deve considerar apenas a margem perdida pelo não-cumprimento da demanda atual das vendas, mas, também, *"o valor presente de todas as contribuições futuras ao lucro não realizado, devido à perda do cliente pela falta do produto ou pelo não-atendimento às suas exigências"*.

Lima (2004) desconsidera a questão da perda no futuro, pois, realmente, existe uma dificuldade de mensuração dessa perda e sugere uma simplificação à proposta de Lambert, considerando que o *"custo de oportunidade unitário da venda perdida devido à falta de um produto é igual à sua Margem de Contribuição Unitária"*.[1]

Os **custos de vendas perdidas** (custos de faltas/rupturas ou *stockouts*) que não se concretizaram, em razão de falhas logísticas, podem ter ocorrido em função de um problema na gestão dos estoques, tal como uma falta de mercadorias; nos desembaraços aduaneiros; nos modos de transportes; na entrega atrasada de produtos devido às falhas na distribuição; em cancelamentos de pedidos devido a atendimento insatisfatório; em devoluções devido a erros de pedidos ou quaisquer outros problemas de ordem operacional que comprometam o nível de serviço ao cliente ou, eventualmente, uma receita em potencial a ser realizada pela empresa.

As **falhas** relacionam-se ao fato de a empresa incorrer em perdas anormais efetivas, decorrentes do mau funcionamento dos elos da cadeia de suprimentos ou de algum processo logístico que afete a qualidade do produto/serviço. Uma falha é qualquer evento que afete a qualidade do produto/serviço ou a sua rentabilidade, tal como uma má administração de compras ou vendas, de estoques de materiais, de prazos de estocagem, recebimentos e pagamentos, assim como atraso na entrega de produtos e quaisquer outros problemas operacionais.

Não se pode deixar de reconhecer a característica de anormalidade e involuntariedade, que, conforme cita Martins (2003), é peculiar do conceito de perda, implícito na falha. Muitas vezes, torna-se difícil identificar a falha nos processos, e ainda mais mensurar seus custos que podem, também, ser consi-

---

1 A Margem de Contribuição Unitária é apurada por meio da diferença entre a Receita Líquida Unitária (preço unitário menos os impostos incidentes sobre vendas, devoluções, cancelamentos e abatimentos) menos os Custos Variáveis Unitários (materiais, mão-de-obra direta, fretes sobre vendas, comissões etc.).

derados como **custos de não-qualidade**.[2] Mas é imprescindível que se focalize a identificação dos pontos de falha, a fim de que sejam tomadas ações corretivas, no intuito de evitá-las no futuro, pois se trata, nitidamente, de uma **perda** econômica à empresa.

Uma vez que a falha tenha, efetivamente, ocorrido, existem duas situações para corrigi-la: em uma incorre-se em custos para a solução dessa falha, evitando, por exemplo, perder uma venda, e a outra refere-se à perda efetivada, na qual os esforços são despendidos para reversão ou para amenizar as conseqüências da falha ocorrida. A gravidade da falha pode ser mensurada em termos monetários, representando o somatório de todos os custos das atividades adicionais que foram necessárias para que o bem ou serviço fosse disponibilizado ao usuário final. Por exemplo, toda empresa necessita planejar adequadamente suas vendas, produção e compras, para que não haja nem excesso nem falta de inventários, pois ambos os casos geram custos desnecessários, muitas vezes ocultos (*hidden costs*) e não mensurados.

O **custo do excesso**, segundo Lima (2004), é equivalente ao custo de manutenção de cada unidade em estoque, enquanto que o **custo da falta** é equivalente ao custo da venda perdida, já citada. O ideal é que ocorra o equilíbrio e, para isso, as empresas necessitam estabelecer um estoque de segurança (mínimo), para que não ocorra a falta, bem como coordenem seus planejamentos de vendas, produção e compras, para que não ocorra o excesso.

O estabelecimento do estoque de segurança, ou estoque mínimo, é o risco que a empresa está disposta a assumir com respeito à ocorrência de falta de estoque. O estoque de segurança deve ser menor quanto maior for o custo do excesso em relação ao custo da falta e o inverso, ou seja, deve ser maior quanto maior for o custo da falta em relação ao custo do excesso. Para que essa definição ocorra de maneira adequada, a empresa necessita utilizar algumas técnicas para um bom gerenciamento dos níveis de estoque, tais como o Programa de Reposição Contínua (*Continuous Replenishment Programme – CRP*), que visa à reposição eficiente de produtos, de forma a atender à demanda do cliente sem criar estoques excessivos ou causar faltas dos referidos produtos. O CRP envolve dois modelos: o *Vendor Managed Inventory* (*VMI*) e o *Co-Managed Inventory* (*CMI*), em que no primeiro o estoque é gerenciado pelo fornecedor e o segundo tem o inventário co-gerenciado pelos parceiros na cadeia de suprimentos.

E já que falamos em Cadeia de Suprimentos, podemos citar vários exemplos de falhas, na Cadeia de Suprimentos, citados por Rago (2004):

---

2 Os Custos de Não-Qualidade, segundo Robles Jr. (2003), envolvem os custos relacionados à Prevenção (treinamento e manutenção), à Avaliação (inspeção de condições) e às Falhas Internas (refugos, retrabalhos, erros nos processos etc.) e Externas (reclamações/devoluções etc.).

- fornecedores com pouca integração, alto *lead time*, baixa confiabilidade, dificuldade de reprogramação e altos custos;
- suprimentos: altos níveis de rejeição, estoques altos (gerando altos custos de manutenção de inventários), falta de materiais (incorrendo no custo da falta), processos inadequados;
- produção: alto *lead time*, baixa utilização da capacidade, horas extras, estoques altos (que geram altos custos de manutenção de inventários), baixa disponibilidade;
- marketing: falta ou excesso de produtos, produtos obsoletos, erros de previsão de vendas, processamento lento de pedidos, desconhecimento das margens;
- distribuição: necessidade de transparência de estoques, baixa ocupação de carga, pouca otimização logística, danos à carga e alto *lead time* de entrega; e
- consumidor: baixo nível de satisfação, comunicação deficiente, baixo esclarecimento, perda de mercado e imagem "manchada".

É questão difícil e controversa determinar e atribuir responsabilidade pelo custo da falha em Logística, que são os custos decorrentes do nível de serviço. Não é fácil compreender o impacto de, por exemplo, uma fábrica parar por um dia ou um lote inteiro exportado chegar ao destino danificado. Esses custos podem ser de responsabilidade de mais de uma atividade da empresa, assim como de agentes externos, mas devem ser contemplados nos Custos Logísticos da empresa como um todo. Para medir a ocorrência dessas falhas, podem ser utilizados os indicadores de desempenho, que serão comentados no Capítulo 20.

É mais fácil buscar a eficiência na gestão dos Custos Logísticos, minimizando os custos que a envolvem e, ao mesmo tempo, satisfazer ao cliente, do que perder uma venda, que seria um bom exemplo de falha incorrida no processo. A difícil mensuração desses custos faz com que as empresas busquem soluções alternativas de avaliar essas perdas. Tomaremos como exemplo o caso da *Ford Motor Company*, bastante divulgado na mídia brasileira, a partir de 2002, que concedeu um bônus de R$ 100,00 para quem fizesse um *test drive* em alguns de seus carros e efetivasse sua compra com algum de seus concorrentes. Esta atitude denotava que o nível de serviço do cliente não havia sido atendido e o valor supracitado foi considerado como o custo da venda perdida (não necessariamente pela falta). Óbvio que imaginamos que a margem na venda de um carro seja maior do que o valor supracitado, mas foi a forma que a empresa definiu para mensurar a perda.

Outro exemplo é a possibilidade de as vendas serem perdidas em função da escolha do modo de transporte ou da forma de armazenagem, que estão relacionadas à questão da substituição de produtos. Na Figura 14.1(a), poderão ser observados alguns *trade-offs* que o gestor da Logística deve considerar na distribuição de produtos em diferentes graus.

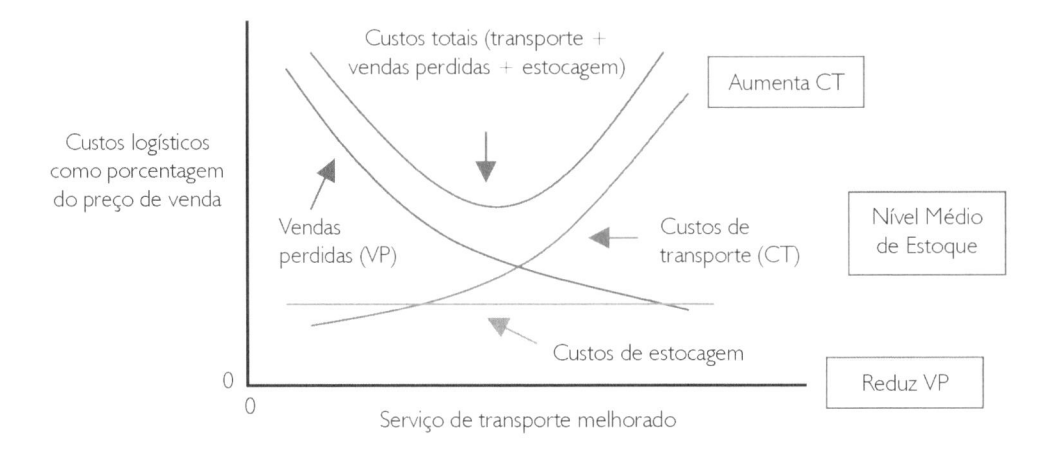

Figura 14.1(a) *Estabelecendo o nível de serviço ao cliente.*

A Figura 14.1(a) mostra que melhorias nos transportes podem ser usadas para reduzir vendas perdidas, evitando atrasos. Para um dado nível médio de estoque, um fornecedor pode aumentar a velocidade e a confiabilidade da entrega de produtos e reduzir a incidência de falhas. Assim, o produto torna-se mais disponível para os clientes e, provavelmente, ocorrerão poucas devoluções. Na maioria das vezes, o custo mais alto de transporte (CT) compensa o custo das vendas perdidas (VP).

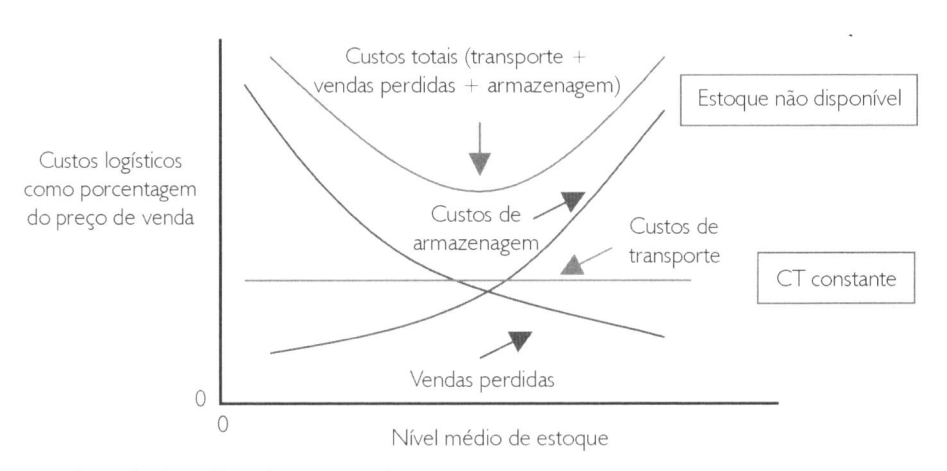

Fonte: Adaptada de Ballou (2001, p. 66).

Figura 14.1(b) *Efeito genérico do serviço de transporte e o nível médio de estoque nos custos logísticos para um produto com um dado grau de* trade-offs.

A Figura 14.1(b), por sua vez, demonstra o mesmo tipo de compensação de custos, exceto pela disponibilidade de estoques para o cliente, que é controlada por meio de níveis de estoques, com a escolha do modo de transporte permanecendo constante. De qualquer forma, o gestor da Logística deve controlar o impacto da substituição do produto (pelo do concorrente) nos resultados econômicos da empresa.

De acordo com o conceito de Custo Logístico Total, visto no Capítulo 4, quando se tratou da Logística Integrada, os custos do macroprocesso logístico devem ser analisados no conjunto de todos os elementos integrantes dos processos logísticos, e não individualmente, visando à busca de uma solução para o processo em que todas as atividades das cadeias logísticas sejam otimizadas. Podem, também, ser observados no Quadro 14.1 alguns exemplos de *trade-offs* entre alguns elementos de Custos Logísticos que devem ser considerados sob a ótica do Custo Logístico Total, objetivando atender ao nível de serviço determinado pelos clientes. Qualquer nível de serviço é possível de ser atingido, mas deve-se priorizar o equilíbrio com os custos totais, que é o grande "dilema" da gestão logística.

Observando o Quadro 14.1, podem ser percebidas algumas características de alterações no nível de serviço comprometido com o cliente por meio de: entregas mais freqüentes, diminuição do tempo de ciclo (*lead time*), confiabilidade e continuidade de suprimentos e esse fatores podem acarretar maiores ou menores custos totais para a empresa.

O nível de serviço ao cliente é um dos focos da Logística e, portanto, constata-se ser necessário que seja contemplado o impacto das exigências de cada cliente no resultado econômico da empresa. Voltaremos a esta questão quando tratarmos da Análise de Rentabilidade do Cliente no Capítulo 20. Qualquer nível de serviço é possível de ser atingido, mas deve-se priorizar o equilíbrio com os custos totais, que é o grande "dilema ou paradigma" da gestão logística.

Quadro 14.1 *Exemplos de trade-offs entre Custos Logísticos e o Nível de Serviço (NS).*

Característica do NS ao Cliente	Tecnologia de Informação	Transporte	Armazenagem e Movimentação de Materiais	Custos Decorrentes de Lotes	Custos de Manutenção do Inventário
Entregas mais freqüentes (JIT – Just in Time, por exemplo)	**Desvantagens:** – aumento nos custos de processamento; e – maior nível de serviço requerido	**Desvantagens:** – aumento nos custos de transporte – com menores e freqüentes embarques; e – maior nível de serviço requerido	**Desvantagem:** – aumento nos custos de mão-de-obra e movimentação do inventário **Vantagem:** – redução de espaço e necessidades de volume	**Desvantagem:** – Possibilidade de cargas unitárias não econômicas (lotes menores)	**Vantagem:** – menores níveis de inventário e menores custos de manutenção de inventário
Tempo de Ciclo Diminuído (menor *Lead Time*)	**Desvantagem:** – aumento nos processamentos e custos de processamentos	**Desvantagem:** – maior freqüência de entrega e de acompanhamento	**Desvantagem:** – aumento nos custos de movimentação	**Desvantagem:** – possibilidade de cargas unitárias não econômicas	**Vantagem:** – menores níveis de manutenção de inventário
Aumentos na confiabilidade da distribuição		**Desvantagem:** – aumento nos custos	**Desvantagem:** – aumento nos custos de supervisão (Indicadores de Desempenho)		**Vantagem:** – aumento na eficiência da gestão do inventário **Desvantagem:** – aumento dos custos de manutenção
Estoque aumentado/disponibilidade e continuidade de suprimentos		**Vantagem:** – aumento na eficiência de programação **Desvantagem:** – Devolução dos pedidos aumentará custos	**Desvantagem:** – aumento na necessidade de espaço e cubagem		**Desvantagem:** – aumento dos custos de manutenção

Fonte: Adaptado de Gattorna; Walters (1996, p. 84); Ratliff, Nulty (2003).

15

Custos associados aos processos logísticos

É possível correlacionar os elementos de Custos Logísticos vistos entre os Capítulos 7 e 14 a cada um dos processos logísticos, pois, por exemplo: (1) os inventários ocorrem ao longo de toda cadeia; (2) os custos das falhas mais significativos, quando em âmbito de abastecimento/planta, são relativos às paradas/perdas de produção e, quando em âmbito da distribuição, significam vendas perdidas; e (3) os níveis de serviço impõem exigências do cliente/consumidor sobre a distribuição e das fábricas sobre a Logística de Abastecimento.

15.1 Custos da Logística de Abastecimento

Conforme cita o Instituto dos Contadores Gerenciais (IMA, 1989), via de regra, os chamados **custos de obtenção**, que estão associados ao processo de compra, tais como: custos de transportes, seguros e embalagens, entre outros, são incorporados aos materiais adquiridos. Usualmente, no Brasil, a maioria dos fornecedores embute em seu preço os Custos Logísticos associados aos subprocessos de Armazenagem/Movimentação de materiais e Transporte.

O custo de transporte, por exemplo, é um dos maiores problemas na identificação dos Custos Logísticos de Abastecimento, no Brasil. A maioria das empresas não tem a informação do frete de compra segregada do valor do material (que é contabilizado no Estoque – Ativo), pois a maioria dos fornecedores de materiais nacionais não destaca essa informação na nota fiscal e, quando esta informação existe, encontra-se na área de Compras, pois muitos materiais são adquiridos com preços negociados, incluindo o valor de frete e seguros, dependendo dos termos da negociação. Se estivéssemos analisando os custos da cadeia de suprimentos como um todo, haveria a necessidade de o fornecedor compartilhar esses custos, para que pudessem ser adequadamente gerenciados.

Nos EUA, conforme afirmam Bowersox e Closs (2001), os fretes de compra são tratados como despesas dedutíveis no resultado do período, e não no Estoque – Ativo. Se existe a intenção de apurar os Custos Logísticos Totais, o frete incidente sobre as operações de obtenção deve ser identificado.

Uma das alternativas para a identificação do valor do frete de compra, na ausência da informação por parte do fornecedor, é a implantação do *Milk Run* na obtenção dos materiais, podendo indicar que haja desconto no custo do material a ser compensado por aumento no custo de transporte (*trade-off*), mas pode-se economizar na consolidação da carga e na redução de inventário.

O *Milk Run* é um sistema de coleta e entrega de materiais que os clientes, no intuito de reduzir seus custos, negociam com os fornecedores seus preços, assumindo que, ao invés de o fornecedor entregar o material ao cliente, que, por sua vez, responsabilizar-se-á pelo frete e seguro, irá buscar o material no fornecedor, passando a gerenciar seus custos. Suas vantagens são: redução de inventário, redução na movimentação do material, eliminação de desperdícios, aumento no controle e na disciplina dos processos, aumento na flexibilidade e velocidade de reação (resposta rápida).

De posse da informação do frete do abastecimento, ao invés de contabilizar o valor dos materiais, incluindo todos os Custos Logísticos, diretamente em uma conta contábil apenas (Estoque de Matéria-Prima), **poderiam ser criadas contas contábeis específicas no Plano de Contas da empresa,** onde sejam segregados os valores referentes aos Custos Logísticos, tratando-os, preferencialmente, como **Custos Variáveis.**

Isso deveria ser realizado para que os gestores da Logística de Abastecimento possam avaliar seus desempenhos, destacando os custos mais relevantes, tais como: Frete do Trânsito Nacional, Frete do Trânsito Internacional, Seguros, Armazenagem, Honorários dos Despachantes Aduaneiros, Agentes de Carga, Taxas de Uso dos Terminais Portuários e Aeroportuários, Movimentação Interna, Imposto de Importação, Taxas Diversas (para liberação, desconsolidação, entre outras) etc.

Os impostos incidentes nas operações de compras, quando recuperáveis (ICMS, IPI, PIS e COFINS), não são contabilizados no Estoque dos materiais/componentes e, sim, como Impostos a Recuperar (no Ativo), compensados fiscalmente com os Impostos a Recolher (incidentes sobre as vendas). Contudo, apesar de, em termos tributários, serem tratados de forma diferenciada dos outros gastos, a Logística deve receber informações sobre os custos tributários incidentes em suas operações, sejam de abastecimento ou de distribuição, para poder tomar as devidas ações de reduções, tais como: os impostos incidentes nos processos de importação e exportação, nas circulações de mercadorias etc.

Tendo a intenção de segregar os Custos Logísticos do abastecimento por item de materiais e componentes, haveria uma maior dificuldade de identificação, pois, muitas vezes, as empresas negociam suas compras por lotes de materiais, para minimização de custos com otimização de espaços de contêineres, veículos etc. Uma proposta de solução seria a de definir **direcionadores de custos**[1] para alocar os Custos Logísticos a cada um dos itens de materiais ou componentes. Um exemplo de direcionador de custo seria a densidade (relação peso/volume) de cada item, em relação ao total transportado. Comentaremos mais a respeito dos direcionadores de custos e de atividades no Capítulo 19, quando tratarmos do Custeio Baseado em Atividades (ABC) na Logística.

No caso dos materiais importados, a cadeia envolve todas as atividades logísticas, do fornecedor no exterior até a fábrica no país importador, como pode ser visualizado na Figura 15.1.

FORNECEDOR → **TRANSPORTE** → **EMPRESA**

- Embalagem
- Estoque
- Expedição (Frete)

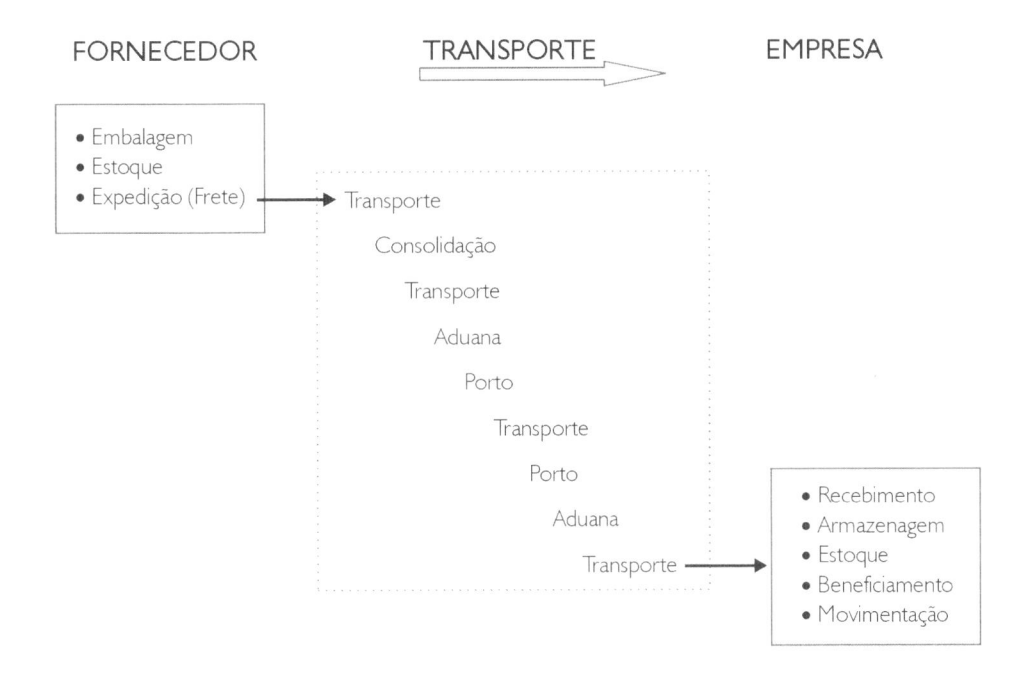

→ Transporte
Consolidação
Transporte
Aduana
Porto
Transporte
Porto
Aduana
Transporte →

- Recebimento
- Armazenagem
- Estoque
- Beneficiamento
- Movimentação

Figura 15.1 *Custos de obtenção do material importado.*

---

1 O Direcionador de Custo é um fator aplicado ao custo, como: horas de mão-de-obra, quantidades movimentadas, toneladas, metros cúbicos etc., no intuito de alocar, por exemplo, os recursos a uma atividade ou os custos de uma atividade a um objeto.

Os fornecedores em seu país de origem, dependendo dos *Incoterms* – Termos de Comércio Internacional –, podem ou não "embutir" em seus preços, além dos materiais, os Custos Logísticos, englobando os custos de transportes e desembaraços, até a chegada do material à empresa compradora e posterior agregação no valor dos materiais no estoque. Segundo Reis (2001),

> [...] *a transferência de mercadorias entre países é uma atividade de risco, exigindo conhecimento abrangente das fases envolvidas no processo e cuidados especiais na sua realização. Uma das dificuldades encontra-se na fixação das bases dos contratos internacionais de venda de mercadorias, principalmente no tocante à divisão de responsabilidades, quanto a riscos e* **Custos Logísticos***, entre o vendedor (exportador) e o comprador (importador).* [grifo nosso]

Como se observa nesse comentário, a definição do *Incoterm* a ser utilizado impacta os Custos Logísticos. Os termos de comércio internacional são os que definem os direitos e as obrigações mínimas do vendedor e do comprador no que diz respeito ao frete, seguros, movimentação em terminais, desembaraço, liberação em alfândegas e obtenção de documentos de um contrato internacional de venda de mercadorias, definindo todos os Custos Logísticos da operação. Envolvem: Custos com Transporte e Seguro Interno, Importação e Exportação, Taxas de Embarque, Transporte e Seguro Internacional, Custos com Carga/Descarga, Documentações etc.

Uma empresa pode comprar, globalmente, sob várias condições, a serem observadas na Figura 15.2. Na seqüência, serão descritos apenas os termos mais utilizados por empresas brasileiras.

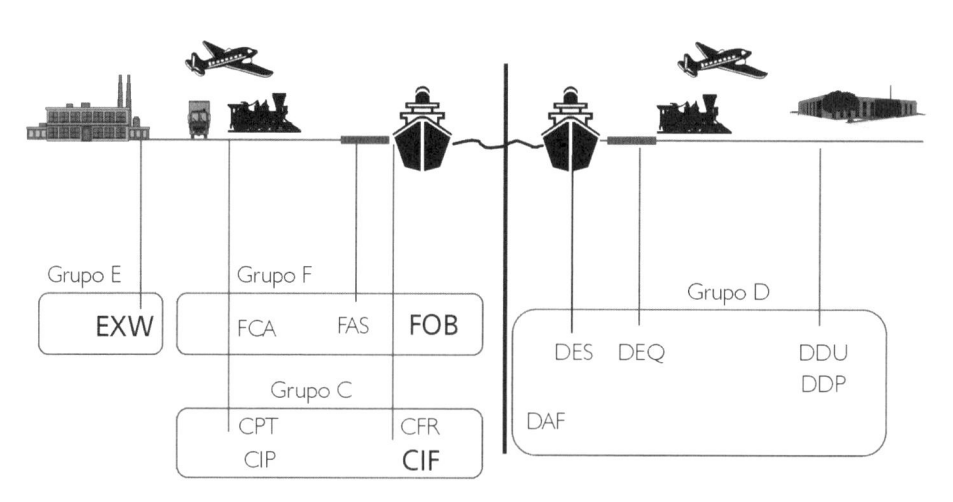

Fonte: Adaptada de *Incoterms* 2000 por Reis (2001).

Figura 15.2 *Pontos onde cessam os riscos do vendedor.*

No *Incoterm Ex-Works* (EXW), conforme se observa na Figura 15.2, o exportador encerra sua participação no negócio quando acondiciona a mercadoria na embalagem de transporte (caixa, engradado, *pallet* etc.) e a disponibiliza, no prazo estabelecido, no seu próprio estabelecimento. O comprador assume todos os custos e riscos envolvidos, desde o local de produção (fornecedor) à transferência das mercadorias até o destino desejado e toda a cadeia de abastecimento é de responsabilidade da empresa compradora.

Na condição *Free On Board* (FOB), segundo Reis (2001), o comprador deve assumir todos os custos e riscos de perda ou avaria das mercadorias a partir do costado do navio (da transposição da amurada). No *Incoterm Free Carrier* (FCA), o vendedor conclui suas obrigações quando entrega a mercadoria, pronta para exportação, aos cuidados do transportador internacional indicado pelo comprador, no local designado do país de origem. No *Incoterm Cost, Insurance and Freight* (CIF), o vendedor tem a responsabilidade de assumir os custos associados à transferência das mercadorias ao porto de destino designado, desembaraçando as mercadorias para exportação, mais a contratação e pagamento do prêmio do seguro de transporte marítimo.

Esses custos de obtenção dos materiais/produtos no Brasil normalmente são contabilizados no ativo como Estoque em Trânsito, enquanto os referidos materiais/produtos não estão na posse do comprador e, posteriormente, quando da sua chegada na empresa (posse) são transferidos para a conta de Estoque de Matéria-Prima, englobando todos os custos supracitados.

Visando a reduzir os custos de obtenção dos materiais nacionais ou importados, podem ser implantados Centros de Consolidação, já comentados no Capítulo 8, que tratou sobre os Custos de Armazenagem e Movimentação de Materiais, ou ser terceirizadas as operações para Consolidadores, que administrarão a consolidação e o embarque de materiais, no intuito de maximizar embarques e otimizar o transporte, assegurando total controle da cadeia de abastecimento pela melhora no fluxo de envio de materiais.

A otimização do transporte, por exemplo, do fornecedor para o consolidador, do consolidador para o porto de embarque, se no modo marítimo ou aéreo (melhor planejamento e negociação de espaço), do porto de chegada para o desconsolidador e deste para a fábrica também pode auxiliar na diminuição dos custos de obtenção.

A partir da chegada do material/componente na empresa, iniciam-se as operações de Recebimento, que consistem na aceitação física do material entregue, descarregamento do material, preparação do material para estocagem ou redespacho, verificação e documentação da quantidade e das condições do material entregue, de acordo com os procedimentos adotados pela empresa, e têm sido bastante utilizadas pela indústria automobilística no Brasil.

Quadro 15.1 Custos da Logística de Abastecimento.

	Materiais Nacionais						Materiais Importados						
	Trânsito Doméstico	Recebimento	Estocagem MP	Expedição de Insumos	Trânsito Doméstico	Armazenagem/ Consolidação	Trânsito Doméstico no Exterior	Trânsito Internacional	Armazenagens e Operações Aduaneiras	Trânsito Doméstico no País	Recebimento	Estocagem MP	Expedição de Insumos
Custos de Armazenagem e Movimentação		■	■	■		■			■		■	■	■
Custos de Transportes	■				■		■	■		■			
Custos de Embalagens	• Pallets, Racks, Contêineres, Embalagens One Way etc. voltados para armazenagem/movimentação e transporte.												
Custos de Manutenção de Inventários	• Custo de oportunidade relativo ao nível de inventário de materiais em posse e em trânsito (de propriedade da empresa) nas cadeias de abastecimento, quando em condições de compras FOB, Ex Works ou FCA.												
Custos de Tecnologia de Informação	• Follow-up de entregas, avaliação de desempenho logístico de fornecedores, controle de entregas JIT, EDI (comunicação com fornecedores), GIS/GPS, RFID, Internet etc.												
Custos Tributários	• IPVA de veículos (frota própria), Impostos de Importação, Análise de Impostos Recuperáveis (ICMS, IPI, PIS e COFINS) nas Compras e Incentivos Fiscais, Tarifas e Taxas Alfandegárias na Importação etc.												
Custos de Lotes	• Obtenção de materiais de forma extraordinária (urgências).												
Custos decorrentes do Nível de Serviço	• Equipamento de transporte exigido. • Frequência de entregas/entregas JIT/entregas diretas na linha. • Materiais danificados, avariados, contaminados, atacados por corrosão • Paradas de fábrica/perdas de produção						• Horários/janelas de entrega. • Atrasos de fornecedores. • Requisitos de proteção do material. • Facilitação do uso posterior de embalagem na cadeia.						
Custos de Administração Logística	• Custos atribuíveis de forma indireta.												

Fonte: Adaptado de Faria (2003, p. 92).

Uma estratégia usada, atualmente, para minimizar os custos de Recebimento é a Janela de Entrega (*Time Windows*) que, associada ao *Milk Run* e *JIT*, assegura o recebimento das peças em horários predeterminados, possibilitando a redução do inventário. Esta estratégia consiste no estabelecimento de horários para que os fornecedores possam entregar os materiais negociados com a empresa e tem sido bastante utilizada, por exemplo, pela indústria automobilística no Brasil.

O Quadro 15.1 apresenta exemplos de custos associados à Logística de Abastecimento de uma empresa industrial que, dependendo da decisão a ser tomada, deveriam ser identificados, classificados e acumulados em função do objeto ou em relação ao tipo de aplicação do esforço de suprimentos (custos das "n" cadeias de fornecimento, por rotas, por fornecedor, por item, *Stock Keeping Unit* – SKU, por família de materiais/produto etc.).

Um dos desafios existentes é alocar os custos que são comuns a todos os itens (SKU) em determinado lote ou processo de importação comprado, tais como: honorários dos despachantes, taxas alfandegárias etc. Para isso, necessitamos definir qual o melhor direcionador para alocar os custos dos referidos objetos. No intuito de ilustrar, veremos, na seqüência, um exemplo de uma importação:

Tabela 15.1   *Elementos de custos e premissas para importação do produto Y.*

Produto Y	Aquaviário	Aéreo
Quantidade (peças)	1.000	1.000
Tempo de Armazenagem para Desembaraço (dias)	1	1
Valor Unitário – FOB (R$)	15,00	15,00
Valor da Mercadoria – FOB (R$)	**15.000,00**	**15.000,00**
Valor do frete internacional (R$)	3.000,00	9.000,00
Valor do seguro internacional (R$)	sem cobertura	sem cobertura
Valor de Mercadoria – CIF – R$ (Valor Aduaneiro)	**18.000,00**	**24.000,00**
Tempo de Estoque do Produto em Trânsito (dias)	90	2
Taxa de Oportunidade (% a.m.)	1%	1%
IMPOSTOS, TAXAS E OUTROS GASTOS ADUANEIROS		
Imposto de Importação (II)	20%	20%
IPI (recuperável)	15%	15%
ICMS (recuperável)	18%	18%
PIS/COFINS (recuperáveis)	9,25%	9,25%
AFRMM (25% sobre o frete)	25%	não há
Armazenagem (1% sobre o CIF)	1%	1%
Despachante Aduaneiro (mínimo de 01 salário mínimo e máximo de 06 salários mínimos)	salário mínimo	salário mínimo
SDA (Sindicato dos Despachantes Aduaneiros – 2,2% sobre o CIF)	2,2%	não há
Capatazia (US$/Peça)	0,015	0,015
Taxa de Liberação de BL	130,63	0,00
Taxa SISCOMEX	36,91	36,91
ATAERO (50% sobre Armazenagem e Capatazia)	**não há**	**50%**

Na Tabela 15.1 foram evidenciados os elementos de custos e premissas existentes, reconhecendo-se a possibilidade de realizar-se a importação de 1.000 peças do Produto Y, tanto pelo modo aquaviário (marítimo) quanto pelo aéreo. A Tabela 15.2, por sua vez, demonstra os valores apurados.

Tabela 15.2 *Custos para importação do produto Y.*

Custo do Produto Y (R$)	Aquaviário	Aéreo
Frete e Seguro – Internacional	3.000,00	9.000,00
Imposto de Importação (II)	3.600,00	4.800,00
IPI (recuperável)	3.240,00	4.320,00
ICMS (recuperável)	5.452,68	7.270,24
PIS/COFINS (recuperáveis)	2.390,49	3.187,33
AFRMM	750,00	não tem
Armazenagem	180,00	240,00
Despachante Aduaneiro	300,00	300,00
SDA	396,00	não tem
Frete interno	não tem	não tem
Capatazia	15,00	15,00
ATAERO	não tem	127,50
Taxa de Liberação de BL ou AWB	130,63	0,00
Taxa SISCOMEX	36,91	36,91
Gastos Desembolsáveis (Saída do Caixa)	**19.491,72**	**29.296,98**
Manutenção de Estoque (Não desembolsável)	540,00	16,00
Custos Logísticos Totais (CLT) c/ Tributos	**20.031,72**	**29.312,98**
(–) Tributos Recuperáveis	(11.083,18)	(14.777,57)
Custos Logísticos Totais (CLT)	**8.948,54**	**14.535,41**
(+) Valor do Bem (FOB)	15.000,00	15.000,00
CUSTO TOTAL DO BEM (a ser registrado no Estoque)	**23.948,54**	**29.535,41**
Acréscimo de Custo Logístico sobre valor FOB	**59,7%**	**96,9%**

Fonte: Adaptada de Lima; Coelho; Caross (2004).

Conforme se pode observar na Tabela 15.2, neste exemplo os Custos Logísticos Totais pelo modo aquaviário são menores que pelo modo aéreo, basicamente pelo custo do frete internacional no segundo modo. Como o produto é de baixo valor agregado, parece vantajoso optar pelo modo aquaviário.

A intenção de destacar este exemplo é a de evidenciar que, quando da decisão de obter um material nacional ou importado, por um ou outro modo de transporte, devem ser considerados dois fatores: (1) o quanto será efetivamente desembolsado (saída do fluxo de caixa); e (2) o custo efetivo, a ser contabilizado no Estoque, e que desconsiderará os impostos a serem recuperados.

Cabe ressaltar, no que tange aos Custos Logísticos relacionados à Logística de Abastecimento, que devem ser levadas em consideração algumas questões:

1. os níveis de inventários desejados nas decisões de nacionalizar ou importar um certo insumo devem ser planejados, por exemplo, reconhecendo, além dos Custos Logísticos, os *lead times*, que irão impactar diretamente os Custos de Manutenção de Inventário;
2. os Custos de Transporte requerem especial atenção, exigindo decisões de modais que impactam, também, os Custos de Manutenção de Inventários;
3. as ações de Logística devem ser mensuradas, bem como contempladas as possíveis falhas nos processos, requerendo o desenvolvimento de controles, a partir de evidências freqüentes dos desvios ocorridos em relação ao que foi planejado na tomada de decisão; e
4. devem ser desenvolvidos comparativos econômicos das fontes de abastecimento, ou seja, os efeitos de obter-se um insumo da Europa ou da China, tanto em termos de manutenção do inventário quanto de ocorrência de outros custos (custo da cadeia *versus* giro).

Depois de armazenados, a partir do momento em que os materiais são requisitados para serem utilizados no processo produtivo, passam a incorrer os custos associados à Logística de Planta.

15.2 Custos da Logística de Planta

Os elementos de Custos Logísticos que devem estar contemplados à Logística de Planta (Quadro 15.2) incluem, também, os Custos decorrentes de Lotes e os custos com Planejamento, Programação e Controle da Produção (PPCP).

Em termos de redução dos Custos Logísticos, uma alternativa é o *JIT (Just in Time)*, técnica bastante utilizada por empresas industriais, que é constituída por um sistema que sincroniza a entrega das peças pelo fornecedor, conforme a programação e seqüenciamento da produção, assegurando o fornecimento com inventário minimizado.

Os custos com Planejamento, Programação e Controle da Produção são gastos inerentes à sincronização das entradas (materiais) para que as necessidades de saídas (produtos) sejam atendidas. Devem considerar os gastos com a mão-de-obra do pessoal responsável por exercer esta atividade, bem como os gastos com os sistemas utilizados (tecnologia de informação). O problema destas atividades é determinar "quando", "onde" e "quanto" deve ser produzido, observadas a capacidade instalada de produção, assim como a de vendas, níveis de inventário, armazenagem, modos de transporte, suas restrições etc.

Os principais custos associados à Logística de Planta, que podem ser visualizados no Quadro 15.2, são: (1) os custos de manutenção dos inventários de produtos em processo; (2) os relativos à armazenagem, manuseio e movi-

Quadro 15.2 Custos da Logística de Planta.

	Planejamento, Programação e Controle de Produção	Recebimento dos Insumos	Armazenagem Temporária no Processo Produtivo	Manuseio e Movimentação Interna	Trânsito Interplantas (deslocamento externo)	Expedição dos Produtos Acabados para Distribuição
Custos de Armazenagem e Movimentação						
Custos de Transportes						
Custos de Embalagens	• Caixas, *Racks* etc. utilizados na movimentação interna.					
Custos de Manutenção de Inventários	• Custo de oportunidade relativo ao nível de inventário de produtos em processo/riscos/serviços.					
Custos de TI	• Utilização de sistemas para planejamento, programação e controle da produção e controle de inventários, licenças de uso.					
Custos Tributários	• Na armazenagem: IPTU, ISS (terceiros); no manuseio: encargos sociais etc.					
Custos Decorrentes de Lotes	• Custos associados aos *set ups* de máquinas.					
Custos Derivados das Exigências de Níveis de Serviço	• Tempos para abastecimento. • Alterações de programação da produção. • Paradas/perdas de produção etc.					
Custos de Administração Logística	• Custos diretos relacionados ao PPCP (mão-de-obra, depreciação etc.) e os demais atribuíveis de forma indireta.					

Fonte: Adaptado de Faria (2003, p. 99).

mentação dos produtos em processo na planta (mão-de-obra, depreciação de equipamentos, tais como: empilhadeiras, carrinhos, esteiras etc.); e (3) embalagens e dispositivos de movimentação. Basicamente, estes custos ocorrem ao longo dos processos mostrados no Quadro 15.2 e, dependendo da decisão a ser tomada, deveriam ser identificados, classificados e acumulados em função do objeto relacionado à aplicação do esforço de produção (produtos, roteiros de produção, por unidade fabril etc.).

Lambert et al. (1998) afirmam que os níveis de estoque podem ser influenciados pelos sistemas de produção, bem como o inverso também pode ocorrer. Em muitos casos, as mudanças de sistemas logísticos – sobretudo aquelas que diminuem os níveis de estoque – podem criar aumentos significativos nos custos totais de produção, que estão além do controle dos gestores de produção. Por exemplo, se houver um atraso na entrega de uma peça crítica, ocorrendo uma parada na linha de produção para atender aos pedidos dos clientes, a fábrica poderá ter que fazer hora extra (custo adicional) para compensar o tempo perdido.

Para que seja realizada a atividade de planejar, programar, bem como controlar a produção, é relevante que sejam revisados o planejamento da demanda, as políticas de inventário, as restrições de recursos e capacidades, levando em consideração, inclusive, *mix* de produtos, seqüenciamento, visando a que não ocorram **falhas** ou desperdícios no sistema logístico (custos ocultos).

Após o processo produtivo, no caso de uma empresa industrial, quando o produto acabado está disponível para a comercialização, começam a incorrer os custos da Logística de Distribuição.

15.3 Custos da Logística de Distribuição

De forma bastante ampla, todos os gastos incorridos após a fabricação podem ser considerados como custos de distribuição. Os bens e serviços movimentam-se ao longo dos canais de distribuição. Assim, é considerado o quarto "P" do composto de Marketing, ao lado do Produto, Preço e Promoção, conforme citado na Parte I, quando se tratou da Logística Integrada.

Willson (1995), ao tratar dos Custos de Distribuição, comentou que a maioria das empresas preocupa-se em classificá-los em **Custos Diretos de vendas**, despesas com promoção e propaganda, custos de transportes, estocagem e armazenagem e outros custos gerais de distribuição, pois os consideram como **custos relevantes**. Não estamos considerando os custos relacionados à atividade de Marketing como Custos Logísticos, mas no Capítulo 20, quando formos abordar a Análise da Rentabilidade do Cliente, trataremos, também, desses gastos.

Quadro 15.3 Custos da logística de distribuição.

	Trânsito Planta – Armazém Central/CD	Recebimento	Manuseio e Movimentação	Armazenagem dos Produtos Acabados	Separação	Conferência	Faturamento	Consolidação	Expedição	Carregamento	Trânsito para CD Regionais	Desconsolidação/CD Regionais	Cross Docking/Transporte para Cliente	Entregas e Serviços Correlatos (pós-venda)
Custos de Armazenagem/Movimentação		▓	▓	▓	▓	▓	▓	▓	▓	▓		▓		
Custos de Transportes	▓										▓		▓	
Custos de Embalagens	*Pallets*, *Racks*, Contêineres, Embalagens *One Way* etc., voltados para armazenagem/movimentação e transporte.
Custos de Manutenção de Inventários	Custo de oportunidade relativo ao inventário de produtos acabados e peças de reposição, até a efetiva transferência de propriedade ao cliente.
Custos de TI	Utilização de EDI (comunicação com clientes), sistema de faturamento, roteirizadores, processamento de pedidos, controle de estoques e controles de armazenagem (WMS), RFID, TMS, GPS/GIS etc.
Custos Tributários	Análise dos Tributos incidentes sobre o Transporte, Armazenagem e Embalagens, Tarifas e Taxas Alfandegárias na Exportação.
Custos de Lotes	Distribuição de produtos acabados e peças de reposição de forma extraordinária (urgências).
Custos derivados dos Níveis de Serviço	• Inconsistência e inexatidão do pedido. • Faltas de estoque. • Desperdícios. • Prazos de entrega. • Perdas de vendas. • Assistência na entrega etc.
Custos de Administração Logística	Custos atribuíveis de forma indireta.

Fonte: Adaptado de Faria (2003, p. 104).

Os custos das operações logísticas, que ocorrem em um processo de distribuição, evidenciados no Quadro 15.3, estão representados pelos Custos de Embalagens, Custos de Armazenagem e Movimentação, Custos de Estocagem, Custos de Transporte e Custos de Tecnologia da Informação, que decorrem das funções relacionadas às 2ª e 3ª fases do processamento do pedido (ver Figura 2.3).

Os Custos de Distribuição, dependendo da decisão a ser tomada, deveriam ser identificados, classificados e acumulados em função dos objetos de custeio relacionados à aplicação do esforço de distribuição (clientes, canais de distribuição, regiões ou produtos).

Na seqüência, desenvolveremos um exemplo de uma exportação para avaliar os Custos Logísticos que deveriam estar sendo identificados e mensurados nessa operação. O produto é uma cesta de vime, feita artesanalmente em Itanhaém (SP) e que será exportada para a Alemanha, o que pode ser observado na Tabela 15.3.

Tabela 15.3 *Formação do custo de exportação de uma cesta de vime.*

Produto: Cesta de Vime Oval Mosaico. Origem: Itanhaém, SP – Brasil. Destino: Alemanha.									
Preço unitário do produto acabado no Mercado Interno (s/IPI):		R$	12,75						
(−) ICMS	18,00%	R$	2,30						
(−) PIS/COFINS	9,25%	R$	1,18						
(−) Margem Desejada no Mercado Interno	15,00%	R$	1,91						
(=) Custo Unitário do Produto para Exportação		R$	7,36						
(+) Margem desejada	20,00%	R$	1,84						
(=) Preço Unitário para Exportação FOB		R$	9,20						
(×) Quantidade produzida para Exportação		1.000 unidades							
(=) Valor Total da Exportação (FOB)		R$ 9.203,91							
Escolha do Modo de Transporte e Incoterm:		**AÉREO**				**AQUAVIÁRIO**			
Custo Logístico da Exportação		CIF		FCA		CIF		FCA	
(+) Embalagem Logística		R$	69,17	R$	69,17	R$	69,17	R$	69,17
(+) Contêiner		R$	564,27	R$	564,27	R$	282,14	R$	282,14
(+) Transporte Rodoviário		R$	225,04	R$	225,04	R$	190,04	R$	190,04
(+) Custos com Agente (representante no estrangeiro)		R$	92,04	R$	92,04	R$	92,04	R$	92,04
(+) Custos de Contratação Agência de Desembaraço Aduaneiro		R$	664,20	R$	664,20	R$	664,20	R$	664,20
(+) Custos referentes à Contratação de Frete Internacional		R$	23.468,27	R$	–	R$	3.830,59	R$	–
(+) Emissão de "HAWB"		R$	67,18	R$	67,18	R$	–	R$	–
(+) Despesas com "INFRAERO"		R$	150,00	R$	150,00	R$	–	R$	–
(+) Confecção de "B/L Fee"		R$	–	R$	–	R$	67,18	R$	67,18
(+) Capatazia		R$	–	R$	–	R$	225,00	R$	225,00
(+) Custos referentes à Contratação de Seguro Internacional		R$	46,02	R$	–	R$	23,01	R$	–
(=) CUSTO LOGÍSTICO TOTAL em moeda nacional (R$)		R$ 25.346,17		R$ 1.831,89		R$ 5.443,35		R$ 1.589,75	
(=) CUSTO LOGÍSTICO TOTAL em dólares		US$ 9.432,89		US$ 681,76		US$ 2.025,81		US$ 591,64	

Fonte: Adaptada de Domenico (2004).

Está sendo considerada uma exportação para a Alemanha de 1.000 cestas de vime, cujo preço unitário no mercado interno (sem IPI) é de R$ 12,75 e, sendo excluídos os tributos incidentes no mercado interno (ICMS e PIS/COFINS), e não incidentes sobre exportações, apresentando um custo unitário de R$ 7,36. Como alguns Custos Logísticos são incidentes sobre o valor da mercadoria e outros pela quantidade, precisamos do valor total da exportação, que é de R$ 9.203,91 e contempla uma margem desejada de 20%.

Neste exemplo, que pode ser observado na Tabela 15.3, optamos por considerar, além da decisão do modo de transporte, a decisão do *Incoterm* (termo de negociação internacional) já citada na seção 15.1, que afeta os custos do vendedor. Observa-se que a melhor opção, neste caso, é optar pelo modo aquaviário (marítimo) e pelo *Incoterm* FCA, em que os custos com frete e seguro ficam por conta do comprador.

Percebemos que cada um dos processos logísticos comentados (abastecimento, planta e distribuição) constitui-se, na prática, em toda a cadeia logística. Uma cadeia logística, no sentido aqui empregado, é uma seqüência de eventos, tais como operações físicas que cumprem com uma tarefa logística completa; por exemplo, uma importação de componentes eletrônicos da Ásia até entrega na fábrica em São Paulo ou uma exportação para a França, com entrega na fábrica do cliente.

Esses processos logísticos em funcionamento, por sua vez, envolvem diferentes tipos de tributos (custos tributários), implicam custos de manutenção de inventários e têm que satisfazer aos níveis de serviço comprometidos com os clientes, podendo ou não ocasionar falhas, tais como paradas de produção por falta de materiais, entregas erradas ou com atrasos etc. Na Figura 15.3, no intuito de sintetizar o que foi tratado até o momento, podemos visualizar os Custos Logísticos Totais inerentes a cada processo.

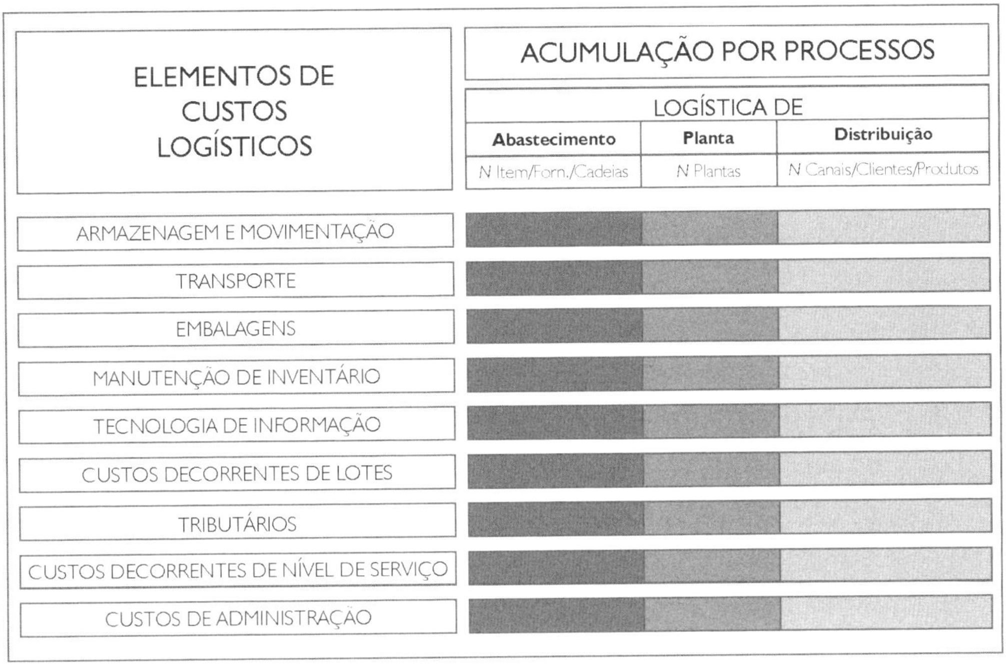

ELEMENTOS DE CUSTOS LOGÍSTICOS	ACUMULAÇÃO POR PROCESSOS		
	LOGÍSTICA DE		
	Abastecimento	Planta	Distribuição
	N Item/Forn./Cadeias	N Plantas	N Canais/Clientes/Produtos
ARMAZENAGEM E MOVIMENTAÇÃO			
TRANSPORTE			
EMBALAGENS			
MANUTENÇÃO DE INVENTÁRIO			
TECNOLOGIA DE INFORMAÇÃO			
CUSTOS DECORRENTES DE LOTES			
TRIBUTÁRIOS			
CUSTOS DECORRENTES DE NÍVEL DE SERVIÇO			
CUSTOS DE ADMINISTRAÇÃO			

Figura 15.3 *Resumo dos elementos de custos nos processos logísticos.*

Pode-se observar na Figura 15.3 que os elementos de Custos Logísticos supracitados podem incorrer nos processos logísticos de Abastecimento, Planta e Distribuição; e, posteriormente, ser acumulados a diversos objetos, tais como: itens (SKU's), fornecedores, plantas, produtos, canais, clientes etc.

Os gestores de Logística, responsáveis pelas decisões, têm como objetivo principal que seus benefícios sejam maiores que seus custos, assim como necessitam que as informações, disponíveis para a tomada das referidas decisões, sejam compreensíveis, úteis, relevantes, confiáveis e oportunas. Para isso, a atividade de Logística necessita de informações de Custos Logísticos para poder melhor direcionar sua tomada de decisões.

16

Apuração do Custo Logístico Total

Conforme visto no Capítulo 4, quando tratamos de Logística Integrada, comentamos que a empresa deve atender ao nível de serviço exigido pelo cliente ao menor Custo Logístico Total possível.

16.1 Cálculo do Custo Logístico Total

Visando a otimizar a Gestão dos Custos Logísticos, bem como facilitar a apuração do Custo Logístico Total, sugerimos que, além de serem controlados, individualmente, como visto nos Capítulos 7 a 14, cabe ressaltar que os Custos Logísticos devem ser gerenciados, conforme os preceitos da Logística Integrada, de forma global, observando seus impactos no resultado econômico da organização e atendendo ao nível de serviço estabelecido pelos clientes. Para isso, necessitamos apurar o **Custo Logístico Total (CLT)**.

O Custo Logístico Total (CLT) pode ser apurado da seguinte maneira, a partir da somatória dos elementos de Custos Logísticos individuais:

$$CLT = CAM + CTRA + CE + CMI + CTI + CTRI + CDL + CDNS + CAD$$

Sendo que:

 CAM = Custos de Armazenagem e Movimentação de Materiais
 CTRA = Custos de Transporte (incluindo todos os modais ou operações intermodais)
 CE = Custos de Embalagens (utilizadas no sistema logístico)
 CMI = Custos de Manutenção de Inventários (matérias-primas, produtos em processo e produtos acabados)
 CTI = Custos de Tecnologia de Informação
 CDL = Custos Decorrentes de Lotes
 CTRI = Custos Tributários (tributos não recuperáveis)
 CDNS = Custos Decorrentes do Nível de Serviço
 CAD = Custos da Administração Logística

Os Custos da Administração Logística (CAD) não haviam sido comentados anteriormente, mas, se houver um gestor que se responsabilize por todos os processos logísticos, seus custos devem ser considerados. Esses custos envolvem os gastos com Tecnologia de Informação, mão-de-obra, depreciação de equipamentos etc., na realização de serviços de apoio à Logística dentro da empresa. Geralmente, são considerados **fixos e indiretos** (quando relacionados a um objeto), pois independem de quantidades estocadas e movimentadas, e são comuns a todos os processos/atividades.

Além dos custos com o gestor, existe a atividade de Planejamento, Programação e Controle da Produção, que também apresenta custos de mão-de-obra, Tecnologia de Informação, equipamentos etc., que são **fixos e diretos** em relação ao processo de Logística de Planta.

O **Custo Logístico Total (CLT)** pode ser apurado, também, a partir do somatório dos custos dos processos logísticos:

$$CLT = CLOGAba + CLOGPla + CLOGDis$$

Em que: CLOGAba = Custos Logísticos do Abastecimento
     CLOGPla = Custos Logísticos da Planta
     CLOGDis = Custos Logísticos da Distribuição

Para apurar os custos relacionados a cada processo logístico, que serão tratados no Capítulo 17, deveriam ser considerados todos os elementos individuais envolvidos. Em termos de gerenciamento global, ou seja, da empresa como um todo, já existe uma dificuldade de visualizar os Custos Logísticos, em função da dispersão das informações nas Demonstrações Contábeis e, também, não podemos nos esquecer dos *trade-offs*, que podem ocorrer entre os elementos em cada decisão logística, pois não basta analisar os elementos isoladamente e, sim, avaliar seus efeitos no Custo Logístico Total. O que é efetivamente relevante, como já foi comentado anteriormente, é que seja apurado o Custo Logístico Total.

> O Custo Logístico Total (CLT) não é, apenas, um somatório dos elementos de Custos Logísticos individuais, mas, sim, um montante apurado, considerando os possíveis aumentos ou diminuições de custos existentes entre esses elementos (*trade-offs*).

Na seqüência, apresentamos um modelo que identifica alguns elementos de Custos Logísticos da empresa individual e dos membros da cadeia de abastecimento e distribuição, além das despesas comerciais e administrativas e custos de produção, considerando os fatores que agregam valor ao cliente final.

16.2 Modelo de hierarquia de custo total para competitividade na cadeia de suprimentos

O modelo que comentaremos nesta seção, para complementar o assunto Custo Logístico Total, foi desenvolvido por Cavinato (1992), que considera que, *"para satisfação do cliente, todos os custos e fatores que afetam custos e criam valor devem ser capturados em um modelo de custo total"*.

O modelo de Cavinato (1992) parte do raciocínio de que tudo inicia-se no **Custo Básico na Entrada** – que é o preço primário pago pela empresa na aquisição de materiais/produtos, que envolve um possível leilão, negociação ou pedidos de lotes. É facilmente mensurado e deve ser considerado no processo de obtenção. Além deste, existem os **Custos Diretos de Transação** – que envolvem os custos do desenvolvimento do fornecedor e transmissão, necessários ao processamento do pedido dos materiais. Incluem os custos do processo de detecção das necessidades de compra de materiais/produtos, requisição, preparação e transmissão do pedido ao fornecedor, aprovação, documentação para movimentação e embarque e recebimento da informação para entrada no inventário.

Outro fator relevante e muitas vezes desconsiderado em modelos de custos, podendo ser considerado como **custos ocultos**, são os **Custos no Relacionamento com Fornecedores** – que são os custos referentes ao desenvolvimento e manutenção do relacionamento com os fornecedores. Estes custos incluem os gastos com viagens, treinamentos, estabelecimento de planos de operações, envolvendo decisões de trânsito, pesquisa e desenvolvimento, engenharia etc. nas empresas envolvidas, bem como a avaliação e certificação dos fornecedores, caso haja essa prática para manutenção da qualidade nos materiais por parte da empresa.

Quando se inicia o fluxo físico da operação, surgem os **Custos de Descarregamento**, associados ao fluxo do transporte no abastecimento, que incluem dois elementos relevantes: o custo de transporte e os termos de negociação (*Incoterms*), já comentados no Capítulo 15, quando se tratou dos Custos da Logística de Abastecimento. Considera-se que há quatro opções diferentes para o transporte no abastecimento: o custo da transportadora terceirizada selecionada pelo fornecedor, o custo da frota própria do fornecedor, o custo da transportadora terceirizada selecionada pelo comprador e o custo da frota própria do comprador. Os **Custos e Fatores de Qualidade**, por sua vez, são elementos que estão relacionados à garantia da qualidade e conformidade dos materiais/produtos, de acordo com as especificações exigidas, que poderão causar impacto na produção, no nível de serviço exigido pelo cliente, nos gastos mercadológicos, bem como no *goodwill*[1] da empresa.

No modelo de Cavinato (1992), os **Custos Logísticos**, que são o foco desta obra, e os que foram tratados pelo referido autor como **Custos de Operações** foram segregados em quatro custos básicos: (1) custos de recebimento e preparação dos materiais (disponibilidade para a produção ou outros processos); (2) custos decorrentes de lotes, que afetam a necessidade de espaço e fluxo de movimentação; (3) custos de produção, que podem ser impactados pelos fornecedores, principalmente se houver atrasos; e (4) custos da Cadeia Logística, que também consideram fatores importantes, tanto no abastecimento quanto na distribuição, tais como: tamanho dos lotes, peso, cubagem e condições estabelecidas, que afetam os custos de transporte, armazenagem/movimentação etc. ou geram desperdícios, caso mal planejados. Com exceção dos custos de produção, estes custos já foram tratados nos Capítulos 7 a 14.

Algo que não deve ser desconsiderado são os **Custos Financeiros** – relacionados aos termos de pagamento ao fornecedor que causam impacto no custo total. Um pagamento antecipado reduz a disponibilidade de caixa da empresa no curto prazo, mas diminui os juros a serem pagos futuramente. Por outro lado, um pagamento no longo prazo pode aumentar o preço do fornecedor.

Alguns fatores que foram contemplados pelo modelo foram: fatores táticos no abastecimento, na intermediação com cliente e estratégicos nos negócios. Os **Fatores Táticos no Abastecimento** envolvem o reconhecimento de que a qualidade do fornecedor é o fator que mais impacta o custo na cadeia de suprimentos. Os custos do comprometimento e desempenho do fornecedor também devem ser considerados. Se houver colaboração e cooperação no processo de pesquisa e desenvolvimento e engenharia por parte de comprador e fornecedor, os custos podem ser reduzidos. Os **Fatores na Intermediação com Cliente** contemplam a

---

[1] *Goodwill* é o "fundo de comércio" da empresa, que envolve fatores intangíveis, tais como: o valor da marca, do ponto-de-venda, da carteira de clientes, mas que podem comprometer a imagem da empresa.

informação sobre exigências de nível de serviço e qualidade, transporte e inventário, que afetam os custos da distribuição, e, por sua vez, os **Fatores Estratégicos nos Negócios** são os fatores que afetam, efetivamente, a decisão do consumidor final em adquirir o produto de um fornecedor ao invés de outro, relacionados aos aspectos físicos dos produtos, seu preço ou serviços percebidos.

```
Preço ao Cliente Final
          ↓
    Despesas Comerciais
          ↓
   Custos de Distribuição
          ↓
     Melhorias no Produto
          ↓
 Comprometimento com Fornecedor
          ↓
Pesquisa e Desenvolvimento do Fornecedor
          ↓
  Custos de Transações (Overheads)
          ↓
  Termos de Pagamento (juros/prazos)
          ↓
    Custos da Cadeia Logística
          ↓
      Custos de Produção
          ↓
   Custos decorrentes de Lotes
          ↓
     Custos de Recebimento
          ↓
      Custos de Qualidade
          ↓
     Custos de Transportes
          ↓
Custos de Relacionamento com Fornecedor
          ↓
      Custos de Transação
          ↓
    Custo Básico dos
    Materiais/Produtos
```

Sintetizando, observou-se que o modelo de Cavinato (1992), que pode ser observado neste fluxo, reconhece que o custo/valor de um produto inicia com o atendimento das especificações na obtenção das matérias-primas e termina quando o produto acabado de um é entregue ao outro membro da cadeia e, assim, sucessivamente, até o consumidor final. Reconhece que fornecedor e cliente não são adversários e, sim, parceiros. O que é extremamente significativo neste modelo é que rivalidade só deve existir entre as cadeias de suprimentos e não na própria cadeia. Um fator comum a todos é a Logística e uma sugestão do modelo é que cada empresa tenha um fornecedor (parceiro/aliado) específico em cada nível.

O modelo identifica alguns elementos de Custos Logísticos da empresa individual e dos membros da cadeia de abastecimento e distribuição, que foram grifados no fluxo além das despesas comerciais e administrativas e custos de produção, considerando os fatores que agregam valor ao cliente final. Um ponto forte deste modelo é que ele ignora as fronteiras entre as empresas na cadeia inteira, ou seja, observa-a como um todo, deixando de lado quem são seus participantes, pois o objetivo é reduzir o Custo Total da Cadeia de Suprimentos e não o custo das empresas individuais.

Considerações finais – Parte II

Esta Parte tratou dos Custos Logísticos, inicialmente analisando os elementos individuais, tais como: Armazenagem e Movimentação, Transporte, Embalagens, Manutenção de Inventários, Tecnologia de Informação, Tributários, decorrentes de Lotes e de Nível de Serviço, na gestão da Logística, bem como associando-os aos processos logísticos.

Tendo conhecido os Custos Logísticos sob diversas abordagens, vem uma questão: será que esses custos estão sendo gerenciados da melhor maneira possível, para que as decisões tenham seus resultados econômicos otimizados?

Convém mencionar que o propósito da estruturação realizada para ordenar a discussão sobre os elementos de Custos Logísticos foi buscar a abrangência na visão desses custos, e não aprofundar/detalhar a discussão sobre os aspectos operacionais de cada um deles, face aos objetivos deste estudo, tendo em mente tratar da Gestão dos Custos Logísticos no intuito de adequar as informações contábil-gerenciais às necessidades dos gestores na tomada de decisões logísticas.

Visando a atender ao objetivo deste livro, na Parte III serão descritos alguns instrumentos ou artefatos de Controladoria que podem ser empregados na Gestão dos Custos Logísticos.

Referências bibliográficas da Parte II

ALVARENGA, Antonio Carlos; NOVAES, Antonio Galvão N. *Logística aplicada, suprimentos e distribuição física*. 3. ed. São Paulo: Edgard Blücher, 2000.

ANTHONY, Robert. Accounting for cost of equity. *Harvard Business Review,* Nov./Dec. 1973.

ASSAF NETO, Alexandre. *Estrutura e análise de balanços*: um enfoque econômico-financeiro. 6. ed. São Paulo: Atlas, 2001.

BALLOU, Ronald H. *Logística empresarial*. Tradução de Hugo T. Y. Yoshizaki. São Paulo: Atlas, 1993.

_____. *Gerenciamento da cadeia de suprimentos*. Tradução de Elias Pereira. Porto Alegre: Bookman, 2001.

BLOOMBERG, David J.; LEMAY, Stephen; HANNA, Joe B. *Logistics*. New Jersey: Prentice Hall, 2002.

BOWERSOX, Donald J.; CLOSS, David J. *Logística empresarial*: o processo de integração da cadeia de suprimento. Tradução de Equipe do Centro de Estudos em Logística Adalberto Ferreira das Neves. São Paulo: Atlas, 2001.

BRITO JR., Irineu. *Análise do impacto logístico de diferentes regimes aduaneiros no abastecimento de itens aeronáuticos empregando modelo de transbordo multiproduto com custos fixos*. 2004. Dissertação (Mestrado em Engenharia de Sistemas Logísticos) – POLI/USP, São Paulo.

CARVALHO, Antonio Luiz de. Custos logísticos. *Apostila...* Escola de Administração de Empresas de São Paulo, Fundação Getulio Vargas. São Paulo, 1992.

CAVINATO, Joseph. A total cost/value model for supply chain competitiveness. *Journal of Business Logistics*, v. 13, nº 2, 1992.

CENTRO DE ESTUDOS EM LOGÍSTICA – CEL – INSTITUTO COPPEAD DE ADMINISTRAÇÃO – UNIVERSIDADE FEDERAL DO RIO DE JANEIRO. O conceito do custo logístico total como ferramenta para a integração da Cadeia de Suprimento. *Informe Logística*, ano 7, nº 26, jul./ago./set. 2000.

COFFANI, Rosivani. *O ICMS no transporte rodoviário de carga*. Monografia apresentada ao curso de Pós-Graduação *Lato Sensu* em Contabilidade Tributária da Universidade São Judas Tadeu. São Paulo, 2004.

DOMENICO, Leonardo. *Formação de preços na exportação*. Trabalho apresentado para créditos da disciplina de Análise de Custos Logísticos – ministrada pela Profa. Ana Cristina de Faria no MBA de Logística Empresarial na Universidade Católica de Santos, 2004.

FARIA, Ana C. *Custos logísticos*: uma abordagem na adequação das informações de Controladoria à Gestão da Logística Empresarial. 2003. Tese (Doutorado em Controladoria e Contabilidade) – FEA/USP, São Paulo.

FERREIRA, Luiz A. F. *Transporte aéreo internacional* – características, custos e visão estratégica de Logística. São Paulo: Aduaneiras, 2003.

FLEURY, Paulo Fernando. Supply Chain Management. In: FLEURY, Paulo Fernando; WANKE, Peter; FIGUEIREDO, Kleber Fossati. *Logística empresarial*. Centro de Estudos em Logística. Coleção Coppead de Administração. São Paulo: Atlas, 2000.

FREESE, Thomas L. *Warehouse layout and design*. Freese & Associates – Management & Logistics Consultants. Ohio, 1999. Folheto.

GATTORNA, John L.; WALTERS, D. W. *Managing the supply chain*: a strategic perpective. Londres: Macmillan, 1996.

GURGEL, Floriano do Amaral. *Logística industrial*. São Paulo: Atlas, 2000.

IBM Business Consulting Services. Driving value in the CPG/retail industry through data synchronization: the basis for trading partner collaboration. In: SIMPÓSIO CICLO EVENTOS – SUPPLY CHAIN E LOGÍSTICA NA GESTÃO DOS NEGÓCIOS, 10., 2004. São Paulo, 2004.

INSTITUTO DE MOVIMENTAÇÃO E ARMAZENAGEM DE MATERIAIS – IMAM. *Gerenciamento da Logística e cadeia de abastecimento*. São Paulo: IMAM, 2000.

_____. Seminário de Custos da Logística no Brasil. *Apostila...* São Paulo: IMAM, 2001.

_____. *Estatística sobre transporte*. Estatísticas GEIPOT. Disponível em: <www.guiadelogistica.com.br/estatistica-log.htm>. Acesso em: 1º dez. 2004.

INSTITUTO DOS CONTADORES GERENCIAIS (IMA). *Cost management for warehousing*. National Association of Accountants. Statements on Management Accounting. 4-K, Sept. 1989.

_____. *Cost management for logistics*. National Association of Accountants. Statements on Management Accounting. 4-P, June 1992.

IUDÍCIBUS, Sérgio de; MARTINS, Eliseu; GELBCKE, Ernesto R. *Manual de contabilidade das sociedades por ações*. 6. ed. São Paulo: Atlas, 2003.

JANUÁRIO, Milson. Alternativas de redução de custo na logística internacional. In: SEMINÁRIO CUSTO DA LOGÍSTICA NO BRASIL. São Paulo: IMAM, set. 2001.

JIAMBALVO, James. *Contabilidade gerencial*. Tradução de Tatiana Carneiro Quírico. Rio de Janeiro: LTC, 2002.

LACERDA, Leonardo. Armazenagem estratégica: analisando novos conceitos. In: FLEURY, Paulo Fernando; WANKE, Peter; FIGUEIREDO, Kleber Fossati. *Logística empresarial*. Coleção Coppead de Administração. Centro de Estudos em Logística. São Paulo: Atlas, 2000.

LAMBERT, Douglas M. Logistics cost, productivity and performance analisys. In: ROBESON, James F.; COPACINO, William C. *The Logistics Handbook*. New York: MacMillan, 1994.

_____; STOCK, James R.; VANTINE, José G. *Administração estratégica da logística*. Tradução de Maria Cristina Vondrak. São Paulo: Vantine Consultoria, 1998.

LAVALLE, César. *O estágio de desenvolvimento da organização logística em empresas brasileiras*: estudos de casos.1995. Dissertação (Mestrado) – COPPEAD/UFRJ, Rio de Janeiro.

LIMA, Cibele S.; COELHO, Fábio F. S.; CAROSS, José R. *Formação de preços para importação de óculos de sol*. Trabalho apresentado para créditos na disciplina de Análise de Custos Logísticos – ministrada pela Profa. Ana Cristina de Faria no MBA de Logística Empresarial na Universidade Católica de Santos, 2004.

LIMA, Maurício P. Custos logísticos: uma visão gerencial. In: FLEURY, Paulo Fernando; WANKE, Peter; FIGUEIREDO, Kleber Fossati. *Logística empresarial*. Coleção Coppead de Administração. Centro de Estudos em Logística. São Paulo: Atlas, 2000.

MAGEE, John F. *Logística industrial*: análise e administração dos sistemas de suprimentos e distribuição. São Paulo: Biblioteca Pioneira de Administração e Negócios, 1977.

MARTINEZ, Antonio L.; ALMEIDA, Lauro B., MARTINS, Eliseu. In: MARTINS, Eliseu. *Avaliação de empresas*: da mensuração contábil à econômica. São Paulo: Atlas, 2001.

MARTINS, Eliseu. *Contabilidade de custos*. 9. ed. São Paulo: Atlas, 2003.

McNAIR, Carol J. Defining and shaping the future of cost management – view point: 21st century. *Journal of Cost Management*, New York: [s.n.], v. 14, nº 5, Sept. 2000.

MOURA, Reinaldo A. *Logística*: suprimentos, armazenagem, distribuição física. São Paulo: IMAM, 1989.

NASCIMENTO, Auster M. *Uma contribuição para o estudo dos custos de oportunidade*. 1998. Dissertação (Mestrado em Controladoria e Contabilidade) – FEA/USP, São Paulo.

PAGOTTO, Luzimar de S.; PIROLA, Eli B. de A.; SILVA, Jobes J. Logística, uma ferramenta estratégica para gerenciamento na cadeia de suprimentos e para redução de custos. In: CONGRESSO BRASILEIRO DE CONTABILIDADE, 16., 2000, Goiânia. Anais... 2000.

PORTAL TRIBUTÁRIO. *Os tributos no Brasil*. Disponível em: <www.portaltributario.com.br>. Acesso em: 14 fev. 2004.

RAEDELS, Alan R. *Value-focused supply chain management*: getting the most out of the supply function. Portland: State University Portland: Irwin Professional Publishing; New York: McGraw-Hill, 1995. v. 3. (The NAPM Professional Development Series.)

RAGO, Paulo. Curso de custos logísticos. *Apostila*. São Paulo: Centro de Estudos Técnicos e Avançados em Logística – CETEAL, 2004.

RATLIFF, H. Donald; NULTY, William G. *Logistics composite modeling*: the Logistics Institute at Georgia Tech. Disponível em: <http://www.tli.gatech.edu/downloads/lcmwpaper.pdf>. Acesso em: 14 abr. 2003.

REIS, Manoel de A. e S. Curso de logística internacional. *Apostila*. São Paulo: Associação Brasileira de Logística – ASLOG, 2001.

RIBEIRO, Nathan de Vasconcelos. *Contribuição ao aperfeiçoamento de sistemas logísticos de distribuição no contexto tributário brasileiro*: estudo de caso em indústria de bens de consumo. 1999. Dissertação (Mestrado em Administração) – FEA/USP, São Paulo.

ROBLES, Léo T. Transporte internacional. *Apostila*. MBA em *Trader* Negociador Comercial. Universidade Católica de Santos, 2004.

ROBLES JR., Antonio. *Custos de qualidade*. 2. ed. São Paulo: Atlas, 2003.

SALIBY, Eduardo. Tecnologia de informação: uso da simulação para obtenção de melhorias em operações logísticas. In: FLEURY, Paulo Fernando; WANKE, Peter; FIGUEIREDO, Kleber Fossati. *Logística empresarial*. Centro de Estudos em Logística. Coleção Coppead de Administração. São Paulo: Atlas, 2000.

SHINGO, Shigeo. *Study of Toyota Production System from industrial engineering viewpoint*. Osaka, Japão: Shinsei Printing, 1981.

SINK, D. Scott; TUTTLE, Thomas C. *Planejamento e medição para a performance*. Rio de Janeiro: Qualitymark, 1993.

WILLSON, James D.; ROEHL-ANDERSON, Janice M.; BRAGG, Steven M. *Controllership*: the work of the managerial accountant. 5. ed. New York: John Wiley, 1995.

Parte III

Gestão Econômico-financeira da Logística

> Se você não pode mensurá-lo, não pode gerenciá-lo.
> Peter Drucker

O objetivo desta Parte, com base no referencial teórico desenvolvido nas Partes I e II, é apresentar as principais ferramentas para gerenciar os Custos Logísticos, visando a adequar as informações geradas pela Controladoria no apoio ao processo de tomada de decisão dos gestores da atividade de Logística.

Inicialmente, será apresentada uma pesquisa sobre a avaliação feita por diversos autores de Logística que se detiveram sobre o tema "informações contábil-gerenciais", tanto em termos de críticas quanto de proposições, com o intuito de averiguar, em linhas gerais, o estágio de reflexão teórica existente a respeito do tema Custos Logísticos.

Para apresentar os resultados de nossa pesquisa, na seqüência, no Capítulo 17, comentaremos sobre a Visibilidade dos Custos Logísticos nas Demonstrações Contábeis; no Capítulo 18, veremos como a Logística pode ser tratada como uma Unidade de Negócio; o Capítulo 19 é dedicado a tratar sobre os Métodos de Custeio, focalizando nossas atenções ao Custeio Baseado em Atividades aplicado à Logística. Nos Capítulos 20 a 22, iremos explorar algumas das ferramentas adequadas à Gestão dos Custos Logísticos, tais como a Análise de Rentabilidade Multidimensional, que pode ser realizada especificamente para determinados objetos, tais como: produtos, clientes, regiões, canais de distribuição etc., ou combinando alguns deles; o *Balanced Scorecard* (*BSC*) e o Valor Econômico Agregado (EVA®).

17

Visibilidade dos Custos Logísticos

A informação contábil e, mais precisamente, a gestão dos Custos são extremamente relevantes para o processo decisório em uma empresa, principalmente em um ambiente de competições e incertezas como vivemos globalmente. Os gestores das áreas necessitam saber quais os custos dos processos/atividades, se a empresa pode atender a todas as necessidades de seus clientes e acionistas, quando e onde novos produtos serão lançados, qual retorno está sendo obtido em cada produto, cliente, região ou canal de distribuição etc. Em suma, há necessidade de respostas para as incertezas e tudo precisa ser controlado, para ser melhor gerenciado.

Segundo Garrison e Noreen (1994), a informação contábil é fundamental para a análise das diversas proposições existentes para a solução de problemas, a partir dos benefícios e custos específicos, que podem ser mensurados e empregados na decisão sobre a alternativa a escolher. Isso, também, vale para a Logística.

Na literatura de Logística há críticas bastante intensas sobre os sistemas contábeis que, segundo diversos autores, tais como Magee (1977), Ballou (1993 e 2001), Pohlen e La Londe (1994), Craig (1998), Dornier (2000), e Bowersox e Closs (2001), entre outros, não conseguem suprir as necessidades dos gestores logísticos, pois as informações geradas, muitas vezes, não condizem com a realidade vivenciada pelas empresas, dificultando e distorcendo o processo de tomada de decisão.

A maioria dos autores ressalta certa incompatibilidade entre a crescente ênfase das empresas em Logística e o que considera ser uma evolução não condizente da área contábil, sendo que mediante a obtenção de informações provenientes dos sistemas contábeis é que os gestores tomam decisões importantes, acerca das atividades executadas ou das estratégias a serem elaboradas em Logística. Lambert et al. (1998, p. 31), por exemplo, ressaltam a importância da Controladoria, quando afirmam que *"o potencial futuro da administração integrada da Logística depende da capacidade de se obter as informações contábeis necessárias"* [grifo nosso].

Figueiredo e Arkader (1999), por sua vez, comentam que, *"ao contrário dos rendimentos, os custos de Logística, usualmente, podem ser determinados tão exatos quanto as práticas contábeis permitam"*. Nestas afirmações, ressalta-se a dependência das informações contábil-gerenciais geradas internamente, no intuito de identificar e mensurar os Custos Logísticos.

Outra colocação bastante interessante é a de Dornier et al. (2000, p. 626), ressaltando a relevância das informações contábil-gerenciais, na busca da apuração dos Custos Logísticos Totais, discutidos nos Capítulos 4 e 14:

> *A questão de métodos de contabilidade de custos está no coração da medida de desempenho e do controle logístico. Os Custos Logísticos, freqüentemente, estão divididos ao longo de diversas funções e, assim, são difíceis de serem identificados. Muitos métodos de contabilidade existentes não fornecem informações apropriadas em relação a Custos Logísticos Totais.*

Pelas afirmações supracitadas, percebemos que as informações contábeis não estão atendendo às necessidades dos gestores de Logística. Isso não é uma novidade, nem no Brasil nem globalmente, pois vem desde a obra *Relevance lost: the rise and fall of management accounting*, publicada pelos norte-americanos H. Thomas Johnson e Robert S. Kaplan, quando na década de 1980 iniciaram as grandes transformações empresariais, já comentadas na Introdução desta obra. Logo na Introdução do referido livro, que trata sobre a perda da relevância da Contabilidade de Custos, Johnson e Kaplan (1991) comentam sobre o ambiente da época e que julgamos não ser muito diferente do que estamos vivendo, atualmente, no Brasil:

> *Nesta era de rápida mudança tecnológica, de vigorosa competição global e doméstica e uma enorme expansão da capacidade de processamento das informações, os sistemas de contabilidade gerencial estão deixando de fornecer informações úteis e oportunas para as atividades de controle de processos, avaliação do custo dos produtos e avaliação de desempenho dos gestores.*

Esses contadores, assim como os estudiosos de Logística supracitados, reconheceram que os sistemas de custos não estavam atendendo às necessidades dos usuários, já que os sistemas de contabilidade tradicional focalizavam seus esforços na alocação dos custos indiretos (*overheads*) no cálculo dos custos dos produtos, deixando de lado o controle dos processos e a avaliação de desempenho dos gestores, assim como a rentabilidade de outros objetos, além de produtos, tais como: clientes, regiões e canais de distribuição, que são relevantes à gestão da Logística. McNair (2000) afirma que essa foi uma tendência do século 20, mas que no século 21 as práticas contábil-gerenciais, focalizadas na gestão de custos, devem ser modificadas; reconhecendo que os eventos externos e os relacionamentos entre empresas definem e restringem os custos e o potencial de retornos para a empresa.

Por sua vez, Pagotto et al. (2000) comentam que, no intuito de identificar os custos reais de produção até sua distribuição final, os sistemas convencionais de contabilidade de custos estão se modificando, de maneira que as empresas possam utilizar uma *"abordagem integrada para o gerenciamento das informações dos custos"*. Percebemos na pesquisa realizada para o desenvolvimento desta obra que esta prática ainda está muito incipiente, principalmente no Brasil, e, infelizmente, ainda são poucas as empresas que estão efetivando tais modificações em sua Contabilidade de Custos. Cabe ressaltar que esta é uma necessidade para que a gestão da Logística seja otimizada.

A questão vivenciada, atualmente, no Brasil, por exemplo, é que na Contabilidade existem duas vertentes: a **Contabilidade Financeira** e a **Contabilidade Gerencial**. A Contabilidade Financeira, também chamada de Societária, em função de atender às exigências da Lei das Sociedades por Ações (Lei das S.A.), e que, no Brasil, atende, também, à legislação fiscal vigente, é obrigatória a todas as empresas e está voltada a atender às necessidades de usuários externos, gerando livros fiscais e relatórios contábeis exigidos por órgãos governamentais. Contempla o registro (lançamento) e a manutenção (controle) de todos os componentes das demonstrações contábeis elaboradas, de forma a atender às necessidades dos usuários externos, tais como instituições financeiras, investidores, Governo, fornecedores, clientes etc. Proporciona uma visão da situação da empresa como um todo.

Por sua vez, a Contabilidade Gerencial, que é facultativa às empresas, permite que sejam analisados aspectos específicos, que contemplem informações úteis e oportunas à tomada de decisão, visando a reduzir custos operacionais ou adequar as operações às necessidades do mercado e de informação para os gestores, que são os usuários internos. Horngren et al. (2004, p. 4) reiteram que o objetivo da Contabilidade Gerencial é: *"identificar, mensurar, acumular, analisar, preparar, interpretar e comunicar informação contábil desenvolvida para os gestores dentro de uma organização"*.

Em nossa obra, estamos nos atendo às informações de caráter gerencial, que devem subsidiar o processo de tomada de decisão dos gestores de Logística, assim como dos de outras áreas das empresas. Na opinião de Johnson e Kaplan (1991, p. 14), a oportunidade e o desafio para recuperação da relevância perdida consistem no fato de que *"sistemas de contabilidade gerencial podem e devem ser projetados em apoio às operações e estratégia da organização"*.

> O "dilema" atual é que muitas empresas ainda não tomaram consciência de que, além de cumprir as exigências legais e elaborar relatórios contábeis que atendam às necessidades dos usuários externos (Contabilidade Financeira), deveriam "investir" em uma área de Controladoria, de maneira que obtivessem informações relevantes a seu processo de gestão (Contabilidade Gerencial). O custo da informação, em muitas empresas, é ínfimo, próximo a seu benefício.

Uma sugestão, tal como praticado na indústria automobilística brasileira, assim como em alguns outros segmentos, é que cada área da empresa tenha a sua Controladoria específica, tal como Controladoria de Suprimentos, Controladoria da Manufatura, Controladoria de Vendas/Marketing e Controladoria da Logística. É óbvio que alguns empresários vão dizer que necessitam ter estruturas enxutas e que não podem fazer isso, pois é um "desperdício" de recursos, mas **defendemos a necessidade de que haja ao menos uma Controladoria na empresa, voltada a atender, da melhor maneira possível, às necessidades informacionais internas**.

Outra solução para esse "dilema" é a implantação de sistemas integrados, a partir dos quais os gestores podem desenvolver relatórios específicos e que atendam à sua gestão, mas de qualquer maneira alguém deverá "pilotar" a geração dessas informações, mesmo que não receba o título de *Controller*.

Cabe ressaltar que há necessidade de entender os custos de um curso específico de ação ou o potencial de oportunidades de redução, embora o foco tenha sido substituir a *"precisão pela relevância"*. A meta do gerenciamento de custos do século 21, segundo McNair (2000), é *"entender, mensurar e retratar o relacionamento **valor-custo**, que define a posição competitiva da empresa e seu sucesso no longo prazo"* [grifo nosso].

Desta maneira, consideramos que, tendo ou não uma única Controladoria, ou até uma Controladoria específica para a Logística, há necessidade de evidenciarmos procedimentos para identificarmos, mensurarmos e informarmos os Custos Logísticos. Na seqüência, portanto, iremos nos focalizar nas informações de Custos Logísticos existentes nos relatórios contábeis gerados pela Contabilidade Financeira.

17.1 Onde estão os Custos Logísticos nos relatórios da Contabilidade Financeira?

Os autores supracitados enfatizam que a maioria dos gestores da Logística não conhece seus custos totais efetivos de produtos/serviços, ou mesmo como reduzi-los ou apropriá-los aos segmentos de negócios ou clientes mais rentáveis; pois os sistemas contábeis, na maioria das vezes, estão voltados para registrar os efeitos agregados das operações das empresas para os acionistas, credores e fisco.

O sistema da Contabilidade Financeira agrupa as contas por natureza de gastos e, apesar de ser muito útil para registrar transações, é deficiente no plano estrutural para demonstrar custos num formato que seja útil aos gestores apoiar as suas decisões, a partir de informações mais detalhadas, pois a dificuldade de análise pode comprometer, inclusive, negociações em todo o sistema logístico. Os tradicionais sistemas de custeio não possibilitam uma evidenciação dos custos totais das operações logísticas, dificultando, dessa forma, as análises na escolha da melhor alternativa de nível de serviço oferecido ao cliente, como também nos níveis de rentabilidade proporcionados à empresa.

O grande dilema para dar visibilidade aos Custos Logísticos Totais (CLT) é que os custos gerados nos processos logísticos encontram-se "embutidos" em diversas rubricas das demonstrações contábeis, sendo esta uma das grandes dificuldades para identificá-los: o modo pelo qual são classificados e registrados contabilmente pelas empresas. Alguns elementos dos Custos Logísticos da empresa aparecem na Demonstração de Resultados, outros no Balanço Patrimonial e outros não são contemplados nessas demonstrações. Por exemplo, o Quadro 17.1 apresenta uma Demonstração de Resultados Tradicional, elaborada de acordo com os conceitos de Contabilidade Financeira, fundamentados nos Princípios Contábeis Geralmente Aceitos.

Percebe-se que, apenas visualizando esta Demonstração, não se consegue identificar o Custo Logístico Total efetivo da empresa, pois não é o foco da Contabilidade Financeira, como já comentado anteriormente. Por exemplo, sabemos que existem Custos Logísticos associados aos processos das Logísticas de Abastecimento (obtenção de materiais) e Planta (suporte à produção) na rubrica de Custos dos Produtos Vendidos, assim como à Logística de Distribuição nas Despesas Comerciais. Podem existir, também, alguns Custos Logísticos ocultos, associados às falhas em operações logísticas nas deduções das receitas (devoluções e cancelamentos), nas Despesas Administrativas, dependendo da estrutura organizacional da empresa, ou até mesmo no Resultado Não Operacional, caso ocorram perdas efetivas de caráter não operacional, tal como uma venda de equipamentos/veículos.

Quadro 17.1 *Demonstração de resultados tradicional.*

RECEITA OPERACIONAL BRUTA (–) Devoluções/Cancelamentos (–) Descontos/Abatimentos concedidos (–) Impostos incidentes s/ Vendas **RECEITA OPERACIONAL LÍQUIDA**
(–) CUSTOS DOS PRODUTOS/SERVIÇOS VENDIDOS
(=) LUCRO BRUTO
(–) DESPESAS OPERACIONAIS • Despesas Administrativas • Despesas de Vendas • Encargos Financeiros Líquidos • Outras Receitas e Despesas Operacionais
(=) RESULTADO OPERACIONAL
(±) RESULTADO NÃO OPERACIONAL
(=) RESULTADO ANTES DO I.R./C.S./PARTICIPAÇÕES
(–) I.R./C.S.
(–) PARTICIPAÇÕES E CONTRIBUIÇÕES
(=) RESULTADO DO EXERCÍCIO

Fonte: Adaptado de Iudícibus et al. (2000, p. 293-294).

Uma das dificuldades em identificar os Custos Logísticos Totais é que eles são agrupados sob uma série de contas de mesma natureza, ao invés de em atividades ou funções, ou segregados por processos. As contas da mesma natureza são acumuladas por grupos de custos, e apresentadas de forma sintética nos relatórios contábeis, tal como comentado na Demonstração de Resultados.

Por exemplo, embora os pagamentos de salários sejam agrupados dentro de uma conta de salário, deve-se reorganizar o plano de contas e aplicar, separadamente, por Centro de Responsabilidade, à Produção, Marketing, Logística ou Finanças; mas, usualmente, são lançados juntos e o total é apresentado nas demonstrações contábeis relatadas no final do período. Outros exemplos incluem aluguel, depreciação, despesas de vendas, despesas gerais e administrativas e despesas financeiras, que podem ser lançados em diversas contas, tais como gastos com *overhead*, despesas de vendas ou despesas gerais.

No que diz respeito ao Balanço Patrimonial, em que são demonstrados todos os bens, direitos e obrigações que a empresa possui em determinado momento, ou melhor, todas as origens dos recursos, bem como os investimentos que estão sendo realizados, também estão contemplados os ativos e passivos associados às operações logísticas. O Quadro 17.2 apresenta a relação das contas do Balanço Patrimonial, evidenciando apenas os grupos de contas relacionados aos processos logísticos.

Quadro 17.2 *Relação das contas do Balanço Patrimonial com as operações logísticas.*

Contas do Ativo	Relação com a Logística	Contas do Passivo	Relação com a Logística
Caixa	Efeito da satisfação do cliente (nível de serviço logístico/mercadológico). Cancelamento/Devoluções foram contemplados.	Fornecedores de Materiais/ Equipamentos	Englobam os Custos Logísticos, dependendo dos termos de negociação.
Contas a Receber	Efeito da satisfação do cliente (nível de serviço logístico e mercadológico). Cancelamentos/Devoluções foram contemplados.	Fornecedores de Serviços	Gastos com os prestadores/ operadores de serviços logísticos/transportadoras (negociação a prazo), associados aos processos logísticos.
Estoque	São contabilizados os Custos Logísticos de Transporte, Armazenagem/Movimentação, Operadores Logísticos, *Freight Forwarders* etc., associados aos processos de Logísticas de Abastecimento das Matérias-primas. São considerados, também, os custos associados aos Produtos em Processos e Produtos Acabados.	Salários, Encargos e Benefícios a Pagar	Se as operações logísticas forem próprias, aqui serão contemplados os gastos com a mão-de-obra, envolvendo salários, encargos e benefícios.
Impostos a Recuperar	Tributos recuperáveis relacionados ao processo de Logística de Abastecimento das Matérias-primas e Ativos Imobilizados relacionados à Logística.	Impostos a Recolher	Contempla os impostos incidentes sobre as operações logísticas. Devem ser compensados fiscalmente com os Impostos a Recuperar.
Ativo Imobilizado	São contabilizados os equipamentos, veículos, instalações, sistemas e armazéns a serem utilizados nos processos logísticos, bem como os Custos Logísticos de Transporte, Armazenagem/Movimentação, Operador Logístico etc., associados à obtenção desses ativos logísticos.	Outras Contas a Pagar	Engloba os gastos gerais associados às operações logísticas, tais como: aluguel, combustíveis, materiais de expediente etc.
		Empréstimos e Financiamentos – Curto e Longo Prazo	Opções de Financiamentos de Estoques ou Ativos Imobilizados.

Pode-se concluir que as informações de Custos Logísticos, bem como dos ativos e passivos inerentes, existem nas Demonstrações Contábeis, mas não da maneira necessária à gestão logística. O desafio, portanto, não é criar novos dados, pois a maioria deles já existe de uma forma ou de outra, mas sim adequar os dados existentes às necessidades dos gestores, melhorando a disponibilidade das informações de Custos Logísticos, de maneira que o gestor disponha de informações de melhor qualidade para tomar suas decisões em nível estratégico, tático ou operacional.

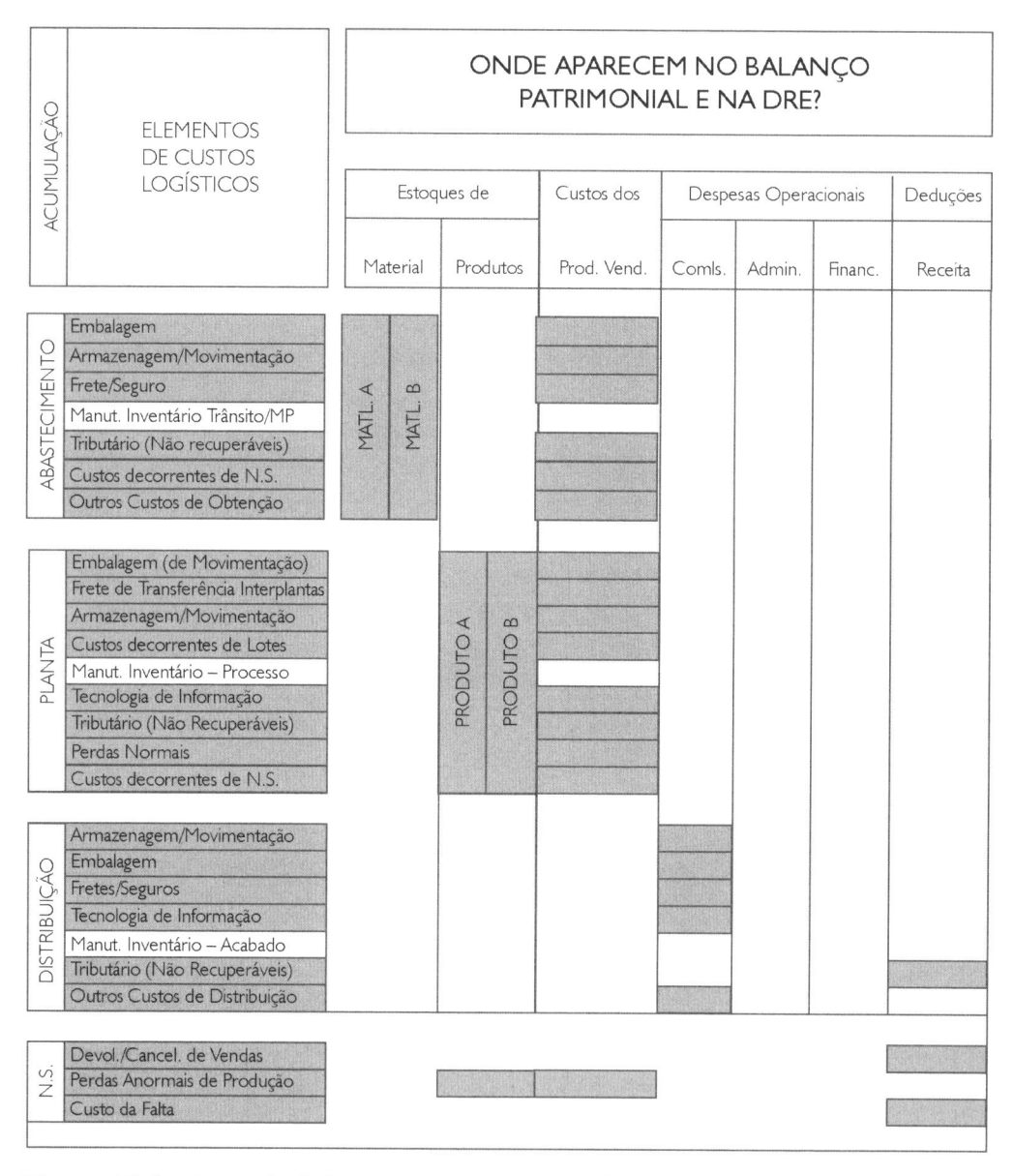

Figura 17.1 *Custos logísticos na estrutura contábil tradicional.*

E se tivermos a intenção de apurar os Custos Logísticos associados aos processos logísticos, tal como comentado no Capítulo 14, qual será nosso grau de dificuldade de obter essas informações nas Demonstrações Contábeis? Podemos observar a Figura 17.1, para visualizar essa dificuldade.

Os Custos Logísticos de Abastecimento, tais como embalagem de movimentação, frete/seguros de compras, gastos com desembaraço, tributos (não recuperáveis) e outros custos de obtenção, além do material propriamente dito, no Brasil, contabilmente, são registrados no Estoque de Matéria-Prima. Os Estoques de Produtos Acabados, por sua vez, além dos custos dos materiais (englobando tudo o que foi citado), incluem, também, os custos com mão-de-obra direta, indireta e outros gastos gerais de fabricação, além de perdas normais de produção.

Nessa forma de contabilização, na rubrica de gastos gerais de fabricação são incluídos diversos Custos Logísticos, tais como os relacionados ao recebimento, Embalagem de movimentação, Frete de transferência interplantas, PPCP, Custos decorrentes de Lotes, Armazenagem, Manuseio e Movimentação de materiais, tecnologia de informação e custos tributários (não recuperáveis). Juntamente com o valor dos materiais, pelo Custeio por Absorção,[1] por exemplo, quando efetivadas as vendas dos produtos acabados, todos esses custos acabam por afetar o resultado econômico da empresa, sendo apresentados na rubrica "Custo dos Produtos Vendidos".

Por sua vez, outros Custos Logísticos associados à Logística de Distribuição são tratados contabilmente como Despesas Comerciais, tais como: Embalagens, Armazenagem/Movimentação, Separação/Expedição, Fretes e Seguro, Tecnologia de Informação, entre outros. Os tributos incidentes sobre as vendas são tratados como Deduções de Receita.

Já os Custos Decorrentes dos Níveis de Serviços (envolvendo as Falhas) são considerados nas demonstrações contábeis, mas, dependendo de sua origem, são tratados, contabilmente, como Deduções de Receitas (incluindo devoluções/cancelamentos) ou Custo dos Produtos Vendidos (englobando falhas na produção).

Reiterando a questão da falta de visibilidade dos Custos Logísticos, podemos complementar as críticas, partindo das afirmações de Lima (2000) e Bowersox e Closs (2001), no que diz respeito à utilização de rateios de custos não confiáveis, além de não considerar os custos de oportunidade nos investimentos aplicados nos processos, e, também, não considerando as depreciações reais dos bens utilizados.

---

1 O Custeio por Absorção é o método de custeio pelo qual todos os custos, diretos e indiretos, são absorvidos pelos estoques. Será comentado no Capítulo 19.

Os Custos de Manutenção dos Ativos Logísticos, que são os referidos custos de oportunidade supracitados, não são reconhecidos na Contabilidade Financeira, mas, sim, devem ser contemplados se forem gerados relatórios gerenciais. A questão da depreciação real supracitada é crítica em relação à legislação tributária brasileira. Por exemplo, pelo método linear de apuração, existe uma alíquota para cada bem, tal como 20% ao ano para veículos, e que pode não refletir a depreciação real do referido bem. Caso seja apurado um valor maior que o permitido pela legislação tributária, este pode ser contabilizado; porém, não é dedutível para fins fiscais.

Na opinião de Drucker (1999, p. 105), *"a menos que sejam organizadas, as informações não passam de dados"*. As informações necessitam ser organizadas de acordo com as suas finalidades e seus usuários; e, para organizá-las, precisamos saber qual a necessidade de informações para os gestores da Logística.

17.2 Necessidades de informações contábil-gerenciais para os gestores de logística

Percebe-se que a adequação de um sistema de custeio para que os Custos Logísticos tornem-se mais "visíveis" deveria possibilitar aos gestores uma melhor compreensão sobre o comportamento dos processos/atividades, sendo, também, um importante requisito para a implementação de um sistema logístico integrado.

Conforme foi visto no Capítulo 4, para que a Logística seja gerenciada de acordo com os preceitos da Logística Integrada, é mister que sejam apurados os Custos Logísticos Totais decorrentes do atendimento dos diversos níveis de serviço requeridos pelos clientes. Christopher (1997, p. 60) caracterizou essa dificuldade comentando que

> *[...] o problema de desenvolvimento de um sistema adequado de custeio orientado para a Logística é, principalmente, uma questão de enfoque. Este problema resume-se na capacidade de focalizar os resultados dos sistemas de distribuição, que em essência tratam do fornecimento do serviço ao cliente, e também, identificar os custos específicos associados a estes resultados.* **Os métodos tradicionais de contabilidade não possuem este enfoque** [grifo nosso].

Complementamos esta afirmação, ressaltando que **não deveriam apenas ser focalizados os resultados econômicos dos sistemas de distribuição, mas sim contemplados os resultados dos três processos logísticos: abastecimento, planta e distribuição.** Além disso, conforme estudamos no Capítulo 5, quando tratamos sobre as Decisões Logísticas, para saber escolher a alternativa acertada em uma decisão, é relevante observar a satisfação do cliente, mas, também, as questões de cunho econômico-financeiro. Sabe-se que há uma série de decisões a serem definidas no processo de gestão da Logística que necessitam ser avaliadas.

> Qual será a relação entre as decisões tomadas em Logística e o suporte de análise econômico-financeira que deve ser dado pela Controladoria?

Na Figura 17.2, podemos ter uma noção de como se dá essa relação:

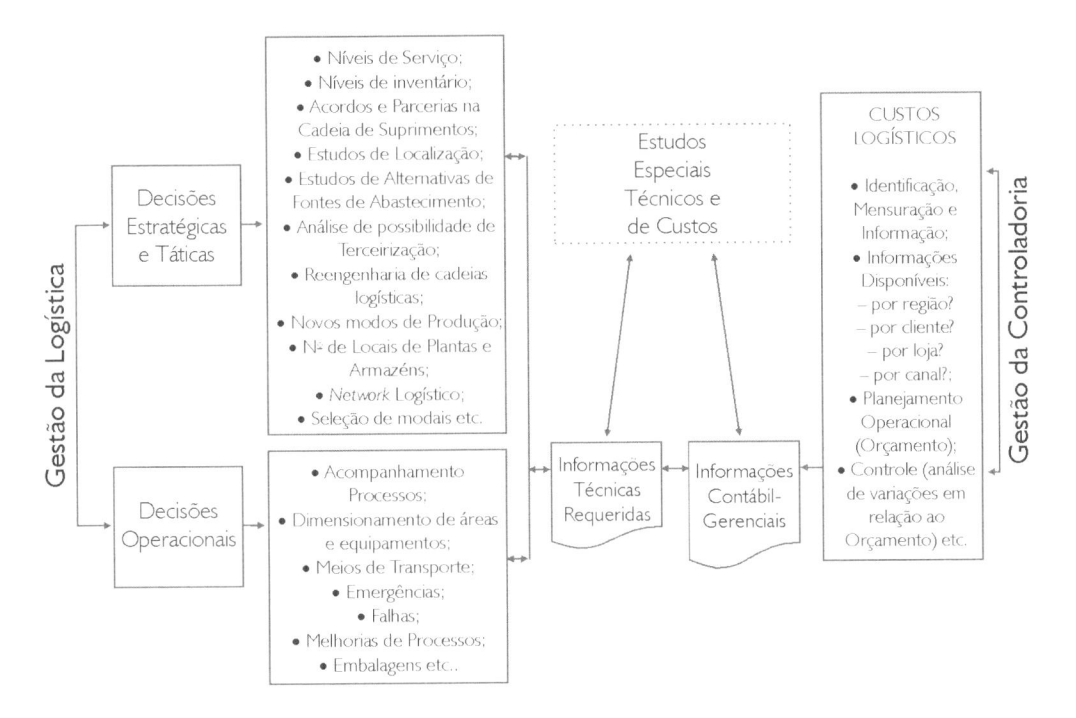

Figura 17.2 *A adequação da gestão da controladoria à gestão da logística.*

Para que a Controladoria tenha condições de atender às necessidades informacionais da gestão da Logística, ou seja, identificar, mensurar e informar os Custos Logísticos Totais, provenientes dos três processos logísticos, é necessário que compreenda a natureza das decisões logísticas, em seus diversos níveis. A gestão da Logística, como visto no Capítulo 5, envolve decisões em diversos níveis: estratégico, tático e operacional. Normalmente, as decisões estratégicas e táticas requerem estudos especiais de cunho operacional (técnicos) e de cunho econômico-financeiro (custos), mas para médio e longo prazo. Por sua vez, as decisões operacionais, que ocorrem no dia-a-dia, também necessitam de informações técnicas e contábil-gerenciais para fundamentá-las, mas com maior freqüência, ou seja, a curto prazo.

É necessário que a Controladoria identifique, mensure e informe os Custos Logísticos Totais reais, projete-os para os próximos períodos (orçamento), assim como os avalie, comparando-os e verificando as causas das possíveis variações entre real e orçado. Outra questão relevante a ser contemplada é a definição dos objetos que serão analisados (produto, cliente, canal de distribuição, região etc.).

Na opinião de Christopher (1997, p. 60):

> [...] os métodos tradicionais de contabilidade, são na maior parte das vezes, inadequados para a análise de rentabilidade por cliente e por mercado, porque eles foram, originalmente, inventados para medir os custos dos produtos [grifo nosso].

Percebe-se nesta afirmação que existe uma deficiência nas informações contábeis, no que diz respeito à sua utilidade na gestão da Logística, em seus diversos objetos de análise. O sistema contábil, tipicamente, registra os gastos de Marketing e Logística de Distribuição em contas agregadas por natureza (Despesas Comerciais), como visto anteriormente, e dificilmente tenta atribuir os custos para responsabilidades funcionais ou para o cliente individual. Além de quê, a maioria dos relatórios de rentabilidade não demonstra uma contribuição do segmento de Logística como um todo, mas inclui os custos fixos, normalmente, apropriados, por meio de critérios arbitrários, aos custos de produtos/serviços.

Christopher (1997) ressaltou, também, que a ausência de um sistema de custeio voltado à Logística dificulta, se não inviabiliza, uma das questões centrais da gestão logística, a dos *trade-offs* de custos, pois não se tem visibilidade do Custo Logístico Total. Percebe-se, como já comentado, que os sistemas contábil-gerenciais, normalmente voltados ao atendimento das necessidades dos usuários externos, não contribuem para a gestão eficaz da Logística. Dessa maneira, detecta-se a necessidade de buscar alternativas para que sejam geradas informações úteis e oportunas às necessidades de informações para a tomada de decisão em Logística, contemplando o nível de serviço comprometido com os clientes, o Custo Logístico Total inerente a esse comprometimento, bem como as informações do referido custo por vários objetos de análise, tais como: produto, cliente, canal de distribuição, pedido ou região, entre outros.

A falta de informações sobre Custos Logísticos é uma das dificuldades que muitas empresas têm sentido para poder adotar os preceitos da Logística Integrada em sua gestão, levando as empresas a trabalhar de modo inconsistente, pois as informações não caracterizam o que de fato representam para fins de tomada de decisão. Esses autores foram ao cerne das dificuldades da identificação e mensuração dos Custos Logísticos, detectando vários problemas que serão contemplados no desenvolvimento da Parte III.

Além de críticas, alguns autores apresentaram algumas propostas para melhorar a qualidade das informações contábil-gerenciais para a tomada de decisões em Logística.

17.3 Como adequar as informações contábil-gerenciais geradas à natureza das decisões logísticas?

Diante da necessidade de serem obtidas informações sobre os Custos Logísticos Totais para auxiliar o gestor na tomada de decisões e pelas deficiências dos sistemas contábeis apontadas no tópico anterior, aqui serão apresentadas algumas contribuições de autores e/ou instituições renomados, no intuito de detectar problemas e soluções encontrados na gestão dos Custos Logísticos.

Como é possível que os gestores de Logística possam obter as informações necessárias à sua tomada de decisão sem que ocorra uma reorientação dos sistemas contábeis e de custos?

Nesta obra, pretendemos evidenciar algumas ferramentas contábil-gerenciais que devem atender aos objetivos de tomada de decisões da atividade de Logística. Para isso, é relevante que se faça uma identificação das bases informativas do processo de tomada de decisão, ou seja, inicialmente, devem ser identificadas as decisões-chave da atividade de Logística, que já foram discutidas no Capítulo 5.

A maior parte dos autores e instituições que pesquisamos sugere que, para que as informações contábil-gerenciais sejam geradas de maneira a atender às necessidades de gestão da Logística, deveriam utilizar o método do Custeio Baseado em Atividades (ABC). Podem ser citados: Instituto dos Contadores Gerenciais – IMA (1992); Chudik (1993); Ellram et al. (1994), Pohlen e La Londe (1994); Pirttilä e Hautaniemi (1994); Manning (1995) e Damme e Zon (1999), entre vários outros. Os autores supracitados entendem o ABC aplicado à Logística de maneira semelhante à do Instituto dos Contadores Gerenciais – IMA (1992):

> *um método de gestão de custos que identifica as atividades de negócios executados, rastreia os custos associados a estas atividades e utiliza vários direcionadores de custos para rastrear os custos dessas atividades aos produtos. Os direcionadores refletem o consumo das atividades pelos produtos.*
>
> *Para desenvolver uma estratégia com base na metodologia do ABC, é necessário criar um modelo de custo para atender às necessidades estratégicas como, por exemplo: uma unidade de negócio, grupo de produto, determinado cliente ou um tipo de canal de distribuição etc.*

Esses autores apóiam o uso do ABC na Logística, visando a alocar não só os Custos Logísticos aos produtos, mas também a outros objetos, tais como: cliente, regiões, canais de distribuição etc. O ABC aplicado à Logística será discutido no Capítulo 19.

Barbosa da Silva (1999) afirma que para que os Custos Logísticos sejam conhecidos, é necessário que haja uma "reformulação completa sobre os conceitos de custos". Este autor sugere que três providências sejam tomadas: (1) que se abandone o Plano de Contas como estratégia empresarial, que é útil para efeitos contábeis (legais e fiscais), mas nem sempre para decisões gerenciais; (2) deve-se contemplar a mensuração dos custos de estocagem (manutenção de inventário); e (3) segmentar os clientes sob o ponto de vista logístico (o que será tratado no Capítulo 20).

Outra proposta que visa a aumentar a visibilidade dos Custos Logísticos Totais dentro da cadeia de suprimentos inclui, segundo La Londe e Pohlen (1996), a utilização de sistemas contábil-gerenciais como o Custo Total de Propriedade (TCO) e a Rentabilidade Direta dos Produtos (DPP), que serão vistos nos Capítulos 19 e 20. Além destas ferramentas, será citada também no Capítulo 20 a Análise de Rentabilidade dos Clientes (CPA) ou Multidimensional, incluindo a desenvolvida por Reeve (1998), que trata do Custo Total de Entrega – *Total Cost of Delivery* (TCD). O TCD engloba o custo total da cadeia de suprimentos, desde o fornecedor até o cliente, contemplando todos os custos desde o abastecimento aos custos da distribuição na cadeia logística.

Parece haver, globalmente, uma baixa atenção da Controladoria e, ironicamente, talvez decorrente da própria formatação das demonstrações contábil-gerenciais, que não são conscientizadoras da relevância dos Custos Logísticos Totais, como visto anteriormente no Balanço Patrimonial e na Demonstração de Resultados e, sobretudo, das oportunidades de minimização desses custos.

Em muitas situações, as decisões tomadas na gestão logística necessitam de informações de custos mais adequadas do que os sistemas contábeis tradicionais podem produzir e, segundo Pirttilä e Hautaniemi (1995, p. 332), estão relacionadas à (ao):

- *estratégia logística e política de decisões:* a interdependência dos elementos de um sistema logístico requer informações de custos adequadas de todo o sistema, quando concernentes a vários possíveis cálculos, como, por exemplo, a alocação de produção entre plantas, o número de armazéns, a seleção do modal de transporte e transportadoras ou o nível de manutenção de inventário;
- *controle das atividades logísticas:* a informação de custo é requerida para monitorar e controlar todo o sistema logístico e o desempenho dos subsistemas individuais e a eficiência das atividades específicas;

- *estratégias de marketing e políticas:* uma análise detalhada dos custos de distribuição por produto, canal de distribuição, região geográfica e grupo de clientes deveria fornecer informações úteis para os estrategistas de mercado e gestores, para o esforço de marketing ou decisões de acordo com o objeto analisado; e
- *decisões de preço:* o preço do serviço de distribuição oferecido ao cliente depende de uma adequada taxa de todos os Custos Logísticos. Uma adequada informação dos Custos Logísticos é necessária no preço do produto.

Lambert et al. (1998, p. 493), por sua vez, consideram importante que as informações de custos apuradas pelo sistema de custos sejam compreendidas pelos gestores:

> *Os gestores responsáveis por produto e segmento de negócios de clientes necessitam compreender as implicações financeiras de suas decisões.* ***Os gestores devem ser capazes de falar a linguagem dos contadores, para compreender o verdadeiro significado dos dados usados nas tomadas de decisões*** [grifo nosso].

O apoio da alta gerência é necessário para melhorar os dados contábeis, pois a resistência às mudanças é a maior barreira diante das pessoas que operacionalizam o sistema nas organizações. Para Christopher (1997), por exemplo, um dos princípios básicos de custeio logístico é que o sistema deve refletir o fluxo de materiais, identificando os custos resultantes do fornecimento do serviço ao cliente. Um segundo princípio é que ele deve possibilitar uma análise separada de custos e receitas, por tipo de cliente e por segmento de mercado ou canal de distribuição. A operacionalização desses métodos de custeio exige uma orientação para "resultados". O conceito útil apresentado pelo autor para esse entendimento é a idéia de "missão", que é o conjunto de metas de serviço ao cliente a ser alcançado pelo sistema, dentro de um contexto produto/mercado.

> Uma primeira proposição, que parece básica e fundamental, no encaminhamento da discussão, é, como princípio geral de adequação das informações contábil-gerenciais para atender às necessidades dos gestores de Logística, que elas sejam orientadas na direção do conceito de Logística Integrada (Capítulo 4), isto é, na busca de processos integrados otimizadores do nível de serviço e minimizadores do custo total. Este é o âmago, esta é a essência da reflexão e análise das decisões logísticas.

De acordo com Lambert et al. (1998), a qualidade das informações contábeis influencia na habilidade do gerenciamento para entrar em novos mercados, criar vantagens de inovação no sistema de transporte, escolher entre transportadoras terceirizadas ou manter transportes próprios, incrementar o inventário ou entregas, fazer mudanças na configuração do centro de distribuição, reestruturar os níveis de inventários, fazer mudanças nas embalagens, determinar a extensão da automação no sistema de processamento do pedido etc.

Para que os gestores possam tomar suas decisões da maneira mais eficiente possível, devem conhecer quais os custos e as receitas que serão alterados, caso o sistema logístico seja modificado; isto é, a determinação da contribuição do objeto deveria estar baseada em como as receitas, despesas e, conseqüentemente, a rentabilidade da empresa deveriam mudar, se uma linha de produto fosse cortada. Alguns custos ou receitas que não são afetados por essa decisão são irrelevantes para o problema. Por exemplo, um custo relevante é a manutenção de um armazém público, associada à venda dos produtos. Um custo irrelevante está associado aos *overheads* relacionados ao transporte particular da empresa.

A implementação dessa abordagem para a tomada de decisão é, severamente, dificultada pela não-disponibilidade das informações contábeis ou inabilidade de usar os dados corretos, quando estão disponíveis. A principal razão para melhorar a disponibilidade de informações de Custos Logísticos é controlar e monitorar o desempenho logístico. Sem dados de custos precisos, gerados a partir de diversas ferramentas de análise econômico-financeira, a avaliação do desempenho pode não ser possível.

17.3.1 A Gestão de Custos Logísticos

Pautada em toda a fundamentação teórica desenvolvida nas Partes I e II e, no contexto de inadequação das informações contábil-gerenciais à gestão da Logística, descrita anteriormente neste capítulo, focaremos nossa atenção a como deve ser realizada a gestão econômico-financeira da Logística, que nesta obra está sendo chamada de Gestão de Custos Logísticos.

> A Gestão de Custos Logísticos é a atividade de utilização ou desenvolvimento de novas estratégias para gerenciamento dos respectivos custos. Tem por objetivo monitorar os custos operacionais dos serviços logísticos, por meio de indicadores, visando a acompanhar resultados, tendências e oportunidades, bem como desenvolver estudos de impacto logístico e respectivo custeio, de maneira a dar suporte ao processo de tomada de decisão em seus diversos níveis: estratégico, tático e operacional.

Para que a referida gestão seja realizada, existem algumas etapas a serem percorridas:

- coleta dos dados iniciais (origem do material, volume, especificação, embalagem etc.), nos três processos logísticos: Abastecimento, Planta e Distribuição;

- fluxo dos processos (desenho da operação logística), ou o que se conhece como mapeamento dos processos;
- identificação dos subprocessos e atividades logísticas;
- definição das modalidades de transporte e estratégia da operação;
- identificar e mensurar os Custos Logísticos envolvidos;
- definir as ferramentas/instrumentos a serem utilizados para a gestão dos Custos Logísticos; e
- informar os gestores por meio de relatórios úteis e oportunos.

Os Custos Logísticos devem ser monitorados de acordo com a necessidade de seus usuários, os gestores da Logística, contemplando o Custo Total de cada operação, bem como de acordo com o objeto de análise (produto, cliente, região, canal etc.). Em algumas empresas, os Custos Logísticos Totais são identificados e mensurados em função dos projetos existentes, tais como:

- de reabilitação ou modernização de processos ou equipamentos: em que se deve verificar a disponibilidade de recursos disponibilizados no orçamento e analisar a necessidade de investimento; e
- de reduções de custos: por meio de ações de modernização e qualidade, implantação de novos processos ou novos equipamentos – em que se deve desenvolver uma análise de rentabilidade do investimento, envolvendo Taxa de Retorno sobre Investimento (ROI/TAR/TIR), Tempo de Retorno (*Payback*) etc.

Para que a Gestão de Custos Logísticos seja realizada de maneira eficaz, atualmente, existem diversos tipos de ferramentas econômico-financeiras à disposição dos profissionais, mas, nesta obra, iremos nos ater às que consideramos pertinentes à Gestão da Logística. Na opinião de Lambert e Burduroglu (2000), todas as ferramentas utilizadas para avaliação de desempenho na Logística apresentam vantagens e desvantagens, que são evidenciadas no Quadro 17.3.

Quadro 17.3 *Vantagens e desvantagens das diversas ferramentas para mensuração.*

Ferramentas para Mensuração	Vantagens	Desvantagens
Satisfação do Cliente	– Tem impacto direto na linha de base, através das receitas e do Custo Logístico Total – Possibilita alinhar os serviços às necessidades do cliente – As medidas são de fácil obtenção – O cliente realiza o trabalho, por meio do preenchimento da avaliação	– Permite que o cliente determine se o nível de satisfação justifica pagar um preço superior ou comprar maior volume do fornecedor – Permite que o gerenciamento externo da Logística identifique o impacto nos resultados econômicos
Valor Agregado ao Cliente	– É baseado na noção de que o valor agregado ao preço leva a grandes vendas, alta margem de rentabilidade e alto valor ao acionista – As medidas são de fácil obtenção – O cliente realiza o trabalho, por meio do preenchimento da avaliação	– Permite que o cliente determine se o valor agregado justifica pagar um preço superior ou comprar maior volume do fornecedor – É insuficiente para medir o impacto financeiro para oferecer altos níveis de valor agregado ao cliente
Análise do Custo Total	– Considera preços e custos associados – Os gestores podem aumentar a rentabilidade por meio da redução do Custo Logístico Total	– Não considera como rendimento as implicações de serviços associados à Logística – Consome mais tempo, uma vez que deve ser feita com base no objeto individual (produto/cliente) – Requer acesso às informações de custo – Perpetua a imagem de que a Logística é um custo que deve ser reduzido
Análise de Rentabilidade por Segmento	– São considerados as receitas e os custos desembolsados por segmento, melhorando a qualidade da informação – Identifica os segmentos rentáveis e não rentáveis	– Não mensura o custo dos ativos empregados, exceto Estoque e Contas a Receber – Requer dados de receitas e custos por segmento, o que nem sempre é de fácil obtenção – Requer sofisticados sistemas contábil-gerenciais
Modelo de Rentabilidade Estratégica e o Valor ao Acionista	– Reconhece o valor do dinheiro no tempo e o risco dos investimentos – Mensura o Lucro Líquido, Retorno sobre os Ativos e sobre o Valor Líquido – Assiste os gestores na avaliação do fluxo de caixa e decisões de utilização dos ativos	– Implementação relaciona-se aos interesses das áreas, em termos de taxas de desconto, período de planejamento e fluxo de caixa projetado – Os ativos relacionados às atividades devem ser conhecidos – É o método mais intenso e detalhado e que consome mais tempo para ser implementado

Fonte: Adaptado de Lambert e Burduroglu (2000).

Os dois primeiros tipos de ferramentas descritos no Quadro 17.3, satisfação do cliente e valor agregado ao cliente, não geram informações econômico-financeiras, mas sim de cunho técnico-operacional. Cabe ressaltar que maiores investimentos para obtenção dos mais altos níveis de satisfação do cliente nem sempre implicam no entendimento, por parte do cliente, do benefício financeiro desses serviços. Assim sendo, o ideal é mostrar ao cliente de que forma os níveis mais altos de serviços que recebe contribuem para o aumento de seu volume de vendas.

Em termos de mensuração, o ideal é evidenciar a satisfação do cliente, por meio de medidas de desempenho da empresa em relação a seus concorrentes, de forma a identificar oportunidades que permitam diferenciar e destacar a organização no mercado. Este tipo de medida, geralmente, é baseado em pesquisas realizadas junto aos clientes e traz uma informação qualitativa e não financeira.

O valor agregado ao cliente está associado a como os clientes estão interessados em receber qualidade a preço baixo e utilizam o produto e os atributos de serviço para avaliar os benefícios esperados, já comentados no Capítulo 3, quando se tratou sobre Vantagem Competitiva e Valor em Logística. A empresa pode aumentar o valor ao cliente de duas maneiras: por meio do aumento da qualidade do produto/atributos do serviço e da redução dos custos da transação, do ciclo de vida ou dos riscos.

Permitir que o próprio cliente defina seu nível de satisfação (como no caso das duas primeiras medidas analisadas) não é o ideal para a negociação, pois alguns clientes admitirão que o nível de atendimento do fornecedor é superior, mas, em contrapartida, o preço é alto. Sempre que o objetivo da venda for gerar valor ao cliente, mesmo que este pague mais por um melhor serviço, deve-se demonstrar o nível mais alto de benefício oferecido, em termos financeiros.

A análise do Custo Logístico Total (CLT) tem por princípio fundamental que, para se detectarem as reais reduções no custo, deve-se considerar o custo total de todos os processos e atividades de Logística e não simplesmente tentar reduzir o custo individual de um elemento logístico, como já visto nos Capítulos 4 e 16. Neste método, a empresa deveria apurar seu CLT e compará-lo com os custos dos concorrentes (se houver a informação disponível), de forma que sejam demonstrados ao cliente os benefícios financeiros associados ao desempenho de seu serviço.

No tocante à Análise de Rentabilidade, que será tratada no Capítulo 20, em nível multidimensional, este método considera o impacto no custo e na receita, se os níveis de atendimento ao objeto (cliente, canal de distribuição e região) influenciarem seu volume de vendas, e, também, quando na escolha do fornecedor houver implicação de rentabilidade. Possibilita que a empresa aloque recursos escassos em segmentos que são mais lucrativos, bem como que segmentos não rentáveis sejam revitalizados ou eliminados.

E no que diz respeito ao Modelo de Rentabilidade Estratégica ou outras ferramentas que possibilitem a mensuração do Valor ao Acionista, é importante evidenciar que, teoricamente, um negócio cria valor quando se iguala ou excede a um custo de capital que reflete, fielmente, o risco de seu investimento. É crucial para a sobrevivência das empresas a habilidade para criar riqueza aos acionistas e, para tal, as duas mais conceituadas definições são a Análise do Valor ao Acionista (SVA) e o Valor Econômico Agregado (EVA), que serão descritas no Capítulo 22.

Cabe ressaltar que todas estas ferramentas podem ser utilizadas isoladamente, dependendo do tipo de necessidade de informação, ou podem ser combinadas, de maneira que as decisões logísticas sejam bem fundamentadas.

Um outro instrumento de gestão, não comentado anteriormente, é o *Balanced Scorecard* (*BSC*), utilizado para ressaltar o equilíbrio existente entre os objetivos empresariais de curto e longo prazo e a utilização de medidas financeiras e não financeiras. Por meio dessa ferramenta que será comentada no Capítulo 21, serão definidos indicadores estratégicos e operacionais, que auxiliarão a tomada de decisão dos gestores.

Neste capítulo, a partir deste ponto, nosso foco estará voltado para a Visibilidade do Custo Logístico Total; portanto, na próxima seção, apresentaremos o caso da Empresa Lógica.

17.4 Visibilidade dos Custos Logísticos Totais: o caso da empresa de eletrodomésticos

Tendo o conhecimento das operações logísticas existentes na Empresa Lógica, que foi mostrado na seção 2.4 do Capítulo 2, é relevante para a gestão da Logística receber informações de Custos Logísticos, para que o processo de tomada de decisão ocorra da melhor maneira. A partir desse contexto, surgem algumas questões relevantes, que vêm ao encontro do problema central desta obra:

- A Controladoria da empresa fornece as informações de Custos Logísticos necessárias para auxiliar as decisões existentes na realidade físico-operacional da empresa?
- Os relatórios gerados pela Controladoria são úteis para apoiar as referidas decisões?
- Quais as informações que a Controladoria fornece aos gestores de Logística da Empresa Lógica?

Dando continuidade à análise das informações necessárias, na próxima seção serão verificados os relatórios gerenciais existentes na Controladoria e na gestão da Logística da Empresa Lógica.

17.4.1 Relatórios gerenciais existentes

Foi constatado que para sua gestão a empresa utiliza-se de diversos relatórios gerenciais. Alguns são gerados pela Controladoria e outros pela Administração da Fábrica (responsável pela Logística de Abastecimento e Planta) e Logística de Distribuição, os quais foram disponibilizados para análise das autoras. Inicialmente, serão descritos os relatórios contábeis e gerenciais elaborados pela Controladoria e fornecidos a todos os gestores da Empresa Lógica, bem como a sua Alta Administração.

17.4.1.1 Relatórios contábil-gerenciais gerados pela controladoria da Empresa Lógica para atender à alta administração

Existe uma Controladoria Central que, além de elaborar os relatórios tradicionais de Contabilidade Financeira, voltados a atender às necessidades dos usuários internos, elabora os relatórios gerenciais que dão subsídio ao processo de gestão da Alta Administração da empresa, bem como aqueles relativos às análises dos gastos departamentais comparados ao orçamento. Esta área elabora os seguintes relatórios que são fornecidos **mensalmente** para a Alta Administração da empresa (Presidente, Vice-Presidentes e Diretores):

- orçamento anual (*Budget*) e Plurianual (*Business Plan*) para cinco anos, por Centro de Responsabilidade, utilizando o conceito de Centro de Custos, e por Unidade de Negócio, empregando o conceito de Centro de Investimentos, apenas para avaliar o desempenho das Divisões de Produção e Vendas/Marketing;
- diversos Relatórios Gerenciais que utilizam vários conceitos contemporâneos de Controladoria, tanto para o *Budget* e *Business Plan*, como ao resultado econômico apurado mensalmente, tais como:
  - **Relatório de Valor Agregado**, que é um dos relatórios gerenciais utilizados no processo de tomada de decisão da Alta Administração, no nível global da empresa, que se utiliza do Método do Custeio Variável (em que são absorvidos nos estoques apenas os Custos Variáveis, enquanto que os fixos são considerados como custos do período). Neste relatório é demonstrado o Custo do Material, mas nesta rubrica estão embutidos todos os Custos Logísticos relacionados à obtenção do material, tais como: embalagens, fretes de compras, taxas alfandegárias e imposto de importação etc. Nas Despesas de Vendas, estão inclusos os Fretes sobre Vendas e os Custos de Armazenagem/Movimentação dos Produtos Acabados (Logística de Dis-

tribuição). Nas Despesas Industriais, estão inseridos todos os custos relacionados à Logística de Planta, assim como nas Despesas Fixas Administrativas e Comerciais, em que estão inseridos os custos da estrutura de Suprimentos e Logística de Distribuição, respectivamente;
- **Relatório de Desempenho do Negócio**, que tem como objetivo apurar o *Earnings Before Interests and Taxes* (EBIT), que envolve a diferença entre a Receita Líquida e os Custos Operacionais da empresa, excluindo os aspectos financeiros, visando a analisar o resultado operacional das Divisões. Vendas-Marketing e Produção. Neste relatório é apurado o EBIT das Divisões. A rubrica Custo dos Produtos Vendidos contempla o Preço de Transferência[2] negociado entre a Divisão de Produção e a de Vendas-Marketing, em que estão inseridos os Custos Logísticos de Abastecimento e Planta. O EBIT da Divisão de Produção, por exemplo, é o resultado efetivo, fruto das racionalizações nos processos produtivos que reduzem seus custos, pois o preço de transferência para a Divisão de Vendas-Marketing é determinado com base no Custo Pleno (*Full Cost*), incluindo custos diretos e indiretos, determinados no Orçamento Anual;
- **Relatório de apuração do Valor Econômico Agregado (EVA)**, que focaliza o resultado apurado antes das receitas/despesas financeiras, reconhecendo os custos de capital sobre os Ativos Imobilizados investidos nas Divisões, mas sem incluir o custo de manutenção de inventário. É utilizado apenas na avaliação de desempenho das Divisões de Produção e Vendas-Marketing; e
- **Demonstração do Resultado do Exercício**, que, obviamente, apura se a empresa obteve resultado econômico positivo ou negativo em suas operações. Na Tabela 17.1 está evidenciada uma Demonstração de Resultados gerada pela Controladoria da Empresa Lógica.

Observa-se que a Empresa Lógica, já em seu resultado operacional, apresenta prejuízo, o que faz com que busque alternativas para reverter este cenário. Não é possível visualizar os Custos Logísticos Totais, pois estão "embutidos" em diversas rubricas dessa demonstração, tais como Custos dos Produtos Vendidos, Despesas Comerciais e Despesas Administrativas.

---

2 O Preço de Transferência será comentado no Capítulo 18 – quando se tratar sobre a Logística como Unidade de Negócio. Neste caso, a receita da divisão de Produção é o Custo da divisão de Vendas/Marketing.

Tabela 17.1 *Demonstração de Resultados Gerencial.*

DRE	R$ (Mil)
Receita Operacional Bruta	755.411
(–) Deduções de Vendas	(208.411)
(=) **Receita Operacional Líquida**	547.000
(–) **Custo dos Produtos Vendidos**	(478.226)
(=) **Lucro Bruto**	68.774
(–) **Despesas Operacionais**	(112.186)
Despesas Comerciais	(71.523)
Despesas Administrativas	(27.428)
Despesas Financeiras	(13.235)
(=) **Resultado Operacional**	(43.412)

Outro relatório, a ser observado no Quadro 17.4, é empregado por todos os gestores da Empresa Lógica com o intuito de analisar seus custos/despesas departamentais. É tratado, internamente, por Relatório de Despesas Operacionais (D.O.). Nesta empresa, as áreas são tratadas como Centros de Custos.

O Relatório de Gastos Operacionais, apresentado no Quadro 17.4, utiliza o conceito de Centro de Custos e Despesas, tendo sua estrutura idêntica para todas as áreas da Empresa Lógica. É elaborado **mensalmente**, agregando por sua natureza os gastos incorridos, comparando os incorridos efetivamente com o que foi planejado, identificando as possíveis variações entre real e orçado, tanto mensalmente quanto em seus valores acumulados anualmente, verificando a eficácia nos processos.

Quadro 17.4 *Relatório de Gastos Operacionais.*

CÓDIGO E NOME DA ÁREA		Dezembro			ACUMULADO		Valores em R$
CONTA	DESCRIÇÃO	ORÇADO	REAL	VAR.	ORÇADO	REAL	VAR.
01.01	Salários – MOD/MOI/Honorários						
01.02	Encargos – MOD/MOI/Honorários						
01.03	Benefícios – MOD/MOI/Honorários						
01.04	Previdência Privada						
	Subtotal Salários						
01.05	Estagiários						
01.06	Serviços Temporários						
05.02	Aluguel de Bens Imóveis						
05.03	Aluguel de Bens Móveis						
05.04	Aluguel de Veículos						
05.05	Arrendamento Mercantil						
05.07	Combustíveis e Lubrificantes						
05.08	Correios e Malotes						
05.09	Cursos e Treinamentos						
05.10	Depreciação						
05.11	Despesas com Veículos						
05.12	Fretes e Carretos						
05.13	Gás						
05.14	Manut. Imóveis e Instalações						
05.15	Manut. Máquinas e Equipamentos						
05.16	Manut. Móveis e Utensílios						
05.17	Manut. Conserv. Veículos						
05.18	Materiais Aux. de produção						
05.19	Materiais de Escritório						
05.20	Materiais de Uso e Consumo						
05.21	Materiais e Serviços Diversos						
05.22	Materiais de Proteção Operários (EPI)						
05.25	Serviços de Terceiros – PF						
05.26	Serviços de Terceiros – PJ						
05.27	Telefone						
05.29	Xerox						
05.33	Manutenção de Sistemas						
06.01	Amostras						
06.02	Anúncios e Publicações						
06.03	Armazenagem						
06.04	Brindes						
06.05	Condução						
06.06	Contrib. Assoc. Classe						
06.09	Doações						
06.11	Jornais, Revistas e Livros						
06.12	Lanches e Refeições						
06.13	Legais e Judiciais						
06.14	Marcas e Patentes						
06.15	Multas						
06.19	Viagens e Estadias						
06.22	Convenções/Eventos						
06.98	Outros Gastos						
	Subtotal Gastos Controláveis						
04.02	Assistência Social						
05.01	Água e Esgoto						
05.11	Energia Elétrica						
05.30	Serviços de Segurança e Vigilância						
05.31	Serviços de Limpeza e Conservação						
06.10	Impostos e Taxas						
06.18	Seguros Diversos						
06.20	Gastos c/ Tecnologia de Informação						
08.01	Depreciação de Ativos Comuns						
	Subtotal Gastos Alocados						
	TOTAL GERAL						

Este é o único relatório (Quadro 17.4) que evidencia com maiores detalhes os Custos Logísticos. Não há relatórios específicos sobre custos e rentabilidade voltados à gestão da Logística, nem tampouco relatórios que acumulem e analisem os custos relacionados à Manutenção dos Inventários nos três processos logísticos.

Há outros tipos de relatórios, que não serão descritos nesta obra, com análises específicas relacionadas aos produtos, segregando os resultados econômicos por Unidades Vendidas, por Unidade Estratégica de Negócio, por Marca, por Planta, para Exportação e Pós-Venda e Vendas Líquidas por Clientes ($).

Em se tratando de **Inventários**, existe informação **mensal** gerada pela área de Contabilidade de Custos para a Divisão de Produção, de Controle dos Estoques, sobre seus saldos (físicos e em valores) por itens de matérias-primas, materiais auxiliares, materiais em processo (por localização – almoxarifado), bem como os produtos acabados, peças e acessórios e produtos para revenda para a Logística de Distribuição. O prazo de cobertura dos estoques (em dias) é, também, evidenciado **mensalmente**.

Nos relatórios contábil-gerenciais, foi percebido que os Custos Logísticos não estão contemplados em uma única rubrica. Cabe verificar quais são as necessidades de informação que os gestores de Logística necessitam para sua tomada de decisões.

17.4.1.2 Relatórios gerados pelos próprios gestores de logística sem o auxílio da controladoria

Nas diversas entrevistas realizadas, questionou-se aos gestores de Logística se os relatórios gerados pela Controladoria eram suficientes, úteis e oportunos à sua gestão. Entre os gestores entrevistados, foi unânime que as informações geradas pela Controladoria da empresa, constantes nos relatórios contábil-gerenciais utilizados pela Alta Administração, o Relatório de Gastos Operacionais e o Controle de Estoque mensal não são suficientes para que possam decidir, de maneira adequada, sobre suas operações logísticas, necessitando gerar informações adicionais para sua gestão. Isso os leva a desenvolver estudos e análises paralelos dos custos inerentes às suas atividades.

Alguns dos relatórios gerenciais existentes na gestão da Logística elaborados por funcionários das próprias áreas, sem apoio do pessoal da área de Controladoria, são os seguintes:

- **Relatório de Necessidades de Compras**: gerado, **semanalmente**, pela área de Administração de Materiais, onde são evidenciadas as necessi-

dades por tipo de material e quantidades a serem pedidas, contemplando os níveis de estoques de matérias-primas existentes, o estoque em trânsito nacional/internacional e o volume de produção planejado;
- **Relatório do Nível de Serviço dos Fornecedores**: gerado, **semanalmente**, pela área de Planejamento de Materiais, evidenciando os fluxos das entradas e as falhas ocorridas no processo, em razão do não-atendimento dos programas de produção por falta de materiais por parte dos fornecedores e que ocasionaram custos anormais (custos das falhas). Não existe a mensuração, apenas são considerados os aspectos qualitativos;
- **Controle Diário de Estoque**: gerado pela área de Administração de Materiais, por família e item de material;
- **Controle Diário da Produção e Fluxo Físico de Materiais**: gerado pelo Planejamento, Programação e Controle da Produção, por meio de sistema específico (*on line*);
- **Relatório Diário de Perdas de Produção**: contempla as perdas de produção (falhas) em seus aspectos físicos que requerem um replanejamento da produção;
- o PPCP elabora um relatório **semanal** que evidencia os **Custos da Não Qualidade** da fábrica, relacionados a produtos bloqueados, re-trabalhados ou escrapeados;
- um indicador apurado **semanalmente** pelo PPCP é o que evidencia o **nível de serviço da fábrica para a área comercial** (*delivery fulfillment*);
- **Gráfico de Acompanhamento dos Custos Logísticos de Distribuição**: envolvendo a evolução mensal dos gastos com a Logística de Distribuição e Armazenagem de Produtos Acabados (com base no Relatório de Gastos Operacionais observado no Quadro 17.4). É uma compilação dos dados constantes no referido quadro, contemplando os custos de transporte e armazenagem, comparando os valores reais com os projetados em Orçamento;
- **Relatório de Custos de Transporte de Distribuição**: com freqüência mensal, mostra a evolução dos referidos custos, sendo comparados ao Orçamento, assim como à Receita, para verificar sua representatividade. Há também gráficos demonstrando a estrutura de distribuição, de acordo com valores FOB e CIF, assim como os fretes consolidados e não consolidados e sua distribuição em nível nacional e internacional;
- **Relatórios de Cobertura de Estoques de Produtos Acabados**: posição semanal, contendo informações físicas por família/linha de produtos:
    - ✓ (0) Venda Média do Semestre;
    - ✓ (1) Estoque Contábil;
    - ✓ (2) Cobertura do Estoque Contábil (meses);
    - ✓ (3) Faturamento Não Expedido;

- ✓ (4) Estoque Físico (3+1);
- ✓ (5) Cobertura do Estoque Físico (meses);
- ✓ (6) Pedidos Firmes + Trânsito;
- ✓ (7) Estoque Total (6 + 4);
- ✓ (8) Cobertura do Estoque Total (meses);
- ✓ (9) Informações das quantidades faturadas e pendentes, em função dos maiores clientes;
- **Relatório Mensal da Posição das Variações de Inventário**: diferenças existentes entre o Estoque Físico e o Estoque Contábil – por planta e por natureza de estoque (Matéria-Prima, Materiais Auxiliares, Produtos em Processo, Produtos Acabados, Peças e Revenda);
- **Bens retornados (Logística Reversa) e Produtos Acabados Transferidos para o CD**: incluindo percentual de danos/perdas (relatório mensal);
- *Key Performance Indicators* – **KPI's**: indicadores de desempenho do processo da Logística de Distribuição, contemplando a análise diária dos produtos recebidos em relação aos expedidos diariamente, bem como o *ranking* dos produtos expedidos (trataremos deste assunto no Capítulo 21); e
- existem, também, relatórios mensais de desempenho que visam a analisar o atendimento da fábrica ao que foi planejado e a verificação de se a atividade de Vendas está realizando o que foi planejado.

Como complemento aos relatórios já existentes, foi desenvolvido pelas autoras desta obra, levando em consideração informações obtidas de Lopez (2001), um relatório para **Controle dos Custos Logísticos incorridos nos processos de Importação**, que passou a ser utilizado no processo de gestão da Logística Internacional, inclusive nos processos de Exportação, quando os Custos Logísticos forem responsabilidade do vendedor.

Em março de 2002, a área de Logística Internacional não tinha noção desses custos, que, contabilmente, são englobados no valor dos Estoques de Matéria-Prima no Balanço Patrimonial. Em função dos acordos internacionais, existe uma possibilidade de alterar as fontes de fornecimento dos insumos produtivos que representa 9,1% das compras da Empresa Lógica; esta foi considerada uma informação relevante a seu processo de tomada de decisão.

Visando a identificar e evidenciar esses Custos Logísticos que estavam embutidos nos estoques, as autoras, em caráter de análise dos referidos custos relacionados à importação, realizaram algumas análises, partindo de uma amostra de diversos tipos de processos de importação existentes em 2001, fornecidos pela gestora da área de Logística Internacional. Os resultados dessas análises constam da Tabela 17.2.

Tabela 17.2   *Custos Logísticos nas Importações.*

Custos/Processos Analisados	Total em R$	Média s/ FOB
Valores dos materiais – FOB (R$)	1.020.025	
Custos Logísticos Totais (R$)	**396.438**	**38,9%**
Seguro	5.891	0,6%
Frete Rodoviário – Interno	6.279	0,6%
ND – Siscomex	385	0,0%
Frete do Trânsito Internacional	168.769	16,5%
Liberação B/L	518	0,1%
Capatazias (THC Armador)	1.432	0,1%
AFRMM	6.500	0,6%
THC Terminal	376	0,0%
Movimentação Interna	1.830	0,2%
Averbação Seguro	123	0,0%
Armazenagem	14.888	1,5%
Exoneração ICMS	917	0,1%
S.D.A. – Decreto 646/92	2.983	0,3%
Taxa Desconsolidação – AWB/BL	1.367	0,1%
Taxa de Expediente	1.023	0,1%
Taxa de Fumigação (Ásia)	457	0,0%
Tributos Não Recuperáveis (II)	182.699	17,9%
Tributos Recuperáveis (R$)	**319.400**	**31,3%**
ICMS	189.807	18,6%
IPI	129.593	12,7%
Valor Total do Material	**1.735.863**	**70,2%**

O valor FOB dos materiais constantes nos processos analisados totalizou um montante de R$ 1.020.025, sendo considerados todos os Custos Logísticos inerentes, em que se apurou um percentual de 38,9%. Os custos tributários recuperáveis nesses processos representavam 31,3% do valor FOB. O Imposto de Importação, que é um tributo não recuperável, foi tratado como Custo Logístico do período.

Na Contabilidade Financeira, será contabilizado no Estoque de Matéria-Prima o valor de R$ 1.416.463, composto de R$ 1.020.025 do valor FOB mais R$ 396.438 dos Custos Logísticos inerentes. No grupo dos Impostos a Recuperar será contabilizado o valor de R$ 319.400, pois o ICMS e o IPI são tributos recuperáveis, ou seja, poderão ser compensados com os impostos a recolher, incidentes sobre as vendas. Para efeito de fluxo de caixa, o desembolso efetivo a ser realizado pela empresa nesses processos será de R$ 1.735.863, ou seja, a empresa, no momento em que estiver realizando esses processos de importação, deverá dispor desse montante para obter seus ativos.

Com base no conhecimento dos Custos Logísticos médios dos processos analisados, a gestora responsável pela Logística Internacional considerou os valores apurados muito altos frente à média do mercado, e passou a tomar algumas ações corretivas para reduzi-los, visando a otimizar o resultado econômico da empresa.

Baseada no conhecimento desses Custos Logísticos, a área passou a controlá-los no ano de 2002. Sua meta era reduzi-los de 38,9% em 2001 para 31% em 2002 e 29% em 2003 sobre o valor FOB dos materiais (sem incluir os custos tributários). Em 2002, conseguiu reduzi-los, efetivamente, para 32,6%, por meio de sinergia com outras empresas do grupo e com novos contratos, e vem reduzindo-os, por meio de ações de melhoria contínua nos processos (*kaizen*), tais como redução dos Custos de Transporte Aéreo, viabilização de um processo de concorrência para escolher novos operadores logísticos, agentes de carga e despachantes aduaneiros. Este é um exemplo de uma decisão logística, que necessitou de informações de custos.

A análise desenvolvida revelou que havia uma carência de informações da Controladoria. Atualmente, este relatório passou a ser gerado pela própria gestora da Logística Internacional no intuito de analisar os Custos Logísticos das importações. Para minimizar esta carência, é mister que a Controladoria, inicialmente, compreenda os raciocínios da Logística, entenda sua realidade físico-operacional e seu fluxo de informações, tal como foi visto anteriormente. Então, deve verificar quais são os custos inerentes às atividades da Logística, em seus três processos logísticos: abastecimento, planta e distribuição, bem como tentar identificá-los nos relatórios contábil-gerenciais existentes.

Percebe-se que a Logística, em seu processo de gestão, utiliza-se de diversas informações geradas, semanal ou diariamente, que deveriam estar sendo gerenciadas pela Controladoria da Empresa Lógica, como gestora do sistema de informações da empresa, no intuito de atender às necessidades das decisões logísticas.

Um exemplo está associado às informações mensais de Controle de Estoques, que são analisadas profundamente pelos gestores de Logística, mas os relatórios mensais gerados pela Controladoria não são suficientes para sua gestão, que necessita de **informações diárias**, sobretudo no que tange aos aspectos físico-operacionais. Esse é um ponto relevante a ser analisado. Os resultados obtidos nos relatórios existentes na gestão de Logística são avaliados pelos próprios gestores das áreas, conforme suas necessidades de informações nas tomadas de decisão diárias, semanais, quinzenais ou mensais.

17.4.2 Análises a serem desenvolvidas

Como se pôde constatar nos tópicos anteriores, os Custos Logísticos são contabilizados pela Empresa Lógica, assim como em muitas outras empresas em diversas contas, por natureza de gastos, em grupos de contas distintos (Despesas Administrativas, Despesas Comerciais, Custos Indiretos de Fabricação etc.). Verificou-se, também, que praticamente o único relatório com um pouco mais de detalhamento evidencia mensalmente os gastos orçados *versus* os reais, conforme visto no Quadro 17.4. Os outros relatórios focalizam suas atenções para os Custos Logísticos incorridos na distribuição dos produtos acabados.

Desta forma, tornou-se necessário um trabalho adicional de análise, por parte das autoras, visando a encontrar respostas para algumas questões críticas:

- Qual o montante dos inventários, bem como sua segregação pelos processos de abastecimento, planta e distribuição, e investimentos em outros ativos de Logística?
- Qual a relevância dos Custos Logísticos Totais associados aos processos de abastecimento, planta e distribuição, em relação aos custos totais e às vendas?
- Qual é o montante dos Custos Logísticos Totais da Empresa Lógica? Qual sua importância no faturamento da referida empresa?

Embora, em função dos critérios de contabilização, algumas destas análises tenham sido apoiadas em índices e estimativas fornecidos pelos gestores da própria Empresa Lógica, com base em suas experiências, as mesmas responderam satisfatoriamente às questões objetivas, como será descrito na seqüência.

17.4.2.1 Inventários e outros ativos logísticos

O Balanço Patrimonial é gerado pela Contabilidade Geral da Empresa Lógica. Para que pudessem ser identificados os Custos Logísticos de Manutenção de Inventários e Custos de Capital sobre ativos imobilizados investidos na Logística, elaboramos, com base nos dados fornecidos pela área de Controladoria, o seguinte detalhamento (Tabela 17.3):

Tabela 17.3   *Saldos médios de 2001/2002 (Em Mil Reais).*

ATIVO		PASSIVO	
ATIVO CIRCULANTE	260.168	PASSIVO CIRCULANTE	277.791
Caixa/Bancos	21.679	**Fornecedores**	**58.635**
Clientes	184.276	Governo	90.637
Estoques	**50.153**	Garantia	8.285
Matéria-Prima	**24.741**		
Produtos em Processo	**4.178**	**Obrig. de Distrib. e Vendas**	**1.001**
Produtos Acabados	**18.616**		
Peças de Reposição	**2.618**	Outras Provisões	57.915
Despesas Antecipadas	4.060	Instituições Financeiras	61.318
ATIVO PERMANENTE	155.971	PATRIMÔNIO LÍQUIDO	138.348
Investimentos	18.635		
Imobilizado – Intangíveis	2.459	Patrimônio dos Acionistas	138.348
Imob. – Tangíveis – Logística	**1.252**		
Imob. – Tangíveis – Outras	133.625		
TOTAL DO ATIVO	416.139	TOTAL DO PASSIVO	416.139

O detalhamento dos Ativos Tangíveis Logísticos foi obtido de um relatório de Controle do Ativo Imobilizado por Centro de Custos/Despesas que é gerado pela Controladoria para poder alocar os custos com a depreciação dos referidos ativos aos diversos Centros de Custos/Despesas da Empresa Lógica.

Sem dúvida, a preocupação com os níveis de inventário existentes nas atividades de Logística de Planta e Distribuição evidencia que a empresa tem consciência de que não é interessante financeiramente manter estoques parados, gerando desperdícios, por exemplo, por meio de obsolescência, como foi constatado pelas pesquisadoras em observação direta, mas, também, não devem ocorrer perdas efetivas (custos das falhas).

No que tange aos inventários, a empresa apresentava no Balanço Patrimonial o saldo final de R$ 50,153 milhões em 2002. Conforme o gestor da Contabilidade de Custos, esse saldo não reflete a realidade da empresa ao longo do ano (estoque médio), que girava em torno de R$ 90 milhões mensalmente. Diante das informações obtidas em relatórios gerados pela Contabilidade de Custos, e fornecidos aos gestores da Logística de Abastecimento, Planta e Distribuição, elaboramos a seguinte análise:

Tabela 17.4 *Análise dos estoques.*

Análise dos Estoques	R$ (Mil)
Média de Compras Mensal	31.100
Material Nacional	28.100
Material Importado (FOB)	3.000
Custos Logísticos nas Compras	1.729
Frete Material Nacional (2%)	562
Materiais Importados (38,9%)	1.167
Estoque ao Longo do Ano	90.000
Matéria-Prima Nacional	35.280
Matéria-Prima Importada	8.820
Produtos em Processo	7.200
Produtos Acabados	33.300
Peças de Reposição	5.400
Prazo Médio (Dias)	
Matéria-Prima Nacional	33
Matéria-Prima Importada	82
Produtos em Processo	3
Produtos Acabados	20
Peças de Reposição	252
Custo de Capital (1% a.m.)	1.312
Matéria-Prima Nacional	388
Matéria-Prima Importada	241
Produtos em Processo	7
Produtos Acabados	222
Peças de Reposição	454

Pelas entrevistas realizadas, pôde-se constatar que, como a Logística de Distribuição não atua no abastecimento e no suporte à manufatura, não se responsabiliza por inventários de materiais nacionais e importados, bem como pelos produtos em processo (57% dos estoques), que são de responsabilidade da Administração das Fábricas. Sua função é de gerenciar o inventário dos produtos acabados e produtos para revenda (37%), bem como das peças de reposição (6%).

A análise destes itens é realizada com profundidade por todos os gestores de Logística, pois compromete a agregação de valor ao acionista, caso sejam investidos recursos em ativos que não estejam gerando o retorno esperado. Uma questão a ser considerada, e refletida na Tabela 17.4, é que a Empresa Lógica não calcula seus Custos de Manutenção de Inventário para a gestão da atividade de Logística, apresentando em torno de R$ 1,3 milhão de potencial de redução (assumindo uma taxa de oportunidade de 1% ao mês), ou seja, deixa de reconhecer esses custos em seus relatórios.

Alternativas devem ser analisadas para que ocorram reduções nos níveis de inventário, levando em consideração a possibilidade de alteração das fontes de fornecimento, a partir da abertura de mercados e acordos internacionais. Para que alterações sejam feitas, devem ser levados em consideração os Custos de Manutenção de Inventários e outros Custos Logísticos inerentes.

Além disso, existem Custos Logísticos que estão embutidos nos estoques e necessitam ser analisados para verificar se existe potencial de redução, sem comprometer o nível de serviço ao cliente, tais como o frete sobre o material nacional (2% das compras, que será explicada na próxima seção) e os gastos com importações, conforme visto na Tabela 17.2. A Empresa Lógica preocupa-se bastante com o nível de serviço comprometido com o cliente, mas vem buscando otimizar seus investimentos nos ativos logísticos, sobretudo objetivando otimizar seus níveis de inventário e investimentos em outros ativos logísticos, conforme os projetos efetivados ou em desenvolvimento.

A Empresa Lógica tem consciência de que, quanto maiores forem os investimentos em ativos imobilizados, estarão aumentando seus Custos Fixos, principalmente com depreciações. Atualmente, a tendência em Logística é "variabilizar" seus custos, ou seja, tornar os custos fixos em variáveis, o que a referida empresa vem tentando efetivar, por meio de suas ações logísticas.

Na seqüência, vamos buscar apurar o Custo Logístico Total da Empresa Lógica, segregando-os em seus três processos logísticos.

17.4.3 Visibilidade do Custo Logístico Total e custos associados aos processos logísticos da Empresa Lógica

O primeiro passo para tentar identificar os Custos Logísticos da Empresa Lógica foi requisitar à Contabilidade Geral e à área de Controladoria que disponibilizassem seus relatórios contábil-gerenciais para que pudesse ser verificada a visibilidade ou transparência dos Custos Logísticos nos referidos relatórios.

Uma das limitações ocorridas neste estudo é que a Controladoria da empresa gerava diversos relatórios contábil-gerenciais para a Alta Administração da empresa, contemplando diversos conceitos econômicos na Demonstração de Resultados, que já foram demonstrados na seção 15.3.1, mas que não são divulgados, especificamente, aos gestores da atividade de Logística, e sim aos Vice-Presidentes das Divisões de Produção e Vendas-Marketing.

Pelos relatórios existentes, os gestores disporiam de informações sobre os custos de transporte e armazenagem de produtos acabados, assim como o detalhamento por natureza de gastos dos referidos custos indiretos ou fixos associados às suas atividades que constam do Relatório de Gastos Operacionais (Quadro 17.4); mas, para a tomada de decisões da Logística, isso não é suficiente, e as informações adicionais, para a efetiva tomada de decisão, acabam sendo geradas por sistemas localizados desenvolvidos pelos profissionais da própria área, e não por um sistema de informações gerenciado pela Controladoria.

Por exemplo, conforme se pode observar no Quadro 17.4 – Relatório de Gastos Operacionais –, existe uma rubrica Materiais de Uso e Consumo em que estão englobados, além de outros, os Custos de Embalagem. Isso dificulta a identificação dos Custos das Embalagens que foram utilizadas nas operações dos três processos logísticos.

No início, buscou-se reconhecer quais os custos inerentes a cada um dos processos logísticos da Empresa Lógica, descritos no Capítulo 2, que apresentam custos específicos em suas atividades. Todos os custos inerentes ao processo de obtenção de materiais, tais como taxas, despesas com desembaraço, despachantes, transporte, consolidações, pessoal envolvido etc., estão inseridos no valor dos Estoques de Matéria-Prima, dificultando a segregação e identificação dos Custos Logísticos.

No preço do material nacional, por exemplo, o fornecedor embute os Custos de Embalagem e de Expedição, além dos Custos de Transporte para o comprador (Empresa Lógica). Quando o fornecedor emite a Nota Fiscal, indica apenas o valor do material/mercadoria, embutindo todos esses custos que, para o comprador, passam a ser não identificáveis ou de difícil identificação. Na Empresa Lógica, foi constatado que apenas alguns fornecedores destacavam o valor do frete, o que dificulta a identificação desse custo logístico.

Em relação aos insumos importados, além dos custos dos fornecedores com embalagem, armazenagem e transporte, existem custos com despachos alfandegários, agentes de carga, desembaraços aduaneiros etc., também embutidos nos Estoques de Matérias-Primas da Empresa Lógica.

Os custos relacionados à Logística de Abastecimento e Planta, envolvendo as atividades de Armazenagem e Movimentação, e incluindo Recebimento, Almoxarifado e a Administração de Materiais, Movimentação Interna, Planejamento, Programação e Controle da Produção, são inerentes ao pessoal envolvido, aos sistemas utilizados (tecnologia de informação), à depreciação de equipamentos, *racks* e dispositivos utilizados, custos tributários (não recuperáveis), custos de transportes, custos de embalagens, custos da manutenção de inventário das matérias-primas e produtos em processo, bem como outros custos indiretos ou fixos. Com a terceirização das atividades de Movimentação nas unidades fabris, há Serviços de Terceiros que foram "variabilizados", ou seja, tornaram-se Custos Variáveis.

Os custos associados à Logística de Distribuição, que envolvem a Armazenagem e Movimentação, Planejamento da Demanda e Exportação, são relacionados ao pessoal envolvido, à tecnologia de informação utilizada, à manutenção dos respectivos sistemas, à depreciação dos equipamentos, *racks* e dispositivos de movimentação, embalagens, custos tributários (não recuperáveis), custos de transportes, armazenagem, custos da manutenção dos inventários de produtos acabados e peças e acessórios, bem como outros custos indiretos ou fixos.

Na Tabela 17.5, foram apurados os valores médios dos Custos Logísticos Totais da Empresa Lógica entre os anos de 2001 e 2002.

Tabela 17.5 *Análise dos Custos logísticos totais por processo.*

Análise dos Custos Logísticos Totais	R$ (Mil)	%
Logística de Abastecimento	**33.750**	**51,5%**
Suprimentos (*follow up*)	1.738	2,7%
Frete/Seguro Materiais Nacionais	6.744	10,3%
Logística Internacional (*follow up*)	355	0,5%
Gastos com Importações	14.004	21,4%
Planejamento de Materiais	2.689	4,1%
Administração de Materiais	3.686	5,6%
Recebimento	565	0,9%
Custos de Estocagem – Matérias-Primas	3.969	6,1%
Logística de Planta	**3.526**	**5,5%**
Movimentação Interna	1.777	2,7%
PPCP	967	1,6%
Custos de Estocagem – Produtos em Processo	648	1,0%
Custos de Capital sobre Ativo Imobilizado	134	0,2%
Logística de Distribuição	**28.171**	**43,0%**
Armazenagem e Expedição	9.969	15,2%
Frete de Exportações	1.780	2,7%
Frete de Transferência	745	1,1%
Frete sobre Vendas	10.985	16,8%
Frete de Peças e Acessórios	897	1,4%
Custos de Estocagem – Produtos Acabados	2.997	4,6%
Custo de Estocagem – Peças	486	0,7%
Custos de Capital sobre Ativo Imobilizado	312	0,5%
Custos Logísticos Totais	**65.447**	**100,0%**

Para a obtenção dos valores constantes na Tabela 17.5, foram utilizadas algumas informações fornecidas pelas áreas de Controladoria, Suprimentos, Administração das Fábricas e Logística de Distribuição:

- Relatório de Gastos Operacionais (Quadro 17.4) das áreas relacionadas à Logística de Abastecimento, de Planta e Distribuição, fornecido pela área de Controladoria, em que foram obtidas as informações sobre os gastos anuais;
- Frete/Seguro sobre Materiais Nacionais que aparece na Logística de Abastecimento apresentou uma restrição de informações, pois, na referida empresa, a maior parte de seus fornecedores nacionais não destaca em nota fiscal o valor do frete/seguro. Com base em análises da média mensal das notas fiscais de entrada existentes e informações da área de Suprimentos e do Grupo de Otimização de Processos – GOP,[3] foi estimado o percentual de **2% sobre o valor das compras de insumos nacionais** (R$ 337,2 milhões anuais). Neste percentual já estão incluídos os Custos com Embalagens nos processos de abastecimento dos materiais nacionais;
- os Gastos com Importações foram obtidos a partir dos controles da área de Logística Internacional, com base na média dos gastos incorridos nos processos de importações realizados em 2001 e 2002 (R$ 36 milhões). Envolvem todos os Custos Logísticos que totalizaram um percentual de **38,9% sobre o valor FOB**, contemplando gastos com fretes/seguros internacionais, embalagens, agentes de carga (*freight forwarders*), operadores logísticos, desembaraços, despachantes aduaneiros, contêineres, taxas alfandegárias, armazenagem, capatazias, taxas de expediente, sindicatos, impostos não recuperáveis (Imposto de Importação) etc.;
- na Logística de Distribuição, os custos com Fretes de Exportação, Fretes de Transferência (entre as plantas e os armazéns de produtos acabados), Fretes sobre Vendas Nacionais e Frete de Peças e Acessórios foram obtidos a partir dos relatórios gerados pela própria Logística de Distribuição sobre o detalhamento dos Custos com Fretes existentes nos relatórios gerenciais da Controladoria; e
- para o cálculo dos Custos de Estocagem e Custos de Capital sobre ativos logísticos, foram utilizados os saldos médios do Estoque de Matéria-Prima, Produtos em Processo, Produtos Acabados e Peças e Acessórios, bem como dos Ativos Imobilizados utilizados nos processos logísticos. A **taxa de oportunidade de 9% ao ano** foi fornecida pela

---

3 Este grupo existe na Divisão Industrial da empresa, em uma área denominada Administração de Fábricas, com o intuito, basicamente, de usar otimização dos processos logísticos e produtivos, visando à redução de custos. Na época, o grupo estava exatamente analisando o quanto representavam os fretes/seguros dos materiais nacionais, visando à implantação do *Milk Run* e à redução dos Custos Logísticos no processo de abastecimento.

área de Controladoria para a gestão da empresa, refletindo o retorno médio esperado pelos acionistas em seus investimentos.

A partir das informações obtidas nos relatórios gerenciais existentes ou em análises desenvolvidas, foram, então, geradas as informações dos Custos Logísticos Totais da empresa, por onde os gestores podem ter visibilidade dos valores dos Custos Logísticos em cada processo, mas estas informações, por si só, também não satisfazem a todas as suas necessidades. Em termos de comportamento dos custos, podem ser considerados como Custos Variáveis:

- custos de Frete sobre Materiais Nacionais e Gastos com Importações que estão evidenciados na Logística de Abastecimento, pois são dependentes dos volumes de suprimentos nacionais e importados;
- custo de Movimentação Interna, evidenciado na Logística de Planta, associado a um processo de terceirização realizado pela empresa para um operador logístico, no intuito de "variabilizar" seus custos fixos;
- custos evidenciados na Logística de Distribuição (produtos e peças), tais como: fretes de transferência das plantas para o CD, fretes de exportações, fretes sobre vendas nacionais e fretes de peças de reposição, pois dependem dos volumes de produtos e peças movimentados;
- custos de Estocagem (manutenção de inventários), pois são dependentes dos ativos estocados.

Como **Custos Fixos**, que independem dos volumes comprados, produzidos, movimentados ou vendidos pela Empresa Lógica, podem ser considerados:

- custos com Suprimentos e Logística Internacional – que envolvem a estrutura necessária (mão-de-obra, materiais de expedientes, tecnologia de informação etc.) à obtenção dos materiais nacionais e importados;
- custos com Planejamento de Materiais, Recebimento e Administração de Materiais – que envolvem a estrutura necessária (mão-de-obra, materiais de expedientes, tecnologia de informação, depreciação de instalações, equipamentos etc.) ao planejamento das necessidades de compra, seu recebimento, bem como sua armazenagem, englobando o acondicionamento e movimentação das matérias-primas;
- custos com Planejamento, Programação e Controle da Produção (PPCP): englobam a estrutura necessária (mão-de-obra, materiais de expedien-

tes, tecnologia de informação etc.) ao planejamento das necessidades de produção;
- custos com Armazenagem e Expedição dos Produtos Acabados e Peças de Reposição – envolvendo a estrutura necessária (mão-de-obra, materiais de expedientes, tecnologia de informação, depreciação de instalações e equipamentos etc.) ao processo de acondicionamento, movimentação e expedição dos referidos bens. Envolvem todos os gastos relacionados ao Centro de Distribuição; e
- custos de oportunidade sobre ativos logísticos imobilizados, pois são inerentes a ativos de natureza permanente.

Quanto ao relacionamento com o objeto, ou seja, a classificação dos custos em diretos e indiretos, necessita-se de uma análise mais aprofundada. Por exemplo, no processo de abastecimento, os gastos com importações dos itens A (Curva ABC) podem ser diretamente apropriados aos referidos itens, se vierem em lotes individuais, mas se houver lotes combinados de diversos itens, além do item A, passa a existir uma dificuldade de alocação a cada item do lote etc. No processo de Distribuição, por exemplo, se quisermos alocar os gastos com Armazenagem e Expedição para um cliente individual, é necessária uma análise dos processos, para verificar a viabilidade dessa alocação e qual o direcionador dessa atividade ao objeto. Essa questão será comentada posteriormente, nos Capítulos 19 e 20.

17.4.4 Relevância estratégica e econômica da logística

Para verificar a relevância da Logística na Empresa Lógica, além das análises já apresentadas na Tabela 17.5, em que eram visualizados os Custos Logísticos da referida empresa como um todo, as autoras elaboraram a seguinte análise, que pode ser observada na Tabela 17.6.

Tabela 17.6 *Representatividade do Custo Logístico Total.*

Custos Logísticos	R$ (Mil)	%
Venda Líquida Anual (VL)	547.000	
Logística de Abastecimento	**33.750**	**6,2%**
Suprimentos (*follow up*)	1.738	0,3%
Frete/Seguro Materiais Nacionais	6.744	1,2%
Logística Internacional (*follow up*)	355	0,1%
Gastos com Importações	14.004	2,6%
Planejamento de Materiais	2.689	0,5%
Administração de Materiais	3.686	0,7%
Recebimento	565	0,1%
Custos de Estocagem – Matérias-Primas	3.969	0,7%
Logística de Planta	**3.526**	**0,6%**
Movimentação Interna	1.777	0,3%
PPCP	967	0,2%
Custos de Estocagem – Prod. em Processo	648	0,1%
Custos de Capital sobre Ativo e Imobilizado	134	0,0%
Logística de Distribuição	**28.171**	**5,2%**
Armazenagem e Expedição	9.969	1,8%
Frete de Exportações	1.780	0,3%
Frete de Transferência	745	0,1%
Frete sobre Vendas	10.985	2,0%
Frete de Peças e Acessórios	897	0,2%
Custos de Estocagem – Produtos Acabados	2.997	0,6%
Custo de Estocagem – Peças	486	0,1%
Custos de Capital sobre Ativo Imobilizado	312	0,1%
Custos Logísticos Totais	**65.447**	**12,0%**

Analisando as Tabelas 17.5 e 17.6, podemos observar que os Custos Logísticos da empresa como um todo, já incluindo os Custos de Manutenção dos Inventários (Custo de Estocagem) e os Custos de Capital sobre os Ativos Imobilizados, representam cerca de 12% da Receita Operacional Líquida da empresa e podem ser considerados relevantes, pois:

- os custos com a Logística de Abastecimento representaram 51,5% dos Custos Logísticos Totais e 6,2% do faturamento líquido;
- os relacionados à Logística de Planta equivalem a 5,5% dos Custos Logísticos Totais e 0,6% do faturamento líquido; e
- os custos relacionados à distribuição de produtos acabados, produtos para revenda e peças de reposição representam 43% dos Custos Logísticos Totais, resultando em 5,2% do faturamento líquido.

A parcela mais relevante destes custos refere-se à Logística de Abastecimento, quando estamos considerando toda a armazenagem/movimentação dos materiais nacionais e importados. A Logística de Distribuição também é bastante significativa quando consideradas a distribuição de produtos acabados, peças de reposição e exportação de CKD, conforme supracitado. Mas qual a representatividade destes Custos Logísticos Totais apurados, no total dos custos e despesas da Empresa Lógica? Vamos observar a Tabela 17.7.

Tabela 17.7   *Representatividade dos custos/despesas.*

Custos e Despesas Totais	R$ (Mil)	%
Material Nacional (FOB)	291.490	48,7%
Material Importado (FOB)	28.738	4,8%
Mão-de-Obra (Produção)	60.238	10,1%
GGF/CIF (sem Logística de Abast./Planta)	67.328	11,3%
Despesas Comerciais Variáveis (sem frete)	20.025	3,3%
Despesas Comerciais Fixas	27.122	4,5%
Despesas Administrativas	25.335	4,2%
Despesas Financeiras	13.235	2,2%
Custos Logísticos Totais	**65.447**	**10,9%**
Total dos Custos e Despesas	**598.958**	**100,0%**

Os Custos Logísticos representam 10,9% dos custos e despesas totais da Empresa Lógica (incluindo os Custos Logísticos registrados contabilmente mais os Custos de Manutenção de Inventário e custos de capital sobre os ativos logísticos), conforme pode ser visualizado na Tabela 17.7.

Os custos industriais, incluindo material nacional e importado, pelo seu valor FOB (53,5%), mão-de-obra direta e indireta da produção (10,1%) e gastos gerais de fabricação, sem incluir os custos associados à Logística de Planta (11,3%), totalizam 74,9% dos custos e despesas totais da Empresa Lógica, que é uma indústria de eletrodomésticos (linha branca). As outras despesas, incluindo comerciais variáveis e fixas, administrativas e financeiras, representam 14,2% dos custos e despesas totais.

Os Custos Logísticos apresentam potencial de redução. Vamos imaginar uma simulação hipotética de redução dos Custos Logísticos para a Empresa Lógica, a Tabela 17.8 apresenta uma possível situação de ganho efetivo na margem líquida obtido pelas atividades de Logística.

Tabela 17.8 *Ganho na margem obtido pela Logística.*

Empresa Lógica	R$ (Mil)
Venda Líquida Anual (VL)	547.000
Custos Logísticos (12% sobre VL)	65.447
Redução de 20%	(13.089)
Custos Logísticos Minimizados (CLOG) % CLOG sobre VL	52.358 9,6%
Ganho Efetivo na Margem (12% – 9,6%)	**2,4%**

Caso fossem realizadas algumas ações para reduzir esses custos, por exemplo, em 20%, se acrescentariam 2,4% na margem de lucro da Empresa Lógica, que em 2001 e 2002 apresentou resultado econômico negativo, buscando alternativas para a otimização desse resultado.

Um outro exemplo que pode ser dado é o de uma decisão estratégica de localização de um novo Centro de Distribuição (CD), que foi tomada pela Empresa Lógica, na qual podemos observar a análise dos Custos Logísticos Totais a ser contemplada no processo de tomada de decisão.

17.4.5 Decisão de localização do novo Centro de Distribuição (CD) da Empresa Lógica

Em função de a referida empresa possuir diversas plantas localizadas no Estado de São Paulo e a maioria de seus clientes concentrar-se na região Sudeste, surgiu a intenção de criar-se um Centro de Distribuição (CD), buscando, também, a otimização das áreas de armazenagem nas plantas, visando a atingir melhorias em custo, qualidade e produtividade do processo de distribuição. Os objetivos da criação do novo CD foram:

- obtenção de investidor para a construção do imóvel e otimização dos ativos da empresa;
- **redução dos montantes de Custos Logísticos**;
- melhoria do atual nível de serviços logísticos, tal como ressuprimento automático e serviço 24 horas;
- atendimento dos padrões de segurança (proteção contra incêndio), que não estavam adequados no armazém anterior;

- assegurar o crescimento futuro da empresa; e
- estabelecimento de um novo local para armazenagem dos produtos acabados e peças de reposição para minimização de custos.

Existiam 7 áreas de armazenagem, sendo quatro alugadas e três próprias, que perfaziam um total de 38.900 m² e armazenavam em torno de 186.000 produtos (fogões, refrigeradores, lavadoras etc.), conforme se pode observar na Figura 17.3.

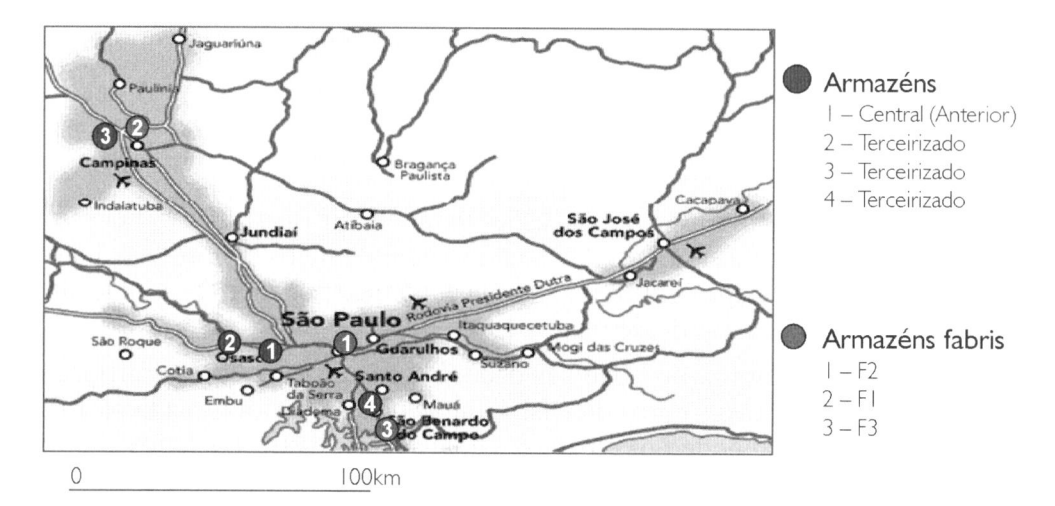

Figura 17.3 *Localizações anteriores dos armazéns.*

O Armazém Central possuía 24.500 m² e armazenava em torno de 130.000 produtos e apresentava capacidade insuficiente. Havia desperdícios com as transferências entre plantas, falta de estrutura predial, sem possibilidade de ganhos substanciais em produtividade, com condições de segurança não atendidas e com o método de estocagem PEPS (primeiro que entra, primeiro que sai) não assegurado. Para que sua viabilidade econômica fosse analisada, o projeto original apresentou as seguintes premissas:

- quantidade a ser movimentada com base no planejamento plurianual (2002-2006);
- eficiência de ocupação de 85,0%;
- redução na cobertura média (prazo médio) dos estoques de produtos acabados de 1,10 meses para 0,82 mês (em 2006);
- otimização da utilização dos espaços de armazenagem e na consolidação das cargas a serem transportadas;
- armazém para peças de reposição em conjunto;

- 60,0% da movimentação de saída nos primeiros dez dias do mês, em função da concentração das vendas no final do mês;
- nova embalagem para alguns produtos, facilitando a movimentação e armazenagem (que representam *trade-offs* de custos); e
- consolidação dos produtos de todas as plantas – fogões, refrigeradores e lavadoras.

Constatou-se, também, que na definição de criar um Centro de Distribuição, bem como na decisão de sua localização, deveriam ser considerados alguns ganhos qualitativos no sistema logístico, que fazem parte do objetivo do projeto, tais como:

- possibilidade de implantação de um *Warehouse Management System (WMS)*, melhorando o processo de armazenagem e manutenção do inventário. Aumentam-se os custos de tecnologia de informação, mas reduzem-se os custos de armazenagem, de movimentações desnecessárias, os custos das falhas nos processos, bem como os Custos de manutenção de inventário;
- redução da taxa de avarias de produtos;
- redução de erros de fornecimento (custos das falhas);
- redução de transferências entre armazéns (custos de transporte);
- redução de diferenças de inventário entre o físico e o registrado contabilmente;
- redução de *lead time*;
- possibilidade de implantação de uma oficina de reparos, e possibilidade de transformação para produtos de segunda linha; e
- possibilidade de implantação de venda direta de peças e acessórios a clientes.

Nesta tomada de decisão, foram contempladas, também, mudanças nas embalagens de produtos acabados que aumentariam os custos das embalagens, mas resultariam em maior capacidade de empilhamento de produtos, reduzindo os custos de armazenagem, bem como os custos de movimentação, com a possibilidade de operação com empilhadeiras e *clamps*[4] nas empilhadeiras. Esse é outro exemplo de *trade-off* de Custo Logístico envolvido no sistema logístico da Empresa Lógica, visando a minimizar o Custo Logístico Total.

Existiam várias alternativas de localização do novo Centro de Distribuição, que levavam em consideração a localização das plantas, dos clientes e dos forne-

---

4 "Pegadores" para levantar as embalagens.

cedores. Para isso, foi contratada uma consultoria que auxiliou na análise técnica do projeto. Na decisão de localização, foram avaliados:

- **Custos de Transporte**: existentes nas transferências entre as plantas, no fornecimento direto das unidades fabris a grandes clientes (que era realizado com freqüência), na transferência das fábricas para o antigo armazém e, posteriormente, na transferência do referido armazém a clientes, além dos custos com a consolidação de fretes.
- **Custos de Embalagem**: alteração nas embalagens de peças e acessórios, introduzindo, também, nova linha de embalagem final com automatização, o que reduziria os custos com mão-de-obra.
- **Custos de Expedição**: também em peças e acessórios, com a introdução de novos métodos de separação e novos turnos de trabalho, focalizando a redução dos custos de mão-de-obra.
- **Custos de Movimentação**: introdução de novas empilhadeiras com *clamps* e porta-*pallets* para movimentação de produtos acabados e peças e acessórios, focalizando a redução dos custos com mão-de-obra (*trade-offs*).
- **Custos de Armazenagem**: foram considerados os custos com os imóveis próprios (IPTU, depreciação etc.) e com os imóveis locados, em que, no antigo armazém, mesmo que alugado, deveriam ser realizados investimentos de saneamento pela própria empresa. Uma alternativa era construir o CD em um terreno próprio, ao lado de uma das plantas, e outra alternativa era sediar o CD em outro local, onde a empresa investiria no terreno, mas a construção (investimento predial) seria arcada por um investidor e personalizada para a Empresa Lógica. O investidor receberia um aluguel mensal, equivalente a um porcentual do capital investido na obra. Uma outra opção era simplesmente pagar um aluguel pelo valor de mercado em um local já existente.

Para que os investimentos nas novas instalações, equipamentos de Logística e sistemas de informação fossem justificados pela redução de alguns desembolsos, o Custo Logístico Total da decisão em questão deveria ser avaliado, tal como se pode visualizar na Tabela 17.9.

Na referida tabela, podem ser observadas as diversas alternativas que a empresa possuía para tomar essa decisão (A1, A2, A3 e A4). Sendo realizada uma análise individual dos Custos Logísticos, em todas as alternativas, a Alternativa 1 representaria a opção de permanecer com o armazém alugado, no local em que já se encontrava na Capital de São Paulo, mas reconhecendo haver a necessidade de uma reforma no local atual. A alternativa 2 seria localizar o novo CD em torno de 60 quilômetros da capital e da planta de refrigeradores. A alternativa 3 estaria associada a localizá-lo na mesma cidade que a planta de refrigeradores e a alternativa 4 refletiria a possibilidade de localizá-lo na capital de São Paulo, em outro local que não o atual.

Tabela 17.9 *Análise dos Custos Logísticos Totais – decisão de localização.*

Em R$ (Mil)	A1	A2	A3	A4
Custo de Frete	18.423	18.974	19.404	18.993
Transferência	2.265	4.474	4.056	4.048
Distribuição	16.334	16.129	16.760	16.747
Consolidação		(1.048)	(1.089)	(1.089)
Fornecimento Direto	(176)	(580)	(323)	(714)
Diferença	Base	552	981	570
Custo de Armazenagem	3.843	2.958	2.806	4.350
Aluguel	3.693	2.863	2.806	4.200
Impostos	150	95	0	150
Diferença	Base	(885)	(1,037)	507
Outros Custos Logísticos	2.821	2.441	2.333	2.441
Produtos Acabados	1.707	1.447	1.447	1.447
Peças/Acessórios	1.114	994	994	994
Sinergia com outras atividades			(108)	
Diferença	Base	(380)	(488)	(380)
Custos Logísticos Totais	25.087	24.374	24.543	25.784
Economia Anual – ($)	Base	(713)	(544)	697
– (%)		– 2,8%	– 2,2%	2,8%

Observa-se pelos dados da Tabela 17.9 que existe um aumento nos custos de transporte, em relação à base atual (A1). Se forem analisados os *trade-offs* de custos existentes, pode-se verificar que nas alternativas A2 e A3 existe uma diminuição dos custos de armazenagem, bem como nos outros Custos Logísticos existentes, que envolvem a questão da mão-de-obra.

Em termos econômicos, a melhor alternativa era a A2, de localizar o CD a 60 quilômetros da capital, mas o Diretor da Logística de Distribuição, responsável pelo desenvolvimento do projeto, fez uma pesquisa com oito principais executivos da empresa, visando a avaliar os aspectos qualitativos das duas alternativas (A2 e A3), por meio de pesos para cada uma, considerando aspectos tais como: infra-estrutura viária, alinhamento com a estratégia de crescimento da empresa, proximidade dos principais clientes, facilidade de terceirização (operador logístico), compartilhamento do *site* (segurança, saúde, vestiário e refeitório), risco de greves e paralisações, relações trabalhistas, disponibilidade de mão-de-obra e assistência médica. O resultado da pesquisa foi favorável, mais uma vez, à alternativa A2, que apresentou a maior média ponderada.

Tendo fundamentado a decisão de localização na alternativa A2, foi analisado o retorno sobre o investimento e o prazo de retorno (*payback*), conforme pode ser visualizado pelos dados da Tabela 17.10.

Tabela 17.10 *Retorno do investimento.*

Em R$ (Mil)	A2
Investimentos	**869**
Empilhadeiras	465
Técnicas de Armazenagem + *Clamps*	210
Nova Linha de Embalagens	84
Móveis e Utensílios	63
Infra-estrutura – Telefonia + Informática	44
Custos da Mudança	**765**
Aluguel (Multa – pagto. dobrado 2-3 meses)	390
Transporte de Produtos Acabados	70
Custos de Demissão (Indenização Func.)	305
(–) Reforma Armazém Anterior	**(350)**
Total dos Investimentos	**1.284**
(–) Economia Anual de Custos Logísticos	**(713)**
***PayBack* (anos)**	**1,80**

No projeto, foram contemplados os investimentos a serem feitos pela empresa, que totalizaram R$ 869 mil, bem como os custos da mudança para o novo local (que incluíam a multa de rescindir o contrato de aluguel, o transporte dos produtos e os custos de demissão de alguns funcionários), reconhecendo o ganho com a decisão de não permanecer no local atual, que necessitava de uma reforma, no qual se gastaria em torno de R$ 350 mil.

Desta forma, o total dos investimentos necessários seria de R$ 1.284 mil, que, comparados aos custos anuais de R$ 713 mil da alternativa A2, em termos econômicos, é a alternativa que apresentou a maior economia anual, tendo sido a escolhida, inclusive, por agregar valores qualitativos ao negócio. Esta alternativa apresentou um prazo de retorno inferior a dois anos, e portanto o novo CD foi localizado em torno de 60 quilômetros da capital.

A partir de abril de 2003 todos os produtos acabados, de todas as unidades fabris, passaram a ser transferidos para o CD, antes de ir aos clientes. Esta decisão aumentou os **custos de transporte** entre as unidades, mas os *trade-offs* estão relacionados à manutenção do inventário e à minimização dos custos de transporte para o cliente, com a consolidação de cargas, que não era uma prática realizada. Isso representou um ganho no Custo Logístico Total da empresa.

Os valores constantes nas Tabelas 17.9 e 17.10 foram apurados pelo gestor da Logística de Distribuição por meio de informações históricas de sua própria gestão ou análises específicas que requereram dados externos à empresa. Este gestor elaborou a viabilidade econômica do projeto de localização do CD **sem a participação da Controladoria**, que só foi consultada pela Alta Administração para validação dos dados elaborados por esse gestor quando da aprovação do investimento.

Na opinião do referido gestor, ele necessitava de informações sobre todos os custos associados às operações atuais e às futuras alterações a serem realizadas, mas a Controladoria não dispunha desses informes, e não se propôs a auxiliá-lo no projeto, de forma que, nesta situação, não foi convergente com sua missão de otimizar o resultado econômico da empresa.

17.4.6 Considerações finais sobre a apuração dos Custos Logísticos Totais na Empresa Lógica

Constatou-se durante o estudo que não há um subsistema específico de custos e relatórios gerenciais de Controladoria para apoiar os estudos, análises e decisões logísticas:

- os relatórios gerados pela Controladoria focalizavam suas preocupações nos aspectos econômicos-financeiros dos negócios, ao passo que os da Logística, basicamente, destacavam seus aspectos físico-operacionais;
- a empresa não possuía informações de Custos Logísticos geradas pela Controladoria além das que constavam nas demonstrações contábil-gerenciais. A área de Planejamento e Controle Econômico restringia-se a informar os gestores de Logística, dispersos em diversas áreas da empresa, por meio de relatórios de gastos departamentais, comparando os gastos reais com os orçados, realizando essas análises para todas as áreas da empresa, indistintamente;
- os relatórios contábil-gerenciais configuram um sistema de informação apropriado e, até mesmo, tecnicamente revelador de que a Controladoria opera segundo conceitos e práticas relativamente avançadas, utilizando conceitos de EVA, Custeio Variável, Preços de Transferência etc. O que existe, portanto, é uma ênfase menor do que seria desejável por parte da Controladoria quanto aos Custos Logísticos e às oportunidades de otimização;
- outra deficiência percebida é que as demonstrações são geradas pela Controladoria com freqüência mensal, enquanto os relatórios dos gestores da Logística são semanais e alguns diários, pois as decisões logísticas ocorrem "24 horas por dia, durante sete dias por semana". Esta atividade necessita de informações que permitam tomar suas deci-

sões, da maneira mais adequada possível, ou seja, que otimizem o resultado econômico da empresa;
- decisões relevantes de Logística estão sendo tomadas, sendo o caso mais ilustrativo o da localização do novo CD, que sequer contou com a participação da Controladoria na estruturação dos números evidenciados no projeto, mas, apenas, na validação dos mesmos;
- as considerações supracitadas não significam que os gestores da Empresa Lógica não se focalizam nas análises de custos para tomar decisões logísticas; ocorre que a coleta de informações e a geração de análises "extracontábeis" acabam introduzindo uma certa "improvisação" de números e análises;
- um fato relevante comentado em entrevista pelo Diretor da Logística de Distribuição foi que, na preparação do Planejamento Plurianual, definiu-se o nível para os estoques de produtos acabados que seria necessário para atender às necessidades da atividade comercial, levando em consideração as restrições de capacidade da atividade fabril. Por sua vez, o gestor da área de Controladoria considerou um valor contábil que não refletia a posição física fornecida pela atividade responsável pela operação. Isso gerou um conflito na Alta Administração, pois uma das funções da Controladoria é refletir o que os gestores responsáveis evidenciam, e não considerar apenas a meta econômica da empresa, que nem sempre é atingida, de acordo com o que é explicitado em um relatório, mas sim também precisa ser viável fisicamente. Conclui-se que quem está na operação conhece todo o processo e pode opinar sobre a viabilidade ou não de algum fato, e isso deve ser refletido pela Controladoria da empresa; e
- os processos logísticos não contam com informações de custos e rentabilidade segregadas pelos diversos objetos, tais como: fornecedores, clientes, canais de distribuição, regiões etc.

De acordo com os preceitos de Logística Integrada, citados no Capítulo 4, a empresa deve atender o nível de serviço dos clientes ao menor custo total possível. Para isso, é imprescindível que se tenha visibilidade do Custo Logístico Total, seja por análise do custo individual de transporte, armazenagem etc., seja por diversos objetos, tais como processo, produto, cliente, região etc.

Para isso, sem dúvida, é necessário que a Controladoria esteja interada de como funcionam os processos logísticos, identifique, mensure e acumule os Custos Logísticos Totais por cadeias de distribuição, ou tal como foi desenvolvido para a Logística Internacional, evidenciando-os nas importações; ou seja, subsidiando os gestores de Logística com as devidas informações necessárias a seus processos de gestão.

A Controladoria na Empresa Lógica assumiu seu papel de coordenar todo o processo de Planejamento Operacional e Controle das atividades no intuito de otimizar o resultado econômico global da empresa, o que é coerente com sua missão. Evidentemente, não atendeu às necessidades de informações dos gestores de Logística, pois não focalizou a natureza das decisões logísticas. Realmente, na referida empresa, é unânime que os relatórios contábil-gerenciais não suprem a necessidade de informações dos gestores da Logística, sobretudo em relação à freqüência de suas emissões.

A área de Controladoria, no caso da Empresa Lógica, não se deu conta do impacto estratégico que a Logística pode trazer em termos de redução de custos e otimização do resultado econômico. Ao término da pesquisa realizada, que deu origem às análises desenvolvidas, geradas com o intuito de tentar apurar os Custos Logísticos Totais e verificar o impacto dos mesmos, no resultado econômico da empresa, o gestor da Controladoria observou-as e comentou que, em sua opinião, os gestores de Logística não deveriam ter noção de faturamento e de outros custos/despesas da empresa, pois eram informações confidenciais da Alta Administração, que não eram do interesse de sua gestão específica.

Diante desta constatação, conclui-se que a Controladoria da Empresa Lógica deveria repensar seus sistemas contábil-gerenciais,e não tratar a Logística da mesma forma que as outras áreas da referida empresa, pois apresenta características específicas e peculiares e de caráter estratégico à referida empresa. Defendemos a posição de que cada área dentro de uma empresa necessita receber informações específicas sobre o seu negócio.

Os gestores de Logística afirmaram que o **custo de obter as informações** para a apuração do Custo Logístico Total, bem como outras análises que podem ser desenvolvidas, é irrelevante, frente aos benefícios que podem trazer a este macroprocesso, tão estratégico para a busca da vantagem competitiva da empresa, que tem intenção de aumentar seu *market share* no segmento de eletrodomésticos.

Com isso em mente, a Controladoria da Empresa Lógica deveria repensar, também, sua posição de provedora de relatórios à Alta Administração e aos gestores das áreas, entender melhor os fluxos logísticos, compreender a relevância da Logística no negócio e dar suporte adequado para que seus gestores possam tomar suas decisões de maneira otimizada, agregando valor a clientes e a acionistas.

Referências bibliográficas

ATKINSON, Anthony A.; BANKER, Rajiv D.; KAPLAN, Robert S.; YOUNG, S. M. *Contabilidade gerencial*. São Paulo: Atlas, 2000.

BALLOU, Ronald H. *Logística empresarial*. Tradução de Hugo T. Y. Yoshizaki. São Paulo: Atlas, 1993.

_____. *Gerenciamento da cadeia de suprimentos*. Tradução de Elias Pereira. Porto Alegre: Bodkman, 2001.

BARBOSA DA SILVA, Renaud. Custos Logísticos. *Boletim Técnico ProFGV*. Out. 1999.

BOWERSOX, Donald J.; CLOSS, David J. *Logística empresarial*: o processo de integração da cadeia de suprimento. Tradução da Equipe do Centro de Estudos em Logística e Adalberto Ferreira das Neves. São Paulo: Atlas, 2001. Título Original: *Logistical Management*.

CHRISTOPHER, Martin. *Logística e gerenciamento da cadeia de suprimentos*. São Paulo: Pioneira, 1997.

CHUDIK, David A. Activity Based Costing for Distribution Operations. *Annual Conference Proceedings*. Council of Logistics Management, 1993.

CRAIG, Thomas. *Supply Chain Management*: six issues that impact its effectiveness. Aug. 1998. Disponível em: http://www.ltdmgmt.com/mag/april98.htm. Acesso em: 20 fev. 2002.

DAMME, Dick A. van; ZON, Frank L. A. van der. Activity based costing and decision support. *The International Journal of Logistics Management*. v. 10, nº 1, 1999.

DORNIER, Philippe-Pierre; ERNST, Ricardo; FENDER, Michel; KOUVETIS, Panos. *Logística e operações globais*: texto e casos. São Paulo: Atlas, 2000.

DRUCKER, Peter F. *Desafios gerenciais para o século XXI*. São Paulo: Pioneira, 1999.

ELLRAM, Lisa et al. Understanding the implication of Activity-Based Costing for Logistics Management. *Annual Conference Proceedings*. Council of Logistics Management CLM, 1994.

FIGUEIREDO, Kleber; ARKADER, Rebecca. *Da distribuição física ao supply chain management*: o pensamento, o ensino e as necessidades de capacitação em Logística. Disponível em: <http://www.coppead.ufrj.br>. Acesso em: 20 nov. 1999.

GARRISON, Ray H.; NOREEN, Eric W. *Managerial Accounting*: concepts for planning, control, decision making. 7. ed. Illinois: Irwin, 1994.

HORNGREN, Charles T.; HARRISON JR., Walter T.; BAMBER, Linda S. *Accounting*. Englewood Cliffs (NJ): Prentice Hall, 1998.

HORNGREN, Charles T.; SUNDEM, Gary L.; STRATTON, William O. *Contabilidade gerencial*. 12. ed. Tradução de Elias Pereira. São Paulo: Pearson Prentice Hall, 2004.

INSTITUTO DOS CONTADORES GERENCIAIS (IMA). Cost Management for Logistics. [S.I.]: National Association of Accountants. *Statements on Management Accounting*. 4-P, June 1992.

IUDÍCIBUS, Sérgio de; MARTINS, Eliseu; GELBCKE, Ernesto R. *Manual de contabilidade das sociedades por ações*. 5. ed. São Paulo: Atlas, 2000.

JOHNSON, H. Thomas; KAPLAN, Robert S. *Relevance lost*: raise and fall of management accounting. 2. ed. Boston: Harvard Business School Press, 1991.

LA LONDE, Bernard J.; POHLEN, Terrance L. Issues in Supply Chain Costing. *International Journal of Logistics Management*. [S.I.: s.n.], v. 7, nº 1, 1996.

LAMBERT, Douglas M.; STOCK, James R.; VANTINE, José G. *Administração estratégica da logística*. Tradução de Maria Cristina Vondrak. São Paulo: Vantine Consultoria, 1998.

_____; BURDUROGLU, Renan. Measuring and Selling the Value of Logistics. *International Journal of Logistics Management*. [S.l.: s.n.], v. 11, nº 1, Ponte Vedra Beach. 2000.

LIMA, Maurício P. *Custos logísticos*: uma visão gerencial. Disponível em: <http://www.coppead.ufrj.br/pesquisa/cel/new/fr-sist-info.htm>. Acesso em 20 jun. 2000.

LOPEZ, José M. C. *Os custos logísticos no comércio exterior*. São Paulo: Aduaneiras, 2001.

MAGEE, John F. *Logística industrial*: análise e administração dos sistemas de suprimentos e distribuição. São Paulo: Biblioteca Pioneira de Administração e Negócios, 1977.

MANNING, Kenneth H. Distribution Channel Profitability: ABC concepts can help companies make strategic decisions. *Management Accounting*, Jan. 1995.

McNAIR, Carol J. Viewpoint: 21st Century Cost Management. Defining and Shaping the future of Cost Management. *Journal of Cost Management*, v. 14, nº 5, Sept./Oct. 2000.

PAGOTTO, Luzimar de S.; PIROLA, Eli B. de A.; SILVA, Jobes J. Logística: uma ferramenta estratégica para gerenciamento na cadeia de suprimentos e para redução de custos, Goiânia, 2000. Anais... XVI CONGRESSO BRASILEIRO DE CONTABILIDADE, Goiânia.

PIRTTILÃ, Timo; HAUTANIEMI, Petri. Activity-based costing and distribution logistics management. *International Journal of Production Economics*. Finlândia, Oct. 1994.

POHLEN, Terrance L.; La LONDE, Bernard J. Implementing activity-based costing (ABC) in logistics. *Journal of Business Logistics*, v. 15, nº 2, 1994.

REEVE, James M. Logistics and marketing costs. *Handbook of Cost Accounting*. University of Tennessee. Knoxville: Prentice Hall, 1998.

18

Logística como unidade de negócio

Uma empresa, para ser adequadamente gerenciada, necessita ser segmentada em Centros de Responsabilidade (divisões, seções, departamentos, unidades de negócios etc.), tendo implícito o conceito de descentralização. A conseqüência da segmentação da empresa em partes é que o comportamento de seus membros é influenciado pela mesma. A medida adequada de incentivos aos gestores locais e a aversão ao risco são questões essenciais na descentralização das operações.

Em função das diferenças entre as naturezas do risco e a incerteza ambiental frente a vários segmentos, os membros da empresa poderão desenvolver diferentes processos mentais e trabalhar com diversos estilos, adotando diferentes critérios e tendo várias percepções da realidade. Pode-se dizer que gestores distintos podem interpretar diferentemente o mesmo problema organizacional. Dessa maneira, as diversas áreas, com objetivos e processos/atividades diferenciados, deverão interagir com sinergia, de maneira coordenada e racional, em convergência com a missão e os objetivos da empresa.

Embora essa questão organizacional não tenha sido tratada anteriormente nesta obra, é relevante de ser considerada, pois, potencialmente, traria alguns benefícios para a empresa, já que, atualmente, na maioria das empresas brasileiras, por exemplo, os processos/atividades de Logística, relacionados à obtenção, suporte à produção e distribuição, estão dispersos na estrutura organizacional, ou seja, não existe uma **única área** para gerenciar este macroprocesso, o que impossibilita a visibilidade total dos Custos Logísticos, bem como de seu resultado econômico.

Sem um "gestor do todo", operando na gestão da Logística, a área de Controladoria não recebe demandas claras em termos de informações contábil-gerenciais necessárias a seu processo de gestão, além de poder gerar alguns desperdícios de recursos ou mesmo conflitos internos. Como deveríamos, então, tratar a Logística, em termos de autoridade e responsabilidade, para que seus Custos Logísticos sejam gerenciados de maneira mais adequada? Analisaremos esta questão na próxima seção.

18.1 Logística como centro de custos ou unidade de negócio?

Alguns graus de descentralização são essenciais para captar os benefícios dos conhecimentos especializados e da flexibilidade de resposta possuídos pelos gestores que estão envolvidos em processos específicos. Diversos autores, tais como Gasparetto et al. (1999), comentam que, para controlar os Custos Logísticos, pode ser utilizado o Método do Centro de Custos.

O **Centro de Custo** é um tipo de Centro de Responsabilidade, em que todos os gastos incorridos são controlados em determinado departamento ou área, em função da estrutura organizacional da empresa. Cabe ressaltar que, neste Centro de Responsabilidade, apenas os gastos é que são controlados, deixando de lado as receitas obtidas, bem como os investimentos realizados. Como exemplo, podemos citar a Empresa Lógica, já comentada em outros capítulos, que trata os processos/atividades da Logística como Centros de Custos, e apresenta a seguinte estrutura organizacional:

O organograma da Empresa Lógica, que pode ser visualizado na Figura 18.1, faz com que se imagine que, pela sua denominação, a área de Logística Corporativa assuma todos os processos logísticos da empresa, mas não é essa a realidade. As funções inerentes à Logística de Abastecimento e de Planta são realizadas pela Administração das Fábricas, com exceção do abastecimento de insumos importados, que é realizado pela área chamada de Logística Corporativa, que, inclusive, não consta na figura, pois é gerenciada pelo Diretor da Logística Corporativa.

As áreas de Suprimentos nacionais e importados, que são áreas distintas, não realizam funções logísticas, mas têm um relacionamento direto nas funções de abastecimento das unidades, estando subordinadas à Vice-Presidência Técnica-Industrial (Produção). Têm por objetivo realizar negociações com fornecedores nacionais, que, atualmente, são em torno de 400 ativos, bem como desenvolver novos fornecedores. Na Administração da Fábrica existe uma área responsável pela função de Logística de Abastecimento das plantas que se preocupa em "trazer" os materiais para as plantas e não deixar parar a produção, chamada de Planejamento e Adminis-

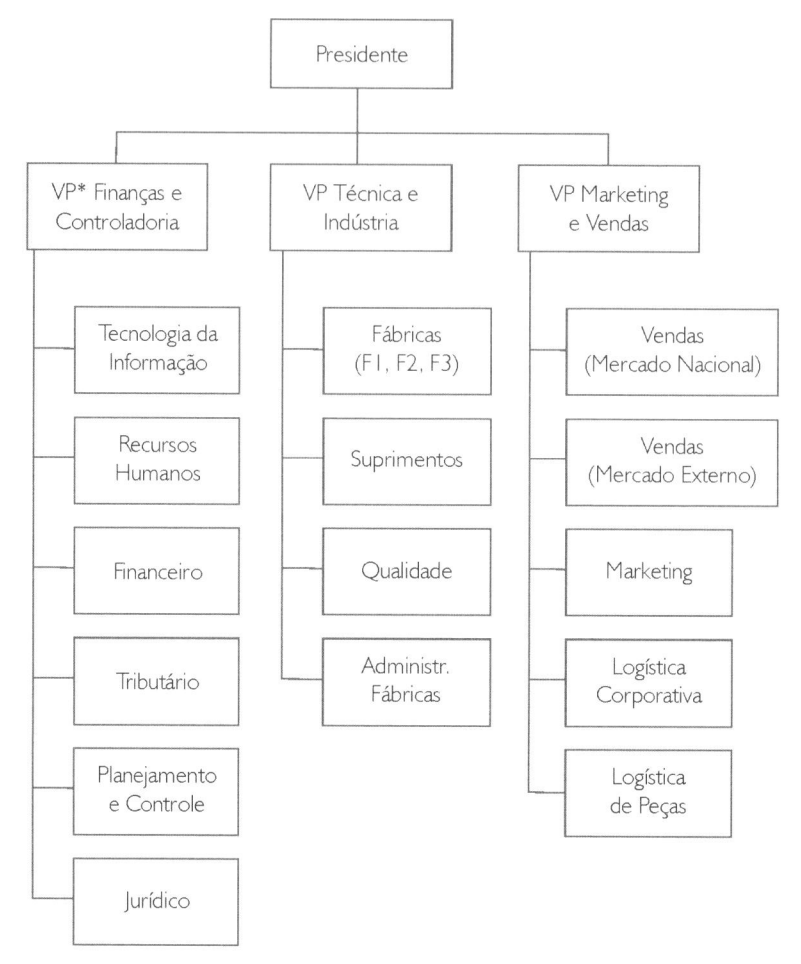

```
                          Presidente
          ┌──────────────────┼──────────────────┐
   VP* Finanças e      VP Técnica e        VP Marketing
    Controladoria        Indústria           e Vendas
          │                  │                  │
   ┌─ Tecnologia da    ┌─ Fábricas        ┌─ Vendas
   │  Informação       │  (F1, F2, F3)    │  (Mercado Nacional)
   │                   │                  │
   ├─ Recursos         ├─ Suprimentos     ├─ Vendas
   │  Humanos          │                  │  (Mercado Externo)
   │                   │                  │
   ├─ Financeiro       ├─ Qualidade       ├─ Marketing
   │                   │                  │
   ├─ Tributário       └─ Administr.      ├─ Logística
   │                      Fábricas        │  Corporativa
   │                                      │
   ├─ Planejamento                        └─ Logística
   │  e Controle                             de Peças
   │
   └─ Jurídico
```

* VP é Vice-Presidência.
Fonte: Empresa Lógica.

Figura 18.1 *Organograma geral da empresa lógica – 2003.*

tração de Materiais, bem como a área de Recebimento de Materiais (incluindo classificação contábil e fiscal). A área de Logística Internacional tem sob sua responsabilidade todos os processos logísticos de apoio às importações, desde a origem até a entrega nas três unidades fabris, e também às exportações.

Os processos de Logística de Planta subordinam-se à Administração das Fábricas, realizando PPCP (Planejamento, Programação e Controle da Produção), Administração de Materiais e Almoxarifado (de matérias-primas e produtos em processo).

Por sua vez, as funções relacionadas à Logística de Distribuição de produtos acabados para o mercado nacional ou externo são realizadas pela Logística Corporativa. Tudo que se refere às peças de reposição está relacionado à atividade de

Logística de Peças. É interessante notar que a Logística Corporativa e a Logística de Peças são duas áreas distintas, subordinadas à Vice-Presidência de Marketing e Vendas, e até o final de 2003, dividiam espaço físico no antigo armazém da empresa. A partir de 2004, quando foi construído um novo Centro de Distribuição, estas áreas foram unificadas e passaram a ter um único gestor.

A Diretoria de Logística Corporativa assim define sua **missão**: *"Satisfazer todas as necessidades de seus clientes, internos e externos, agregando, com qualidade, valor substancial de serviço aos seus produtos e aos negócios dos referidos clientes"*. Assume as funções da Logística de Distribuição de todos os produtos acabados em nível nacional e para exportação. É responsável pela área de Logística Internacional e pelo Planejamento da Demanda Nacional e de Exportação, que fornece subsídios para o Planejamento, Programação e Controle da Produção.

Engler (1993, p. 268) classifica um Centro de Responsabilidade como *"um segmento da empresa onde os gestores têm a autoridade de incorrer e controlar custos, ganhar receitas e investir recursos em ativos"*. Nesse contexto, está sendo considerado o conceito de Centro de Investimentos, que, a partir deste ponto, chamaremos de Unidade de Negócio *(Business Unit)*.

> No caso da Logística, para que os Custos Logísticos Totais dos três processos (abastecimento, planta e distribuição) sejam identificados, mensurados e informados, no intuito de serem adequadamente gerenciados, propõe-se que esta atividade seja avaliada como uma Unidade de Negócio.

A Unidade de Negócio (UN) é um tipo de Centro de Investimentos, um segmento da empresa onde os gestores têm a autoridade e responsabilidade *de gerar e controlar os seus custos, obter receitas e controlar investimentos em ativos*, de maneira que possam mensurar a eficiência e eficácia de sua utilização, bem como o retorno obtido em cada investimento efetivado. É como se a UN fosse uma empresa independente, exceto pelo elo com a empresa como um todo.

Neste segmento da empresa – a UN – propõe-se que sejam alocadas todas as receitas obtidas pelas prestações dos serviços logísticos a outros processos/atividades da empresa (Produção e Vendas/Marketing), assim como os Custos Logísticos Totais inerentes aos processos de abastecimento, planta e distribuição; tendo, também, o controle dos ativos logísticos investidos (inventários e ativos imobilizados).

A Figura 18.2 contempla uma estrutura organizacional para a Logística como UN. Sugerimos que o Diretor de Logística seja o gestor global da área, sendo assessorado por Gerentes específicos para os três processos logísticos, Abastecimento, Planta e Distribuição, e cada área estaria estruturada da seguinte maneira:

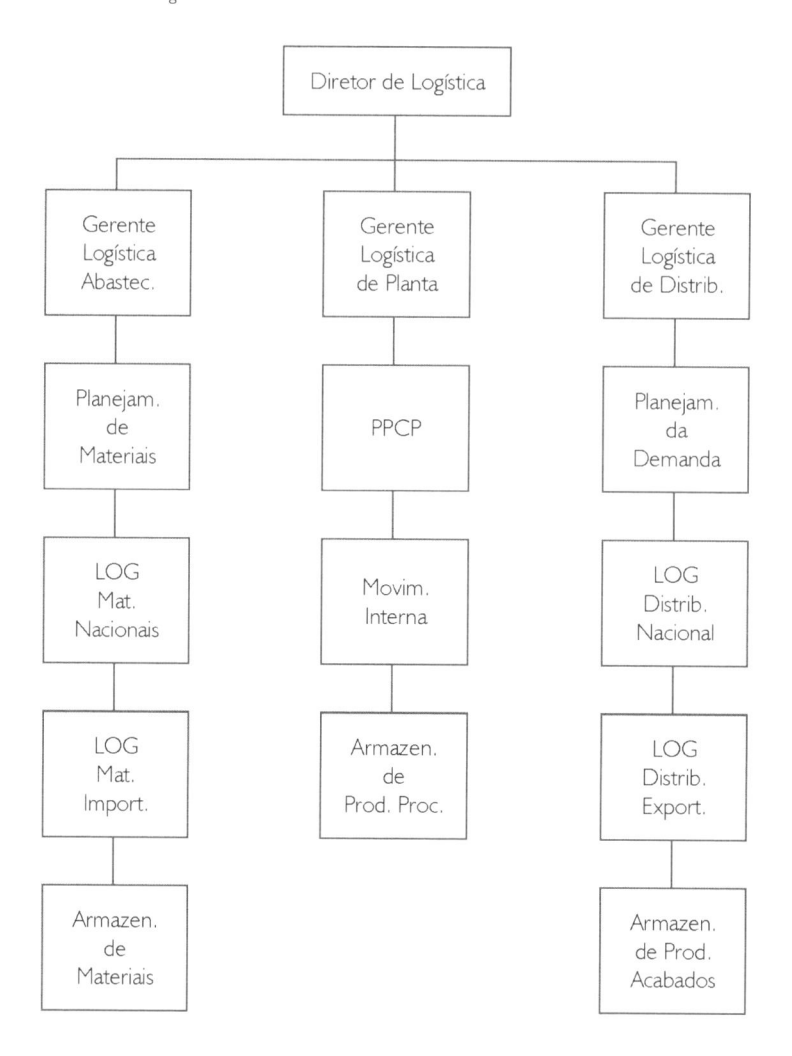

```
                    ┌─────────────────────┐
                    │ Diretor de Logística│
                    └──────────┬──────────┘
          ┌────────────────────┼────────────────────┐
  ┌───────┴───────┐    ┌───────┴───────┐    ┌───────┴───────┐
  │   Gerente     │    │   Gerente     │    │   Gerente     │
  │   Logística   │    │   Logística   │    │   Logística   │
  │   Abastec.    │    │   de Planta   │    │   de Distrib. │
  └───────┬───────┘    └───────┬───────┘    └───────┬───────┘
  ┌───────┴───────┐    ┌───────┴───────┐    ┌───────┴───────┐
  │   Planejam.   │    │     PPCP      │    │   Planejam.   │
  │      de       │    │               │    │      da       │
  │   Materiais   │    │               │    │   Demanda     │
  └───────┬───────┘    └───────┬───────┘    └───────┬───────┘
  ┌───────┴───────┐    ┌───────┴───────┐    ┌───────┴───────┐
  │     LOG       │    │    Movim.     │    │     LOG       │
  │     Mat.      │    │    Interna    │    │    Distrib.   │
  │   Nacionais   │    │               │    │    Nacional   │
  └───────┬───────┘    └───────┬───────┘    └───────┬───────┘
  ┌───────┴───────┐    ┌───────┴───────┐    ┌───────┴───────┐
  │     LOG       │    │   Armazen.    │    │     LOG       │
  │     Mat.      │    │      de       │    │    Distrib.   │
  │    Import.    │    │  Prod. Proc.  │    │    Export.    │
  └───────┬───────┘    └───────────────┘    └───────┬───────┘
  ┌───────┴───────┐                         ┌───────┴───────┐
  │   Armazen.    │                         │   Armazen.    │
  │      de       │                         │   de Prod.    │
  │   Materiais   │                         │   Acabados    │
  └───────────────┘                         └───────────────┘
```

Figura 18.2 *Sugestão de estrutura organizacional para a Logística como uma UN em uma empresa industrial.*

- na **Logística de Abastecimento**: devem existir os seguintes centros de responsabilidade de Planejamento de Materiais, que enviarão à área de Suprimentos as necessidades de compras, a partir das unidades existentes no Estoque de Matérias-Primas, para evitar desperdícios, Logística de Materiais Nacionais e Importados, para "trazer" para a empresa os materiais efetivamente negociados com os fornecedores, e o departamento de Armazenagem de Materiais, que será responsável pelo recebimento, acondicionamento e movimentação interna dos materiais;
- na **Logística de Planta**: os centros de responsabilidade serão três: Planejamento, Programação e Controle da Produção, que a partir do

Estoque de Produtos Acabados existentes e das informações recebidas do departamento de Planejamento da Demanda irá gerar as necessidades de produção; o departamento de Movimentação Interna, que é responsável por levar os materiais do Armazém para a linha de produção, e a Armazenagem de Produtos em Processo, que deve controlar o acondicionamento dos referidos produtos, inacabados na linha de produção; e

- na **Logística de Distribuição**: os centros de responsabilidade serão semelhantes aos da Logística do Abastecimento: Planejamento da Demanda, que estimará, a partir das previsões, o departamento de Vendas/Marketing e das quantidades de produtos acabados estocadas, as unidades a serem produzidas, e enviará ao departamento de Planejamento, Programação e Controle da Produção as necessidades de produção, a fim de evitar desnecessários Custos de Manutenção de Inventários; aos departamentos de Logística de Distribuição Nacional e Exportação, para "levar" para seus clientes os produtos efetivamente negociados, e o departamento de Armazenagem de Produtos Acabados, que será responsável pelo recebimento, acondicionamento e movimentação interna dos produtos acabados.

O gestor da Logística, também tem a responsabilidade de prestar contas de seus atos (conceito de *accountability*). A eficácia esperada dos gestores da empresa está relacionada a este conceito, e Nakagawa (1993, p. 17) define-o como *"a obrigação de se reportarem os resultados obtidos"*.

Quando os gestores têm toda a responsabilidade pelos Centros de Investimentos, o indicador de desempenho mais adequado é aquele baseado nos ativos físicos e monetários. Normalmente, avalia-se o desempenho de acordo com o Retorno sobre Investimento (ROI), e atualmente, algumas empresas optam por apurar o Valor Econômico Agregado (EVA®), que será visto no Capítulo 22.

A sugestão de tratar a Logística como uma Unidade de Negócio não é inovadora, pois já foi feita por alguns outros pesquisadores de Controladoria, tais como Coronado (2000) e Santos (2001). Existem algumas dificuldades para que essa implantação ocorra em algumas empresas, que devem ser contempladas:

- deve ocorrer uma reestruturação organizacional, já que as funções associadas à Logística de Abastecimento, Planta e Distribuição, na maioria das empresas, encontram-se dispersas nas áreas de Suprimentos, Produção e Vendas/Marketing;

- necessita definir como o preço a ser cobrado pelos serviços prestados pela Logística seria estabelecido (Preço de Transferência),[1] o que depende de negociação entre as áreas envolvidas e deve reconhecer as questões dos níveis de serviço, das falhas e dos níveis de inventários; e
- requer definir a responsabilidade pelos inventários e qual o momento de *cut-off*, ou seja, em que momento o inventário deixa de ser responsabilidade da Logística e passa a ser responsabilidade da Produção ou de Vendas, o que vai depender do modelo de gestão da empresa.

Cada uma das unidades da empresa não age separadamente. A integração entre as áreas constitui, evidentemente, uma questão fundamental. Até certo ponto, todos os Centros de Responsabilidade estabelecem entre si relações de compra e venda. Por outro lado, até as empresas mais integradas têm algumas atividades que podem ser consideradas independentes. Para que a descentralização seja realizada com sucesso, existem algumas premissas básicas, citadas por Solomons (1965):

- cada divisão deve ser independente de outra divisão, devendo poder tomar suas próprias decisões;
- as decisões de uma divisão podem aumentar seu próprio resultado econômico, mas não será permitido reduzir o resultado econômico da empresa como um todo. Esta situação surge quando as metas da organização não estão bem definidas, podendo ocorrer competição entre as áreas; e
- é importante que a Alta Administração não reprima as decisões dos gestores operacionais das divisões e envolva-se apenas em situações emergenciais.

A descentralização existe em todas as empresas de médio e grande porte, o que varia é o grau desse processo em cada uma delas. A medida adequada de incentivos aos gestores locais e a aversão ao risco são questões essenciais na descentralização das operações. A conseqüência da segmentação da empresa em partes é que o comportamento de seus membros é influenciado por este fator.

Além da descentralização, é importante citar o termo *diferenciação*, que inclui não somente a segmentação da organização em partes especializadas, mas também as conseqüentes diferenças nas atitudes e comportamentos dos membros da organização. E uma questão relevante nesse contexto é a da interação entre as unidades organizacionais, que é um dos pontos essenciais na diferencia-

---

[1] Segundo Faria (1996), o Preço de Transferência é o valor estabelecido em termos monetários para registrar as transferências realizadas entre áreas de uma mesma organização ou entre organizações distintas.

ção. As ações de uma unidade não afetam apenas sua própria mensuração, mas também as das outras unidades, pois a saída do produto de uma atividade pode ser entrada para outra, o que gera a necessidade de determinar-se um **Preço de Transferência** entre elas. Em suma, *o Preço de Transferência é um dos principais problemas de uma corporação descentralizada, quando o objetivo for apurar a rentabilidade de um Centro de Responsabilidade.*

18.2 Preço de transferência dos produtos transacionados ou serviços prestados

O Preço de Transferência nasce da interação entre os Centros de Negócios em organizações descentralizadas. Se um gestor de uma Unidade de Negócios está sendo avaliado pelo seu resultado econômico ou pelo retorno sobre o investimento realizado, surge o problema do estabelecimento do Preço de Transferência.

Independentemente do seu grau de integração, para que uma empresa adote a forma de organização por Unidade de Negócios, é necessário implantar o sistema de Preços de Transferência. A importância desse sistema é enorme, pois pode influir, não somente no desempenho dos gestores das UN's na otimização de suas tomadas de decisões, mas também nos critérios de avaliação do desempenho desses gestores. Preços de Transferência incorretos geram avaliações inexatas, que, por sua vez, resultam em decisões inadequadas.

Uma transferência entre UN's pode ser pensada como se fosse uma transação à distância entre duas empresas, de um lado existindo uma UN vendedora e de outro lado uma compradora, e ambas incorrendo em custos e com capital empregado. Enquanto a UN vendedora está interessada em cobrir ao máximo seus custos e melhorar seu desempenho, a compradora está interessada em obter os seus produtos a um preço tão barato quanto possível.

Se não existir outra opção, a compradora poderá pensar em adquirir o produto de outra UN capaz de produzi-lo, fabricá-lo ela mesma ou até pensar em obtê-lo no mercado, dependendo dos objetivos e alternativas de negócios de empresas. Em suma, o Preço de Transferência deve ser justo para compradores e vendedores, e o melhor é chegar a ele por meio de negociações entre as partes.

De acordo com Anthony et al. (1984), se dois ou mais Centros de Negócios são, conjuntamente, responsáveis pelo desenvolvimento, fabricação e comercialização de um produto, cada um compartilha as receitas geradas pela venda. O sistema de Preços de Transferência, na opinião desses autores, é o mecanismo que distribui essas receitas, fazendo-o de acordo com as seguintes normas:

- deve fornecer a cada segmento da organização a informação relevante necessária para determinar o equilíbrio ótimo entre receitas e custos/despesas;

- os resultados devem refletir o acerto da combinação escolhida. É fundamental que qualquer segmento tenha condições de maximizar os resultados da organização e otimizar os próprios; e
- os resultados de cada centro devem refletir sua contribuição para os resultados de toda a empresa.

É um preço que, normalmente, inclui um elemento lucro, porque uma empresa independente não transferiria bens ou serviços pelo custo ou um valor menor. O termo *preço,* tal como é usado aqui, tem o mesmo significado que quando utilizado no relacionamento entre companhias independentes.

Quando as Unidades de Negócios de uma empresa compram e vendem para outra, há duas decisões que devem ser tomadas periodicamente para cada produto que está sendo produzido (ou será) por uma UN e vendido para outra. Inicialmente, deve-se decidir onde o produto será produzido e qual dos produtos/serviço será produzido/realizado internamente ou comprado externamente. Em segundo lugar, se for definido que será produzido/realizado internamente, há necessidade de determinar-se um preço de transferência para esse produto/serviço.

O Preço de Transferência tem por objetivo ajudar a alta administração a mensurar o desempenho econômico de cada Unidade de Negócio da empresa, motivar o gestor a tomar decisões seguras, com o intuito de aumentar seus resultados econômicos, não só da UN de sua responsabilidade, mas também da empresa como um todo. O Preço de Transferência ótimo é aquele que permite às UN's maximizarem, concomitantemente, seus próprios resultados econômicos e o resultado da companhia, em termos globais. Tal relação é satisfeita igualando-se a soma dos custos marginais relativos às UN's individuais à receita marginal da companhia na venda do produto final.

Idealmente, os gestores poderão tomar decisões sem temer que sejam vetadas pela Alta Administração. Ocasionalmente, o gestor de uma UN, acreditando que está agindo no melhor interesse de ambos, sua unidade e da empresa, pode tomar uma decisão que cause detrimento à mesma como um todo, sendo contrário à missão da organização. Para que isto não ocorra, é importante que haja integração entre todos os gestores, e o momento em que se pode provar essa integração é o da negociação dos preços de transferências entre as unidades.

A motivação pelo próprio interesse leva, muitas vezes, a uma situação de conflito potencial dentro da organização, gerando o Problema da Agência (*agency theory*). Contudo, o bem-estar de cada indivíduo depende do sucesso conjugado da empresa, e uma cooperação crescente entre os seus membros pode resultar num incremento do bem-estar de alguns deles sem qualquer perda para os demais.

O Problema da Agência tem como foco a relação e a distribuição de poder no âmbito da firma, abordando, de forma específica, o processo de delegação de autoridade e responsabilidade, o qual envolve dois personagens que assumem papéis bem definidos nas relações contratuais. De acordo com Kaplan (1982), ocorre quando um agente econômico (no caso, um gestor local) age no sentido de evitar custos/despesas que, a rigor, seriam gerencialmente seus.

A Alta Administração da empresa deseja que os agentes tomem a decisão que melhor atenda às necessidades dos acionistas (principais). A exemplo disso, o gestor de uma UN numa organização deverá ter autonomia de participar do planejamento global da empresa, bem como deve ser o responsável pela elaboração dos planos de sua unidade, sem deixar de levar em conta a questão da congruência dos seus objetivos com os globais da organização, visando ao equilíbrio do sistema empresa.

Além dos conflitos que podem existir entre agente (gestor) e principal (dono/acionista/presidente), é comum ocorrerem entre os diversos agentes. Por exemplo, atualmente, muitas empresas sofrem com as diferenças de interesses entre as áreas de Marketing e Produção, pois a primeira gostaria de atender a todas as necessidades de seus clientes, com produtos diversificados e flexíveis à personalização, enquanto que a segunda gostaria de padronizar todos os produtos, pois minimizaria custos com *setup*, por exemplo, entre outros fatores.

Este é um problema de comum ocorrência em empresas descentralizadas, que possuem Avaliação de Desempenho por Unidades de Negócios, em que os gestores, estando contrários aos objetivos globais da organização, somente visualizam os seus interesses individuais e não os da empresa como um todo.

Um comportamento cooperativo baseia-se em que todos os indivíduos compartilham honestamente de todas as informações, agem de forma combinada e cada membro concorda com um conjunto de regras que regem as ações individuais e um método de participação dos riscos do negócio e participação nos resultados, tal que nenhum membro pode ficar em melhor situação sem deixar outro membro em situação pior. Esta é uma das premissas básicas do processo de integração. O Preço de Transferência a ser utilizado depende do grau de autonomia concedido às Unidades de Negócios e da integração existente entre os gestores das mesmas.

A questão prática de como deve ser determinado o preço de transferência não envolve uma regra geral para todas as situações. O sistema de preço de transferência deve, conforme cita Norgaard (1985, p. 313):

- fazer com que os gestores tomem decisões que melhorem o seu desempenho individual e o da companhia como um todo;
- prover os gestores de incentivos para que operem eficientemente; e
- não tirar dos gestores a autoridade e responsabilidade que lhes foi delegada pela Alta Administração.

Estes quesitos afetam o comportamento dos gestores e, provavelmente, a determinação dos preços de transferência, que podem ser apurados por diversas bases: valor de mercado do produto ou serviço transacionado, custo pleno (custo total), custo variável, custo total mais margem, custo variável mais margem, custo padrão, custo padrão mais lucro, preços negociados entre os gestores e preços baseados no custo de oportunidade.

Sugere-se que os preços de transferência sejam determinados em dado momento, tal como o da elaboração do orçamento anual (*budget*), para direcionar as ações dos gestores no próximo exercício. Os ganhos ou perdas incorridas em relação ao valor determinado serão eficiência das próprias UN's.

O mercado apresenta-se como o ponto de definição do valor dos itens transacionados, visto que os preços ali praticados induzem, obviamente, o produtor à venda e o comprador à compra, constituindo-se, sempre que possível, viável e factível na alternativa mais adequada a ser adotada como parâmetro de valor. Quando ocorre uma transação interna, o preço máximo, aceito pelo centro comprador, é o relativo ao seu custo de oportunidade, ou seja, o preço praticado no mercado.

Se o preço de oportunidade da Unidade de Negócio fornecedora for superior ao da unidade compradora, a transferência interna do bem/serviço não será vantajosa economicamente, pois será melhor que a UN compradora adquira-o no mercado externo e a UN fornecedora utilize sua estrutura operacional na produção e venda de outros produtos de sua linha ou desempate capital e elimine custos fixos estruturais, o que for mais rentável para a organização. Maior será o ganho desta organização quanto mais próximo o preço da transação interna situar-se entre os preços de oportunidade das UN's vendedora e compradora.

Vamos ilustrar esse raciocínio com um exemplo, que pode ser analisado na Tabela 18.1.

Tabela 18.1 *Avaliação de desempenho por área.*

Avaliação de Desempenho Em R$ Mil	Compras	Produção	Vendas	Logística	Combinado das Áreas	Eliminações Transfer. Internas	Consolidado Empresa
RECEITA LÍQUIDA	**151**	**400**	**686**	**329**	**1.566**	**(880)**	**686**
– Terceiros	0	0	686		686		686
– Interna	151	400	0	329	880	(880)	0
(–) CUSTOS/DESPESAS	**(150)**	**(400)**	**(684)**	**(326)**	**(1.560)**	**880**	**(680)**
– Terceiros	(150)	(202)	(152)	(175)	(680)		(680)
– Internos	0	(198)	(532)	(151)	(880)	880	0
(=) RESULTADO ECONÔMICO	1	0	2	3	6	0	6

Fonte: Adaptada de Faria (1996, p. 175).

Conforme se observa na Tabela 18.1 estamos imaginando que uma empresa tenha obtido em determinado período um resultado econômico positivo (lucro) de R$ 6 mil. Nos interessa saber o quanto cada Unidade de Negócio existente contribuiu para esse resultado.

Se fôssemos imaginar as áreas de Compras, Produção, Vendas e Logística como Centros de Custos/Despesas, seria realizada apenas a análise de seus gastos; mas nos interessa apurar seus resultados econômicos. Na Tabela 18.1, não estamos considerando os ativos empregados nessas áreas, portanto, estaríamos tratando-as como Centro de Resultado, que é um outro tipo de Centro de Responsabilidade.

Vamos imaginar que são Unidades de Negócios, efetivamente, e para isso precisamos definir algumas premissas:

- A UN de Compras presta serviços para a Logística de Abastecimento, pois negocia os materiais com os fornecedores, tornando-os disponíveis para as operações logísticas.
- A Produção utiliza-se dos serviços da Logística de Planta, e também disponibiliza seus produtos acabados para a Logística de Distribuição.
- Por sua vez, a Logística presta serviços para as UN's de Produção (suporte à manufatura) e Vendas (distribuição).
- Vendas transaciona com terceiros (externos à empresa).
- Os Preços de Transferências para os volumes unitários (m^3, kg, t etc.) a serem movimentados ou acondicionados foram definidos no período do Orçamento, podendo ser ajustados caso ocorra alguma mudança relevante no mercado.

A Receita Líquida Externa (R$ 686) foi gerada com terceiros. Os Custos/Despesas com terceiros são provenientes de gastos realizados com agentes externos à empresa. A Receita Líquida Interna de R$ 880, por sua vez, foi gerada nas operações intra-áreas, e é eliminada para gerar o Consolidado da empresa, pois na demonstração consolidada só devem aparecer as transações com terceiros. Os Custos/Despesas Internos, também, apresentam o mesmo montante, pois o que é receita interna em uma área é custo em outra; devendo, também, ser eliminados, quando da apuração do resultado consolidado.

O resultado econômico apurado para a empresa como um todo de R$ 6 foi apenas distribuído para as diversas áreas da empresa, em que se obtêm que as áreas de Compras, Vendas e Logística obtiveram lucros de R$ 1, 2 e 3, respectivamente, enquanto a Produção apurou resultado nulo.

Com base nessa informação, os gestores devem tomar ações para verificar se há alguma coisa ocorrendo com a área que gerou o prejuízo, enquanto as outras obtiveram resultados econômicos positivos, e se estes são efetivos.

Por intermédio de uma avaliação do desempenho, será evidenciado como os gestores de Logística têm tomado suas decisões, ou seja, como têm feito uso de sua autoridade diante de escassos recursos – os Custos Logísticos. Para tornar explícita a relação entre o nível de atividade do gestor e o seu desempenho, tem-se uma solução imediata: fazer com que o resultado da avaliação de desempenho, de certa forma, integre-se à função de utilidade esperada do gestor, ou seja, que atinja sua eficácia.

Concluindo esta questão, pode-se utilizar uma frase de Fama (1980, p. 280): *"Uma organização é uma equipe de indivíduos cujos membros agem tão somente no seu próprio interesse, mas sabem que seus destinos dependem em grande extensão da sobrevivência da equipe na competição com outras equipes."*

A frase anterior resume-se no fato de que as empresas devem preocupar-se com a competitividade, mas no ambiente externo a elas, e não internamente. Se não houver congruência de metas entre as áreas, não haverá continuidade.

18.3 A gestão da unidade de negócio

É mister evidenciar que a gestão de uma Unidade de Negócios apresenta três dimensões. Como Guerreiro (1989) afirma em sua obra, há a "tridimensionalidade da gestão", que se pode observar na Figura 18.3, e será descrita a seguir.

Na Figura 18.3, podemos observar que, quando um gestor toma uma decisão, por exemplo, de quanto deve ser produzido, de qual modal de transporte deve ser utilizado, deve analisar todos os impactos que essa decisão pode causar. Na seqüência, veremos o que representa cada uma das dimensões da gestão:

- **operacional**: objetiva a gestão de recursos físicos e/ou materiais, a execução dos trabalhos, com a finalidade de obterem-se os resultados planejados. Por meio dos recursos disponíveis, pretende-se alcançar os melhores resultados possíveis, ou seja, objetiva-se ordenar os fatores de produção, controlar a produtividade e avaliar a eficiência e a eficácia. Está vinculada às atividades básicas da empresa, como Suprimentos, Produção, Vendas, Logística etc. Na bibliografia pesquisada para o desenvolvimento desta obra, percebemos que existe uma preocupação muito grande, por parte dos gestores de Logística, com os aspectos físico-operacionais, deixando, muitas vezes, de lado os aspectos financeiros e econômicos, mas isso, globalmente, também está em transformação;
- **financeira**: preocupa-se com a gestão dos recursos gerados e que sejam necessários às operações de uma empresa/área e os aspectos temporais de pagamentos e recebimentos, visto que os recursos consumi-

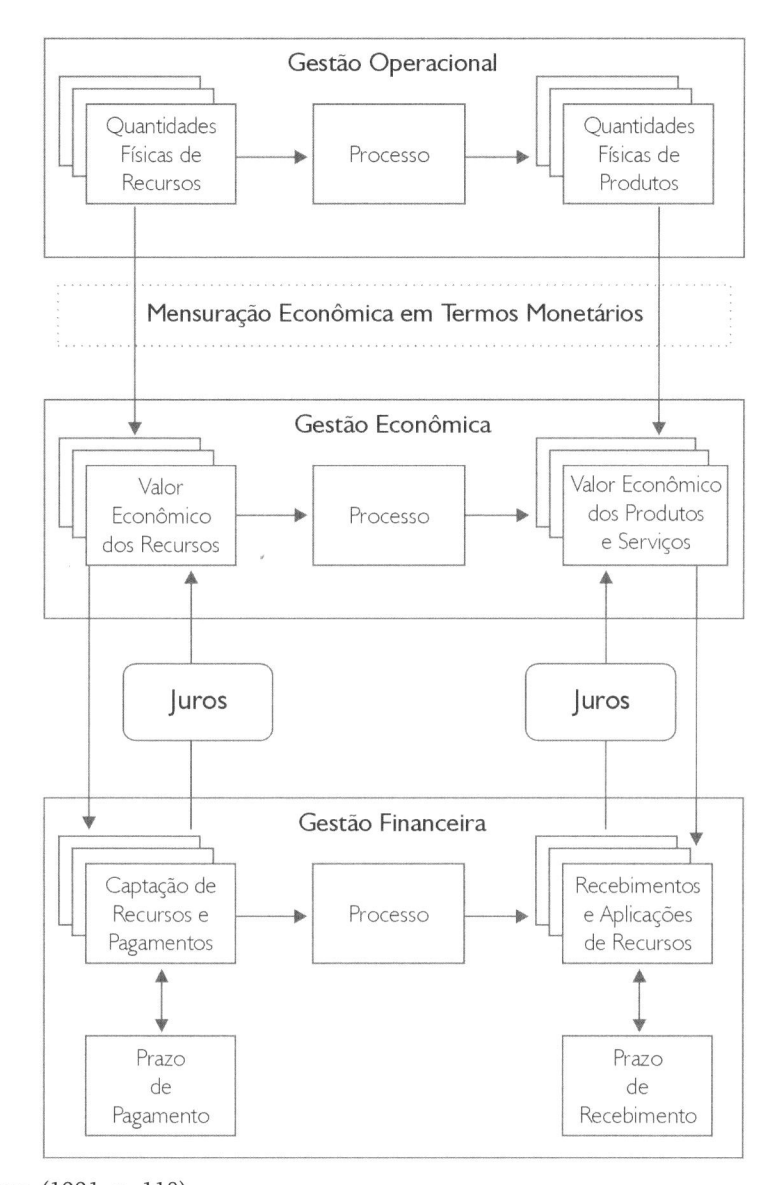

Fonte: Mauro (1991, p. 118).

Figura 18.3 *Tridimensionalidade da gestão.*

dos e os bens/serviços produzidos geram desembolsos e entradas de valores em diversos pontos no tempo. Avaliam-se os problemas de caixa e liquidez, bem como a possibilidade da obtenção de recursos ao custo mais baixo possível e a aplicação dos recursos disponíveis pela melhor remuneração;
- **econômica**: que objetiva proporcionar uma contribuição eficaz ao resultado econômico da empresa. Assumindo, como já citado, que cada

área é como se fosse uma organização independente, deve ter um bom desempenho para que a organização como um todo tenha bom desempenho. Este tipo de gestão visa a garantir a continuidade e a eficácia. Inclui a gestão de todas as suas atividades, e não somente aquelas relacionadas ao aspecto operacional; evidencia em termos monetários o valor dos recursos consumidos (custos/despesas) e dos produtos gerados (receita). Os efeitos econômicos estão relacionados ao custo dos insumos, produtos e serviços, oriundos da atividade operacional, e também são influenciados pelos reflexos financeiros inerentes a cada uma das atividades da empresa. O Resultado Econômico pode ser apurado pela somatória do Resultado Operacional, mais o Resultado Financeiro; e

- **patrimonial**: deve contemplar as mutações nas contas patrimoniais decorrentes de ações após um momento inicial: os desembolsos e os recebimentos a serem incorridos após esse momento vão constituir as Contas a Pagar, as Contas a Receber, os superávits/déficits, o Caixa, a produção não acabada, o Estoque, e, por sua vez, o resultado vai compor Lucros Acumulados. O patrimônio da empresa, conseqüentemente, também tem sua composição alterada, em razão de decisões e ações realizadas.

Segundo Almeida (2002), pode-se afirmar que o valor atual da empresa, em relação a seu patrimônio, é reflexo de suas decisões, ou melhor, do resultado econômico das decisões tomadas desde a sua implementação, bem como do valor da empresa no futuro, que incluirá, também, o resultado do sucesso das decisões tomadas a partir de hoje, considerando dado horizonte temporal. As decisões logísticas, já comentadas no Capítulo 5, têm impacto operacional, patrimonial, financeiro e econômico, e os gestores devem levar em consideração essas questões em seu processo de gestão.

E como deve ser mensurada a gestão da Unidade de Negócio?

Na maioria das empresas, um dos objetivos primordiais é alcançar o resultado econômico positivo (lucro), visando à garantia da continuidade, pois no longo prazo uma empresa não sobrevive se não tem resultados positivos em suas operações, ou conforme resultados líquidos suficientes para que os ativos consumidos no processo de realização das atividades sejam repostos, e que garantam aos investidores (proprietários/acionistas) o retorno de seus investimentos.[2]

Este indicador, o lucro, possibilita que os gestores avaliem quanto estão corretos os rumos seguidos. É a expressão monetária que consegue traduzir o grau de acerto dos planos e decisões, sobretudo porque certos fatores relevantes

---

2 Essa questão será tratada no Capítulo 22 – EVA® na Logística.

à vida das empresas, como eficiência, produtividade, desenvolvimento constante, satisfação de seus clientes internos e adaptabilidade do processo decisório, não são passíveis de serem mensurados individualmente.

Referências bibliográficas

ALMEIDA, Lauro B. *Contribuição ao estudo das transações e seu impacto na eficácia das organizações sob o enfoque da Gestão Econômica*. 2002. Tese (Doutorado em Controladoria e Contabilidade) – FEA-USP, São Paulo.

ANTHONY, Robert et al. *Management Control Systems*. Homewood, Illinois: Richard D. Irwin, 1984.

CORONADO, Osmar. *Contribuição para o estudo de formação de preços e planejamento de resultado com a logística integrada, no setor atacadista/distribuidor, sob a ótica da gestão econômica*. 2000. Tese (Doutorado em Controladoria e Contabilidade) – FEA/USP, São Paulo.

ENGLER, Calvin. *Managerial Accounting*. 3. ed. Illinois: Richard D. Irwin, 1993.

FAMA, Eugene F. Agency problems and the theory of the firm. *Journal of Political Economy*, Chicago, v. 88, Mar. 1980.

FARIA, Ana C. *A importância do preço de transferência na avaliação de desempenho*. 1996. Dissertação (Mestrado em Controladoria e Contabilidade) – FEA/USP, São Paulo.

GASPARETTO, Valdirene; FREIRES, Francisco G.; BORNIA, Antonio C.; RODRIGUEZ, Carlos T. Custeio da Cadeia Logística: uma análise das ferramentas disponíveis. Minho, 1999. Anais... VI CONGRESSO INTERNACIONAL DE CUSTOS. Minho, 1999.

GUERREIRO, Reinaldo. *Modelo conceitual de Sistema de Informação de Gestão Econômica*: uma contribuição à teoria da comunicação da contabilidade. 1989. Tese (Doutorado em Controladoria e Contabilidade) – FEA/USP, São Paulo.

KAPLAN, Robert S. *Advanced Management Accounting*. Englewood Cliffs (NJ): Prentice Hall, 1982.

MAURO, Carlos A. *Preço de transferência baseado no custo de oportunidade*: um instrumento para promoção da eficácia empresarial. 1991. Dissertação (Mestrado em Controladoria e Contabilidade) – FEA/USP, São Paulo.

NAKAGAWA, Masayuki. *Custos para a competitividade*. São Paulo: CRC-SP, 1993.

NORGAARD, Corine T. *Management Accounting*. Englewood Cliffs (NJ): Prentice Hall, 1985.

SANTOS, Flávia Cristina dos. *Uma contribuição ao estudo de um modelo de sistema de informação de gestão econômica para a logística sob a ótica de unidade de negócio*. 2001. Dissertação (Mestrado em Controladoria e Contabilidade Estratégica) – Fundação Escola de Comércio Álvares Penteado, São Paulo.

SOLOMONS, David. *Divisional Performance and Control*. Homewood, Illinois: Richard D. Irwin, 1965.

19

Métodos de custeio – custeio baseado em atividade – ABC aplicado à Logística

A tomada de decisões, bem como a implementação de ações que assegurem a continuidade das empresas, sempre fez parte do cotidiano de seus proprietários e administradores, indo além da simples busca da sobrevivência. Tendo esse cenário como pano de fundo, as empresas interagem, buscando diferenciar-se entre si como parte das estratégias para assegurar a sua continuidade.

Essas estratégias, voltadas para agir junto ao meio externo, podem incluir a adoção de filosofias de excelência empresarial, elegendo pontos principais de atuação, tais como a proximidade e fidelização de clientes, o controle de seus custos por processos/atividades, a formação de parcerias/alianças estratégicas com fornecedores e a promoção da qualidade total, dentre outras ações.

O contexto mundial exige das empresas uma mudança de paradigma, que impõe a necessidade de, entre outros quesitos, adotar uma visão de que não adianta apenas avaliar a empresa como um todo, mas há a necessidade de avaliar seus processos/atividades, tanto em nível de custos/despesas, quanto em nível de resultados econômicos.

Conforme visto no Capítulo 17, muitos autores apontam na literatura críticas sobre a forma como a Contabilidade tradicional trata os Custos Logísticos. Mencionou-se no referido capítulo que a Contabilidade tradicional não consegue suprir as carências informacionais dos gestores logísticos, pois os referidos custos não são identificados, mensurados e informados, da forma que estes necessitam para seu processo de tomada de decisão. Isso dificulta as análises na escolha da melhor alternativa, que proporcione o ponto ótimo entre o nível de serviço oferecido ao cliente e a rentabilidade proporcionada à empresa (acionista).

Uma das razões pelas quais os sistemas contábeis não atendem às necessidades dos gestores da Logística é que os métodos utilizados pela maioria das empresas, muitas vezes, são obsoletos e necessitam ser modernizados, pois não geram relatórios adequados e oportunos, com informações, tais como, por exemplo, de relacionamento por cliente, região, canal etc., além de utilizar critérios arbitrários para alocar os custos indiretos.

Tempos atrás, o sistema de Contabilidade tradicional atendia às necessidades dos gestores, entretanto, atualmente, em função da proliferação de linhas de produtos e da existência de diversos canais de distribuição, os custos de *overhead* têm aumentado muito, e diante desse contexto o método de alocação de custos tradicional fica propenso a distorções.

Constatou-se no Capítulo 17 que os sistemas contábeis tradicionais não contribuem para o bom desempenho das operações logísticas e, para isso, há a necessidade de buscar uma **metodologia** que seja adequada à identificação, mensuração e acumulação dos Custos Logísticos, para que estes possam ser analisados em diversas dimensões, tais como produto, cliente, canal de distribuição, pedido, região etc.

O sistema de custos, por meio da estrutura logística, pode ser desenvolvido abrangendo todos os processos e atividades, desde o momento em que o material comprado esteja disponível para ser transferido para a empresa, e que seja dado todo o suporte logístico à manufatura até a entrega do produto acabado ao consumidor final, rastreando os custos, mensurando-os desde os fornecedores até o referido consumidor. Para isso, é preciso definir qual o melhor Método de Custeio a ser utilizado.

Na sequência, iremos comentar, sem a pretensão de esgotar o assunto, sobre alguns métodos existentes, dos quais a Contabilidade pode fazer uso para apurar os custos dos objetos propostos.

19.1 Métodos de custeio

Os Métodos de Custeio estão relacionados à forma de atribuir os custos aos produtos ou outros objetos,[1] tais como: clientes, regiões, canais de distribuição etc. São adotados visando a orientar o tomador de decisões na escolha da melhor alternativa para a solução de um problema e, se necessário, efetivar ações corretivas, em caso de resultados não planejados.

Existem vários métodos para a contabilização dos custos e alguns são amplamente utilizados, tais como: Custeio por Absorção – com e sem Departamentalização, Custeio Variável, Custeio Direto e, atualmente, bastante disseminado no meio empresarial, e principalmente na Logística, Custeio Baseado em Atividades – ABC.

Cabe ressaltar que, quando estamos tratando sobre os Métodos de Custeio, **não** estamos nos referindo aos métodos de avaliação dos estoques: PEPS – Primei-

---

1 Objetos são os elementos cujos custos ou resultados pretendemos analisar.

ro que entra, Primeiro que sai, UEPS – Último que entra, Primeiro que sai, e Médio Fixo ou Móvel, que não estão sendo tratados nesta obra.[2]

Neste trabalho, estaremos, também, tratando do Custo Total de Propriedade que pode ser questionado como método ou ferramenta, mas acreditamos que podemos caracterizá-lo como um método voltado aos custos de obtenção (Logística de Abastecimento).

Na seqüência, será apresentado cada um dos referidos Métodos de Custeio, sendo, posteriormente, dada ênfase ao Custeio Baseado em Atividades – ABC na Logística.

19.1.1 Custeio variável

Este método preconiza a segregação dos custos em fixos e variáveis. É importante frisarmos que, para a valorização dos Estoques, só serão atribuídos aos produtos os Custos Variáveis, sendo os Custos Fixos tratados como custos do período, indo diretamente para a Demonstração de Resultado, tal como se pode observar na Figura 19.1.

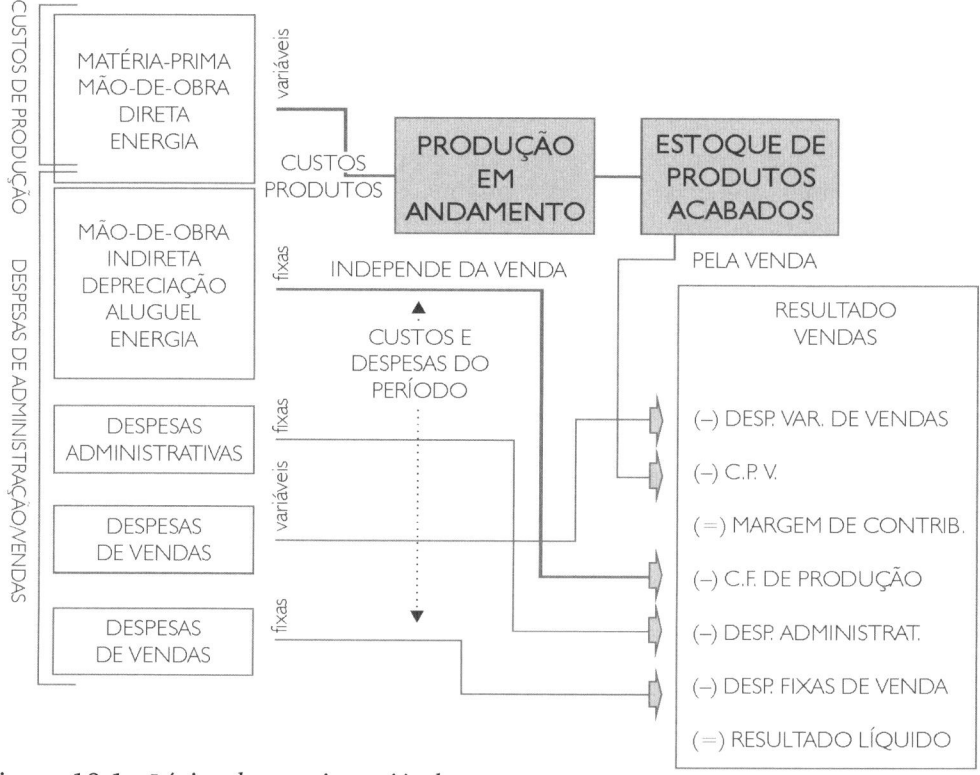

Figura 19.1 *Lógica do custeio variável.*

---

[2] Para maior aprofundamento sobre os métodos de avaliação dos estoques, veja Martins (2003).

Pode-se perceber na Figura 19.1 que apenas os Custos Variáveis com material direto, mão-de-obra direta (MOD) e a parcela variável da energia elétrica, por exemplo, é que são atribuídos à produção e considerados no Estoque de Produtos Acabados, e só afetarão o resultado do exercício no momento de sua venda. Considerando apenas os Custos Variáveis na valorização dos estoques, estes refletem melhor o desembolso para sua reposição (STOCK e LAMBERT, 2001, p. 197). Por sua vez, os custos e despesas fixas independem do volume de produção e de vendas e são contemplados no resultado do período.

O Custeio Variável não é aceito para fins fiscais, mas é um instrumento relevante à gestão, no que tange a identificar os produtos ou serviços mais rentáveis para a empresa, com base no conceito de Margem de Contribuição, que representa a diferença entre as Vendas Líquidas e os Custos e Despesas Variáveis. Este conceito é bastante utilizado nas empresas, pois os gestores podem tomar decisões de curto prazo, analisando as relações de custo/volume/lucro de cada produto ou serviço. O objetivo de conhecer a Margem de Contribuição de cada produto ou serviço está em identificar o quanto cada um contribui para cobrir os custos e despesas fixas do período e gerar um resultado econômico positivo (lucro).

19.1.2 Teoria das restrições (*Theory of Constraints* – *TOC*)

Uma variante do Método de Custeio Variável é a Teoria das Restrições (*Theory of Constraints* – *TOC*) desenvolvida pelo físico Eliyahu M. Goldratt, visando ao melhoramento contínuo das operações industriais. Seu objetivo é maximizar os ganhos (*throughputs*) das empresas, os quais considera que estão limitados por **restrições**. Caso as empresas não tivessem como obstáculos algumas restrições, os ganhos seriam infinitos.

Por esta teoria, considera-se que a meta de todas as empresas é ganhar dinheiro, ou seja, lucrar efetivamente, no presente e no futuro, aumentando seus ganhos e diminuindo os custos de investimentos e custos operacionais. Assumindo que as decisões envolvidas possam ser tomadas no curto prazo e que muitas delas envolvem *trade-offs* entre os acréscimos no ganho, inventário e custos operacionais, deve-se buscar a maximização do ganho.

Uma restrição, que pode ser considerada como um fator limitante aos ganhos das empresas, ou seja, algo que limita o bom funcionamento de um sistema, é semelhante ao elo mais fraco de uma corrente. As restrições que, normalmente, existem em todos os produtos exercem um papel relevante nos processos de tomada de decisões nas empresas, pois os gestores precisam otimizar o uso dos fatores limitativos (os **gargalos**).

O termo *gargalo* pode ser associado aos limites ou restrições da empresa, que podem estar obstruindo o processo decisório e impedindo a empresa de atingir suas metas e objetivos, ou seja, em um dos processos do trabalho que precisa ser realizado, não será possível, ou terá dificuldades, devido a sua capacidade disponível estar esgotada ou ocupada com outros trabalhos, evidenciando, assim, o congestionamento ou gargalo.

Considera-se pela TOC que podem existir três tipos de recursos: Recursos Gargalos (restrições do sistema), Recursos Não Gargalos e Recursos Limitantes de Capacidade (RLC). Este último caracteriza-se por ser um recurso não gargalo no presente, mas, caso não seja gerenciado da melhor maneira possível, poderá tornar-se um gargalo. Vamos supor que um recurso gargalo seja significativo quando se tomam decisões relacionadas à otimização da produção, ao *mix* de produtos a serem manufaturados, às necessidades de compras, ao número de veículos disponíveis para o transporte, à quantidade de funcionários etc. Seja qual for a referida restrição, que pode ser de caráter interno ou externo à empresa, o ideal é que seja removida do processo, ou, ao menos, minimizada, caso não seja possível a remoção. Isso fará com que os custos sejam reduzidos.

É imprescindível, portanto, que sejam identificados os gargalos e evidenciados seus impactos nas operações da empresa, para que os gestores possam decidir sobre a alocação dos recursos disponíveis, de maneira que seja otimizada a produção e seja maximizada a rentabilidade da empresa. Nesta teoria, as operações devem ser gerenciadas reconhecendo os gargalos ou restrições, de modo que todos os recursos sejam utilizados de maneira eficiente, visando a atenuar as limitações nas operações. No momento em que uma restrição é removida, pode ser que um novo gargalo apareça e o ciclo seja reiniciado.

> Por esta teoria, os Materiais Diretos são tratados como Custos Variáveis, enquanto a Mão-de-Obra Direta (MOD) e os Custos Indiretos recebem o mesmo tratamento que os Custos Fixos, no Método do Custeio Variável. O Ganho, a ser considerado, assemelha-se ao conceito de Margem de Contribuição discutido no tópico anterior, apenas tendo excluído a MOD.

Segundo Goldratt e Fox (1987) e Guerreiro (1996), a TOC é implementada por meio de três indicadores:

1. o **Ganho:** É equivalente à **Margem de Contribuição,** reconhecendo os **custos dos ganhos (*throughput costing*)**, sendo apurada pela diferença entre as receitas das vendas menos os custos dos materiais diretos;
2. o **Inventário:** é o investimento realizado na compra dos Materiais Diretos, que serão utilizados na produção, tornando-se produtos que se objetiva comercializar; e

3. **Custos ou Despesas Operacionais:** que se referem aos desembolsos efetuados pela empresa na conversão dos inventários em ganhos, ou seja, todos os custos operacionais (exceto materiais diretos) incorridos para obter a Margem de Contribuição, que envolvem salários, aluguel, depreciação etc.

A TOC, segundo Goldratt (1990), preconiza que o monitoramento das restrições existentes deve ser realizado por meio de **cinco passos**: (1) **identificar** cada uma das restrições, internas ou externas, que é o passo mais importante; (2) **explorá-las**, que está relacionado a tornar os recursos o mais eficiente possível; (3) **subordinar** a utilização dos recursos às restrições existentes; (4) **elevar** as restrições do sistema está associado a desenvolver programas de melhoria contínua, visando a minimizar os fatores limitantes à organização; e (5) **repetir** o processo, cada vez que um gargalo é eliminado.

Guerreiro (1996) comenta que a TOC tem como premissa que o desempenho do sistema está relacionado diretamente com os níveis de inventário e que a redução deste pode ser conseguida pela produção sincronizada. A sincronização da produção pode ser realizada de uma maneira lógica, baseada na técnica **Tambor-Pulmão-Corda** *(Drum-Buffer-Rope)*. O Tambor é que direciona o ritmo que a operação deve seguir; o Pulmão está associado ao nível de inventário a ser mantido para não comprometer o processo produtivo; e a Corda, por sua vez, é um instrumento que tenta evitar que os elementos do processo andem em ritmo distinto do definido pelo Tambor, evitando desperdícios.

Fox, citado por Guerreiro (1996), fez uma comparação entre a tradicional programação de produção e a sugerida pela TOC. Optamos por transcrever apenas a sugestão da TOC, que acreditamos aplicar-se à Logística, que está relacionada:

1. Ao Balanceamento do fluxo, e não da capacidade – ênfase no fluxo de materiais e não na capacidade instalada;
2. A utilização de um recurso não gargalo não é determinada pelo seu potencial, mas sim por outra restrição existente – as restrições é que direcionam todo o sistema;
3. A Ativação e utilização não são termos sinônimos – deve-se manter no inventário apenas aquilo que vai ser utilizado, pois ativar algo desnecessariamente gera apenas desperdícios. Assemelha-se à lógica do *Just-in-Time – JIT*;
4. Uma hora que se perde com um gargalo prejudica o sistema inteiro, pois compromete a geração de ganhos;
5. Uma hora que se economiza com um recurso não gargalo não gera economias verdadeiras para a empresa;

6. Os gargalos direcionam o fluxo do sistema inteiro, bem como seus níveis de inventário;
7. Um lote de transferência para a próxima operação (tamanho) não pode ser (e não deve ser, muitas vezes) idêntico ao lote de processamento, pois os lotes podem ser segregados e o tempo de ciclo reduzido;
8. Os lotes utilizados no processo devem ser variáveis e não fixos – dependendo do tipo de operação, do produto etc.; e
9. A programação deve ser estabelecida levando-se em consideração, simultaneamente, todas as restrições existentes.

No caso da Logística, por exemplo, é necessário que os gestores programem o fluxo dos materiais/produtos na Cadeia de Suprimentos, levando-se em consideração os gargalos (ou restrições) existentes, tais como: modos de transporte, tempos de ciclo, quantidade de navios disponíveis, datas de embarques, rotas, número de equipamentos etc., de forma que sejam estabelecidas as prioridades dos processos, visando a garantir a maximização das operações que envolvem restrições.

Cabe ressaltar que a grande diferença entre o Método do Custeio Variável e a Teoria das Restrições é que esta última focaliza suas atenções para os Materiais Diretos, considerando-os como único elemento variável do sistema e responsável pelo ganho efetivo da empresa.

Na opinião de Drucker (2000, p. 13), *"a famosa distinção entre custos fixos e variáveis, em que se baseia a contabilidade de custos, não faz muito sentido no caso de serviços"*. Como estamos considerando a Logística como uma Unidade de Negócios que presta serviços às outras, tais como Produção e Vendas, consideramos que um método que pode ser considerado como relevante para o macroprocesso da Logística é o Método do Custeio Direto.

19.1.3 Custeio direto

Pelo Método do Custeio Direto, existe a preocupação em segregarem-se os custos em diretos e indiretos. Os indiretos, normalmente, fixos, tal como no método anterior, são excluídos da valorização dos estoques, que contemplam apenas os diretos, normalmente, variáveis, mas também podem existir custos diretos fixos. Esse método utiliza, para custeamento dos objetos, apenas os gastos diretos de cada objeto a ser analisado por uma empresa; portanto, nesse método, são utilizados para cálculo do custo unitário dos produtos tanto os custos (e despesas) diretos variáveis quanto os diretos fixos.

Os Custos Diretos envolvem os gastos específicos ou identificáveis diretamente a um centro de custos, atividade ou objeto específico. Por exemplo, os custos de transporte podem ser diretos para cada cliente, evitando, assim, o efeito médio dos custos de transporte de todos os clientes. O número real de remessas, distância, tamanho da remessa, peso e cubagem da carga estão implícitos no encargo real do frete. Desse modo, remessas de quantidades pequenas para clientes distantes não são subsidiadas por remessas de quantidades maiores para clientes próximos. Além disso, o movimento adicional e o transporte das remessas diretamente a clientes de estoques rebalanceados já estão inclusos na negociação de frete.

Muitos autores costumam considerar que os Métodos de Custeio Direto e Variável podem ser considerados como um só, já que a maioria dos Custos Variáveis é direta, mas podem existir custos diretos a um determinado objeto que não sejam variáveis; por esse motivo, estamos tratando ambos os métodos isoladamente. Por exemplo, o custo de tecnologia de informação, normalmente, é considerado um custo indireto ou fixo, mas pode ser que determinado *software* esteja sendo utilizado para uma operação logística dedicada a determinado cliente, o que o caracteriza como um custo direto ao objeto cliente, mas indireto ao produto.

No próximo tópico, estaremos comentando sobre o Custeio por Missão, que consideramos como um exemplo do Método de Custeio Direto.

19.1.3.1 Custeio por missão

O Custeio por Missão, que estamos nesta obra considerando como um exemplo de Custeio Direto e, segundo Christopher (1997), foi desenvolvido por Barret em 1982, focaliza o conceito de Missões. As Missões podem ser definidas de acordo com o tipo de mercado servido, por quais produtos e dentro de quais restrições de serviço e de custos. A realização dos objetivos definidos pela missão envolve dados de um grande número de áreas funcionais e centros de atividades na empresa.

Em relação à análise de rentabilidade por cliente ou outros objetos, tais como: pedido, região, canal de distribuição ou produto, que será comentada posteriormente, Barret, citado por Christopher (1997), já havia refletido sobre a questão das atividades, que serão mais detalhadas quando formos tratar do Custeio Baseado em Atividades (ABC), em seu conceito de "Custeio por Missão".

No contexto da Logística, o Custeio por Missão é *"um conjunto de metas de serviço ao cliente a serem alcançadas pelo sistema dentro de um contexto produto/merca-*

do". Estas missões podem ser definidas em termos de regiões ou produtos e, em função de suas restrições ou seus custos, devem considerar uma integração sistêmica com as missões de outros processos, além da Logística.

De acordo com Barret, citado por Christopher (1997, p. 61), *"um sistema logístico eficaz deve procurar determinar o* **custo total** *do sistema para a realização dos objetivos logísticos desejados"*. Inicialmente, sugere que "centros de atividade" sejam associados com uma dada missão, por exemplo, de distribuição e, em segundo lugar, que os custos incrementais incorridos em cada centro de atividade como resultado da implantação dessa atividade sejam isolados.

Barret, quando tratou sobre o que denominou "centro de atividade",[3] estava imaginando considerar transportes, armazenagem, estoque etc., como centros de atividade isolados; portanto, assumindo que esses elementos sejam Custos Logísticos, tal como visto na Parte II desta obra, pode-se considerar que um projeto específico de Logística seja tratado como uma Missão. Nesse contexto, devemos considerar todos os custos diretos ao referido projeto (missão) e os indiretos deveriam ser tratados como custos do período.

Esse método de custeio atende, de forma satisfatória, a um dos problemas da Logística, que é encontrar o custo de um determinado nível de serviço, pois direciona os Custos Logísticos de acordo com os objetivos a serem atingidos. Na Missão, buscam-se apenas os custos diretamente relacionados à mesma, não alocando os custos indiretos (fixos), pois estes continuarão a existir, mesmo que a missão não aconteça; mas não atende a outro problema da Logística, que é gerar as informações necessárias para análise dos *trade-offs* de custos a serem reportadas ao gestor.

Christopher (1997) apresentou os quatro estágios na implementação de um processo eficaz de Custeio de Missão:

1. **definir o segmento de serviço ao cliente**: os clientes não têm as mesmas necessidades de serviços e características, portanto, devem ser tratados de maneiras diferentes;
2. **identificar os fatores que causam variações nos custos dos serviços**: devem ser determinados os elementos dos serviços que, direta ou indiretamente, impactarão nos custos, como entrega, quantidade, embalagens especiais etc.;

---

3 Os centros de atividades sugeridos são os centros de custos ou centros de resultados, exclusivos para uma determinada missão, tal como um projeto específico.

3. **identificar as fontes utilizadas para apoiar segmentos de clientes**: nesse estágio ocorre o ponto de coincidência entre o Custeio da Missão e Custeio Baseado em Atividades (ABC), que será tratado posteriormente neste capítulo. Devem ser definidas as atividades que geram custos, bem como devem ser identificados os direcionadores de custos envolvidos; e
4. **atribuir os custos da atividade por tipo ou segmento de cliente**: apenas os *custos incrementais*[4] incorridos durante a aplicação de um recurso específico são atribuídos aos clientes, quando utilizam os recursos.

Para executar esse trabalho, é necessário **reestruturar o plano de contas** da companhia, sendo capaz de acumular os custos à medida que estes forem acontecendo, desde o momento da geração do pedido até a sua entrega ao cliente. Com essas informações, é possível o gestor atender às necessidades dos clientes, de maneira eficiente e, para isso, é essencial que os mesmos obtenham dados precisos e significativos.

Christopher (1997) afirma que um sistema de custeio logístico eficaz deve procurar determinar o custo total do sistema para a realização dos objetivos logísticos desejados e os custos dos diversos fatores envolvidos na obtenção desses resultados. Considerando que a lógica da missão seja bem fundamentada, poderia ser colocada em prática por meio de uma estrutura que exige que, primeiramente, os centros de atividades associados com uma determinada missão sejam identificados, tais como, por exemplo, armazenagem, transporte, processamento de pedidos etc.; e, em segundo lugar, que os custos incrementais, incorridos em cada centro de atividade para atender a uma determinada missão, devem ser isolados. Neste caso, não estariam sendo considerados os chamados *custos irreversíveis* (os fixos), que são os que continuariam a existir mesmo que a missão fosse abandonada.

Conforme se observa na Figura 19.2, considerando a missão, por exemplo, como um projeto logístico específico, são envolvidas várias áreas funcionais, na busca da melhor solução logística para o referido projeto.

---

4 Os custos incrementais foram tratados na seção 6.2.3.

	Área funcional/ Centro de Atividade 1	Área funcional/ Centro de Atividade 2	Área funcional/ Centro de Atividade 3	Área funcional/ Centro de Atividade 4	Custo Total da Missão
Missão A	100	90	20	80	290
Missão B	50	70	200	20	340
Missão C	70	30	50	70	220
Inputs dos centros de atividade	220	190	270	170	850

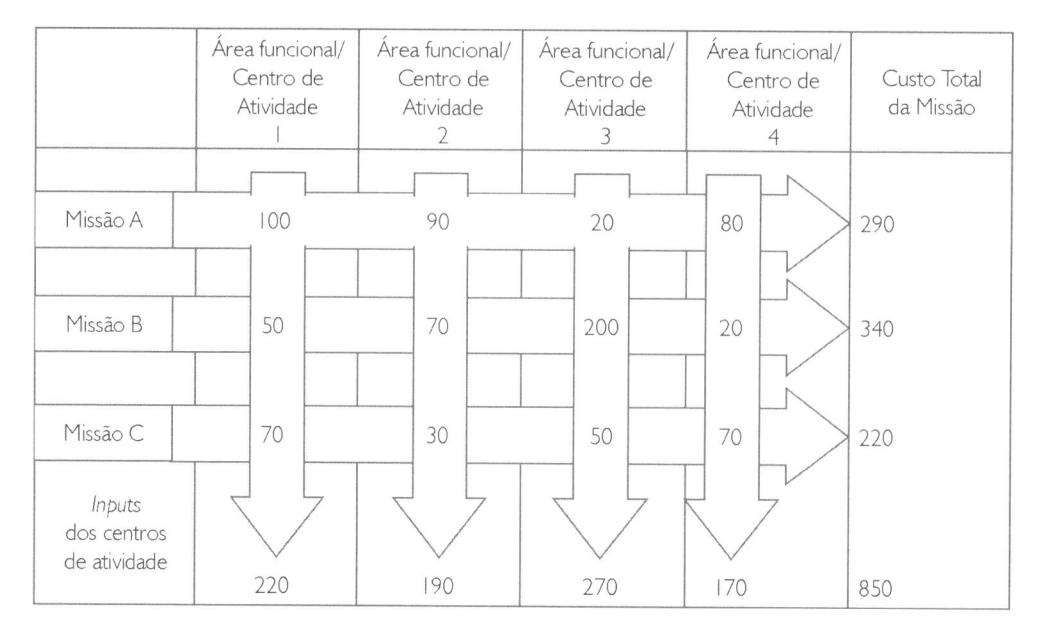

Fonte: Christopher (1997, p. 62).

Figura 19.2 *Exemplo de custeio por missão*

A abordagem do Custeio por Missão fica, particularmente, forte se combinada com uma análise de receita por cliente, ampliando esse conceito para compor a análise de rentabilidade por cliente, segmento de mercado ou canais de distribuição.[5] No caso de clientes, mesmo que estes tenham baixos níveis de vendas, podem, ainda, ser rentáveis em termos de custos incrementais, pois podem proporcionar uma margem positiva à empresa.

Na seqüência, trataremos sobre o Custeio por Absorção, que, no Brasil, é o método aceito pela Legislação do Imposto de Renda, para apuração de custos por produto a serem registrados na Contabilidade Financeira.

19.1.4 Custeio por absorção

Este método consiste na apropriação de **todos** os gastos relativos ao esforço de produção aos produtos elaborados ou serviços executados, sejam diretos ou indiretos, fixos ou variáveis. Embora seja falho para fins gerenciais, é obrigatório fiscalmente, no Brasil, para fins de valorização de estoques.

---

5 A Análise de Rentabilidade Multidimensional será tratada no Capítulo 20.

Existem duas formas de apurar os custos por meio do Custeio por Absorção: realizando-o sem departamentalização (diretamente aos produtos por meio de um critério único de apropriação) ou com departamentalização, alocando os custos, primeiramente aos departamentos e, posteriormente, aos produtos.

Para melhor compreender a lógica do **Custeio por Absorção sem Departamentalização**, vejamos a Figura 19.3.

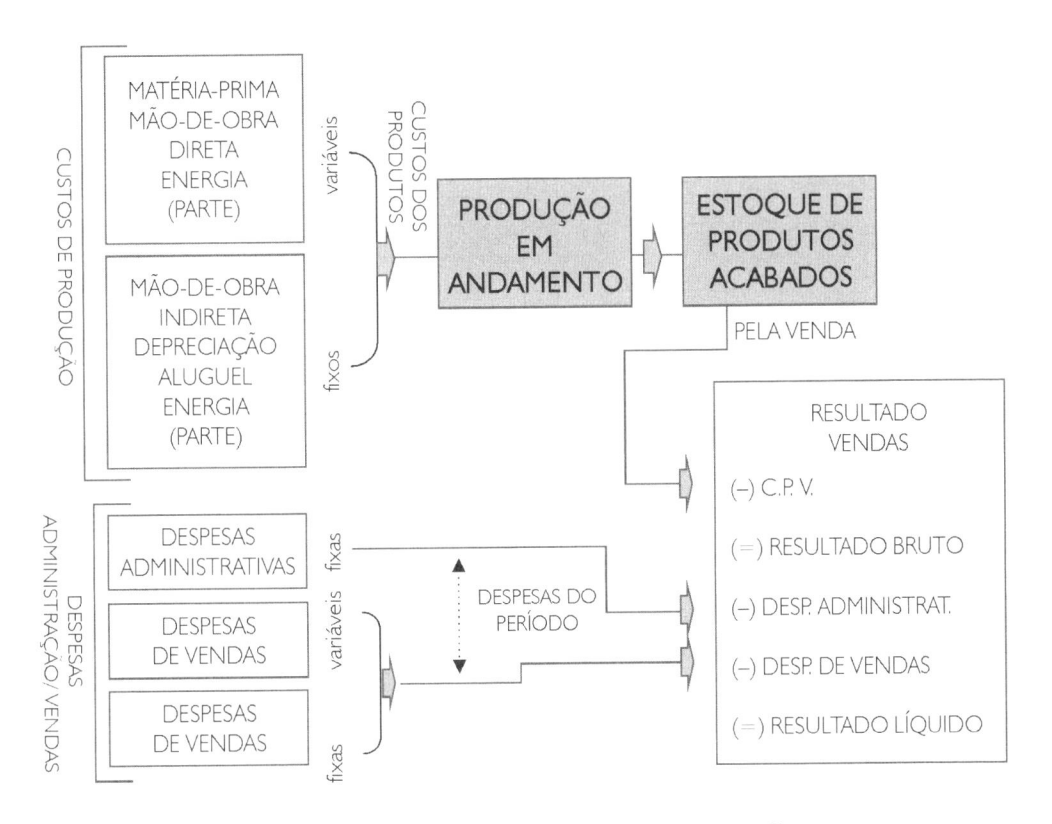

Figura 19.3 *Lógica do custeio por absorção sem departamentalização.*

Na Figura 19.3, os custos diretos e indiretos, variáveis e fixos, são atribuídos à produção em andamento, sendo contemplados na valorização do Estoque de Produtos Acabados, e só afetarão o resultado do exercício no momento de sua venda, quando comporão a rubrica de Custos dos Produtos Vendidos (CPV). Apenas as despesas comerciais, administrativas e financeiras, se houver, serão tratadas como despesas do período.

Por sua vez, o **Custeio por Absorção com Departamentalização** proporciona uma fonte de informações sobre quanto cada departamento está consumindo de recursos, tanto os departamentos de produção quanto os de apoio (serviços). Todos os gastos diretos são atribuídos diretamente ao produto e os gastos indiretos são atribuídos aos departamentos ou centros de custos, para depois serem alocados aos produtos por diversos critérios de rateio, tal como em função dos materiais diretos, da mão-de-obra direta ou de outro critério que melhor identifique os custos com os produtos, como se pode observar na Figura 19.4.

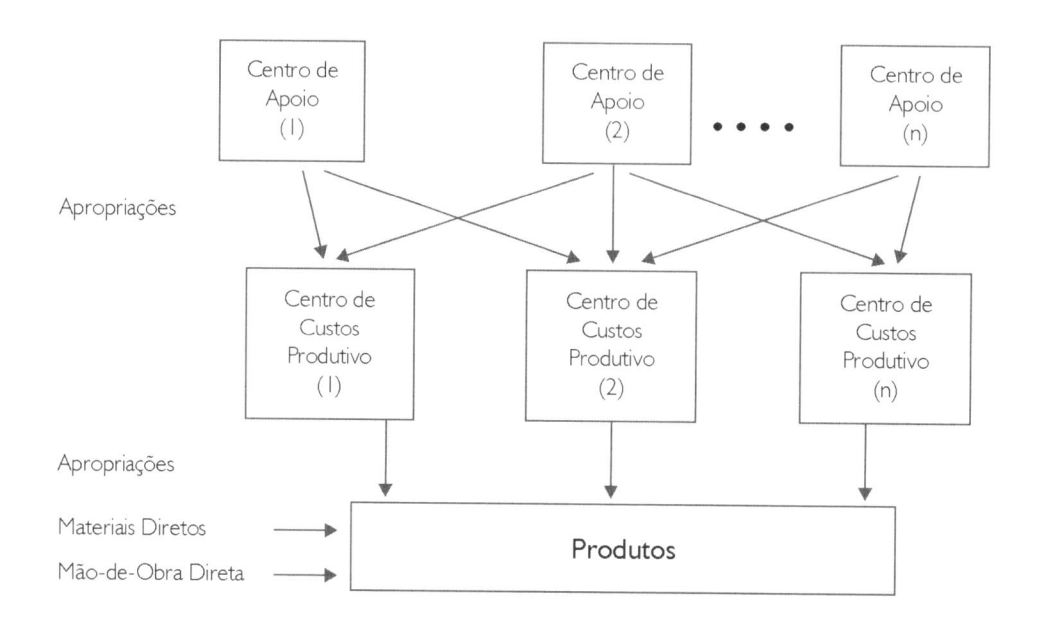

Fonte: Adaptada de Kaplan e Cooper (2000, p. 98).

Figura 19.4 *Fluxo dos custos pelo custeio por absorção com departamentalização.*

Bornia (2002) comenta que este método, também chamado de **Método do Centro de Custos**, tem como propósito custear os produtos, por meio de seus custos diretos e indiretos de fabricação, que, por sua vez, são apropriados aos departamentos. Pelo Método dos Centros de Custos ou Custeio por Absorção com Departamentalização, é feita a apropriação de custos em duas etapas.

Inicialmente, a fábrica é segregada em centros de custos auxiliares, sendo que os custos indiretos são imputados a esses centros, por meio de diversos critérios de rateio e, na seqüência, esses custos auxiliares devem ser distribuídos aos centros produtivos, também com base em algum critério de alocação. Posteriormente, os custos dos centros produtivos serão apropriados aos produtos, por meio de um critério único, tal como: horas de mão-de-obra direta (hora/homem), valor da mão-de-obra direta ($) ou horas-máquina, entre outros.

19.1.5 Custo total de propriedade (*Total Cost of Ownership – TCO*)

Os métodos de custeio comentados anteriormente preocupam-se em atribuir todos os custos, diretos e indiretos, aos objetos de custeio (produtos, cliente, canal de distribuição, região etc.) ou segregar os custos em fixos e variáveis e atribuir apenas estes últimos aos objetos, e também os fixos que forem possíveis de serem identificados ao referido objeto. Neste instrumento, estaremos nos preocupando apenas com os custos de obtenção.

Segundo Gasparetto (2004), o processo de tomada de decisões relacionado à obtenção dos bens e serviços a serem utilizados pela empresa pode representar oportunidades de gerenciar os custos antes mesmo da referida aquisição (pré-transação), sendo que esse não é o foco dos métodos de custeio citados anteriormente. Com esse propósito, pode ser utilizado um instrumento chamado Custo Total de Propriedade (TCO).

O Custo Total de Propriedade, também conhecido como Modelagem do Custo Total (*Total Cost Modeling*) ou Análise do Custo do Ciclo de Vida, segundo Ellram (1996) – ou ainda variações como avaliação do desempenho de fornecedores baseado em custo (ELLRAM, 1994) –, é um pouco diferente dos outros métodos para análise de custos.

Enquanto algumas técnicas focalizam seus esforços na estrutura de custos dos fornecedores, o TCO concentra-se no custo de fazer negócio com um fornecedor em particular, para um dado item. Esta técnica pode ser uma ferramenta para a melhoria contínua *(kaizen)*, quando usada como técnica de gestão estratégica de custos (ELLRAM, 1996). Serve para identificar alternativas de suprimentos que levam à redução dos custos totais e trazem benefícios para a empresa; para fornecer dados para subsidiar as transações de compra; avaliar o desempenho dos fornecedores; facilitar a identificação dos fatores que agregam valor aos produtos, entre outros fatores.

O Custo Total de Propriedade (TCO) é um conceito de obtenção cujo propósito é compreender os custos relevantes subjacentes à aquisição de material, um produto ou serviço de um determinado fornecedor. Envolve uma abordagem estruturada que visa à determinação do custo total associado à aquisição e subseqüente utilização e manutenção de um bem ou serviço proveniente de um determinado fornecedor (CARR e ITTNER, 1992). Deve ser adotado em situações em que haja oportunidade de redução de custos, via otimização dos elos da Cadeia de Suprimentos ou substituição de fornecedores.

A abordagem do TCO trabalha, essencialmente, na *interface* entre fornecedor e comprador (ELLRAM, 1996), identificando as atividades realizadas. O objetivo é que a empresa possa identificar o verdadeiro custo de qualquer atividade, ao invés de simplesmente alocar os custos (ELLRAM e SIFERD, 1993). Nesse sentido, as atividades-chave em compras têm sido divididas em seis grandes categorias, tais como: qualidade, entrega (que está associada diretamente à Logística), precificação, gestão, serviço e comunicação.

Os estudiosos do conceito do Custo Total de Propriedade, também, preocupam-se em segregar os custos em função da ordem na qual os elementos estão acontecendo, ou seja, como muitos pesquisadores chamam, de seqüência da transação: pré-transação, transação, pós-transação (ELLRAM, 1993), que foram contemplados na Figura 19.5.

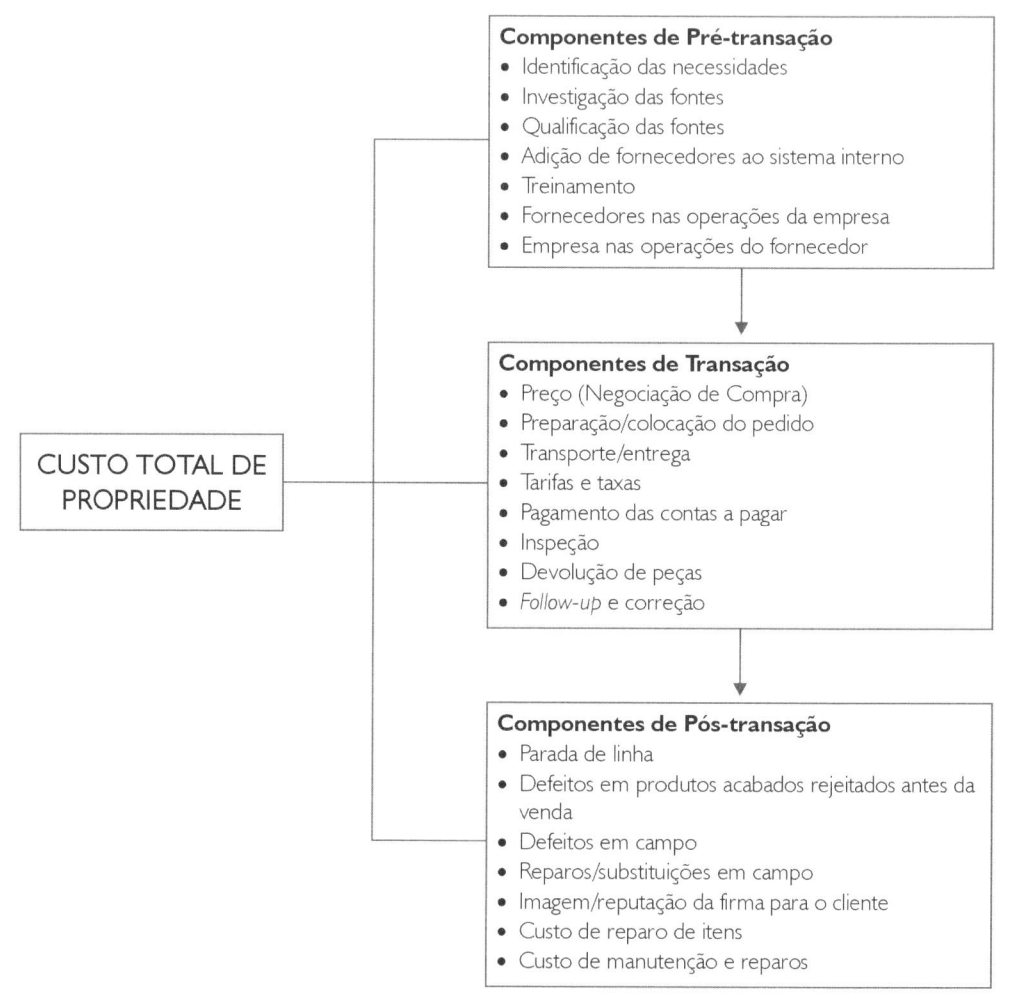

CUSTO TOTAL DE PROPRIEDADE

Componentes de Pré-transação
- Identificação das necessidades
- Investigação das fontes
- Qualificação das fontes
- Adição de fornecedores ao sistema interno
- Treinamento
- Fornecedores nas operações da empresa
- Empresa nas operações do fornecedor

Componentes de Transação
- Preço (Negociação de Compra)
- Preparação/colocação do pedido
- Transporte/entrega
- Tarifas e taxas
- Pagamento das contas a pagar
- Inspeção
- Devolução de peças
- *Follow-up* e correção

Componentes de Pós-transação
- Parada de linha
- Defeitos em produtos acabados rejeitados antes da venda
- Defeitos em campo
- Reparos/substituições em campo
- Imagem/reputação da firma para o cliente
- Custo de reparo de itens
- Custo de manutenção e reparos

Fonte: Adaptada de Ellram, citada por Muller e Panitz (2001).

Figura 19.5 *Composição do custo total de propriedade (TCO).*

Custos de pré-transação são aqueles custos que ocorrem antes de fazer o pedido e receber os itens comprados, incluindo todos os custos incorridos desde o momento em que qualquer pessoa dentro da empresa começa a pensar a respeito de um item e investiga a possibilidade de sua compra, mas não inclui o pedido já feito (ELLRAM, 1993). Os custos da transação envolvem os gastos relacionados ao processo de compra e a efetiva transferência dos bens/serviços do fornecedor para o comprador e, por sua vez, os custos de pós-transação estão associados aos gastos com possíveis problemas, tais como: defeitos, reparos, re-trabalhos etc., bem como os gastos com a manutenção do bem, até sua utilização.

Constata-se que, quando estamos apurando o Custo Total de Propriedade de um material, devemos considerar todos os custos envolvidos na obtenção do mesmo, desde a identificação da necessidade até possíveis problemas ou falhas no processo produtivo que requerem devoluções ou retrabalhos e manutenções.

Com base em uma pesquisa realizada com nove empresas que utilizaram o método do TCO, Ellram (1994) apontou algumas razões para seu uso:

- apoiar a seleção de fornecedores com base em propostas, cotações e/ou lances;
- recompensas aos fornecedores pelo bom desempenho;
- direcionamento das melhorias dos fornecedores, identificando prioridades;
- mensurar o desempenho atual dos fornecedores;
- planejamento do desempenho futuro dos fornecedores com base em dados históricos;
- prover dados para negociação;
- concentrar recursos em compras mais relevantes;
- comparar o desempenho de cada fornecedor em relação aos demais ou analisar seu desempenho no decorrer do tempo; e
- apoiar os esforços para parcerias/alianças estratégicas.

Percebe-se que os maiores benefícios para o uso do TCO estão relacionados a identificar alternativas de compras que levam à redução dos custos totais; a fornecer informações para subsidiar as transações de compra; a auxiliar a avaliar o desempenho do setor de compras e dos fornecedores; a facilitar a identificação dos fatores que agregam valor aos produtos, bem como a incentivar potenciais alianças estratégicas na Cadeia de Suprimentos.

Pode-se dizer que o TCO é uma filosofia que visa ao entendimento dos verdadeiros custos e analisa questões que vão além de preço de compra e que afetam as compras críticas. Para um gasto estar incluso na análise de TCO, geralmente, depende da relevância desses custos nos itens comprados.

Para que a filosofia do TCO seja implementada, as empresas devem considerar as atividades pelas quais são responsáveis e as causas dessas atividades que incorreram em custos. O objetivo é que a empresa possa identificar o verdadeiro custo de qualquer atividade, ao invés de simplesmente alocar os custos (ELLRAM E SIFERD, 1993). No Quadro 19.1 observam-se algumas atividades de TCO induzidas pelo fornecedor e que geram custos para a empresa.

Quadro 19.1 *Atividades de TCO induzidas pelo fornecedor.*

Custos da Atividade de Obtenção	Custos da Atividade de Recebimento	Custos das Falhas/ Desperdícios
Transporte	Inspeção no Recebimento	Remoção/Alienação de Sucata
Fazer pedidos	Manuseio Especial	Retrabalhos
Soluções de problemas	Rejeitos e retornos de recepção	Ganho perdido
Mudanças por não-disponibilidade	Embarques a menor	Garantia
	Chegada antecipada ou atrasada	

Fonte: Adaptado de Reeve (1998).

Pelo Quadro 19.1, visualiza-se que, na análise de TCO, devem ser contemplados os custos da atividade de obtenção e recebimento e das falhas possíveis de serem ocorridas no processo logístico de abastecimento. É visível que, embora no plano conceitual a visão do TCO seja oportuna, na prática, empresas cuja complexidade de abastecimento (número de fornecedores, itens, origens etc.) seja significativa teriam grande dificuldade para implantá-la integralmente.

No que tange à análise da Logística de Abastecimento, consideramos, tal como Reeve (1998), que deve ser contemplado o método do Custo Total de Propriedade (TCO). Segundo Ellram e Siferd (1993), o Custo Total de Propriedade é uma importante ferramenta para a gestão de custos, quando ocorre no nível estratégico, para melhorar os processos na empresa ou na cadeia de suprimentos. É uma complexa visão, que requer que a empresa determine seus custos mais relevantes na aquisição, posse, uso e subseqüente disposição de um bem ou serviço. Somado ao preço pago pelo item, o conceito pode incluir os custos incorridos para trazer o item para dentro da empresa (responsabilidade da Logística de Abastecimento), pesquisa e qualificação de fornecedores, transporte, recebimento, inspeção, rejeição, estocagem e disposição do produto.

Para aprimorar a compreensão do conceito de Custo Total de Propriedade (TCO), vamos apresentar, na seqüência, um exemplo desenvolvido por Carr e Itner (1992), adaptado por Gasparetto et al. (1999),[6] para a empresa NAD (*Northrop Aircraft Division*). A empresa NAD avalia seus fornecedores por meio do controle das despesas administrativas relacionadas às correções das falhas de seus fornecedores, tais como: deficiências na entrega, burocracia, retrabalhos etc., que podemos chamar de não-conformidades. Para cada ocorrência fora da conformidade esperada, o número de ocorrências do período é multiplicado pelo custo unitário da não-conformidade, obtendo, dessa maneira, o custo de não-conformidades, visando a apurar o Índice de Desempenho de Fornecedores (IDF), tal como se observa a seguir:

$$IDF = \frac{\text{Custos de Não-conformidade} + \text{Preço de Compra}}{\text{Preço de Compra}}$$

O Preço de Compra refere-se apenas ao preço de aquisição (FOB) das mercadorias compradas de determinado fornecedor durante certo período. Na Tabela 19.1, podemos observar o custo-padrão das referidas não-conformidades.

Tabela 19.1 *Custo-padrão das não-conformidades da NAD.*

Não-conformidades	Horas-padrão para correção	Custo-padrão (hrs. × $ 50)
Documentação	3	$ 150
Inspeção de entrada de material	12	$ 600
Retorno ao fornecedor	6	$ 300
Descarregamento	7	$ 350
Retrabalhos	15	$ 750
Carregamento	2	$ 100
Atrasos na entrega	10	$ 500

Fonte: Adaptada de Carr e Ittner por Gasparetto et al. (1999).

Por sua vez, na seqüência, deveríamos obter quais os gastos que a NAD terá com a devolução das mercadorias, que já estavam comprometidas para a produção de itens a serem comercializados com seus clientes. Os referidos gastos podem ser vistos a seguir:

---

6 Neste artigo, que foi apresentado no VI Congresso Internacional de Custos em Minho (Portugal) em 1999, e está disponível para consulta no *site* <www.cvlog.net>, existem mais exemplos sobre o TCO.

Gasto de aquisição dos materiais: .... $ 250.000
Custos de não-conformidade:
    Retorno ao Fornecedor: (2 ocorrências x $ 300) .... $ 600
    Descarregamento: (5 ocorrências x $ 350) .... $ 1.750
    Atrasos na entrega de produtos: (3 ocorrências x $ 500) .... $ 1.500
Custo Total de Não-Conformidade: .... $ 3.850

$$IDF = \frac{\$\,3.850 + \$\,250.000}{\$\,250.000} = 1,015$$

Dessa maneira, a avaliação/seleção de fornecedores é realizada com base nesse índice. Para uma melhor visualização, pode-se observar a comparação entre dois fornecedores:

	Fornecedor A	Fornecedor B
Preço de Compra Unitário	$ 100	$ 105
x IDF	1,1	1,0
Custo Total Unitário	$ 110	$ 105

Analisando somente o preço de compra, pode-se concluir que o fornecedor A é mais atraente que o fornecedor B. Entretanto, sob a ótica do TCO, o fornecedor B torna-se melhor que o A.

Outro exemplo para evidenciar a utilidade do TCO nas empresas é o citado por Gasparetto (2004), de uma empresa que está adquirindo uma nova impressora. Em função de a demanda por impressões não ser expressiva, dentre as opções disponíveis no mercado, a empresa optou pela obtenção de uma impressora jato de tinta, entre os modelos de duas marcas mais conhecidas no mercado. Após a decisão, a empresa realizou uma cotação de preços, que se apresenta na Tabela 19.2.

Tabela 19.2   *Cotação de preços de impressoras.*

Marcas	Modelo	Preço de aquisição
A	3xxx	299,00
A	5xxx	319,00
A	6xxx	760,00
B	4yyy	360,00
B	6yyy	470,00
B	8yyy	780,00

Fonte: Gasparetto (2004).

Observando os dados da Tabela 19.2, pode-se constatar que a empresa poderia chegar à conclusão de que a impressora mais viável economicamente seria o Modelo 3xxx, da Marca A, em função do preço de aquisição ser o mais baixo, o qual decidiria a compra, por meio de uma análise tradicional, sem a utilização do conceito de TCO.

Para que a decisão seja tomada da maneira mais adequada, no caso da compra da impressora, deve ser levado em consideração, também, o custo mais relevante, que é o correspondente ao consumo de tinta na atividade de impressão, em que há diferenças significativas entre os modelos e as marcas.

Diante desse contexto, a empresa realizou novas cotações sobre os preços dos cartuchos, bem como o rendimento dos mesmos, tal como consta na Tabela 19.3. Foram considerados, para efeito de simplificação das análises, apenas os cartuchos de tinta preta, já que são os mais utilizados.

Tabela 19.3 *Dados sobre custos dos cartuchos de tinta e rendimento das impressoras.*

Marcas	Modelo	Preço de aquisição	Preço do cartucho de tinta preta – original	Preço do cartucho de tinta preta – alternativo	Rendimento (nº cópias)
A	3xxx	299,00	89,00	60,00	220
A	5xxx	319,00	89,00	60,00	220
A	6xxx	760,00	99,00	58,00	450
B	4yyy	360,00	57,00	34,00	330
B	6yyy	470,00	70,00	42,00	540
B	8yyy	780,00	180,00	75,00	600

Fonte: Gasparetto (2004).

Analisando os dados constantes na Tabela 19.3, e levando também em consideração alguns fatores relevantes, tais como (1) que a vida útil estimada da impressora para a empresa é de cinco anos, (2) que haverá uma produção de cerca de 1.000 cópias mensais, e (3) que a empresa utilizará apenas cartuchos originais, os custos de operação para cada modelo de impressora estão demonstrados na Tabela 19.4.

Tabela 19.4 *Custo total de propriedade mensal das impressoras.*

Marcas	Modelo	Custo de Depreciação	Custo de tinta para impressão	Custo Total de Propriedade (mensal)
A	3xxx	4,98	404,55	409,53
A	5xxx	5,32	404,55	409,87
A	6xxx	12,67	220,00	232,67
B	4yyy	6,00	172,73	178,73
B	6yyy	7,83	129,63	137,46
B	8yyy	13,00	116,67	129,67

Fonte: Gasparetto (2004).

Não estão sendo considerados na análise os possíveis custos com manutenção das impressoras, por serem de difícil estimativa, bem como outros relacionados à qualidade e velocidade de impressão, que podem ser fatores determinantes na escolha do equipamento, e que, racionalmente, deveriam ser ponderados na tomada de decisão.

Analisando os dados apresentados na Tabela 19.4, percebe-se que, diferentemente da decisão que teria sido tomada analisando apenas o custo de aquisição, a análise do TCO evidencia que a impressora do Modelo 3xxx, da marca A, apresenta um dos maiores TCOs mensais, de R$ 409,53; enquanto a impressora 8yyy, da marca B, que apresentava o maior custo de aquisição, é a que apresenta o menor TCO, de R$ 129,67.

A Empresa Lógica, que foi citada nos Capítulos 2 e 17, por exemplo, transaciona com 1.500 itens de 400 fornecedores ativos, em que 91% das compras são nacionais e 9% são importações de diversas origens, o que dificulta a apuração desse custo, e faz com que seja questionado o custo-benefício da informação que poderia ser obtida pela análise do Custo Total de Propriedade de cada item. Para a referida empresa, o ideal seria apurar os Custos Totais de Propriedade dos Itens "A" do inventário de matéria-prima (Curva ABC), tais como: motor, compressor, aço, "carcaça" ou estrutura, mesa do fogão, sistema de queimadores, bateria (gás), subconjunto de tubulação e vidros, entre outros, nacionais ou importados, já que estes itens representam 70% dos custos dos produtos acabados.

Dessa maneira, passaria a existir uma informação útil e oportuna, com um custo relativamente baixo, frente ao grande benefício que a informação pode trazer na análise da cadeia de abastecimento desses insumos. Uma análise mais relevante seria a de verificar o que é mais vantajoso, tal como, por exemplo, adquirir um componente da Turquia ou comprar no Estado de Minas Gerais.

Conforme foi visto no Capítulo 17, quando se tratou sobre a Visibilidade dos Custos Logísticos Totais em processos de importação na Empresa Lógica, pode-se constatar que **é possível, também, apurar os Custos Totais de Propriedade dos itens importados** (que envolve todo o processo de obtenção dos insumos importados, em que são destacados nos processos os custos inerentes). O que é questionável é que um processo de importação pode envolver inúmeros itens, o que dificulta a alocação dos gastos comuns, tais como o agente de carga e o despachante aduaneiro, a cada item inerente ao processo. Esses custos podem ser considerados diretos ao processo de importação, mas são custos indiretos no que diz respeito a cada item constante no processo.

O ideal é que a análise do TCO seja aplicada quando as aquisições absorvem recursos relativamente altos ou itens críticos, tais como os itens "A" da curva ABC, para os quais se deve dar mais atenção e, também, deve-se desenvolver a consciência de que o TCO é mais importante do que o preço individual.

No próximo tópico, iremos tratar sobre o Custeio Baseado em Atividades (ABC).

19.1.6 Custeio baseado em atividades (*Activity Based Costing – ABC*)

O Custeio Baseado em Atividade (ABC) foi desenvolvido pelos professores Robin Cooper e Robert S. Kaplan e adotado inicialmente por empresas, tais como: Hewlett-Packard, John Deere, Siemens, GM e outras empresas americanas (SAKURAI, 1997, p. 95).

A idéia surgiu do fato de observarem que, em muitas empresas, os gestores começaram a perceber, principalmente, que os métodos de custeio utilizados distorciam os custos dos produtos, além de reconhecer que os custos indiretos de produção vinham aumentando significativamente, em função da aquisição de novas tecnologias de produção e de automação e da deficiência da apropriação dos custos indiretos comuns (*overhead*) com base em um critério único: horas de mão-de-obra direta.

As transformações ocorridas no ambiente produtivo, em que os ciclos de vida dos produtos passaram a ser cada vez mais curtos e o consumidor passou a exigir uma maior variedade de produtos em menores quantidades, levaram a que o montante de *overhead* resultasse em uma parcela significativa nos custos totais das empresas. Era necessário que as empresas dessem importância a essa questão: o aumento do *overhead*, e esse é o foco do ABC.

Segundo Manning (1995), a Gestão Estratégica de Custos, da qual faz parte o ABC, reconhece que os custos não são dirigidos unicamente para os bens produzidos, mas, também, para servir os clientes e os canais, por meio dos quais os produtos são oferecidos, removendo a restrição de que todos os custos devam ser relacionados aos produtos para que se tenha uma visão mais adequada dos custos consumidos. De qualquer forma, esta abordagem nos dá uma informação adicional das razões para a posição dos custos na linha de produtos. Podem-se criar três diferentes tipos de custos: custos por produtos, por canal e por clientes. Dentro dessa perspectiva, permite gerenciar e compreender os diferentes custos relatados para alguma dessas categorias ou para o relacionamento dessas categorias.

Em muitas obras consultadas sobre Logística, os autores ressaltam sobre os benefícios do Método de Custeio ABC. Entre outros, citamos como exemplo o Instituto dos Contadores Gerenciais – IMA (1992), que menciona que *"a Logística tem que ser vista no âmbito dos negócios, para isso, tem que se buscar métodos e técnicas, tal como o Custeio Baseado em Atividade"*.

Segundo Nakagawa (2001), a Gestão Baseada em Atividades (ABM), que foi desenvolvida a partir do ABC, permite que haja uma visão focada, em nível operacional, dos problemas relacionados à criação de valor para os clientes (internos e externos) ou para os acionistas. Essa discussão foi iniciada por Kaplan, Peter Turney e outros estudiosos. Segundo Sakurai (1997), a ABM é uma evolução natural do ABC, e está voltada para a gestão e o aperfeiçoamento dos processos.

Na opinião de Raffish e Turney (1991, p. 57), a ABM é um sistema de gestão que tem o ABC como um instrumento que auxilia a organização a melhorar o valor percebido pelo cliente e o valor agregado aos acionistas, por meio do aumento da rentabilidade da empresa. Está em consonância com o que estamos propondo no decorrer desta obra para a gestão econômico-financeira do macroprocesso de Logística.

O Custeio Baseado em Atividades (ABC) é o método de maior relevância da Contabilidade por Atividades e da Gestão Baseada em Atividades (ABM). Esse método mensura os custos dos produtos e serviços por meio de processos, atividades e tarefas que consomem os recursos e que são distribuídos pelos direcionadores de custo (*costs drivers*). É um método de custeio que procura reduzir sensivelmente as distorções provocadas pelo rateio arbitrário dos custos indiretos.

A identificação dos gastos ocorridos com as respectivas atividades torna possível mensurar o desempenho das mesmas, reconhecer quais atividades estão consumindo, significativamente, os recursos da empresa. Nesta abordagem, a empresa é um agregado de processos inter-relacionados e a sua conscientização, sob esse aspecto, é o requisito mais importante para o aperfeiçoamento da sua contabilidade gerencial.

De acordo com Nakagawa (2001, p. 28-30):

> "O ABC não é mais um sistema de acumulação de custos para fins contábeis, ou seja, não apura o custo dos produtos e serviços para a elaboração de balanços e demonstrações de resultado e, sim um novo método de análise de custos, que busca 'rastrear os gastos' de uma empresa para analisar e monitorar as diversas rotas de consumo dos recursos 'diretamente identificáveis' com suas atividades mais relevantes, e destas para os produtos e serviços, tendo como objetivo facilitar a mudança de atitudes dos gestores de uma empresa, a fim de que estes, paralelamente à otimização de lucro para os investidores, busquem, também, a otimização do valor dos produtos para os clientes."

Percebe-se por esta afirmativa que o ABC é um método de custeio bem mais abrangente e que tem finalidades alinhadas à estratégia da empresa. Para efeito de comparação, no Quadro 19.2, vamos analisar alguns dos métodos supracitados, já contemplando uma relação com o Custeio Baseado em Atividades (ABC).

Quadro 19.2 *Comparação entre alguns métodos de custeio.*

Método de Custeio	Objetivos	Apropriação dos Custos	Critério para decisões de Vendas	Critério para decisões de Compras ou Produção Interna (*make or buy*)
Custeio por Absorção	Gestão Societária	O custo indireto (*overhead*) é alocado, geralmente, com base nas horas de mão-de-obra direta (MOD) para apurar a taxa/hora de MOD que será utilizada na apropriação dos custos aos produtos. Os custos dos produtos são compostos de: material direto, MOD e *overhead*.	O lucro por unidade é apurado pela diferença entre o preço de venda e os custos totais.	O custo total de elaborar um produto internamente deve ser comparado ao custo total de propriedade da compra em cada fornecedor.
Custeios Direto e Variável	Eficiência e Eficácia	Os custos fixos não são alocados aos produtos. Os custos dos produtos consistem de material direto, MOD e a porção dos custos indiretos que variam com as unidades produzidas.	A contribuição por unidade é apurada pelo preço de venda menos o material direto, a MOD e os custos indiretos identificáveis no produto.	Os componentes são comprados de um fornecedor se o preço é menor que 110%[7] do custo de manufatura do produto.
Custeio Baseado em Atividades (ABC)	Competitividade e Oportunidades de otimizar retornos estratégicos	Os custos indiretos da fábrica são classificados em quatro tipos – centros de atividades, relacionando as atividades ao nível de: • unidades; • grupo/família; • produtos; • comuns.	O lucro por unidade é apurado pelo preço de venda menos os custos totais do produto, mas diferindo do custeio por absorção, em função da forma de alocação dos custos indiretos.	A análise é semelhante à do Custeio por Absorção, sendo diferenciada apenas pelo critério de alocação dos custos indiretos.

Fonte: Adaptado de Boyd; Cox III (2002, p. 1886-1888) e Nakagawa (2001, p. 36).

---

7 O percentual de 110% é citado por Boyd e Cox III (2002) como um fator a ser utilizado para reconhecer que os custos variáveis sozinhos não capturam o custo total da manufatura do componente.

Não estamos propondo que se deva abandonar o Custeio Direto ou o Variável para implantar o ABC, pois não são excludentes e sim complementares à gestão. Os Custeios Diretos e Variáveis atendem a decisões de curto prazo, isolando os custos fixos indiretos que não conseguimos facilmente atribuir aos objetos, sem nenhum critério arbitrário para a referida alocação. Para compararmos os Métodos de Custeio, na seção 19.4 iremos desenvolver um exemplo prático, evidenciando as diferenças entre os métodos de custeio.

Voltando ao ABC, este é um Método de Custeio que identifica as atividades relacionadas a um processo produtivo ou de serviço e rastreia os recursos consumidos por estas atividades, utilizando-se de vários direcionadores de custo para rastrear os custos destas atividades consumidos pelos objetos.

Como se pode observar na Figura 19.6, na seqüência, inicialmente, devemos nos preocupar com os recursos que foram gastos, tais como, energia elétrica, mão-de-obra indireta, depreciação etc., e apropriá-los às atividades realizadas, por meio de direcionadores de recursos. A partir do momento em que tivermos apurado os custos de cada atividade, devemos alocá-los aos objetos, por meio dos direcionadores de atividade. Identificamos primeiramente os elementos causadores de seu consumo e, posteriormente, promovemos a apropriação aos objetos.

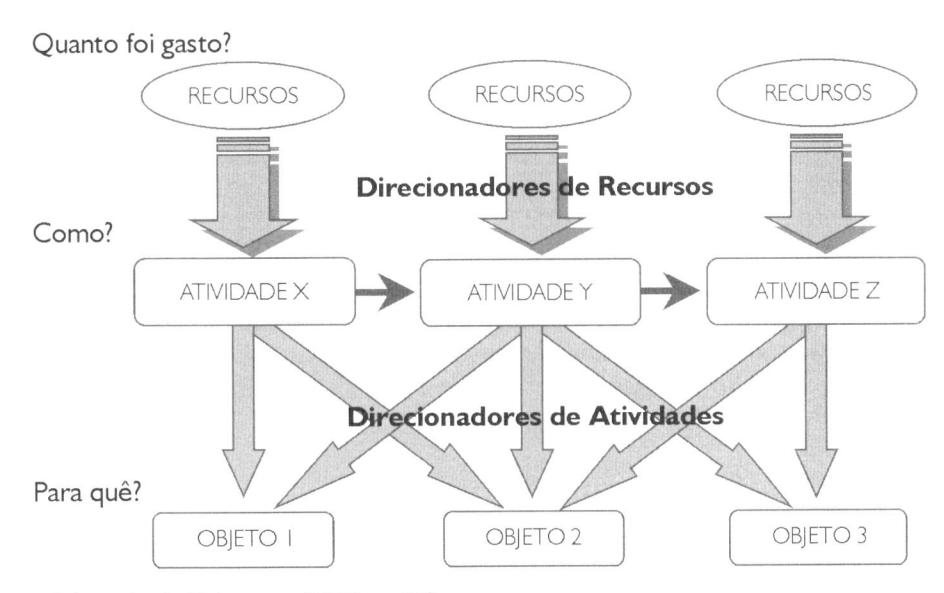

Fonte: Adaptada de Nakagawa (2001, p. 39).

Figura 19.6 *Lógica do ABC*.

Na seqüência, iremos explicar cada um dos principais conceitos relacionados ao ABC.

19.1.6.1 Atividades

Um produto ou um serviço, para estar em condições de ser colocado à disposição do consumidor, passa por uma série de etapas até que esteja pronto para o consumo final e é em decorrência dessa necessidade que as atividades acontecem. É preciso haver a combinação de uma série de recursos para que o produto ou o serviço seja disponibilizado no mercado.

A **atividade**, conforme Nakagawa (2001), descreve a forma como a empresa utiliza seu tempo e recursos para cumprir seus objetivos e metas, assim como sua missão. E de acordo com Cogan (1995), o processo é constituído por uma série de atividades que agregam valor, gerando um bem ou serviço que deverá atender às necessidades dos clientes internos ou externos.

Brimson (1996) é de opinião que as atividades são o coração da gestão de custos, sendo que, por meio da análise dos processos/atividades, a empresa estará assegurando que os planos sejam transmitidos nos níveis em que as ações podem ser tomadas, facilitando a congruência dos objetivos, destacando os geradores de custos, apoiando o aperfeiçoamento contínuo e auxiliando no processo de tomada de decisões.

Na opinião de Boisvert (1999), a empresa deve segregar as atividades que: (1) efetivamente agregam valor; (2) não agregam valor (desperdícios, retrabalhos etc.); (3) sejam ligadas à ausência de qualidade; (4) sejam controláveis; e (5) sejam relacionadas à ociosidade.

Drucker (2000, p. 15) comentou que *"a contabilidade baseada em atividades destaca – ou pelo menos tentar salientar – o impacto das variações nos custos e nos rendimentos de cada atividade sobre os resultados do todo"*. Partindo da afirmativa deste visionário, pode-se considerar que as atividades variam quanto ao número e ao detalhamento com base no nível de diferença com que são executadas ao apoiar produtos, clientes ou cadeias de suprimentos. O ABC atribui os custos de atividades com base no consumo ao cliente, produto ou cadeia de suprimentos analisada. Pode ser uma ferramenta útil para analisar como as mudanças propostas nos processos de Logística podem impactar nos serviços ou atividades fornecidas ao cliente e como essas mudanças podem afetar o consumo de recursos e atividades.

19.1.6.2 Direcionadores de custos

O Custeio Baseado em Atividades (ABC) tem como princípio relacionar os custos com as atividades que consomem esses recursos e, posteriormente, apropriar os custos das referidas atividades aos diversos objetos, tal como visto na Figura 19.6. Essa alocação pode ser realizada de três formas: Identificação Direta (ID), Rastreamento (RAS) e Rateio (RAT).

A **Identificação Direta** ocorre quando conseguimos identificar diretamente os custos a uma atividade ou objeto, sem necessitar haver nenhum outro tipo de análise. Por sua vez, Nakagawa (2001) diz que a informação gerada pelo **Rastreamento** é utilizada para identificar as ações necessárias à sobrevivência e competição da empresa, no cenário em que está inserida. O rastreamento tem o significado de identificar, classificar e mensurar a maneira como os **processos/atividades consomem recursos**, antes de preocupar-se em como os **produtos consomem os processos/atividades**. O rastreamento é uma forma bastante racional para apropriar os custos.

O **Rateio**, por sua vez, deve ser evitado, mas quando não é possível apropriar **custos comuns** às atividades ou aos objetos e que de preferência não sejam representativos nos custos totais, tais como, por exemplo, o custo com o zelador ou porteiro da fábrica ou do Centro de Distribuição, que trabalha para todas as áreas; requer que seja utilizado algum critério arbitrário para sua alocação.

Para a atribuição dos recursos consumidos às atividades, toma-se por base a melhor medida que determina a relação entre o gasto e a atividade (relação de causa e efeito) e, na seqüência, entre a atividade e o objeto. Esta medida está convencionada como **direcionador de recursos**, quando identifica a relação entre os gastos e a atividade que os consumiu; ou **direcionador de atividades,** quando possibilita uma base de medida para atribuir aos objetos (produtos, serviços, clientes etc.) os custos acumulados nas atividades.

A relação entre as atividades e os objetos analisados tem por objetivo identificar e apropriar aos objetos a parcela correta dos custos que lhe diz respeito. Martins (2003, p. 104) comenta que os **direcionadores de atividades** *"identificam a maneira como os produtos 'consomem' atividades e serve para custear produtos (ou outros custeamentos), ou seja, indica a relação entre as atividades e os produtos"*.

Boisvert (1999) comenta que os direcionadores de atividades são os que diferenciam a Contabilidade por Atividades da Contabilidade tradicional, considerando a departamentalização, pois contemplam as **relações de causa e efeito** das atividades e objetos de custos, ou seja, buscam os **agentes causadores de custos**, que alguns autores, tal como este, chamam de "detonadores de atividade", pois desencadeiam a causa de uma atividade.

Como **exemplo de direcionadores**, que são os agentes causadores dos custos, já pensando nos processos logísticos, podemos citar:

- volume movimentado ou acondicionado;
- dimensão e peso;
- área utilizada (espaço);
- quantidades de funcionários envolvidos;
- quantidade ou tamanho dos pedidos;
- quantidade de lotes;
- densidade (volume *versus* peso);
- grau de fragilidade, perecibilidade e periculosidade;
- condições de temperatura e pressão;

- números de movimentos realizados;
- freqüências de entrega;
- tempo de ciclo (*lead time*);
- modos de transporte;
- distâncias e rotas;
- quantidade de veículos;
- embalagens movimentadas (quantidade de *pallets*, caixas, contêineres, *racks*) etc.

Segundo Lima (2000), a carência de informações de custos, úteis ao processo decisório e ao controle da Logística, requer o desenvolvimento de ferramentas gerenciais com objetivos específicos, pois a variação das atividades dentro da empresa pode afastar o foco dos objetivos, e um dos sistemas que oferece uma visão gerencial adequada de Custos Logísticos, contemplando e desenvolvendo suas potencialidades, é o Método de Custeio ABC.

Na opinião de Drucker (2000), por exemplo, o rosqueamento de um parafuso pode ser mensurado pela contabilidade de custos tradicional, mas o ABC registra, também, o custo de *não se fazer nada*. Pela Contabilidade de Custos tradicional, presume-se que uma operação seja indispensável e deva ser executada no local em que está atualmente, mas pelo ABC a área passa a questionar se a operação é de fato necessária e em que local é melhor realizada com o intuito de minimizar custos. Percebe-se que a filosofia do ABC preconiza que seja realizada uma análise de valor e dos processos, bem como a gestão dos custos e da qualidade.

Na seção a seguir, trataremos, especificamente, sobre o ABC aplicado à Logística.

19.2 Custeio baseado em atividades (ABC) na Logística

As decisões logísticas influenciam o fluxo de bens e as atividades que apóiam esse fluxo, que, por sua vez, determinam seus custos. Além disso, os Custos Logísticos não podem ser monitorados sem o controle das atividades e processos. No caso da Logística, os objetivos do ABC permanecem importantes, embora o foco principal seja, por exemplo, o *"pedido de um cliente"* onde são identificadas todas as atividades associadas, como também todos os custos relevantes ao trabalho necessário para cumpri-lo. Assim, o Custeio Logístico Baseado em Atividades deve fornecer à administração as informações necessárias para determinar se certo cliente, produto ou serviço é rentável para a empresa e, para isso, faz-se necessária a confrontação das receitas com os respectivos custos.

O Instituto dos Contadores Gerenciais – IMA (1992) enfatiza que, para os subprocessos logísticos, tais como transporte e armazenagem, a abordagem é similar à já descrita anteriormente. Para isso, é necessário que as atividades e suas ocorrências sejam identificadas para cada processo logístico e que os tempos de ciclo dessas atividades, processos ou funções possam ser observados e determinados por meio de observação e dados históricos.

De acordo com La Londe e Pohlen (1998), o ABC evoluiu como uma abordagem alternativa para obter informações mais precisas sobre custos, gerando informações mais acuradas pelo uso de direcionadores múltiplos para atribuir custos com base no consumo, ao invés de alocar os Custos Logísticos como um todo, para depois alocá-los a produtos.

Estes autores, comentando sobre algumas pesquisas que realizaram, evidenciaram que algumas empresas demonstraram interesse pela implementação do sistema ABC nas operações logísticas, pelas seguintes razões:

- determinar os fatores que direcionam os Custos Logísticos, os chamados agentes causadores dos custos;
- atribuir os Custos Logísticos aos grupos de produtos;
- obter dados de custos mais precisos;
- determinar como a Logística contribui para a rentabilidade da empresa;
- mensurar os clientes mais rentáveis, assim como as regiões ou canais de distribuição; e
- focalizar esforços da reengenharia nos processos e os benefícios de custos resultantes.

Tomando como base a pesquisa supracitada, percebemos que o ABC pode ser um método de custeio bastante útil à gestão da Logística. Segundo Pohlen e La Londe (1994), o ABC mostra bem o processo para custeio e mensura o desempenho do processo logístico, apresentando mais claramente a interligação crítica existente entre a rentabilidade da empresa e os Custos Logísticos. A análise de atividades pode identificar oportunidades para reduzir os custos operacionais ou melhorar o desempenho dos serviços.

O ABC tem fornecido um direcionamento para as empresas que atuam em Logística, com um sistema mais adequado para o custeio das atividades e mensuração do desempenho. Pode-se levar a muitas formas, de um modelo relativamente simples para muitos modelos mais sofisticados. O nível de sofisticação do ABC emprega, com base nos objetivos da empresa, capacidade continuada para rastrear as informações de atividades à proporção dos custos indiretos e pela diversidade de produtos, serviços, clientes, regiões ou canais de distribuição.

Para desenvolver uma estratégia com base na metodologia do ABC, é necessário criar um modelo de custo que vise a atender às necessidades estratégicas, como, por exemplo, unidade de negócio, grupo de produto, determinado cliente ou um tipo de canal de distribuição etc. Este modelo será desenvolvido ainda neste capítulo.

19.2.1 Vantagens do ABC na Logística

O gestor logístico, diante de uma situação de mudança, é forçado a compreender toda a operação que lhe foi confiada para implantar as melhorias necessárias. Para tanto, o ABC fornecerá a perspicácia para auxiliar o gestor a ter um claro entendimento de seu processo e como reagir nas diferentes situações. Possibilita, também, diante dos resultados obtidos, que sejam realizadas ações corretivas para melhorar os serviços e minimizar os custos. Por esta análise, o gestor deve analisar os possíveis *trade-offs* de custos dentro de seu processo, para redução dos custos ou melhoramento do serviço, tornando a empresa mais competitiva.

Para Deely (1994), os benefícios da análise a partir do ABC podem ser:

- fornecer introspecção sobre os direcionadores de custos do processo logístico;
- identificar mudanças em potencial para tornar os custos mais eficientes;
- determinar a rentabilidade do cliente;
- aumentar mais efetivamente a utilização dos recursos;
- fornecer um desenvolvimento na avaliação das atividades;
- fornecer uma base para um programa de melhoria contínua (*kaizen*);
- fornecer dados de apoio à decisão; e
- apurar a rentabilidade por cliente.

Esse autor salienta os benefícios de apresentar a rentabilidade por cliente pelo fato de que estes, freqüentemente, não são analisados pelo impacto que causam na empresa. Geralmente, assume-se que todos os clientes sejam rentáveis; enquanto, usando o ABC, o gestor pode determinar que custos estão envolvidos no serviço de uma função específica, igualmente de uma armazenagem ou de uma dada solução de transporte.

Segundo Pohlen (1993), uma análise do custeio ABC na Logística permite aos gestores apontar as atividades, produtos, serviços, ou clientes que consomem o *overhead*, bem como podem examinar técnicas para reduzir ou eliminar o consumo desses recursos. Essas técnicas podem resultar em: (1) melhoria das atividades; (2) redução do tempo de ciclo que cada atividade deveria desenvolver; (3) eliminação das atividades desnecessárias (que não agregam valor) ou redundantes; (4) seleção da alternativa de menor custo; ou (5) uso de uma única atividade para integrar múltiplas funções.

Constata-se por essa afirmação que o ABC fornece, também, uma oportunidade para analisar a Logística em sua Cadeia de Suprimentos, pois pode identificar oportunidades para eliminar atividades redundantes ou que não agregam valor existentes na referida cadeia, verificar se seus membros estão com padrões excessivos de recursos consumidos ou analisar as alternativas de reestruturação da cadeia. Além disso, pode ser utilizado o ABC para reengenharia organizacional dos processos, visando a obter vantagem competitiva por meio da redução de custos ou serviços diferenciados.

Lima (2000) menciona, também, que a alocação criteriosa dos custos indiretos e *overheads*, bem como o monitoramento voltado para as atividades e a flexibilidade para trabalhar com diferentes objetos de custos, permitem a mensuração em todas as dimensões e, principalmente, a extensão do sistema e de seus benefícios por toda a Cadeia de Suprimentos.

O benefício que o ABC pode proporcionar ao gestor, na concepção do Instituto dos Contadores Gerenciais – IMA (1992), está na capacidade de gerenciar os *trade-offs* de custos quando das operações de negócios, tais como os *trade-offs* do Custo de Transporte *versus* o Custo de Manutenção do Inventário. As implicações do enfoque funcional por toda a Cadeia de Suprimentos do produto, também, devem ser compreendidas, por exemplo, reduções nos custos de obtenção poderiam resultar em atraso no suprimento de um produto.

Cokins (2000), por sua vez, menciona que a relevância dessa nova visibilidade de custos gerada pelo ABC/M para os gestores da cadeia de suprimentos torna-se evidente quando consideramos as decisões que têm que se tomar. Com muitas variáveis em cada decisão e com todos os custos consumidos por clientes individuais, o ABC mensura como todos os custos são consumidos individualmente por cada cliente. Calcula, também, os custos dos elementos intermediários e da produção intermediária na cadeia de valor, o que é bastante relevante na gestão da Logística.

19.2.2 Desvantagens do ABC na Logística

Um dos obstáculos do Método de Custeio ABC é que, embora possam ser alocados os custos de maneira mais rigorosa, a análise pode estar baseada em uma hipótese que, provavelmente, não seja verdadeira, pois todos os custos são direcionados ao produto e devem ser rastreados ou alocados ao mesmo. Todavia, por exemplo, o custo do canal de distribuição e sua rentabilidade não são, tipicamente, direcionados somente por produtos, mas também por serviços ao cliente.

Para Pirttilä e Hautaniemi (1995), um dos maiores problemas na aplicação do ABC é a mensuração dos desperdícios e os custos de capacidade ociosa, que são, muitas vezes, difíceis de serem monitorados nos processos. Esses custos não deveriam ser designados para nenhum objeto de custo, pois não agregam valor ao negócio. É um diferencial em relação aos outros métodos, que pode dificultar a análise do custo total.

Uma das desvantagens do ABC, apesar de melhorar a qualidade da informação de custos, é sua complexidade para implementação e análise, pois requer muitos controles. Ness e Cucuzza (2000) comentam que a análise do ABC pode requerer centenas de análises para obter as informações sobre cada atividade, além de utilizar mais direcionadores de custos que os outros métodos para a apropriação dos custos indiretos entre produtos, processos, canais de distribuição, clientes e mercados.

Para verificar sua viabilidade de implementação, deve-se analisar o custo da geração das informações frente aos benefícios que causará no processo de tomada de decisão dos gestores logísticos. Na próxima seção, iniciaremos o desenvolvimento do Modelo de Custos aplicando o Método de Custeio ABC para a Logística.

19.3 Desenvolvimento do modelo de custos ABC para a Logística

A forma de apurar o ABC, como já comentado anteriormente, está relacionada a como atribuir os custos às atividades e, posteriormente, ao objeto que está sendo considerado. Se o objeto de análise é, por exemplo, um pedido de cliente, todos os custos de seu atendimento são incluídos no custo total desse objeto. Os objetos para apuração dos custos podem ser os pedidos dos clientes, os canais de distribuição, os produtos, os próprios clientes e os serviços de valor agregado. As apropriações dos custos variam conforme o objeto de apuração.

De acordo com Bowersox e Closs (2001), todos os custos ligados ao desempenho da Logística devem ser incluídos na classificação do Custeio Baseado em Atividades (ABC). Devem ser isolados todos os custos relacionados a Transportes, Armazenagem/Movimentação, Embalagem etc., segregando-os em diretos e indiretos, contemplando, inclusive, o *overhead* (gastos comuns).

Segundo o Instituto dos Contadores Gerenciais – IMA (1992), as etapas a serem seguidas no desenvolvimento de um Modelo de ABC estão ilustradas na Figura 19.7.

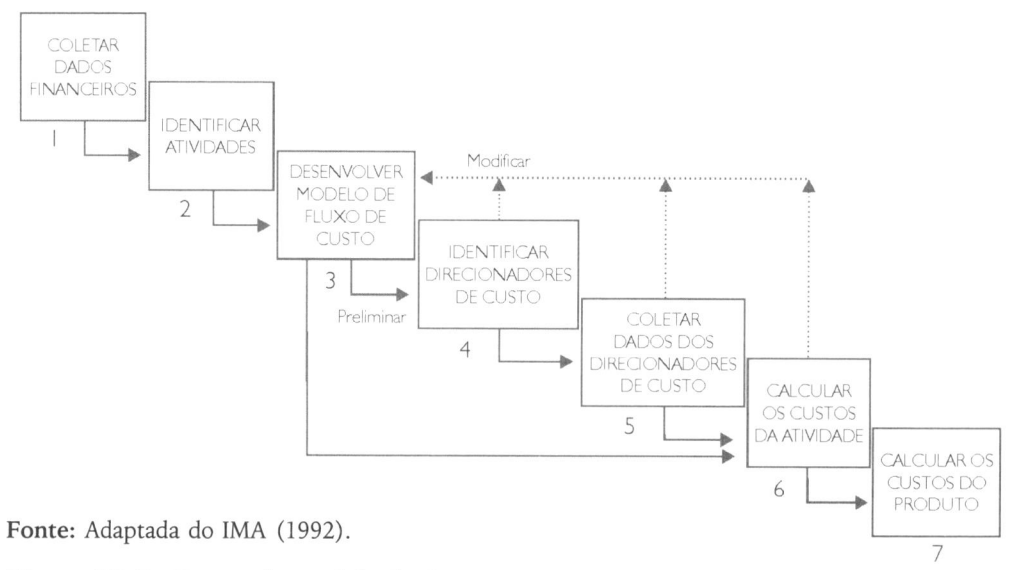

Fonte: Adaptada do IMA (1992).

Figura 19.7 *Etapas do Modelo de Custo ABC.*

Para desenvolver o Modelo de Custeio Baseado em Atividades para a Logística, consideramos que seja necessário:

1. verificar quais os processos/atividades ou subatividades existentes (mapeamento);
2. analisar as características e especificidades dos referidos processos/atividades ou tarefas; bem como seus fluxos físicos e de informações;
3. identificar os recursos consumidos (custos) em cada um dos processos/atividades ou subatividades, com base em informações contábil-gerenciais;
4. identificar, minimizar ou eliminar ineficiências, retrabalhos, desperdícios, capacidades mal dimensionadas etc.;
5. definir os direcionadores de recursos dos referidos custos para alocá-los aos processos/atividades ou subatividades;
6. definir os objetos de custeio (família de produtos, itens (SKUs), clientes, segmentos de clientes, canais de distribuição, regiões etc.); e
7. definir os direcionadores de atividades dos referidos custos para alocá-los aos objetos.

Boisvert (1999, p. 72), por considerar que *"a gestão centrada sobre os processos constitui um fator-chave do sucesso das empresas de classe mundial"*, sugere que as atividades sejam agrupadas em subprocessos e processos, e que devem ser evidenciadas aos gestores as repercussões das definições dos direcionadores de custos e atividades, comentados anteriormente. Além disso, deve haver uma simplificação da identificação das atividades aos objetos de custos. Outro fator relevante é a definição dos objetos de custos que terão seus custos analisados, pois os direcionadores podem diferir de objeto para objeto.

O Método de Custeio ABC aplicado à Logística pode ser considerado como uma ferramenta na gestão dos Custos Logísticos. Permite identificar os custos de todos os subprocessos e atividades envolvidas no sistema logístico, buscando a relação de causa e efeito entre os recursos consumidos, com as respectivas atividades, e destas com os objetos de custos, tais como: produtos, clientes, canais de distribuição, regiões etc., como visto anteriormente. Dessa forma, possibilita a identificação, por exemplo, da rentabilidade do "pedido do cliente", como também avalia o desempenho das atividades.

Para que os recursos consumidos sejam alocados aos departamentos, devem ser determinados alguns critérios de apropriação, que podem ser por: Identificação Direta (ID), Rastreamento (RAS) ou Rateio (RAT).

Os recursos consumidos devem, inicialmente, ser contabilizados nos departamentos (Centros de Custos), tal como apresentado no Quadro 19.3, para facilitar a interação com a Contabilidade Financeira, da maneira como já é feito pela maioria das médias e grandes empresas. Cabe ressaltar que, como já comentado, os Custos de Oportunidade que constam no referido quadro não são registrados pela Contabilidade Financeira, mas, para efeito de apuração dos custos e resultados gerenciais, devem ser considerados.

Quadro 19.3 *Critérios de apropriação dos recursos aos departamentos.*

Registrados Contabilmente	Critérios de Apropriação
Mão-de-Obra (Salários, Encargos Sociais e Benefícios)	Identificação Direta ou Rastreamento
Depreciação de Veículos	Identificação Direta
Depreciação de Equipamentos	Identificação Direta
Depreciação de Móveis e Utensílios	Identificação Direta
Depreciação de Computadores	Identificação Direta
Depreciação do Prédio	Rateio (m^2)
Seguro de Veículos	Identificação Direta
Seguro de Equipamentos	Identificação Direta
Seguro do Prédio	Rateio (m^2)
Seguro dos Estoques	Identificação Direta
Manutenção de Veículos	Identificação Direta
Manutenção de Equipamentos	Identificação Direta
Manutenção do Prédio	Rateio (m^2)
Energia Elétrica	Rastreamento (kW) ou Rateio
Aluguel	Rateio (m^2)
Telecomunicações	Identif. Direta ou Rastreamento (ramais/uso)
Limpeza	Rateio (m^2)
Segurança	Rateio (m^2/func.)
Peças, acessórios e materiais de manutenção	Identificação Direta
Gastos com Veículos (Óleos / Combustíveis, Lavagens, Pneus etc.)	Identificação Direta
Pedágios	Identificação Direta
Prestação de Serviços de Terceiros	Identificação Direta
Embalagens	Identificação Direta
Tributários	Identificação Direta
Tecnologia de Informação	Identificação Direta ou Rastreamento
Outros	
Extracontábeis (gerenciais)	
Custo de Oportunidade dos Inventários	Identificação Direta
Custo de Oportunidade dos Veículos	Identificação Direta
Custo de Oportunidade dos Equipamentos	Identificação Direta
Custo de Oportunidade do Prédio	Identificação Direta

Todos os recursos consumidos, constantes do Quadro 19.3, devem ser apropriados às áreas que os consomem. Conforme visto no Capítulo 18, quando se tratou sobre a Logística como Unidade de Negócio, os departamentos associados aos três processos logísticos são:

Quadro 19.4 *Estrutura organizacional por processo logístico.*

	Logística de Abastecimento	Logística de Planta	Logística de Distribuição
Departamentos (Centros de Custos)	• Logística de Materiais Nacionais (LMN); • Logística de Materiais Importados (LMI); • Armazenagem/ Movimentação de materiais (AMM).	• PPCP; • Movimentação (MOV).	• Armazenagem de Produtos Acabados (APA); • Logística de Distribuição Nacional (LDN); • Logística de Exportação (LE).

Buscando analisar os recursos consumidos por cada processo, teremos:

Quadro 19.5 *Recursos consumidos nos centros de custos por processos logísticos.*

	ABASTECIMENTO			PLANTA		DISTRIBUIÇÃO		
	LMN	LMI	AMM	PPCP	MOV	APA	LDN	LDE
Mão-de-obra	X		X	X	X	X		X
Depreciação de Veículos			X	X	X			
Depreciação de Equipamentos	X	X		X			X	X
Depreciação do Prédio								
Depreciação de Computadores								
Depreciação Móv. e Utensílios								
Seguro de Veículos			X	X	X			
Seguro de Equipamentos	X	X		X			X	X
Seguro do Prédio								
Seguro dos Estoques				X			X	
Manutenção de Veículos			X	X	X			
Manutenção de Equipamentos	X	X		X			X	X
Manutenção do Prédio								
Manutenção dos Computadores								
Energia Elétrica								
Aluguel								
Telecomunicações								
Limpeza								
Segurança								
Pedágios			X	X	X			
Prestação de Serviços de Terceiros								
Embalagens			X		X		X	
Tributários			X		X			
Tecnologia de Informação								
Outros								
Custo de Manutenção dos Inventários	X	X		X			X	X
Custo de Oportunidade – COP dos Veículos			X	X	X			
Custo de Oportunidade – COP dos Equipamentos	X	X		X			X	X
Custo de Oportunidade – COP do Prédio								
Custo de Oportunidade – COP dos Computadores								
Custo de Oportunidade – COP dos Móveis e Utensílios								

A partir do momento em que forem registrados os recursos consumidos em cada um dos departamentos supracitados nos Quadros 19.4 e 19.5, deveremos definir (mapear) quais as atividades existentes em cada um deles que, de forma simplificada, estamos analisando em cada um dos processos. Para o processo de Logística de Abastecimento, temos as seguintes atividades, nos respectivos departamentos (centros de custos):

Quadro 19.6 *Atividades da Logística de Abastecimento (por centro de custo).*

Logística de Materiais Nacionais	Logística de Materiais Importados	Armazenagem/Movimentação de Materiais
Contratar Operadores	Contratar Operadores	Planejar materiais
Carregar	Carregar	Receber/inspecionar
Transportar	Transportar	Classificar e registrar contabilmente
Descarregar	Descarregar	Movimentar
	Desembaraçar documentação	Estocar (acondicionar)
		Separar/conferir
		Expedir para planta

A Logística de Planta, por sua vez, apresenta as seguintes atividades:

Quadro 19.7 *Atividades da Logística de Planta (por centro de custo).*

PPCP	Movimentação
Planejar/controlar a produção	Receber materiais
Estocar produtos em processo	Movimentar internamente materiais/produtos
	Transferir componentes entre plantas
	Expedir para a distribuição

E a Logística de Distribuição realiza as atividades que constam no Quadro 19.8:

Quadro 19.8 *Atividades da Logística de Distribuição (por centro de custo).*

Armazenagem de Produtos Acabados	Logística de Distribuição Nacional	Logística de Exportação
Planejar demanda	Contratar operadores	Contratar operadores
Receber	Carregar	Carregar
Movimentar	Transportar	Transportar
Estocar (acondicionar)	Descarregar	Descarregar
Separar/conferir		Desembaraçar documentação
Expedir para cliente		

Dando continuidade à atribuição dos recursos consumidos pelos processos logísticos às atividades, precisamos definir os direcionadores de recursos, em cada um dos processos, como se pode observar no Quadro 19.9.

Quadro 19.9 *Modelo para apuração dos custos logísticos por atividades.*

Processo	Centros de Custos	Recursos Consumidos	Direcionador de Recursos às Atividades	Atividades
A B A S T E C I M E N T O	Logística de Materiais Nacionais e Importados	Mão-de-Obra, Depreciação de Móveis e Utensílios e Computadores	ID ou RAS – Tempo	Contratar operadores
		Tecnologia de Informação	ID ou RAS – Acesso	
		Depreciação e Manutenção do Prédio; Gastos Condominiais	ID ou RAS – Área	
		Mão-de-Obra, Depreciação e Manutenção de Equipamentos	ID ou RAS – Tempo	Carregar
		Tecnologia de Informação	ID ou RAS – Acesso	
		Prestação de Serviços de Terceiros; Embalagens	ID	
		Depreciação e Manutenção do Prédio; Gastos Condominiais	ID ou RAS – Área	
		Mão-de-Obra; Depreciação e Manutenção de Veículos; Seguro de Veículos, Pedágios; Prestação de Serviços de Terceiros; Embalagens; Tributários; Tecnologia de Informação	ID ou RAS – Distância x Densidade	Transportar
		Mão-de-Obra; Depreciação e Manutenção de Equipamentos	ID ou RAS – Tempo	Descarregar
		Tecnologia de Informação	ID ou RAS – Acesso	
		Prestação de Serviços de Terceiros; Embalagens	ID	
		Depreciação e Manutenção do Prédio; Gastos Condominiais	ID ou RAS – Área	
		Mão-de-Obra, Depreciação de Móveis e Utensílios e Computadores	ID ou RAS – Tempo	Desembaraçar documentação
		Tecnologia de Informação	ID ou RAS – Acesso	
		Tributários	ID	
		Prestação de Serviços de Terceiros	ID	
	Armazenagem/ Movimentação de Materiais	Mão-de-obra, Depreciação e Manutenção de Equipamentos e Computadores	ID ou RAS – Tempo	Planejar os materiais a serem comprados
		Tecnologia de Informação	ID ou RAS – Acesso	
		Depreciação e Manutenção do Prédio; Gastos Condominiais	ID ou RAS – Área	

Processo	Centros de Custos	Recursos Consumidos	Direcionador de Recursos às Atividades	Atividades
A B A S T E C I M E N T O	Armazenagem/ Movimentação de Materiais	Mão-de-Obra, Depreciação e Manutenção de Equipamentos e Computadores	ID ou RAS – Tempo	Receber/ inspecionar
		Tecnologia de Informação	ID ou RAS – Acesso	
		Depreciação e Manutenção do Prédio; Gastos Condominiais	ID ou RAS – Área	
		Mão-de-Obra, Depreciação e Manutenção de Computadores	ID ou RAS – Tempo	Classificar e registrar contabilmente
		Tecnologia de Informação	ID ou RAS – Acesso	
		Depreciação e Manutenção do Prédio; Gastos Condominiais	ID ou RAS – Área	
		Mão-de-Obra, Depreciação e Manutenção de Equipamentos	ID ou RAS – Tempo	Movimentar
		Tecnologia de Informação	ID ou RAS – Acesso	
		Prestação de Serviços de Terceiros; Embalagens	ID	
		Depreciação e Manutenção do Prédio e Instalações; Gastos Condominiais	ID ou RAS – Área	
		Mão-de-Obra, Depreciação e Manutenção de Equipamentos	ID ou RAS – Tempo	Estocar (acondicionar)
		Tecnologia de Informação	ID ou RAS – Acesso	
		Prestação de Serviços de Terceiros; Embalagens	ID	
		Depreciação e Manutenção do Prédio; Gastos Condominiais	ID ou RAS – Área	
		Mão-de-Obra, Depreciação e Manutenção de Equipamentos	ID ou RAS – Tempo	Separar/conferir
		Tecnologia de Informação	ID ou RAS – Acesso	
		Depreciação e Manutenção do Prédio; Gastos Condominiais	ID ou RAS – Área	
		Mão-de-Obra, Depreciação e Manutenção de Equipamentos	ID ou RAS – Tempo	Expedir para a planta
		Tecnologia de Informação	ID ou RAS – Acesso	
		Depreciação e Manutenção do Prédio; Gastos Condominiais	ID ou RAS – Área	

Processo	Centros de Custos	Recursos Consumidos	Direcionador de Recursos às Atividades	Atividades
P L A N T A	PPCP	Mão-de-Obra, Depreciação e Manutenção de Computadores	ID ou RAS – Tempo	Planejar e controlar a produção
		Tecnologia de Informação	ID ou RAS – Acesso	
		Depreciação e Manutenção do Prédio; Gastos Condominiais	ID ou RAS – Área	
		Mão-de-Obra, Depreciação e Manutenção de Equipamentos	ID ou RAS – Tempo	Estocar produtos em processo
		Tecnologia de Informação	ID ou RAS – Acesso	
		Prestação de Serviços de Terceiros; Embalagens	ID	
		Depreciação e Manutenção do Prédio; Gastos Condominiais	ID ou RAS – Área	
	Movimentação	Mão-de-Obra, Depreciação e Manutenção de Equipamentos e Computadores	ID ou RAS – Tempo	Receber/ materiais
		Tecnologia de Informação	ID ou RAS – Acesso	
		Depreciação e Manutenção do Prédio; Gastos Condominiais	ID ou RAS – Área	
		Mão-de-Obra, Depreciação e Manutenção de Equipamentos	ID ou RAS – Tempo	Movimentar internamente materiais/produtos
		Tecnologia de Informação	ID ou RAS – Acesso	
		Prestação de Serviços de Terceiros; Embalagens	ID	
		Depreciação e Manutenção do Prédio e Instalações; Gastos Condominiais	ID ou RAS – Área	
		Mão-de-Obra; Depreciação e Manutenção de Veículos; Seguro de Veículos, Pedágios; Prestação de Serviços de Terceiros; Embalagens; Tributários; Tecnologia de Informação	ID	Transferir componentes entre plantas
		Mão-de-Obra, Depreciação e Manutenção de Equipamentos	ID ou RAS – Tempo	Expedir para a distribuição
		Tecnologia de Informação	ID ou RAS – Acesso	
		Depreciação e Manutenção do Prédio; Gastos Condominiais	ID ou RAS – Área	

Processo	Centros de Custos	Recursos Consumidos	Direcionador de Recursos às Atividades	Atividades
D I S T R I B U I Ç Ã O	Logística de Distribuição Nacional e Exportação	Mão-de-Obra, Depreciação de Móveis e Utensílios e Computadores	ID ou RAS – Tempo	Contratar operadores
		Tecnologia de Informação	ID ou RAS – Acesso	
		Depreciação e Manutenção do Prédio; Gastos Condominiais	ID ou RAS – Área	
		Mão-de-Obra, Depreciação e Manutenção de Equipamentos	ID ou RAS – Tempo	Carregar
		Tecnologia de Informação	ID ou RAS – Acesso	
		Prestação de Serviços de Terceiros; Embalagens	ID	
		Depreciação e Manutenção do Prédio; Gastos Condominiais	ID ou RAS – Área	
		Mão-de-Obra; Depreciação e Manutenção de Veículos; Seguro de Veículos, Pedágios; Prestação de Serviços de Terceiros; Embalagens; Tributários; Tecnologia de Informação	ID ou RAS – Distância x Densidade	Transportar
		Mão-de-Obra, Depreciação e Manutenção de Equipamentos	ID ou RAS – Tempo	Descarregar
		Tecnologia de Informação	ID ou RAS – Acesso	
		Prestação de Serviços de Terceiros; Embalagens	ID	
		Depreciação e Manutenção do Prédio; Gastos Condominiais	ID ou RAS – Área	
		Mão-de-Obra, Depreciação de Móveis e Utensílios e Computadores	ID ou RAS – Tempo	Desembaraçar documentação
		Tecnologia de Informação	ID ou RAS – Acesso	
		Tributários	ID	
		Prestação de Serviço de Terceiros	ID	
	Armazenagem de Produtos Acabados	Mão-de-Obra, Depreciação e Manutenção de Computadores	ID ou RAS – Tempo	Planejar a demanda
		Tecnologia de Informação	ID ou RAS – Acesso	
		Depreciação e Manutenção do Prédio; Gastos Condominiais	ID ou RAS – Área	

Processo	Centros de Custos	Recursos Consumidos	Direcionador de Recursos às Atividades	Atividades
D I S T R I B U I Ç Ã O	Armazenagem de Produtos Acabados	Mão-de-Obra, Depreciação e Manutenção de Equipamentos e Computadores	ID ou RAS – Tempo	Receber produtos
		Tecnologia de Informação	ID ou RAS – Acesso	
		Depreciação e Manutenção do Prédio; Gastos Condominiais	ID ou RAS – Área	
		Mão-de-Obra, Depreciação e Manutenção de Equipamentos	ID ou RAS – Tempo	Movimentar
		Tecnologia de Informação	ID ou RAS – Acesso	
		Prestação de Serviços de Terceiros; Embalagens	ID	
		Depreciação e Manutenção do Prédio e Instalações; Gastos Condominiais	ID ou RAS – Área	
		Mão-de-Obra, Depreciação e Manutenção de Equipamentos	ID ou RAS – Tempo	Estocar (acondicionar)
		Tecnologia de Informação	ID ou RAS – Acesso	
		Prestação de Serviços de Terceiros; Embalagens	ID	
		Depreciação e Manutenção do Prédio; Gastos Condominiais	ID ou RAS – Área	
		Mão-de-Obra, Depreciação e Manutenção de Equipamentos	ID ou RAS – Tempo	Separar/conferir
		Tecnologia de Informação	ID ou RAS – Acesso	
		Depreciação e Manutenção do Prédio; Gastos Condominiais	ID ou RAS – Área	
		Mão-de-Obra, Depreciação e Manutenção de Equipamentos e Computadores	ID ou RAS – Tempo	Expedir para o cliente
		Tecnologia de Informação	ID ou RAS – Acesso	
		Depreciação e Manutenção do Prédio; Gastos Condominiais	ID ou RAS – Área	

Legenda: ID = Identificação Direta; RAS = Rastreamento.

E, na seqüência, após apropriarmos os recursos consumidos a cada uma das atividades nos processos de Abastecimento, Planta e Distribuição, necessitamos definir quais são os direcionadores de atividades para apropriar os custos das atividades aos objetos, que podem ser vistos no Quadro 19.10.

Quadro 19.10 *Direcionadores de atividades aos objetos.*

Processo	Atividades	Direcionadores de Atividades	Objetos
A B A S T E C I M E N T O	Contratar Operadores	RAS = *Pallets*/Caixas/Cubagem	**I T E N S – S K U' S**
	Carregar		
	Transportar		
	Descarregar		
	Desembaraçar documentação	RAS = Por processo (importado)/NF (nacional) em função da quantidade de itens	
	Planejar os materiais a serem comprados (SKU's)	RAS = Quantidade de itens (SKU's)	
	Receber/inspecionar		
	Classificar e registrar contabilmente		
	Movimentar	RAS = *Pallets*/Caixas	
	Estocar (acondicionar)	Tempo médio de cada item x Quantidade de itens	
	Separar/Conferir	RAS = Quantidade de itens (SKUs)	
	Expedir para a planta	RAS = Quantidade de itens (SKUs)	
P L A N T A	Planejar e controlar a produção	RAS = Quantidade de produtos produzidos	**P R O D U T O S**
	Estocar produtos em processo	RAS = Tempo médio de cada item x quantidade de produtos	
	Receber materiais	RAS = nº de materiais movimentados	
	Movimentar internamente materiais/produtos	RAS = nº de produtos movimentados	
	Transferir componentes entre plantas	RAS = nº de produtos transferidos	
	Expedir para a distribuição	RAS = nº de produtos produzidos	
D I S T.	Contratar operadores	RAS = *Pallets*/caixas expedidas	Produto
			Cliente
			Canal
			Região

Processo	Atividades	Direcionadores de Atividades	Objetos
D I S T R I B U I Ç Ã O	Carregar	RAS = Densidade *Pallet*/caixas expedidas	Produto
		RAS = Densidade dos Produtos expedidos x Distância x Freqüência de entregas	Cliente
		RAS = Densidade dos produtos expedidos x Distância	Canal
		RAS = Densidade dos produtos expedidos x Distância	Região
	Transportar	RAS = *Pallets*/Caixas Expedidas	Produto
			Cliente
			Canal
	Descarregar		Região
	Desembaraçar documentação	RAS = Por processo/NF em função da quantidade de itens	Produto
			Cliente
			Canal
			Região
	Planejar a demanda	RAS = Quantidade de produtos vendidos	Produto
			Cliente
			Canal
			Região
	Receber produtos	RAS = Quantidade produtos movimentados	Produto
	Movimentar	RAS = *Pallets*/caixas expedidas	Cliente
			Canal
			Região
	Estocar (acondicionar)	RAS = Tempo médio de cada produto x Quantidade de produtos estocados	Produto
		RAS = *Pallets*/Caixas expedidas	Cliente
			Canal
			Região
	Separar/conferir	RAS = Quantidade de produtos vendidos	Produto
		RAS = *Pallets*/caixas expedidas	Cliente
			Canal
			Região
	Expedir para o cliente	RAS = *Pallets*/caixas expedidas	Produto
			Cliente
			Canal
			Região

Legenda: RAS = Rastreamento.

A partir do momento em que temos definidos os recursos consumidos pelas diversas atividades, e estas pelos diferentes objetos, na próxima seção, para melhorar sua compreensão, estaremos desenvolvendo um exemplo prático, em que poderemos comparar os Métodos de Custeio supracitados, aplicando-os à Logística.

19.4 Comparação dos métodos de custeio aplicados à Logística

Para comparar o impacto de cada um dos Métodos de Custeio no resultado e nos ativos, iremos desenvolver o exemplo de uma empresa fictícia, denominada Indústria e Comércio de Mesas de Madeira Polyxandy Ltda. Esta empresa tem um produto único e produz 5.000 unidades por mês.

São comercializadas mensalmente 4.800 unidades, sendo 3.000 unidades para o mercado interno e 1.800 unidades para o mercado externo (exportação). A política da empresa é manter 200 unidades mensais como estoque de segurança, o que já denota a necessidade de apurar o Custo de Manutenção de Inventário.

Tem-se como premissa para a realização da receita que o Preço Unitário Bruto das mesas é diferenciado para os mercados interno e externo, sendo de R$ 308 para o mercado interno e de R$ 330 para o mercado externo. A Comissão dos Vendedores, que é uma Despesa Variável de Vendas, é de 6% sobre a Receita Líquida.

Na Tabela 19.5, poderemos observar todos os recursos que foram consumidos em determinado período nos processos logísticos, contabilizados nos centros de custos associados a cada um desses processos. Cabe ressaltar que todos os gastos foram **apropriados por competência**, ou seja, conforme sua ocorrência no período, e não em função de seus desembolsos (regime de caixa).

Os Custos de Oportunidade dos Estoques de Matérias-Primas e Produtos Acabados, bem como os dos Ativos Imobilizados utilizados nos processos logísticos, são custos imputados aos relatórios gerenciais da Logística, não sendo registrados na Contabilidade Financeira, como já tratado no Capítulo 10, quando se comentou sobre os Custos de Manutenção de Inventário.

Tabela 19.5 *Recursos consumidos mensalmente.*

Centros de Custos/Departamentos	$
PROCESSO PRODUTIVO	
Custos Diretos Variáveis	**722.500,00**
Matéria-prima ($ 90,00 x 5.000/un.)	450.000,00
Material Secundário Direto ($ 13,00 x 5.000/un.)	65.000,00
Mão-de-Obra Direta hora/produção ($ 7,00 x 5 horas/un. = $ 35,00/un. x 5.000/un.)	175.000,00
Energia Elétrica Variável produção ($ 2,00/un. x 5.000/un.)	10.000,00
Depreciação de Máquina Industrial em função da capacidade utilizada ($1,50/un. x 5.000/un.)	7.500,00
Embalagens para o produto – Caixas de Papelão ($ 0,50 x 5.000/un.)	2.500,00
Serviço terceirizado de laqueação ($ 2,50/un. x 5.000/un.)	12.500,00
Custos Indiretos Fixos de Produção	**5.725,00**
Salários, Encargos Sociais e Benefícios do Supervisor da fábrica	3.000,00
Depreciação de Máquinas Industriais em função da ação do tempo ($ 180.000,00/120 meses)	1.500,00
Seguro das Máquinas Industriais ($ 2.700 aa/12 meses)	225,00
Manutenção de Equipamentos Industriais (Serviço Terceirizado)	1.000,00
PROCESSO LOGÍSTICO DE ABASTECIMENTO	**50.625,00**
Frete na aquisição de Matéria-prima Nacional ($ 4,00/un. x 5.000/un.)	20.000,00
Seguro no transporte da Matéria-Prima ($ 0,50/un. x 5.000)	2.500,00
Depreciação de Equipamentos de Movimentação ($ 15.000/120 meses)	125,00
Depreciação de Instalações de Armazenagem ($ 150.000,00/120 meses)	1.250,00
Embalagens para transporte da Matéria-prima (5000u/20un. x $ 2,40/un. de *pallets*)	600,00
Embalagens para transporte de Material Secundário (5000u/30un. x $2,40/un. de *pallets*)	400,00
Mão-de-Obra (salários, benefícios e encargos sociais)	13.000,00
Impostos de Importação de Materiais Secundários ($ 13,00 x 15% x 5000/un.)	9.750,00
Desembaraços Aduaneiros para aquisição de material secundário (despachantes, taxas etc.) – CIF	3.000,00
PROCESSO LOGÍSTICO DE PLANTA	**13.125,00**
Depreciação de Equipamentos de Movimentação ($ 15.000/120 meses)	125,00
Transporte terceirizado interplantas para laqueação do produto ($ 0,60 x 5.000)	3.000,00
Mão-de-Obra (salários, benefícios e encargos sociais)	10.000,00
PROCESSO LOGÍSTICO DE DISTRIBUIÇÃO	**69.625,00**
Combustíveis e Lubrificantes	3.000,00
Operador Logístico na distribuição por região nacional (pulverizado) ($ 8,00/un. x 4.800/un.)	38.400,00
Pedágios	700,00
Seguro de Veículos	300,00
Embalagens para transporte e acondicionamento (5.000un./10u x $ 4,00/un.)	2.000,00
Depreciação de Equipamentos de Movimentação ($ 15.000/120 meses)	125,00
Depreciação de Instalações de Armazenagem ($ 180.000,00/120 meses)	1.500,00
Depreciação do Veículo ($ 150.000,00/60 meses)	2.500,00

Centros de Custos/Departamentos	$
IPVA (imposto do veículo)	500,00
Manutenção do Veículo (pneus, lavagens, reparos, peças, oficina etc.)	2.300,00
Mão-de-obra do motorista (salário, encargos sociais, benefícios etc.)	3.500,00
Mão-de-obra (salários, benefícios e encargos sociais)	12.000,00
Desembaraços Aduaneiros para Exportação de produtos (despachantes, taxas etc.) – FCA	2.800,00
PROCESSO DE VENDAS	**577.287,00**
Comissões de Vendedores (sobre o valor da receita líquida total)	60.237,00
IPI ($ 280,00 x 10% = $ 28,00/un. x 3000/un.) + ($ 300,00 x 10% = $ 30,00/un. x 1.800/un.)	138.000,00
Mão-de-obra Indireta (salários, benefícios e encargos sociais)	3.000,00
ICMS, PIS/COFINS /un. ($ 300,00 x 27,25% x 1800/un.) + ($ 280,00 x 27,25% x 3000/un.)	376.050,00
Despesas Comuns (contas gerais)	**20.000,00**
Aluguel do Prédio	7.000,00
Telecomunicações	4.000,00
Energia Elétrica – Iluminação	2.000,00
Manutenção do Prédio (Pintura, IPTU, Limpeza, Vigilância, Seguro)	5.000,00
Tecnologia da Informação	2.000,00
Despesas Administrativas	**7.000,00**
Mão-de-Obra Indireta (salários, benefícios e encargos sociais)	7.000,00
CUSTOS EXTRACONTÁBEIS (GERENCIAIS)	**17.016,80**
Custo de Oportunidade dos Equipamentos de Movimentação (45.000,00 x 2% am)	900,00
Custo de Oportunidade das Instalações de Armazenagem (330.000,00 x 2% am)	6.600,00
Custo de Oportunidade Estoques de Matéria-Prima ($ 90 + 4 + 0,5) x 1,7926% am x 200un.	338,80
Custo de Oportunidade Estoques de Prod. Acabados ($ 144,50/un. x 2% am x 200 un.	578,00
Custo de Oportunidade das Máquinas Industriais (280.000,00 x 2% am)	5.600,00
Custo de Oportunidade de Veículos (150.000,00 x 2% am)	3.000,00
TOTAL DOS CUSTOS/DESPESAS DO PERÍODO	**1.482.903,80**

Observa-se, na Tabela 19.5, que também foram considerados (apenas gerencialmente), os custos de oportunidade relativos aos investimentos aplicados no referido negócio, que representam o sacrifício de uma alternativa desprezada para a realização das atividades logísticas atuais.

Os recursos comuns, ou seja, aqueles que devem ser apropriados a todas as áreas da empresa, foram registrados, inicialmente, em *contas gerais*, para depois serem apropriados aos centros de custos, por meio de critérios específicos, em função da parcela que cada centro consumiu, tal como pode ser visto na Tabela 19.6.

Tabela 19.6 Base de dados para apropriação dos recursos consumidos.

Direcionadores de Recursos	Abastecimento			Planta			Distribuição			Produção	Vendas	Adm.	Total
	LMN	LMI	AMM	PPCP	MOV	APA	LDN	LDE					
% do Espaço	3	3	16	3	1	21	3	3	40	3	4	100
Qte. de Ramais	1	1	2	1	1	2	1	1	3	5	4	22
Qte. de Terminais	1	1	2	1	1	2	1	1	2	5	5	22
Tempo viagem/horas	–	–	–	–	–	–	10	6	–	–	–	16
Distância km por viagem	–	–	–	–	–	–	800	500	–	–	–	1.300
Qte. de viagens/mês	–	–	–	–	–	–	15	2	–	–	–	17
Tempo/freqüência/mês	–	–	–	–	–	–	150	12	–	–	–	162
Distância/freqüência	–	–	–	–	–	–	12.000	1.000	–	–	–	13.000
Volume transportado	5.000	5.000	10.000	–	15.000	5.000	3.000	1.800	–	–	–	44.800

Para a apropriação dos referidos recursos, tais como aluguel, energia elétrica e manutenção do prédio, foram utilizados como critérios de apropriação o espaço utilizado em m² por centro de custos. Para os recursos com telecomunicações, foi utilizada a quantidade de ramais existentes em cada centro ou estimativa de utilização. Em relação aos recursos consumidos com a utilização de tecnologia da informação, a apropriação foi realizada com base no número de terminais de computadores existentes em cada centro de custos.

A partir da apropriação dos recursos consumidos por Centro de Custos, que pode ocorrer por Identificação Direta (ID), Rastreamento (RAS) ou Rateio para os gastos comuns (RAT), a Tabela 19.7 apresenta todos os recursos atribuídos aos Centros de Custos associados aos processos logísticos.

Tabela 19.7 Recursos consumidos por centro de custo logístico.

Contas Gerais	Valores Mensais (R$)	Critérios de Apropriação	Logística de Abastecimento			Logística de Planta			Logística de Distribuição			Produção	Vendas	Adm.
			LMN	LMI	AMM	PPCP	MOV	APA	LDN	LDE			
Transporte terceirizado	23.000,00	ID	20.000,00				3.000,00						
Operador Logístico	38.400,00	ID							38.400,00				
Seguro no Transporte de MP	2.500,00	ID	2.500,00										
Imposto de Importação	9.750,00	ID		9.750,00									
Mão-de-Obra	48.000,00	ID – Folha Pagto.	4.000,00	4.000,00	5.000,00	6.000,00	4.000,00	6.000,00	3.000,00	3.000,00	3.000,00	3.000,00	7.000,00
Mão-de-Obra Motorista	3.500,00	RAS – TEMPO/FREQ.							3.240,74	259,26			
Desembaraços Aduaneiros	5.800,00	ID		3.000,00						2.800,00			
Combustíveis (frota própria)	3.000,00	RAS – DIST./FREQ.							2.769,23	230,77			
Embalagens para Transporte	1.000,00	ID	600,00	400,00									
Embalagens para Transporte	2.000,00	RAS – VOLUME							1.250,00	750,00			
Pedágios (frota própria)	700,00	ID							600,00	100,00			
Seguro de Veículos (frota própria)	300,00	RAS – TEMPO/FREQ.							277,78	22,22			
IPVA do Veículo (frota própria)	500,00	RAS – TEMPO/FREQ.							462,96	37,04			
Manutenção do Veículo (frota própria)	2.300,00	RAS – DIST./FREQ.							2.123,08	176,92			

Contas Gerais	Valores Mensais (R$)	Critérios de Apropriação	Logística de Abastecimento			Logística de Planta			Logística de Distribuição			Produção	Vendas	Adm.
			LMN	LMI	AMM	PPCP	MOV	APA	LDN	LDE				
Aluguel do Prédio	7.000,00	RAT – m²	210,00	210,00	1.120,00	210,00	70,00	1470,00	210,00	210,00	2.800,00	210,00	280,00
Telecomunicações	4.000,00	RAT – Qte. de Ramais	181,82	181,82	363,64	181,82	181,82	363,64	181,82	181,81	545,45	909,09	727,27
Energia Elétrica	2.000,00	RAT – m²	60,00	60,00	320,00	60,00	20,00	420,00	60,00	60,00	800,00	60,00	80,00
Manutenção do Prédio	5.000,00	RAT – m²	150,00	150,00	800,00	150,00	50,00	1.050,00	150,00	150,00	2.000,00	150,00	200,00
Depreciação Equipamentos Movimentação	375,00	ID			125,00		125,00	125,00					
Depreciação de Instalações de Armazém	2.750,00	ID			1.250,00			1.500,00					
Depreciação de Veículos	2.500,00	RAS – TEMPO/FREQ.							2.314,81	185,19			
Tecnologia de Informação	2.000,00	RAS – TERMINAIS	90,91	90,91	181,82	90,91	90,91	181,82	90,91	90,91	181,82	454,54	454,54
Depreciação de Máquinas Industriais	1.500,00	ID									1.500,00		
Seguro das Máquinas Industriais	225,00	ID									225,00		
Manutenção de Máquinas Industriais	1.000,00	ID									1.000,00		
Custo de Oportunidade de Equipamentos	900,00	ID			300,00		300,00	300,00					
Custo de Oportunidade de Instalações	6.600,00	ID			3.000,00			3.600,00					

Contas Gerais	Valores Mensais (R$)	Critérios de Apropriação	Logística de Abastecimento			Logística de Planta		Logística de Distribuição			Produção	Vendas	Adm.
			LMN	LMI	AMM	PPCP	MOV	APA	LDN	LDE			
Custo de Oportunidade de Estoque MP	338,80	ID	338,80										
Custo de Oportunidade de Estoque PA	578,00	ID						578,00					
Custo de Oportunidade de Máquinas	5.600,00	ID									5.600,00		
Custo de Oportunidade de Veículos	3.000,00	RAS – TEMPO/ FREQ. EQ.							2.777,78	222,22			
Comissões de vendedores	60.237,00	ID										60.237,00	
IPI	138.000,00	ID										138.000,00	
ICMS, PIS E COFINS	376.050,00	ID										376.050,00	
Matéria-Prima Direta	450.000,00	ID									450.000,00		
Material Secundário Direto	65.000,00	ID									65.000,00		
Mão-de-Obra Direta	175.000,00	ID									175.000,00		
Energia Elétrica – Variável	10.000,00	ID									10.000,00		
Depreciação de Máquinas Industriais	7.500,00	ID									7.500,00		
Embalagens p/ o Produto	2.500,00	ID									2.500,00		
Serviço Terceirizado de Laqueação	12.500,00	ID									12.500,00		
GASTOS TOTAIS NO PERÍODO	1.482.903,80		27.792,73	17.842,73	12.799,26	6.692,73	7.837,73	15.588,46	57.909,11	8.476,34	740.152,27	579.070,63	8.741,81

Como próximo passo, após conhecer os recursos consumidos em cada centro de custos, iremos classificá-los em Custos Variáveis e Fixos e que serão utilizados em alguns Métodos de Custeio a serem analisados. Na Tabela 19.8, iremos identificar os Custos Variáveis do período, para cada um dos processos existentes na empresa.

Tabela 19.8 *Identificação dos custos e despesas variáveis por processo.*

Custos/Despesas Variáveis	Produção	Logística de Abastecimento	Logística de Planta	Logística de Distribuição	Vendas	Total
Matéria-Prima Consumida	450.000,00					450.000,00
Material Secundário Direto Consumido	65.000,00					65.000,00
Mão-de-Obra Direta (salários/encargos/benef.)	175.000,00					175.000,00
Energia Elétrica (parcela variável)	10.000,00					10.000,00
Depreciação/ Máquina-capacidade produtiva	7.500,00					7.500,00
Embalagens para produto	2.500,00					2.500,00
Serviço Terceirizado – Laqueação	12.500,00					12.500,00
Comissões de Vendedores					60.237,00	60.237,00
Transporte de Matéria-prima		20.000,00				20.000,00
Seguro de Transporte da Matéria-prima		2.500,00				2.500,00
Embalagens p/ Transporte/ Acondicionamento		1.000,00		2.000,00		3.000,00
Imposto de Importação – Material Secundário		9.750,00				9.750,00
Desembaraços Aduaneiros		3.000,00		2.800,00		5.800,00
Transporte Terceirizado Interplantas			3.000,00			3.000,00
Operador Logístico				38.400,00		38.400,00
Combustíveis e Lubrificantes (frota própria)				3.000,00		3.000,00
Pedágios (frota própria)				700,00		700,00
IPI					138.000,00	138.000,00
ICMS, PIS e COFINS					376.050,00	376.050,00
TOTAL DOS CUSTOS/ DESPESAS VARIÁVEIS	722.500,00	36.250,00	3.000,00	46.900,00	574.287,00	1.382.937,00

Os Custos e Despesas Variáveis da empresa totalizam R$ 1.382.937,00, sendo que os Custos Variáveis Logísticos são de R$ 86.150,00. Percebe-se que a maior parte dos Custos Variáveis está ligada ao processo produtivo, mas os Custos Logísticos representam em torno de 6,2%. Por sua vez, os Custos e Despesas Fixas incorridas, em cada processo, a serem analisados na Tabela 19.9, são compostos da seguinte maneira:

Tabela 19.9 *Identificação dos custos e despesas fixas por processo.*

Custos/Despesas Fixas	Produção	Logística de Abastecimento	Logística de Planta	Logística de Distribuição	Vendas	Administração	Total
Registrados na Contabilidade Financeira	**12.052,27**	**18.545,92**	**11.230,46**	**27.595,91**	**4.783,63**	**8.741,81**	**82.950,00**
Mão-de-Obra (salários, benefícios e encargos sociais)		13.000,00	10.000,00	12.000,00	3.000,00	7.000,00	45.000,00
Aluguel	2.800,00	1.540,00	280,00	1.890,00	210,00	280,00	7.000,00
Manutenção do Prédio	2.000,00	1.100,00	200,00	1.350,00	150,00	200,00	5.000,00
Energia Elétrica	800,00	440,00	80,00	540,00	60,00	80,00	2.000,00
Telecomunicações	545,45	727,28	363,64	727,27	909,09	727,27	4.000,00
Tecnologia da Informação	181,82	363,64	181,82	363,64	454,54	454,54	2.000,00
Depreciação de Equipamentos de Movimentação		125,00	125,00	125,00			375,00
Depreciação de Instalações de Armazenagem		1.250,00		1.500,00			2.750,00
Seguro das Máquinas Industriais	225,00						225,00
Manutenção de Máquinas Industriais	1.000,00						1.000,00
Salário do Supervisor da Fábrica	3.000,00						3.000,00
Depreciação pela Ação do Tempo (linear)	1.500,00						1.500,00
Manutenção do Veículo (pneus, lavagens, oficina etc.)				2.300,00			2.300,00
Impostos sobre Veículos (IPVA)				500,00			500,00
Depreciação do Veículo				2.500,00			2.500,00
Seguro do Veículo				300,00			300,00
Mão-de-obra do motorista (frota própria)				3.500,00			3.500,00
Registrados Gerencialmente	**5.600,00**	**3.638,80**	**300,00**	**7.478,00**			**17.016,80**
Custo de Oportunidade Estoque Matérias-Primas		338,80					338,80
Custo de Oportunidade Estoque Prod.Acabados				578,00			578,00
Custo de Oportunidade de Máquinas Industriais	5.600,00						5.600,00
Custo de Oportunidade de Equipam. de Movimentação		300,00	300,00	300,00			900,00
Custo de Oportunidade de Instalações/Armazenagem		3.000,00		3.600,00			6.600,00
Custo de Oportunidade de Veículos				3.000,00			3.000,00
TOTAL DOS CUSTOS/ DESPESAS FIXAS	**17.652,27**	**22.184,72**	**11.530,46**	**35.073,91**	**4.783,63**	**8.741,81**	**99.966,80**

De posse dessas informações, podemos iniciar nossas análises de comparação dos Métodos de Custeio pelo **Método do Custeio Variável**, cuja teoria foi tratada na seção 19.1.1. Por este método teríamos a seguinte Demonstração de Resultados Gerenciais (Tabela 19.10).

Tabela 19.10 *Demonstração de resultado gerencial – método do custeio variável.*

Receita Bruta de Vendas	1.518.000,00
Vendas Mercado Interno	924.000,00
Vendas Mercado Externo	594.000,00
(–) **Deduções de Vendas**	**514.050,00**
IPI	138.000,00
ICMS, PIS/COFINS	376.050,00
(=) **RECEITA LÍQUIDA**	**1.003.950,00**
(–) **Despesas Variáveis de Venda**	**60.237,00**
Comissões de Vendedores	60.237,00
(–) **Custos Variáveis da Logística de Distribuição**	**46.900,00**
Desembaraços Aduaneiros para exportação de produtos	2.800,00
Embalagens para transporte e acondicionamento	2.000,00
Operador Logístico	38.400,00
Combustíveis e Lubrificantes	3.000,00
Pedágios	700,00
(–) **CUSTOS VARIÁVEIS DOS PRODUTOS VENDIDOS**	**731.280,00**
Custos Variáveis de Produção	**693.600,00**
Matéria-Prima	432.000,00
Material Secundário Direto	62.400,00
Mão-de-Obra Direta	168.000,00
Energia Elétrica	9.600,00
Depreciação de Máquina para Capacidade Produtiva	7.200,00
Embalagens para Produto	2.400,00
Serviço Terceirizado para Laqueação	12.000,00
Custos Variáveis da Logística de Abastecimento	**34.800,00**
Transporte de Matéria-prima – abastecimento	19.200,00
Embalagens para transporte e acondicionamento	576,00
Embalagens para transporte – Material Secundário	384,00
Seguro no Transporte da Matéria-prima	2.400,00
Desembaraços Aduaneiros para aquisição de Material Secundário	2.880,00
Imposto de Importação	9.360,00
Custos Variáveis da Logística de Planta	**2.880,00**
Transporte terceirizado interplantas para laqueação do produto	2.880,00
(=) **MARGEM DE CONTRIBUIÇÃO TOTAL**	**165.533,00**
(–) **Custos Fixos de Produção**	**17.652,27**
Tecnologia da Informação	181,82
Manutenção do Prédio	2.000,00
Seguro das Máquinas Industriais	225,00
Manutenção de Máquinas Industriais	1.000,00
Aluguel da Fábrica	2.800,00
Energia Elétrica	800,00
Salário do Supervisor da Fábrica	3.000,00
Depreciação pela ação do tempo	1.500,00
Telecomunicações	545,45
Custos de Oportunidade das Máquinas Industriais	5.600,00
(–) **Custos Fixos da Logística de Abastecimento**	**22.184,72**
Mão-de-Obra (salários, benefícios e encargos sociais)	13.000,00
Depreciação de Equipamentos de Movimentação	125,00

Depreciação de Instalações de Armazenagem	1.250,00
Aluguel da Fábrica	1.540,00
Manutenção do Prédio	1.100,00
Energia Elétrica	440,00
Telecomunicações	727,28
Tecnologia da Informação	363,64
Custo de Oportunidade – Instalações de Armazenagem	3.000,00
Custo de Oportunidade dos Equip. Movimentação	300,00
Custos de Oportunidade dos Estoques de MP	338,80
(–) Custos Fixos da Logística de Planta	**11.530,46**
Manutenção do Prédio	200,00
Energia Elétrica	80,00
Mão-de-obra (salários, benefícios e encargos sociais)	10.000,00
Telecomunicações	363,64
Depreciação de Equipamentos de Movimentação	125,00
Tecnologia da Informação	181,82
Aluguel da Fábrica	280,00
Custo de Oportunidade – Equipamentos de Movimentação	300,00
(–) Custos Fixos da Logística de Distribuição	**35.073,91**
Seguro de Veículos	300,00
Manutenção do Veículo (pneus, lavagens, reparos, oficina etc.)	2.300,00
Depreciação de Instalações de Armazenagem	1.500,00
Manutenção do Prédio	1.350,00
Telecomunicações	727,27
Aluguel da Fábrica	1.890,00
Mão-de-obra (salários, benefícios e encargos sociais)	12.000,00
Mão-de-obra do motorista (salário, encargos sociais, benefícios etc.)	3.500,00
Depreciação dos Veículos	2.500,00
IPVA (tributo dos Veículos)	500,00
Energia Elétrica	540,00
Depreciação de Equipamentos de Movimentação	125,00
Tecnologia da Informação	363,64
Custos de Oportunidade de Veículos	3.000,00
Custo de Oportunidade das Instal. Armazenagem	3.600,00
Custo de Oportunidade dos Equip. Movimentação	300,00
Custo de Oportunidade dos Estoques de Produtos Acabados	578,00
(–) Despesas Fixas de Vendas	**4.783,63**
Aluguel	210,00
Manutenção do Prédio	150,00
Mão-de-obra (salários, benefícios e encargos)	3.000,00
Energia Elétrica	60,00
Telecomunicações	909,09
Tecnologia da Informação	454,54
(–) Despesas Fixas da Administração-Geral	**8.741,81**
Manutenção do Prédio	200,00
Aluguel	280,00
Mão-de-obra (salários, benefícios e encargos sociais)	7.000,00
Energia Elétrica	80,00
Telecomunicações	727,27
Tecnologia da Informação	454,54
(=) RESULTADO DO PERÍODO	**65.566,20**

Este método é bastante utilizado para decisões de curto prazo e, como já comentado, ressalta o conceito de Margem de Contribuição, em que cabe ao gestor analisar o quanto a operação está gerando de retorno para contribuir para absorver os custos e despesas fixas e, ainda, gerar um resultado econômico positivo. A Margem de Contribuição, neste exemplo, é de R$ 165.533,00, que representa 16,5% da Receita Líquida e consegue absorver os custos e despesas fixas de R$ 99.966,80, gerando um resultado positivo de R$ 65.566,20.

O saldo do Estoque Final dos Produtos Acabados (200 unidades), por este método, seria composto da seguinte maneira:

Tabela 19.11 *Estoque final gerencial – método do custeio variável.*

Estoque Final de Produtos Acabados (200 unidades)	30.470,00
Custos Variáveis de Produção	**28.900,00**
Matéria-prima	18.000,00
Material Secundário Direto	2.600,00
Mão-de-obra Direta	7.000,00
Energia Elétrica	400,00
Depreciação de Máquina para Capacidade Produtiva	300,00
Embalagens para Produto	100,00
Serviço Terceirizado para Laqueação	500,00
Custos Variáveis da Logística de Abastecimento	**1.450,00**
Transporte de Matéria-Prima – abastecimento	800,00
Embalagens para transporte e acondicionamento	100,00
Embalagens para transporte de Material Secundário	120,00
Seguro de transporte da Matéria-Prima	24,00
Desembaraços Aduaneiros para aquisição de Material Secundário	16,00
Imposto de Importação	390,00
Custos Variáveis da Logística de Planta	**120,00**
Transporte terceirizado interplantas para laqueação do produto	120,00

No saldo de 200 unidades do Estoque Final de Produtos Acabados, por este método, devem ser reconhecidos apenas os Custos Variáveis dos referidos produtos, que totalizam R$ 30.470,00.

Já no **Método do Custeio Direto**, comentado na seção 19.1.2, iremos atribuir apenas os Custos Diretos aos objetos, tanto os Fixos quanto os Variáveis (Tabela 19.12).

Tabela 19.12 *Demonstração de resultado gerencial – método do custeio direto.*

	Produto	Cliente Interno	Cliente Externo	Resultado Exercício
RECEITA BRUTA DE VENDAS	1.518.000,00			1.518.000,00
Vendas – Mercado Interno	924.000,00			924.000,00
Vendas – Mercado Externo	594.000,00			594.000,00
(–) Deduções de Vendas	514.050,00			514.050,00
IPI	138.000,00			138.000,00
ICMS, PIS/COFINS	376.050,00			376.050,00
(=) RECEITA LÍQUIDA	1.003.950,00			1.003.950,00
(–) Despesas Variáveis de Venda	60.237,00			60.237,00
Comissões de Vendedores	60.237,00			60.237,00
(–) CUSTOS DIRETOS DOS PRODUTOS VENDIDOS	744.493,25			744.493,25
Custos Variáveis de Produção	693.600,00			693.600,00
Matéria-Prima	432.000,00			432.000,00
Material Secundário Direto	62.400,00			62.400,00
Mão-de-obra Direta	168.000,00			168.000,00
Energia Elétrica	9.600,00			9.600,00
Depreciação de Máquina para Capacidade Produtiva	7.200,00			7.200,00
Embalagens para Produto	2.400,00			2.400,00
Serviço Terceirizado para Laqueação	12.000,00			12.000,00
Custos Var. Logística de Abastecimento	34.800,00			34.800,00
Transporte de Matéria-prima – abastecimento	19.200,00			19.200,00
Embalagens para transporte e acondicionamento	576,00			576,00
Embalagens para transporte de Material Secundário	384,00			384,00
Seguro de transporte da Matéria-prima	2.400,00			2.400,00
Desembaraços Aduaneiros para aquisição de Material Secundário	2.880,00			2.880,00
Imposto de Importação	9.360,00			9.360,00
Custos Variáveis da Logística de Planta	2.880,00			2.880,00
Transporte terceirizado interplantas para laqueação	2.880,00			2.880,00
Custos Fixos de Produção	7.992,00			7.992,00
Seguro das Máquinas Industriais	216,00			216,00
Manutenção de Máquinas Industriais	960,00			960,00
Depreciação pela ação do tempo	1.440,00			1.440,00
Custos de Oportunidade das Máquinas Industriais	5.376,00			5.376,00
Custos Fixos da Logística de Abastecimento	4.813,25			4.813,25
Depreciação de Equipamentos de Movimentação	120,00			120,00
Depreciação de Instalações e Armazenagem	1.200,00			1.200,00
Custo de Oportunidade – Instalações de Armazenagem	2.880,00			2.880,00
Custo de Oportunidade dos Equipamentos de Movimentação	288,00			288,00
Custos de Oportunidade dos Estoques de MP	325,25			325,25
Custos Fixos da Logística de Planta	408,00			408,00
Depreciação de Equipamentos de Movimentação	120,00			120,00
Custo de Oportunidade-Equip. Movimentação	288,00			288,00
(–) CUSTOS DIRETOS FIXOS LOG. DISTRIB.	6.103,00			6.103,00
Depreciação de Instalações de Armazenagem	1.500,00			1.500,00
Depreciação de Equipamentos de Movimentação	125,00			125,00
Custo de Oportunidade-Instalações de Armazenagem	3.600,00			3.600,00
Custo de Oportunidade-Equip. Movimentação	300,00			300,00
Custo de Oportunidade-Estoques Produtos Acabados	578,00			578,00
(=) MARGEM DIRETA DO PRODUTO	193.116,75	120.697,97	72.418,78	193.116,75

	Produto	Cliente Interno	Cliente Externo	Resultado Exercício
(=) MARGEM DIRETA DO PRODUTO	193.116,75	120.697,97	72.418,78	193.116,75
(–) CUSTOS DIRETOS VAR. LOG. DISTRIB.		41.962,50	4.937,50	46.900,00
Desembaraços Aduaneiros para Exportação			2.800,00	2.800,00
Embalagens para transporte e acondicionamento		1.250,00	750,00	2.000,00
Operador Logístico		38.400,00		38.400,00
Combustíveis e Lubrificantes		1.875,00	1.125,00	3.000,00
Pedágios		437,50	262,50	700,00
(=) MARGEM DIRETA DO CLIENTE		78.735,47	67.481,28	146.216,75
(–) CUSTOS/DESPESAS INDIRETAS FIXAS				80.100,00
Produção				9.327,27
Tecnologia da Informação				181,82
Manutenção do Prédio				2.000,00
Aluguel da Fábrica				2.800,00
Energia Elétrica				800,00
Salário do Supervisor da Fábrica				3.000,00
Telecomunicações				545,45
Abastecimento				17.170,92
Tecnologia da Informação				363,64
Manutenção do Prédio				1.100,00
Aluguel da fábrica				1.540,00
Energia Elétrica				440,00
Telecomunicações				727,28
Mão-de-Obra (salários, benefícios e encargos sociais)				13.000,00
Planta				11.105,46
Tecnologia da Informação				181,82
Manutenção do Prédio				200,00
Aluguel da fábrica				280,00
Energia Elétrica				80,00
Telecomunicações				363,64
Mão-de-obra (salários, benefícios e encargos sociais)				10.000,00
Distribuição				28.970,91
Tecnologia da Informação				363,64
Manutenção do Prédio				1.350,00
Aluguel da fábrica				1.890,00
Energia Elétrica				540,00
Telecomunicações				727,27
Mão-de-obra (salários, benefícios e encargos sociais)				12.000,00
Seguro de veículo				300,00
Manutenção do veículo (pneus, lavagens, oficina etc).				2.300,00
Mão-de-obra do motorista (salário, encargos sociais, benefícios etc)				3.500,00
Depreciação do veículo				2.500,00
IPVA (imposto do Veículo)				500,00
Custos de oportunidade de Veículo				3.000,00
Vendas				4.783,63
Tecnologia da Informação				454,54
Manutenção do Prédio				150,00
Aluguel da Fábrica				210,00

	Produto	Cliente Interno	Cliente Externo	Resultado Exercício
Mão-de-obra (salário, benefícios e encargos sociais)				3.000,00
Energia Elétrica				60,00
Telecomunicações				909,09
Administração				**8.741,81**
Tecnologia da Informação				454,54
Manutenção do Prédio				200,00
Mão-de-obra (salário, benefícios e encargos sociais)				7.000,00
Aluguel da Fábrica				280,00
Energia Elétrica				80,00
Telecomunicações				727,27
RESULTADO DO EXERCÍCIO				**66.116,75**

Observa-se na Tabela 19.12 que os Custos Variáveis e Fixos da Produção, da Logística de Abastecimento e da Logística de Planta estão sendo tratados como Diretos ao Produto (objeto), pois este exemplo apresenta apenas um **único produto (mesas)**. Isso se repete com os Custos Fixos da Logística de Distribuição, que não entram no custo do produto, mas que são um Custo Direto ao objeto Produto. Na seção 20.1.1 do próximo capítulo, voltaremos a tratar sobre este assunto.

Cabe ressaltar que a Margem Direta do Produto está sendo apropriada aos Clientes Interno e Externo em função da quantidade de mesas (único produto) transacionadas.

Por outro lado, quando estamos analisando o objeto Cliente, estamos apropriando diretamente apenas os Custos Variáveis da Logística de Distribuição, que possam ser identificados ao referido objeto, tais como os custos de transporte, embalagens e desembaraços aduaneiros. Isso, também, será tratado no Capítulo 20, nas seções 20.1.3 e 20.1.7. Por este método, constatamos que operar com o cliente interno (nacional) é mais rentável que com o externo (exportação), portanto, a empresa deveria focalizar seus esforços mercadológicos no mercado nacional.

Cabe ressaltar, também, que os Custos Fixos Diretos da Produção, da Logística de Abastecimento e da Logística de Planta, evidenciados na Tabela 19.12, apresentam valores distintos dos apresentados na Tabela 19.9. Isso se dá devido ao fato de que no Método do Custeio Variável os Custos Fixos foram tratados como Custos do Período, sendo apropriados diretamente o resultado. Já no Custeio Direto, os Custos Fixos Diretos supracitados foram incorporados ao custo dos produtos (5.000 unidades) e, conseqüentemente, apropriados ao resultado nos Custos dos Produtos Vendidos, de acordo com a quantidade vendida (4.800 unidades) e as remanescentes (200 unidades) foram mantidas no Estoque de Produtos Acabados, tendo seu valor composto pelos Custos Fixos Diretos das referidas unidades.

No que diz respeito ao saldo dos Estoques Finais de Produtos Acabados (as mesmas 200 unidades), pelo Método do Custeio Direto, o ativo Estoque teria a seguinte composição:

Tabela 19.13 *Estoque final gerencial – método do custeio direto.*

Estoque Final de Produtos Acabados	31.020,55
Custos Variáveis de Produção	**28.900,00**
Matéria-prima	18.000,00
Material secundário direto	2.600,00
Mão-de-obra direta	7.000,00
Energia elétrica	400,00
Depreciação de máquina p/ capacidade produtiva	300,00
Embalagens para produto	100,00
Serviço terceirizado p/ laqueação	500,00
Custos Variáveis da Logística de Abastecimento	**1.450,00**
Transporte de matéria-prima abastecimento	800,00
Embalagens para transporte e acondicionamento	100,00
Embalagens para transporte de material secundário	120,00
Seguro de transporte da matéria-prima	24,00
Desembaraços Aduaneiros para aquis. material secundário	16,00
Imposto de Importação	390,00
Custos Variáveis da Logística de Planta	**120,00**
Transporte terceirizado interplantas p/ laqueação do produto	120,00
Custos Fixos de Produção	**333,00**
Seguro das máquinas industriais	9,00
Manutenção de máquinas industriais	40,00
Depreciação pela ação do tempo	60,00
Custos de oportunidade das máquinas industriais	224,00
Custos Fixos da Logística de Abastecimento	**200,55**
Depreciação de equipamentos de movimentação	5,00
Depreciação de instalações e armazenagem	50,00
Custo de oportunidade instalações de armazenagem	120,00
Custo de oportunidade equip. movimentação	12,00
Custos de oportunidade dos estoques de MP	13,55
Custos Fixos da Logística de Planta	**17,00**
Depreciação de equipamentos de movimentação	5,00
Custo de oportunidade equip. movimentação	12,00

Observa-se na Tabela 19.13 que o Estoque Gerencial é de R$ 31.020,55, referentes às 200 unidades existentes no saldo final.

Por sua vez, no **Método do Custeio por Absorção**, no caso, atribuindo os custos por processos, o resultado gerencial poderia ser demonstrado da seguinte maneira (Tabela 19.14):

Tabela 19.14 *Demonstração de resultado gerencial – método do custeio por absorção.*

Receita Bruta de Vendas	**1.518.000,00**
Vendas – Mercado Interno	924.000,00
Vendas – Mercado Externo	594.000,00
(–) Deduções de Vendas	**514.050,00**
IPI	138.000,00
ICMS, PIS/COFINS	376.050,00
(=) RECEITA LÍQUIDA	**1.003.950,00**
(–) CUSTOS DOS PRODUTOS VENDIDOS	**780.592,75**
Custos Variáveis de Produção	**693.600,00**
Matéria-prima	432.000,00
Material secundário direto	62.400,00
Mão-de-obra direta	168.000,00
Energia elétrica	9.600,00
Depreciação de máquina p/ capacidade produtiva	7.200,00
Embalagens para o produto	2.400,00
Serviço terceirizado p/ laqueação	12.000,00
Custos Fixos de Produção	**16.946,19**
Tecnologia da informação	174,55
Manutenção do prédio	1.920,00
Seguro das máquinas industriais	216,00
Manutenção de máquinas industriais	960,00
Aluguel da fábrica	2.688,00
Energia elétrica	768,00
Salário do supervisor da fábrica	2.880,00
Depreciação pela ação do tempo	1.440,00
Telecomunicações	523,64
Custos de oportunidade – máquinas industriais	5.376,00
Custos Variáveis de Abastecimento	**34.800,00**
Transporte de matéria-prima abastecimento	19.200,00
Embalagens para transporte e acondicionamento	576,00
Embalagens para transporte de material secundário	384,00
Desembaraços Aduaneiros p/ aquisição de material secundário	2.400,00
Seguro de transporte de matéria-prima	2.880,00
Imposto de importação	9.360,00
Custos Fixos de Abastecimento	**21.297,32**
Mão-de-obra (salários, benefícios, encargos sociais)	12.480,00
Depreciação de equipamentos de movimentação	120,00
Depreciação de instalações de armazenagem	1.200,00
Aluguel da fábrica	1.478,40
Manutenção do prédio	1.056,00
Energia elétrica	422,40
Telecomunicações	698,18
Tecnologia da informação	349,09
Custo de oportunidade – instalações de armazenagem	2.880,00
Custo de oportunidade dos equip. movimentação	288,00
Custos de oportunidade dos estoques de MP	325,25
Custos Variáveis da Logística de Planta	**2.880,00**
Transporte terceirizado interplantas p/ laqueação do produto	2.880,00
Custos Fixos da Logística de Planta	**11.069,24**
Manutenção do prédio	192,00
Energia elétrica	76,80
Mão-de-obra (salários, benefícios e encargos sociais)	9.600,00
Telecomunicações	349,09
Depreciação de equipamentos de movimentação	120,00
Tecnologia da informação	174,55
Aluguel da fábrica	268,80
Custo de oportunidade dos equipamentos de movimentação	288,00
(=) LUCRO BRUTO	**223.357,25**

(=) **LUCRO BRUTO**	223.357,25
(–) **DESPESAS OPERACIONAIS**	155.736,35
Custos Variáveis de Distribuição	46.900,00
Desembaraços aduaneiros para exportação	2.800,00
Embalagens para transporte e acondicionamento	2.000,00
Operador logístico	38.400,00
Combustíveis e lubrificantes	3.000,00
Pedágios	700,00
Custos Fixos de Distribuição	35.073,91
Seguro de veículos	300,00
Manutenção do veículo (pneus, lavagens, reparos, oficina etc.)	2.300,00
Depreciação de instalações de armazenagem	1.500,00
Manutenção do prédio	1.350,00
Telecomunicações	727,27
Aluguel da fábrica	1.890,00
Mão-de-obra (salários, benefícios e encargos sociais)	12.000,00
Mão-de-obra do motorista (salário, encargos sociais, benefícios etc.)	3.500,00
Depreciação dos veículos	2.500,00
IPVA (tributo dos veículos)	500,00
Energia elétrica	540,00
Depreciação de equipamentos de movimentação	125,00
Tecnologia da informação	363,64
Custos de oportunidade de veículos	3.000,00
Custo de oportunidade das instal.– Armazenagem	3.600,00
Custo de oportunidade dos equip. de movimentação	300,00
Custo de oportunidade estoques de produtos acabados	578,00
Despesas Variáveis de Venda	60.237,00
Comissões de vendedores	60.237,00
Despesas Fixas de Vendas	4.783,63
Aluguel	210,00
Manutenção do prédio	150,00
Mão-de-obra (salários, benefícios e encargos sociais)	3.000,00
Energia elétrica	60,00
Telecomunicações	909,09
Tecnologia da informação	454,54
Despesas Fixas Administrativas	8.741,81
Manutenção do prédio	200,00
Aluguel	280,00
Mão-de-obra (salários, benefícios e encargos sociais)	7.000,00
Energia elétrica	80,00
Telecomunicações	727,27
Tecnologia da informação	454,54
(=) **RESULTADO DO EXERCÍCIO**	67.620,90

Pode-se perceber que, neste método, todos os custos fixos e variáveis, diretos e indiretos, da Produção, da Logística de Abastecimento e da Logística de Planta foram atribuídos aos custos dos produtos (5.000 unidades). No Resultado do Exercício, na conta Custos dos Produtos Vendidos, são apresentados os custos totais de 4.800 unidades vendidas e as remanescentes (200 unidades) foram mantidas no Estoque de Produtos Acabados, que seria composto da seguinte maneira:

Tabela 19.15 *Estoque final gerencial – método do custeio por absorção.*

Estoque Final de Produtos Acabados (200 unidades)	32.524,70
Custos Variáveis de Produção	**28.900,00**
Matéria-prima	18.000,00
Material secundário direto	2.600,00
Mão-de-obra direta	7.000,00
Energia elétrica	400,00
Depreciação de máquina p/ capacidade Produtiva	300,00
Embalagens para produto	100,00
Serviço Terceirizado p/ laqueação	500,00
Custos Variáveis da Logística de Abastecimento	**1.450,00**
Transporte de matéria-prima abastecimento	800,00
Embalagens para transporte e acondicionamento	100,00
Embalagens para transporte de material secundário	120,00
Seguro de transporte da Matéria-Prima	24,00
Embalagens para transporte de material secundário	16,00
Imposto de importação	390,00
Custos Variáveis da Logística de Planta	**120,00**
Transporte terceirizado interplantas p/ laqueação	120,00
Custos Fixos de Produção	**706,08**
Tecnologia da informação	7,27
Manutenção do prédio	80,00
Seguro das máquinas industriais	9,00
Manutenção de máquinas industriais	40,00
Aluguel da fábrica	112,00
Energia elétrica	32,00
Salário do supervisor da fábrica	120,00
Depreciação pela ação do tempo	60,00
Telecomunicação	21,81
Custos de oportunidade – máquinas industriais	224,00
Custos Fixos da Logística de Abastecimento	**887,40**
Mão-de-obra (salários, benefícios, encargos sociais)	520,00
Depreciação de equipamentos de movimentação	5,00
Depreciação de instalações de armazenagem	50,00
Aluguel da fábrica	61,60
Manutenção do prédio	44,00
Energia elétrica	17,60
Telecomunicações	29,10
Tecnologia da informação	14,55
Custo de oportunidade – instalações de armazenagem	120,00
Custo de oportunidade dos equip. de movimentação	12,00
Custos de oportunidade dos estoques de MP	13,55
Custos Fixos da Logística de Planta	**461,22**
Manutenção do prédio	8,00
Energia elétrica	3,20
Mão-de-obra (salários, benefícios e encargos sociais)	400,00
Telecomunicações	14,55
Depreciação de equipamentos de movimentação	5,00
Tecnologia da informação	7,27
Aluguel da fábrica	11,20
Custo de oportunidade dos equipamentos de movimentação	12,00

Os Estoques por este método são os que apresentam maior valor até o momento (R$ 32.524,70), pois absorvem todos os custos, Fixos e Variáveis, associados à Produção, à Logística de Abastecimento e Planta relativos às 200 unidades estocadas.

Finalmente, vamos analisar o **Método do Custeio Baseado em Atividades (ABC)**, pelo qual, neste exemplo, estamos apropriando os Custos Logísticos Diretos e Indiretos, recursos consumidos em cada uma das atividades relativas aos processos logísticos.

Partindo do pressuposto que a Contabilidade da empresa contabiliza os gastos por Centros de Custos, como apresentado na Tabela 19.7, iremos apropriar os recursos consumidos às atividades de cada centro de custos. Antes de apresentarmos a referida apropriação, cabe ressaltar que, para que os recursos consumidos nos processos logísticos sejam atribuídos às referidas atividades, caso não seja possível fazer uma Identificação Direta (ID) à atividade, é necessário que sejam definidos os Direcionadores de Recursos.[8] Neste caso, deve-se fazer o Rastreamento (RAS) do consumo desses recursos pelas atividades, ou na impossibilidade deste, aplicar algum critério de Rateio (RAT). De qualquer maneira, deve-se analisar criteriosamente cada um dos itens, tal como foi feito no desenvolvimento deste exemplo.

As Tabelas 19.16, 19.17 e 19.18 apresentam os Custos Logísticos dos processos de Abastecimento, Planta e Distribuição segregados em seus respectivos centros de custos e, estes, por sua vez, apropriados às respectivas atividades, em função dos direcionadores.

A Logística de Abastecimento apresenta os seguintes centros de custos: Logística de Materiais Nacionais (LMN), Logística de Materiais Importados (LMI) e Armazenagem/Movimentação de Materiais (AMM).

---

8 As bases de dados para a apropriação dos recursos aos centros de custos constam na Tabela 19.6; e as para atribuição dos custos às atividades, já constam nas próprias tabelas subseqüentes, em que serão apresentados os referidos cálculos.

Tabela 19.16 Custos por atividades – Logística de Abastecimento – LMN.

Centro de custos	RECURSOS CONSUMIDOS		DIREC. DE RECURSOS	ATIVIDADES								
				CONTRATAR		CARREGAR		TRANSPORTAR		DESCARREGAR	
				BASE	VALOR	BASE	VALOR	BASE	VALOR	BASE	VALOR
LMN	Transporte terceirizado	20.000,00	ID					ID	20.000,00		
	Seguro no Transporte de MP	2.500,00	ID					ID	2.500,00		
	Mão-de-Obra	4.000,00	ID	FP	1.400,00					FP	2.600,00
	Embalagens para Transporte	600,00	ID					ID	600,00		
	Aluguel do Prédio	210,00	RAT – % m²	20%	42,00					80%	168,00
	Telecomunicações	181,82	ID	ID	181,82						
	Energia Elétrica	60,00	RAT – % m²	20%	12,00					80%	48,00
	Manutenção do Prédio	150,00	RAT – % m²	20%	30,00					80%	120,00
	Tecnologia de Informação	90,91	ID	ID	90,91						
	TOTAL	27.792,73			1.756,73				23.100,00		2.936,00

Tabela 19.17 Custos por atividades – Logística de Abastecimento – LMI.

Centro de custos	RECURSOS CONSUMIDOS		DIREC. DE RECURSOS	ATIVIDADES									
				CONTRATAR		CARREGAR		TRANSPORTAR		DESCARREGAR		DESEMBARAÇAR	
				BASE	VALOR	BASE	VALOR	BASE	VALOR	BASE	VALOR	BASE	VALOR
A B A S T E C I M E N T O — LMI	Imposto de Importação	9.750,00	ID										9.750,00
	Mao-de-Obra	4.000,00	RAS–HORAS	60%	2.400,00							40%	1.600,00
	Desembaraços Aduaneiros	3.000,00	ID									ID	3.000,00
	Embalagens para Transporte	400,00	ID					ID	400,00				
	Aluguel do Prédio	210,00	RAT – % m²	20%	42,00					60%	126,00	20%	42,00
	Telecomunicações	181,82	RAS –TEMPO	60%	109,09							40%	72,73
	Energia Elétrica	60,00	RAT – % m²	20%	12,00					60%	36,00	20%	12,00
	Manutenção do Prédio	150,00	RAT – % m²	20%	30,00					60%	90,00	20%	30,00
	Tecnologia de Informação	90,91	RAS – ACESSO	50%	45,45							50%	45,45
	TOTAL	**17.842,73**			**2.638,55**		**0,00**		**400,00**		**252,00**		**14.552,18**

Tabela 19.18 Custos por atividades – Logística de Abastecimento – AMM.

CENTRO DE CUSTOS	RECURSOS CONSUMIDOS		DIREC. DE RECURSOS	ATIVIDADES									
				PLANEJAR		RECEBER		MOVIMENTAR		ESTOCAR		SEPARAR		EXPEDIR/PLANTA	
				BASE	VALOR	BASE	VALOR	BASE	VALOR	BASE	VALOR	BASE	VALOR	BASE	VALOR
ABASTECIMENTO	AMM	Mão-de-Obra	5.000,00	RAS – HORAS	30%	1.500,00	15%	750,00	10%	500,00	10%	500,00	15%	750,00	20%	1.000,00
		Aluguel do Prédio	1.120,00	RAT – % m²	10%	112,00	10%	112,00	15%	168,00	40%	448,00	15%	168,00	10%	112,00
		Telecomunicações	363,64	RAT – TEMPO	40%	145,46	10%	36,36	5%	18,18	5%	18,18	20%	72,73	20%	72,73
		Energia Elétrica	320,00	RAT – % m²	10%	32,00	10%	32,00	15%	48,00	40%	128,00	15%	48,00	10%	32,00
		Manutenção do Prédio	800,00	RAT – % m²			10%	80,00	10%	80,00	60%	480,00	10%	80,00	10%	80,00
		Depreciação Equipamentos Mov.	125,00	RAS – TEMPO			10%	12,50	60%	75,00	10%	12,50	10%	12,50	10%	12,50
		Depreciação Instalações Armazen.	1.250,00	ID							ID	1.250,00				
		Tecnologia de Informação	181,82	RAS – ACESSO	25%	45,46	10%	18,18			35%	63,64	15%	27,27	15%	27,27
		Custo de Oportunidade de Equipam.	300,00	RAS – TEMPO			10%	30,00	60%	180,00	10%	30,00	10%	30,00	10%	30,00
		Custo de Oportunidade Instalações	3.000,00	ID							ID	3.000,00				
		Custo de Oportunidade Estoque MP	338,80	ID							ID	338,80				
		TOTAL	17.799,26			1.834,92		1.071,05		1.069,18		6.269,12		1.188,50		1.366,50

Dando continuidade, na Logística de Planta, temos apenas dois Centros de Custos: PPCP e Movimentação (MOV), a serem analisados nas Tabelas 19.19 e 19.20.

Tabela 19.19 *Custos por atividades – Logística de Planta – PPCP.*

C.C.		RECURSOS CONSUMIDOS		DIREC. DE RECURSOS	PLANEJAR/ CONTROLAR	
					BASE	VALOR
PLANTA	PPCP	Mão-de-Obra	6.000,00	ID	ID	6.000,00
		Aluguel do Prédio	210,00	ID	ID	210,00
		Telecomunicações	181,82	ID	ID	181,82
		Energia Elétrica	60,00	ID	ID	60,00
		Manutenção do Prédio	150,00	ID	ID	150,00
		Tecnologia de Informação	90,91	ID	ID	90,91
		TOTAL	**6.692,73**			**6.692,73**

Tabela 19.20 Custos por atividades – Logística de Planta – MOV.

Centro de custos	RECURSOS CONSUMIDOS		DIREC. DE RECURSOS	ATIVIDADES							
				RECEBER		TRANSPORTAR INTERNO		TRANSPORTAR EXTERNO		EXPEDIR/ DISTRIB.	
				BASE	VALOR	BASE	VALOR	BASE	VALOR	BASE	VALOR
PLANTA MOV	Transporte terceirizado	3.000,00	ID					ID	3.000,00		
	Mão-de-Obra	4.000,00	RAS – TEMPO	20%	800,00	60%	2.400,00			20%	800,00
	Aluguel do Prédio	70,00	RAT – % m²	15%	10,50	70%	49,00			15%	10,50
	Telecomunicações	181,82	RAT –TEMPO	50%	90,91					50%	90,91
	Energia Elétrica	20,00	RAT – % m²	15%	3,00	70%	14,00			15%	3,00
	Manutenção do Prédio	50,00	RAT – % m²	15%	7,50	70%	35,00			15%	7,50
	Depreciação Equipamentos Mov.	125,00	RAS – TEMPO	20%	25,00	60%	75,00			20%	25,00
	Tecnologia de Informação	90,91	RAS – ACESSO	50%	45,45					50%	45,45
	Custo de Oportunidade de Equip.	300,00	RAS – TEMPO	20%	60,00	60%	180,00			20%	60,00
	TOTAL	7.837,73			1.042,36		2.753,00		3.000,00		1.042,36

No tocante à Logística de Distribuição, os recursos consumidos foram apropriados aos Centros de Custos da Armazenagem de Produtos Acabados (APA), Logística de Distribuição Nacional (LDN) e Logística de Distribuição – Exportação (LDE), a serem apresentados nas Tabelas 19.21, 19.22 e 19.23.

Tabela 19.21 Custos por Atividades – Logística de Distribuição – APA.

Centro de Custos	RECURSOS CONSUMIDOS		DIREC. DE RECURSOS	ATIVIDADES											
				PLANEJAR		RECEBER		MOVIMENTAR		ESTOCAR		SEPARAR		EXPEDIR/ CLIENTE	
				BASE	VALOR	BASE	VALOR	BASE	VALOR	BASE	VALOR	BASE	VALOR	BASE	VALOR
DISTRIBUIÇÃO	APA	Mão-de-Obra	6.000,00	RAS – HORAS	30%	1.800,00	15%	900,00	10%	600,00	10%	600,00	15%	900,00	20%	1.200,00
		Aluguel do Prédio	1.470,00	RAT – % m²	5%	73,50	10%	147,00	15%	220,50	40%	588,00	20%	294,00	10%	147,00
		Telecomunicações	363,64	RA – TEMPO	40%	145,45	10%	36,37	5%	18,18	5%	18,18	20%	72,73	20%	72,73
		Energia Elétrica	420,00	RAT – % m²	5%	21,00	10%	42,00	15%	63,00	40%	168,00	20%	84,00	10%	42,00
		Manutenção do Prédio	1.050,00	RAT – % m²	5%	52,50	10%	105,00	15%	157,50	40%	420,00	20%	210,00	10%	105,00
		Depreciação de Equipamentos	125,00	RAS – TEMPO			10%	12,50	60%	75,00	10%	12,50	10%	12,50	10%	12,50
		Depreciação de Instalações	1.500,00	ID							ID	1.500,00				
		Tecnologia de Informação	181,82	RAS – ACESSO	25%	45,46	10%	18,18			35%	63,64	15%	27,27	15%	27,27
		Custo de Oportunidade Equipam.	300,00	RAS – TEMPO			10%	30,00	60%	180,00	10%	30,00	10%	30,00	10%	30,00
		Custo de Oportunidade Instalações	3.600,00	ID							ID	3.600,00				
		Custo de Oportunidade Estoque PA	578,00	ID							ID	578,00				
		TOTAL	15.588,46			2.137,91		1.291,05		1.314,18		7.578,32		1.630,50		1.636,50

Tabela 19.22 Custos por Atividades – Logística de Distribuição – LDN.

Centro de Custos	RECURSOS CONSUMIDOS	Valor	DIREC. DE RECURSOS	CONTRATAR		CARREGAR		TRANSPORTAR		DESCARREGAR	
				BASE	VALOR	BASE	VALOR	BASE	VALOR	BASE	VALOR
DISTRIBUIÇÃO	Operador Logístico	38.400,00	ID					ID	38.400,00		
	Mão-de-Obra	3.000,00	ID	ID	1.050,00	ID	1.950,00				
	Mão-de-Obra – Motorista	3.240,74	RAS –TEMPO					80%	2.592,59	20%	648,15
	Combustíveis	2.769,23	ID					ID	2.769,23		
	Embalagens para Transporte	1.250,00	ID					ID	1.250,00		
	Pedágios	600,00	ID					ID	600,00		
	Seguro de veículos	277,78	ID					ID	277,78		
LDN	IPVA do Veículo (frota própria)	462,96	ID					ID	462,96		
	Manutenção do veículo	2.123,08	ID					ID	2.123,08		
	Aluguel do Prédio	210,00	RAT – % m^2	20%	42,00	80%	168,00				
	Telecomunicações	181,82	ID	ID	181,82						
	Energia Elétrica	60,00	RAT – % m^2	20%	12,00	80%	48,00				
	Manutenção do Prédio	150,00	RAT – % m^2	20%	30,00	80%	120,00				
	Depreciação de Veículos	2.314,81	ID					ID	2.314,81		
	Tecnologia de Informação	90,91	ID	ID	90,91						
	Custo de Oportunidade de Veículos	2.777,78	ID					ID	2.777,78		
	TOTAL	57.909,11			1.406,73		2.286,00		53.568,23		648,15

Tabela 19.23 Custos por atividades – Logística de Distribuição – LDE.

Centro de Custos	RECURSOS CONSUMIDOS		DIREC. DE RECURSOS	ATIVIDADES								
				CONTRATAR		CARREGAR		TRANSPORTAR		DESCARREGAR		DESEMBARAÇAR	
				BASE	VALOR	BASE	VALOR	BASE	VALOR	BASE	VALOR	BASE	VALOR
D I S T R I B U I Ç Ã O	L D E	Mão-de-Obra	3.000,00	ID	FP	900,00	FP	750,00			RPA	300,00	FP	1.050,00
		Mão-de-Obra – Motorista	259,26	ID					ID	259,26				
		Desembaraços Aduaneiros	2.800,00	ID									ID	2.800,00
		Combustíveis	230,77	ID					ID	230,77				
		Embalagens para Transporte	750,00	ID					ID	750,00				
		Pedágios	100,00	ID					ID	100,00				
		Seguro de veículos	22,22	ID					ID	22,22				
		IPVA do Veículo (frota própria)	37,04	ID					ID	37,04				
		Manutenção do Veículo	176,92	ID					ID	176,92				
		Aluguel do Prédio	210,00	RAT – % m²	20%	42,00	60%	126,00					20%	42,00
		Telecomunicações	181,81	RAS –TEMPO	60%	109,09							40%	72,72
		Energia Elétrica	60,00	RAT – % m²	20%	12,00	60%	36,00					20%	12,00
		Manutenção do Prédio	150,00	RAT – % m²	20%	30,00	60%	90,00					20%	30,00
		Depreciação de Veículos	185,19	ID					ID	185,19				
		Tecnologia/Informação	90,91	RAS – ACESSO	50%	45,46							50%	45,45
		Custo de Oportunidade de Veículos	222,22	ID					ID	222,22				
		TOTAL	8.476,34			1.138,55		1.002,00		1.983,62		300,00		4.052,17

Após termos apropriado os recursos consumidos em cada centro de custos às suas respectivas atividades, nos três processos logísticos, cabe **definir quais serão nossos objetos de análise** e os referidos direcionadores de atividades, que podem ser observados na Tabela 19.24:

Tabela 19.24 *Base de dados – direcionadores de atividades.*

	Matéria-prima	Material Secundário	Embalagens	Produtos	Total
LOGÍSTICA DE ABASTECIMENTO					
Qte. de pedidos de aquisição	15	8	1		24
Tempo de carregar (horas)	2	1	1		
Freqüência de entregas (mês)	10	4	4		18
Tempo de cada viagem (horas)	18	5	1		
Distância de cada viagem (km)	1.500	500	100		2.100
Tempo x Freqüência x Distância	270.000	10.000	480		280.480
Tempo x Freqüência – Transportar	180	20	5		205
Tempo de descarregar (horas)	2	1	1		3
Tempo x Freqüência no descarregar	15	4	2		21
Tempo para receber e registrar os materiais	1	1	0		2
Tempo x Freqüência – recebimento	10	2	1		13
Tempo de Movimentação interna (horas)	2	2	0		4
Tempo x Freqüência de movimentação	20	6	1		27
Tempo de Estocagem (dias)	3	JT*	JT		3
Qte. de Requisições/mês	22	4	4		30
LOGÍSTICA DE DISTRIBUIÇÃO					
Qte. Total Vendida				4.800	4.800
Qte. de pedidos de Venda Nacional				500	500
Qte. de pedidos de Venda Exportação				100	100
Qte. de produtos vendidos – Nacional				3.000	3.000
Qte. de produtos vendidos – Exportação				1.800	1.800
Qte. de carregamentos no mês (nacional)				15	15
Qte. de carregamento no mês (exportação)				2	2
Distância p/ Deslocar Nacional (km)				800	800
Distância Deslocar Exportação (até porto)				500	500
Qte. Recebida da Produção				5.000	5.000
Tempo de Estocagem (dias)				3	3

* JT = *Just in Time.*

Tabela 19.25 Atribuição dos custos das atividades da Logística de Abastecimento aos objetos.

Processo	CENTRO DE CUSTOS	ATIVIDADES	VALORES	DIRECIONADORES DE CUSTOS	OBJETO DE CUSTOS MATÉRIA-PRIMA	OBJETO DE CUSTOS MAT. SEC.	OBJETO DE CUSTOS EMBALAGENS
A B A S T E C I M E N T O	LMN	CONTRATAR	1.756,73	Qte. Pedidos	1.646,93		109,80
		CARREGAR	0,00	Tempo × Freqüência			
		TRANSPORTAR	23.100,00	Tempo × Dist. × Freq.	22.236,88	823,59	39,53
		DESCARREGAR	2.936,00	Tempo × Freqüência	2.590,59		345,41
			27.792,73		26.474,40	823,59	494,74
	LMI	CONTRATAR	2.638,55			2.638,55	
		CARREGAR	0,00			0,00	
		TRANSPORTAR	400,00	IDENT. DIRETA		400,00	
		DESCARREGAR	252,00			252,00	
		DESEMBARAÇAR	14.552,18			14.552,18	
			17.842,73			17.842,73	
	AMM	PLANEJAR	1.834,91	Qte. Pedidos	1.146,82	611,64	76,45
		RECEBER	1.071,05	Tempo × Freqüência	836,76	167,35	66,94
		MOVIMENTAR	1.069,18	Tempo × Freqüência	797,90	239,36	31,92
		ESTOCAR	6.269,12	IDENT. DIRETA	6.269,12		
		SEPARAR	1.188,50	Qte. Requisições	871,56	158,47	158,47
		EXPEDIR PLANTA	1.366,50	Qte. Requisições	1.002,10	182,20	182,20
			12.799,26		10.924,26	1.359,02	515,98
	CUSTO DA LOGÍSTICA DE ABASTECIMENTO				37.398,66	20.025,34	1.010,72

Nas Tabelas 19.25, 19.26 e 19.27 evidenciamos como deve ser feita a apropriação dos custos acumulados nas atividades aos respectivos objetos de custos. Todas as atividades foram apropriadas aos referidos objetos, em função de **Direcionadores de Atividades**[9] por Identificação Direta (ID) ou Rastreamento (RAS).

Para a Logística de Abastecimento, costumam-se considerar como objeto os itens controlados por este processo, que neste exemplo é a Matéria-Prima (item), os Materiais Secundários e as Embalagens.

Para que estes custos possam ser apropriados aos objetos finais, produtos ou clientes, deveriam ser definidos os **direcionadores de atividades** que fossem mais coerentes com a apropriação aos objetos. Neste exemplo, como a empresa tem um **único produto (mesas)**, todos os custos estão sendo apropriados a este objeto; caso existissem mais produtos, deveriam ser identificados os direcionadores de atividades. Uma opção de direcionador de atividade para apropriar os respectivos custos da Logística de Abastecimento seria o **consumo efetivo** de cada produto, no que diz respeito a Matéria-prima, Material Secundário e Embalagens.

Tabela 19.26 *Atribuição dos custos das atividades da Logística de Planta aos objetos.*

Processo	DE CUSTOS	ATIVIDADES	VALORES	DE CUSTOS	CUSTOS PRODUTO-MESA
P L A N T A	PPCP	PLANEJAR	6.692,73		6.692,73
			6.692,73		6.692,73
	MOV.	RECEBER	1.042,36		1.042,36
		TRANSPORTAR/INTERNO	2.753,00		2.753,00
		TRANSPORTAR/EXTERNO	3.000,00	IDENT.DIRETA	3.000,00
		EXPEDIR DISTRIB.	1.042,36		1.042,36
			7.837,73		7.837,73
		CUSTO DA LOGÍSTICA DE PLANTA			14.530,46

Tal como na Logística de Abastecimento, os custos das atividades da Logística de Planta foram atribuídos aos produtos, por Identificação Direta (ID), pois existe um único produto nesta empresa. Caso exista mais de um produto, deveria ser realizado um Rastreamento (RAS) para verificar o quanto cada produto está consumindo de cada uma das atividades.

---

9 Alguns exemplos de Direcionadores de Atividades foram apresentados no Quadro 19.10.

Tabela 19.27 Atribuição dos custos das atividades da Logística de Distribuição aos objetos.

Processo	Centro de Custos	Atividades	Valores	Direcionadores de Custos	Objeto de Custos Produto-Mesa	Direcionadores de Custos	Objeto de Custos Cliente Interno	Objeto de Custos Cliente Externo
D I S T R I B U I Ç Ã O	APA	PLANEJAR	2.137,91	IDENT. DIRETA	2.137,91			
		RECEBER	1.291,05	IDENT. DIRETA	1.291,05			
		MOVIMENTAR	1.314,18	IDENT. DIRETA	1.314,18			
		ESTOCAR	7.578,32	IDENT. DIRETA	7.578,32			
		SEPARAR	1.630,50			Qte. de Pedidos	1.019,06	611,44
		EXPEDIR CLIENTE	1.636,50			Qte. de Pedidos	1.022,81	613,69
			15.588,46		12.321,46		2.041,87	1.225,13
	LDN	CONTRATAR	1.406,73			IDENT. DIRETA	1.406,73	
		CARREGAR	2.286,00			IDENT. DIRETA	2.286,00	
		TRANSPORTAR	53.568,23			IDENT. DIRETA	53.568,23	
		DESCARREGAR	648,15			IDENT. DIRETA	648,15	
			57.909,11				57.909,11	
	LDE	CONTRATAR	1.138,55			IDENT. DIRETA		1.138,55
		CARREGAR	1.002,00			IDENT. DIRETA		1.002,00
		TRANSPORTAR	1.983,62			IDENT. DIRETA		1.983,62
		DESCARREGAR	300,00			IDENT. DIRETA		300,00
		DESEMBARAÇAR	4.052,17			IDENT. DIRETA		4.052,17
			8.476,34					8.476,34
		CUSTO DA LOGÍSTICA DE DISTRIBUIÇÃO			12.321,46		59.950,98	9.701,47

Os custos das atividades da Logística de Distribuição foram atribuídos aos objetos produto (no caso, as mesas) e cliente (nacional e exportação). Os custos das atividades relacionadas à Armazenagem e Movimentação de Produtos Acabados foram atribuídos ao produto por Identificação Direta, pois existe um único produto nesta empresa. Caso exista mais de um produto, deveria ser realizado um Rastreamento (RAS) para verificar o quanto cada produto está consumindo de cada uma das atividades.

Neste caso, não estamos considerando os custos da Logística de Distribuição Nacional (LDN) e Logística de Distribuição Exportação (LDE) no objeto produto, da mesma forma que foi considerado na Tabela 19.8, quando analisamos o Método do Custeio Direto, em função destes estarem sendo considerados em outro objeto de custo: Clientes, que são agentes causadores dos custos da LDN e LDE. Estes custos foram atribuídos aos Clientes, também, por Identificação Direta (ID).

Tendo, então, apropriados todos os recursos consumidos às atividades e aos objetos, vamos apresentar, na Tabela 19.28, a Demonstração de Resultados Gerencial pelo Método do Custeio Baseado em Atividades (ABC).

Tabela 19.28 *Demonstração de resultado gerencial – método ABC.*

Resultado do exercício	Por produto	Mercado interno	Mercado externo	Total
RECEITA BRUTA DE VENDAS	1.518.000,00	924.000,00	594.000,00	1.518.000,00
Vendas – Mercado Interno	1.980.000,00	924.000,00	594.000,00	
Vendas – Mercado Externo	1.386.000,00			
(–) Deduções de Vendas	514.050,00	321.281,25	192.768,75	514.050,00
IPI	138.000,00	86.250,00	51.750,00	
ICMS, PIS/COFINS	376.050,00	235.031,25	141.018,75	
(=) **RECEITA LÍQUIDA**	1.003.950,00	602.718,75	401.231,25	1.003.950,00
(–) **CUSTOS DOS PRODUTOS VENDIDOS**	780.592,75	487.870,48	292.722,27	780.592,75
Custos Diretos de Produção	**693.600,00**	**433.500,00**	**260.100,00**	**693.600,00**
Matéria-prima direta	432.000,00	270.000,00	162.000,00	
Material secundário direto	62.400,00	39.000,00	23.400,00	
Mão-de-obra direta	168.000,00	105.000,00	63.000,00	
Energia elétrica (parcela variável)	9.600,00	6.000,00	3.600,00	
Depreciação de máquina p/capacidade produtiva	7.200,00	4.500,00	2.700,00	
Embalagem para o produto	2.400,00	1.500,00	900,00	
Serviço terceirizado de laqueação	12.000,00	7.500,00	4.500,00	
Custos Indiretos de Produção	**16.946,19**	**10.591,37**	**6.354,82**	**16.946,19**
Tecnologia da informação	174,55	109,09	65,46	
Manutenção do prédio	1.920,00	1.200,00	720,00	
Seguro das máquinas industriais	216,00	135,00	81,00	
Manutenção de máquinas industriais	960,00	600,00	360,00	
Aluguel da fábrica	2.688,00	1.680,00	1.008,00	
Energia elétrica	768,00	480,00	288,00	
Salário do supervisor da fábrica	2.880,00	1.800,00	1.080,00	
Depreciação pela ação do tempo	1.440,00	900,00	540,00	
Telecomunicações	523,64	327,28	196,36	
Custos de oportunidade – máquinas industriais	5.376,00	3.360,00	2.016,00	
Custos Logísticos de Abastecimento por Atividade	**56.097,32**	**35.060,83**	**21.036,49**	**56.097,32**
LMN	**26.681,02**	**16.675,64**	**10.005,38**	
Contratar operadores	1.686,46	1.054,04	632,42	
Carregar	0,00	0,00	0,00	
Transportar	22.176,00	13.860,00	8.316,00	
Descarregar	2.818,56	1.761,60	1.056,96	
LMI	**17.129,01**	**10.705,63**	**6.423,38**	
Contratar operadores	2.533,00	1.583,12	949,88	
Carregar	0,00	0,00	0,00	

Resultado do exercício	Por produto	Mercado interno	Mercado externo	Total
Transportar	384,00	240,00	144,00	
Descarregar	241,92	151,20	90,72	
Desembaraçar	13.970,09	8.731,31	5.238,78	
AMM	**12.287,29**	**7.679,56**	**4.607,73**	
Planejar	1.761,51	1.100,94	660,57	
Receber	1.028,21	642,63	385,58	
Movimentar	1.026,41	641,51	384,90	
Estocar	6.018,36	3.761,48	2.256,88	
Separar	1.140,96	713,10	427,86	
Expedir para a planta	1.311,84	819,90	491,94	
Custos Logísticos de Planta por Atividade	**13.949,24**	**8.718,28**	**5.230,96**	
PPCP	**6.425,02**	**4.015,64**	**2.409,38**	
Planejar e controlar	6.425,02	4.015,64	2.409,38	
MOV	**7.524,22**	**4.702,64**	**2.821,58**	
Receber	1.000,67	625,42	375,25	
Transportar internamente	2.642,88	1.651,80	991,08	
Transportar externamente	2.880,00	1.800,00	1.080,00	
Expedir para a Distribuição	1.000,67	625,42	375,25	
(=) LUCRO BRUTO	**223.357,25**	**114.848,27**	**108.508,98**	**223.357,25**
Custos Logísticos de Distribuição por Atividade	**81.973,91**	**67.651,88**	**14.322,03**	**81.973,91**
APA	**15.588,46**	**9.742,77**	**5.845,69**	**15.588,46**
Planejar	2.137,91	1.336,19	801,72	2.137,91
Receber	1.291,05	806,90	484,15	1.291,05
Movimentar	1.314,18	821,36	492,82	1.314,18
Estocar	7.578,32	4.736,45	2.841,87	7.578,32
Separar	1.630,50	1.019,06	611,44	1.630,50
Expedir para o cliente	1.636,50	1.022,81	613,69	1.636,50
LDN	**57.909,11**	**57.909,11**		**57.909,11**
Contratar operadores	1.406,73	1.406,73		1.406,73
Carregar	2.286,00	2.286,00		2.286,00
Transportar	53.568,23	53.568,23		53.568,23
Descarregar	648,15	648,15		648,15
LDE	**8.476,34**		**8.476,34**	**8.476,35**
Contratar operadores	1.138,55		1.138,55	1.138,55
Carregar	1.002,00		1.002,00	1.002,00
Transportar	1.983,62		1.983,62	1.983,62
Descarregar	300,00		300,00	300,00
Desembaraçar	4.052,17		4.052,17	4.052,17
(−) Despesas Variáveis de Vendas	**60.237,00**	**37.648,12**	**22.588,88**	**60.237,00**
Comissões de vendedores	60.237,00	37.648,12	22.588,88	60.237,00
(=) MARGEM DO PRODUTO	**81.146,34**	**9.548,27**	**71.598,07**	**81.146,34**

Resultado do exercício	Por produto	Mercado interno	Mercado externo	Total
(=) MARGEM DO PRODUTO	81.146,34	9.548,27	71.598,07	81.146,34
(–) **Despesas Fixas de Vendas**				**4.783,63**
Aluguel				210,00
Manutenção do prédio				150,00
Mão-de-obra (salários, benefícios e encargos soc.)				3.000,00
Energia elétrica				60,00
Telecomunicações				909,09
Tecnologia da informação				454,54
(–) **Despesas Fixas da Administração**				**8.741,81**
Manutenção do prédio				200,00
Aluguel				280,00
Mão-de-obra (salários, benefícios e encargos soc.)				7.000,00
Energia elétrica				80,00
Telecomunicações				727,27
Tecnologia da informação				454,54
(=) **RESULTADO DO EXERCÍCIO**				67.620,90

No que diz respeito ao saldo dos Estoques Finais de Produtos Acabados, pelo Método do ABC, este ativo teria a seguinte composição:

Tabela 19.29 *Estoque final gerencial – método ABC.*

Estoque final de produtos acabados (200 unid.)	32.524,70
Custos Variáveis de Produção	**28.900,00**
Matéria-prima	18.000,00
Material secundário direto	2.600,00
Mão-de-obra direta	7.000,00
Energia elétrica (variável)	400,00
Depreciação de máquina p/ capacidade produtiva	300,00
Embalagens para produto	100,00
Serviço terceirizado – laqueação	500,00
Custos Fixos de Produção	**706,08**
Tecnologia da informação	7,27
Manutenção do prédio	80,00
Seguro das máquinas industriais	9,00
Manutenção de máquinas industriais	40,00
Aluguel da fábrica	112,00
Energia elétrica	32,00
Salário do supervisor da fábrica	120,00
Depreciação pela ação do tempo	60,00
Telecomunicações	21,81
Custos de oportunidade – máquinas industriais	224,00
Custos Logísticos de Abastecimento por Atividade	**2.337,40**
LMN	**1.111,71**
Contratar operadores	70,27
Carregar	0,00
Transportar	924,00
Descarregar	117,44
LMI	**713,72**
Contratar operadores	105,55
Carregar	0,00
Transportar	16,00
Descarregar	10,08
Desembaraçar	582,09
AMM	**511,97**
Planejar	73,40
Receber	42,84
Movimentar	42,77
Estocar	250,76
Separar	47,54
Expedir para a planta	54,66
Custos Logísticos de Planta por Atividade	**581,22**
PPCP	**267,71**
Planejar	267,71
MOV	**313,51**
Receber	41,69
Transportar internamente	110,12
Transportar externamente	120,00
Expedir para a distribuição	41,69

Pela Demonstração de Resultado Gerencial visualizada na Tabela 19.18, constatamos que o foco de análise é diferente dos outros métodos, pois estamos buscando avaliar cada uma das atividades e, por meio deste método, o gestor pode avaliar se todas as atividades são necessárias, se existem atividades que não agregam valor, se existem desperdícios nos processos etc.

Como nosso objetivo neste capítulo é analisar cada um dos Métodos de Custeio, vamos apresentar na Tabela 19.30 um comparativo entre os diversos métodos apresentados.

Tabela 19.30 *Comparativo entre os métodos de custeio.*

Demonstração de resultados	Variável	Direto	Absorção	ABC
RECEITA LÍQUIDA	1.003.950,00	1.003.950,00	1.003.950,00	1.003.950,00
(–) Custos Variáveis dos Produtos Vendidos	(731.280,00)			
(–) Custos Diretos dos Produtos Vendidos		(744.493,25)		
(–) Custos dos Produtos Vendidos			(780.592,75)	(780.592,75)
(–) Despesas Variáveis/Diretas de Vendas	(60.237,00)	(60.237,00)		
(–) Custos Variáveis da Logística de Distribuição	(46.900,00)			
(–) Custos Diretos da Logística de Distribuição		(53.003,00)		
(=) MARGEM DE CONTRIBUIÇÃO	165.533,00			
(=) MARGEM DIRETA PRODUTO/CLIENTE		146.216,75		
(=) LUCRO BRUTO			223.357,25	223.357,25
(–) Custos e Despesas Fixas	(99.966,80)			
(–) Custos Indiretos		(80.100,00)		
(–) Despesas de Vendas			(146.994,54)	(146.994,54)
(–) Despesas Administrativas			(8.741,81)	(8.741,81)
(=) RESULTADO DO PERÍODO	**65.566,20**	**66.116,75**	**67.620,90**	**67.620,90**
NO BALANÇO PATRIMONIAL				
ESTOQUE FINAL DE PRODUTOS ACABADOS	30.470,00	31.020,55	32.524,70	32.524,70

Pode-se observar na Tabela 19.30 que cada Método de Custeio, como apresentado anteriormente, focaliza conceitos específicos, tais como Custos Variáveis e Fixos, Diretos e Indiretos, Custos das Atividades, Margem de Contribuição etc. Pode-se observar que a diferença entre os métodos é evidenciada no Resultado do Exercício e no saldo final dos Estoques de Produtos Acabados e é exatamente a mesma: R$ 35.096,20. O que não foi considerado no Resultado do Exercício está considerado no ativo Estoque e vice-versa.

O Custeio por Absorção e o ABC apresentaram os mesmos resultados e valores de estoque, pois todos os custos foram absorvidos pelo produto único em ambos os métodos. Isso confirma que o *ABC é uma variante do Custeio por Absorção, evidenciando os custos das atividades, apropriando de forma mais acurada os custos indiretos aos produtos, buscando melhorar a qualidade das informações.*

O ABC se tornaria mais significativo, neste exemplo, caso houvesse mais produtos, pois as decisões de apropriação dos custos nos diversos produtos poderiam estar distorcidas pelo Custeio por Absorção, quando da adoção de critérios arbitrários. Neste caso, a grande utilidade do ABC é verificar o quanto cada atividade consome de recursos e se não existe nenhuma atividade que não agregue valor e que possa ser eliminada, ou mesmo se existem desperdícios nos processos.

Se o objeto de análise for o **produto**, no caso único: as mesas de madeira, os resultados entre o ABC e o Custeio por Absorção são idênticos. E, portanto, considera-se que o ABC seria bastante útil à empresa, caso houvesse mais de um produto, o que também demandaria mais esforços na escolha e no monitoramento dos direcionadores de atividades.

Por sua vez, quando nos atemos ao objeto **cliente** e, neste caso, focamos nossas atenções para verificar as diferenças na rentabilidade dos clientes internos e externos (exportação), o método é bastante relevante e oportuno. Por este método, constata-se que vale mais a pena para a empresa comercializar no mercado externo (exportação) que no mercado nacional.

Outras análises a serem desenvolvidas para os objetos produtos, clientes, canais de distribuições e regiões serão apresentadas no Capítulo 20, quando formos tratar sobre a Análise de Rentabilidade Multidimensional.

Este capítulo abordou a importância da análise dos Custos Logísticos pelos diversos Métodos de Custeio existentes, dando ênfase à ótica do Custeio Baseado em Atividades, evidenciando a relevância da determinação dos Direcionadores de Custos como forma de aperfeiçoar a análise dos custos totais das operações, em face à crescente necessidade de melhorar o desempenho da empresa.

O Método de Custeio Variável visa a dar maior flexibilidade à gestão econômica da empresa no curto prazo e pode conviver com o ABC sem conflitos conceituais, pois os métodos complementam-se e não se excluem. O Método do Custeio Direto é útil para a análise dos diversos objetos de custos, tal como será tratado no Capítulo 20, ou para projetos específicos. Consideramos que o Método do Custeio por Absorção, por utilizar-se de critérios únicos, na maioria das vezes arbitrários, deixa de ser útil e oportuno para as tomadas de decisões dos usuários internos.

Conforme pudemos observar, o ABC é um Método de Custeio que auxilia os gestores a tomarem decisões mais coerentes, pois possibilita melhor análise e controle dos custos dos produtos e serviços, contribuindo para uma gestão mais eficiente e voltada à concretização dos objetivos da organização.

O ABC aplicado à Logística cria meios de identificar todos os custos decorrentes das operações logísticas realizadas pela empresa, nos três processos: Abastecimento, Planta e Distribuição, tornando as atividades mais eficientes, o que acaba criando uma vantagem competitiva sustentável e a otimização dos resultados econômicos da empresa.

Finalizamos este capítulo com uma frase de Peter Drucker (2000, p. 16), que ressalta que:

> *Não basta conhecer o custo das operações. Para ser bem-sucedida no mercado global cada vez mais competitivo, a empresa precisa conhecer os custos de toda a sua cadeia econômica e trabalhar com os demais elos da corrente para o gerenciamento dos custos e para a maximização dos rendimentos.*

Com base nesta afirmação, podemos concluir, mediante o que foi desenvolvido neste capítulo, que a adoção de um Método de Custeio ao invés de outro pode comprometer a avaliação de desempenho de uma Unidade de Negócio, de determinado processo ou objeto de análise, na empresa individual.

A tendência atual é que, além das informações dos custos das operações, dos processos, das atividades e dos objetos específicos, sejam identificados os custos da Cadeia de Suprimentos, ou seja, de todo o processo econômico envolvido, visando à otimização do resultado econômico de todos os membros e da cadeia como um todo. Esse é um grande desafio, pois, para isso, deve haver, inicialmente, o compartilhamento de informações de custos entre seus membros.

E, já que falamos em otimização de resultado econômico, no Capítulo 20, buscaremos analisar a rentabilidade dos diversos objetos de custeio, em nível multidimensional.

Referências bibliográficas

ATKINSON, Anthony A.; BANKER, Rajiv D.; KAPLAN, Robert S.; YOUNG, S. Mark. *Contabilidade gerencial*. São Paulo: Atlas, 2000.

BOISVERT, Hugues. *Contabilidade por atividades*: contabilidade de gestão – práticas avançadas. Tradução de Antônio Diomário de Queiroz. São Paulo: Atlas, 1999.

BORNIA, Antonio Cezar. *Análise gerencial de custos*: aplicação em empresas modernas. Porto Alegre: Bookman, 2002.

BOWERSOX, Donald J.; CLOSS, David J. *Logística empresarial*: o processo de integração da cadeia de suprimento. Tradução da Equipe do Centro de Estudos em Logística, Adalberto Ferreira das Neves. São Paulo: Atlas, 2001.

BOYD, Lynn H.; COX III, James F. Optimal decision making using cost accounting information. *International Journal of Production Research*, Leicestershire: Taylor & Francis Group, v. 40, nº 8, May 2002.

BRIMSON, John. *Contabilidade por atividades*: uma abordagem de custeio baseado em atividades. São Paulo: Atlas, 1996.

CARR, L. P.; ITNER, C. D. Measuring the total cost of ownership. *Journal of Cost Management*, Fall 1992.

CHRISTOPHER, Martin. *Logística e gerenciamento da cadeia de suprimentos*. Tradução de Francisco Roque Monteiro Leite. São Paulo: Pioneira, 1997.

COGAN, Samuel. *Activity-Based-Costing (ABC)*: a poderosa estratégia empresarial. 2. ed. São Paulo: Pioneira, 1995.

COKINS, Gary. *A collaboration enabler*: sharing open-book profit and cost data (Activity Based Cost Management [ABC/M] and Marginal Cost Analysis). In: *Council of Logistics Management – CLM*. San Francisco, 2002.

COOPER, Robin. The rise of activity-based costing – part one: what is an activity-based cost system? *Journal of Cost Management*, Boston, v. 2, nº 2, Summer 1988.

DAMME, Dick A. van; ZON, Frank L. A van der. Activity based costing and decision support. *International Journal of Logistics Management*, v. 10, nº 1, 1999.

DEELY, Philip G. Activity-based costing what to measure and how. *Proceedings of the Annual Conference of the Council of Logistics Management*. Cincinati, Ohio, 1994.

DRUCKER, Peter F. As informações de que os executivos realmente precisam. In: *Medindo o desempenho empresarial. Harvard Business Review*. 2. ed. Tradução de Afonso C. da C. Serra. Rio de Janeiro: Campus, 2000.

ELLRAM, Lisa M. A structured method for applying purchasing cost management tools. *International Journal of Purchasing and Materials Management*, Winter 1996.

_____. A taxonomy of total cost of ownership models. *Journal of Business Logistics*, v. 15, nº 1, 1994.

_____. Total cost of ownership: elements and implementation. *Journal of Supply Chain Management*, v. 29, nº 4, Fall 1993.

_____. The role of purchasing in cost savings analysis. *International Journal of Purchasing and Materials Management*, v. 28, nº 1, Winter 1992.

_____; SIFFERD, S. P. Purchasing: cornerstone of total cost of ownership concept, *Journal of Business Logistics*, v. 14, nº 1, 1993.

ELLRAM, Lisa M. et al. Understanding the implication of Activity-Based Costing for Logistics Management. *Annual Conference Proceedings – Council of Logistics Management – CLM*, 1994.

GASPARETTO, Valdirene. Custo total de propriedade – uma ferramenta auxiliar na gestão de custos. CONGRESSO BRASILEIRO DE CUSTOS, 11. *Anais...* Porto Seguro, 2004.

_____; FREIRES, Francisco G.; BORNIA, Antonio C.; RODRIGUEZ, Carlos T. Custeio da cadeia logística: uma análise das ferramentas disponíveis. CONGRESSO INTERNACIONAL DE CUSTOS. 6. *Anais...* Minho: Universidade do Minho,1999.

GOLDRATT, Eliyahu M. *The theory of constraints*. New York: North River, Croton-on-Hudson, 1990.

_____; FOX, R. Revolutionizing the factory floor. *Management Accounting*, v. 68, May 1987.

GUERREIRO, Reinaldo. *A meta da empresa*: seu alcance sem mistérios. São Paulo: Atlas, 1996.

HORNGREN, Charles T.; SUNDEM, Gary L.; STRATTON, William O. *Contabilidade gerencial*. São Paulo: Prentice Hall, 2004.

INSTITUTO DOS CONTADORES GERENCIAIS (IMA). Cost management for logistics. *Statements on Managment Accouting*, [S.l.]: National Association of Accountants, p. 4, June 1992.

LA LONDE, Bernard J.; POHLEN, Terrance L. *1998 survey of activity-based costing applications within business logistics*. Proceedings of the Annual Conference of the Council of Logistics Management, 1998.

LIMA, Maurício P. Custos logísticos: uma visão gerencial. In: FLEURY, Paulo Fernando; WANKE, Peter; FIGUEIREDO, Kleber Fossati. Logística empresarial. São Paulo: Atlas, 2000. Coleção Coppead de Administração. (Centro de Estudos em Logística.)

MANNING, Kenneth H. Distribution channel profitability: ABC concepts can help companies make strategic decisions. *Management Accounting*, Jan. 1995.

MARTINS, Eliseu. *Contabilidade de custos*. 9. ed. São Paulo: Atlas, 2003.

MÜLLER, Cláudio J.; PANITZ, Cassiane O. V. O uso da ferramenta de *Total Cost of Ownership* (TCO) como técnica para avaliação e seleção de fornecedores. CONGRESSO BRASILEIRO DE CUSTOS. São Leopoldo, 2001.

NAKAGAWA, Masayuki. *ABC*: custeio baseado em atividades. 2. ed. São Paulo: Atlas, 2001.

NESS, Joseph A.; CUCUZZA, Thomas G. Explorando todo o potencial do ABC. In: Medindo o desempenho empresarial. *Harvard Business Review*. 2. ed. Tradução de Afonso C. da C. Serra. Rio de Janeiro: Campus, 2000.

PIRTTILÃ, Timo; HAUTANIEMI, Petri. Activity-based costing and distribution logistics management. *International Journal of Production Economics*, Finland, Oct. 1994.

POHLEN, Terrance L. Applications of activity-based costing within logistics: who is using activity-based costing and where? *Proceedings of the Annual Conference of the Council of Logistics Management,* Washington, 1993.

POHLEN, Terrance L.; LA LONDE, Bernard J. Implementing Activity-Based Costing (ABC) in logistics. *Journal of Business Logistics*, v. 15, nº 2, 1994.

RAFFISH, Norm; TURNEY, Peter B. B. Glossary of activity-based management. *Journal of Cost Management*, Boston, v. 5, nº 3, Fall 1991.

REEVE, James M. Logistics and marketing costs. *Handbook of Cost Accounting*. Knoxville: Prentice Hall, 1998.

SAKURAI, Michiharu. *Gerenciamento integrado de custos*. São Paulo: Atlas, 1997.

SHANK, John K.; GOVINDARAJAN, Vijay. *A revolução dos custos*: como reinventar sua estratégia de custos para vencer em mercados crescentemente competitivos. 2. ed. Rio de Janeiro: Campus, 1997.

STOCK, James; LAMBERT, Douglas M. *Strategic logistics management*. 4. ed. New York: McGraw-Hill, 2001.

20 Análise de rentabilidade multidimensional[1] (produto, região, canal e cliente): a importância do método do custo para servir (*Cost to serve*)

De acordo com o conceito da Logística Integrada, as empresas devem buscar atender ao máximo o nível de serviço ao menor custo total possível. Sem dúvida, se pudessem oferecer para todos os seus clientes o melhor nível de serviço, o mais diferenciado, com o melhor atendimento, no menor prazo e com o menor preço do mercado, este seria um fator de sucesso na busca de sua vantagem competitiva.

A cada dia, as empresas estão segmentando seu atendimento com o intuito de melhorar o nível de serviço na direção das necessidades dos clientes, pois a essência do sucesso do negócio está no fato de a empresa criar a disponibilidade de produtos e serviços aos clientes, em termos de freqüência e confiabilidade da entrega, níveis de estoque e tempo consumido no ciclo dos pedidos, à qual se dá o nome de **nível de serviço**.

A maioria das empresas tem por objetivo prestar o melhor nível de serviço ao cliente; mas seus produtos/serviços não criarão valor ao cliente enquanto não forem entregues no momento certo, no local correto e ao custo mínimo para servir. Nesse contexto, buscam-se soluções para minimizar seus Custos Logísticos Totais e, quanto maior a complexidade das operações, maiores os impactos nos resultados econômicos, afetando a rentabilidade da empresa como um todo e, perante a necessidade de otimizá-la, os sistemas contábil-gerenciais tornam-se um elemento-chave nas empresas.

---

1 Multidimensional, segundo Michaelis (2005), está associado a um espaço de mais de três dimensões. Estamos tratando a Análise de Rentabilidade como multidimensional, pois pode ser realizada para diferentes objetos, tais como: produtos, regiões, clientes, canal de distribuição etc.

Para a Logística, os custos devem estar voltados às necessidades de planejamento e controle tanto do produto, canal de distribuição, região até a rentabilidade por cliente. Segundo Lambert et al. (1998), com relatórios de rentabilidade por diversos segmentos, os gestores podem determinar com mais precisão as opções estratégicas, como, por exemplo, quais linhas de produtos devem, ou não, ser abandonadas; quais os preços que devem ser aumentados ou reduzidos sobre o produto de alto volume; se pode ser dada ênfase naquela região ou cliente que é mais lucrativo e eliminar linhas de produtos não lucrativas, entre outras questões.

Os relatórios de rentabilidade são úteis para identificar produtos, clientes, canais de distribuição e regiões que não sejam lucrativos ou não atendam aos objetivos financeiros da empresa. Muitos desses objetos podem ter sido considerados como lucrativos, em função de custos arbitrariamente alocados. Esse tipo de análise pode ser realizado de diversas formas, que serão tratadas na seqüência.

A partir do momento em que a empresa identificar quais são os Custos Logísticos existentes em suas operações, visando a otimizar o resultado econômico da empresa como um todo, é necessário que estes sejam analisados e associados aos diversos objetos, dependendo da análise que se pretende realizar.

Manning (1995), por exemplo, buscou analisar a rentabilidade dos canais de distribuição. Segundo este autor, a maioria dos varejistas, atacadistas, distribuidores e indústrias reconfiguram sua cadeia de suprimentos, pois necessitam compreender a receita e os custos que estão associados com os vários canais, na entrega de seus produtos e serviços. Ao avaliar uma alternativa estratégica, deve-se obter respostas em potencial e estimar o impacto de melhoramentos sobre os negócios; contudo, é necessário obter informações mais adequadas e confiáveis.

Com vistas a mensurar os custos adequados para os diversos objetos, tais como: canal de distribuição, região, clientes, produtos etc., Manning (1995) sugeriu uma metodologia, que segue quatro passos:

1. **separar os custos da organização em uma estrutura de custos de atividades e custos de não-atividades**:[2] o número e o detalhamento desses componentes devem ser atribuídos ao estudo de direcionamento;
2. **identificar o comportamento dos custos de todas as atividades e não-atividades**: organizado em três categorias: produto, cliente e ca-

---

[2] O que Manning (1995) considera como não-atividades são as atividades que não agregam valor aos diversos objetos e deveriam ser minimizadas ou eliminadas.

nal de distribuição. Cada componente de custos deve estar relacionado a apenas uma categoria de custos;
3. **rastrear esses custos para o produto, canal de distribuição ou cliente individual**: uma vez que os diferentes componentes de custos são classificados em produtos, canais e clientes, é necessário identificar o fator de rastreamento (direcionador) que relaciona aqueles custos para apropriação aos diversos objetos; e
4. **converter os elementos de custos do produto, canal de distribuição e cliente dentro de uma visão de custo total dos negócios**: o passo final requer que sejam construídas duas matrizes para ligar as três visões. A primeira matriz liga o produto e o cliente para obter uma visão da compra do produto pelo cliente. A segunda liga o cliente e o canal para ter uma visão da compra do cliente no canal de distribuição. Essas duas matrizes são usadas para converter e direcionar os custos para cada canal dentro de uma visão do custo total por produto, cliente e canal. Um exemplo dos quatro passos do método é fornecido no Quadro 20.1, baseado em algumas atividades genéricas e em custos que se esperam encontrar em uma indústria.

Quadro 20.1 *Comportamento dos custos de atividades e não-atividades.*

	Relacionado ao Produto	Relacionado ao Canal	Relacionado ao Cliente
Custos de Atividade	Programação da produção Preparo Teste de qualidade Manutenção dos equipamentos	Demonstração comercial Fatura/Pedido Processamento Apoio às vendas Propaganda Despacho para transporte	EDI e computadores com interface com o cliente Transporte especial Requisição de manuseio Cobrança de dívidas incobráveis Apoio técnico
Custos de Não-atividades	Custos de materiais *Royalties*	Descontos comerciais Fretes	Despesas com créditos incobráveis Abatimento ao cliente

Fonte: Adaptado de Manning (1995, p. 46).

Seguindo esta metodologia, pode-se fornecer qualquer visão de custos necessária à empresa. É necessário, também, capturar a informação da receita para os mesmos produtos, clientes e canais, quais custos foram calculados, mas isso é muito mais fácil, principalmente, em empresas que utilizam sistemas automatizados para faturar seus produtos e serviços.

Na concepção de Pirttilã e Hautaniemi (1994), os custos de distribuição, por exemplo, têm sido alocados pelo sistema tradicional sobre único fator-base, tal como quantidade vendida. Este método é aceitável, desde que não haja maiores diferenças entre produto e valor do produto pelo manuseio desse ou daquele canal de distribuição.

Entretanto, geralmente, há algumas diferenças em alguns estágios no canal de distribuição. Os produtos (peso, tamanho, volume, fragilidade), tipo de cliente (pequeno ou grande consumidor), áreas de mercado (distância geográfica, possibilidades de transporte) etc. causam diferenças no custo do produto, ou seja, podem ser considerados como direcionados ou agentes causadores de custos.

Na seqüência, trataremos sobre a Rentabilidade Direta por Produto.

20.1 Rentabilidade Direta por Produto (*Direct Profitability Product – DPP*)

Tradicionalmente, os sistemas de custos, no intuito de formar preços dos produtos, tentavam alocar todos os custos aos produtos, mas muitas vezes com critérios arbitrários de alocação para os *overheads* e as despesas administrativas/comerciais. A Rentabilidade Direta por Produto (DPP) é uma ferramenta que preconiza identificar os gastos incorridos por produto (SKU) nos diversos canais de distribuição, regiões ou clientes, aperfeiçoando a mensuração da rentabilidade no objeto produto, considerando que seus custos são afetados diretamente por uma decisão específica e que não devem ser utilizados critérios arbitrários.

Segundo Christopher (1994), no raciocínio da DPP, além do preço de compra, o cliente contrai custos que, muitas vezes, estão ocultos (*hidden costs*), mas que, por outro lado, podem tornar-se relevantes em determinadas decisões em relação ao produto. Na opinião de La Londe e Pohlen (1996), devem ser considerados em seu sistema os custos de Armazenagem/Movimentação de cada item específico ou família de produto, evidenciando o foco no espaço e manuseio. Tem sido bastante utilizada no setor varejista que, segundo Gasparetto et al. (1999), tradicionalmente, tem tomado decisões com base em análises da margem bruta de lucro e na margem de contribuição.

Shank e Govindarajan (1997) ressaltaram a importância de que os custos dos produtos, também, devem ser considerados em seu ciclo de vida, pois estes são diferentes nos diversos estágios de vida (concepção, desenvolvimento, maturidade), como foi comentado no Capítulo 6, quando se tratou sobre os Conceitos de Custos aplicáveis à Gestão da Logística. Essa questão é relevante na cadeia de suprimentos, pois a compreensão da DPP é fundamental para que o fornecedor avalie os custos que irão ocorrer, à medida que o produto desloca em seu sistema logístico. Da mesma forma, os diversos canais, tais como distribuidores e varejistas, estão mais conscientes da relevância de cada item, assim como os fornecedores, que identificarão os fatores que impactam sua DPP (CHRISTOPHER, 1997).

Quadro 20.2 *Apuração da rentabilidade direta por produto (DPP).*

```
Vendas Brutas por produto
(–) Descontos/Abatimentos/Cancelamentos
(–) Custos Variáveis dos Produtos Vendidos
(–) Despesas Comerciais Variáveis Associadas ao Produto
(=) Margem de Contribuição Ajustada
(–) Custos de Armazenagem
        Mão-de-Obra (caixa, cubagem e peso)
        Instalações (área e cubagem)
        Estoque (médio)
(–) Custo de Transporte (cubagem)
(–) Custo do Varejo
        Mão-de-Obra de Estocagem
        Mão-de-Obra dos Balconistas (linha de frente)
        Instalações
        Custos de Manutenção do Inventário
(=) Rentabilidade Direta por Produto
```

Fonte: Adaptado de Gattorna; Walters (1996, p. 214) e Christopher (1997, p. 78).

O maior benefício da DPP, segundo Christopher (1997), para o fornecedor, está relacionado ao fato de valorizar a estratégia de serviço ao cliente, como fator preponderante para reduzir os custos de propriedade[3] do produto. Para este autor, o fornecedor deve analisar a rentabilidade de seu produto questionando: *"Como posso influenciar favoravelmente a DPP dos meus clientes, alterando as características dos produtos que vendo ou a maneira pela qual os distribuo?"* Para responder a essa questão, o referido autor desenvolveu a seguinte metodologia para a apuração da Rentabilidade Direta por Produto (DPP).

Os autores Shank e Govindarajan (1997) descreveram o caso de um fornecedor de chocolate para uma fábrica, considerando que a matéria-prima era entregue em barras de quatro quilos. A fábrica, por sua vez, recebia essas barras, derretia e as convertia em barras de menor tamanho. O fornecedor, em dado momento, observou que a entrega da matéria-prima em formato de barra representava um custo adicional, mais precisamente um desperdício, já que era desnecessário. Após analisar diversas alternativas, optou por entregar o chocolate

---

3 Os Custos Totais de Propriedade (TCO) foram tratados no Capítulo 19.

derretido em caminhões-tanque, obtendo com isso uma redução em seus custos e nos do fabricante de chocolate. Essa é uma decisão que poderia ter sido tomada por meio de uma análise da DPP do referido produto.

Essa ferramenta descreve a rentabilidade do produto de maneira mais apurada, na medida em que são subtraídos da Margem de Contribuição os custos diretamente atribuídos aos produtos. A DPP utiliza, parcialmente, o conceito do Custeio Variável para análise da rentabilidade por cliente, uma vez que são deduzidos da receita de vendas apenas os custos variáveis com os materiais/produtos comercializados, bem como os descontos e abatimentos e, então, identificam-se e mensuram-se os gastos diretamente alocáveis ao produto, como mão-de-obra, espaço, estoque e transporte.

No Quadro 20.2 foram descritas as etapas para a mudança de mensuração simples da Margem de Contribuição para a Rentabilidade Direta por Produto, que corresponde à contribuição líquida pelas vendas de um produto e subtraídos todos os gastos que possam ser "racionalmente" alocados ou atribuídos ao produto individualmente.[4]

Cabe ressaltar que a Rentabilidade Direta por Produto limita-se a contemplar os custos de materiais/produtos vendidos, bem como os Custos Logísticos de transporte e armazenagem, custos de manutenção de inventário e as despesas comerciais de vendas (custos do varejo), deixando de considerar alguns gastos fixos que deveriam ser considerados, tais como de supervisão, apoio, administração, compra e deterioração. Assim, não apresentaria informações úteis, caso fosse utilizada para identificar e mensurar os Custos Logísticos Totais de um objeto.

No que diz respeito à efetiva rentabilidade, a partir de sua apuração deve-se:

- buscar reduzir os custos de produtos que têm alto giro de estoque, mas com margem baixa;
- tentar manter a disponibilidade de produtos que tenham alto giro e que sejam mais rentáveis;
- para produtos com baixo giro de estoque e margens altas, buscar novas alternativas para o gerenciamento dos estoques, tal como o *Just-in-Time* (JIT). Por exemplo, deveriam ser mantidos em um Centro de Distribuição, se possível no primeiro fornecedor da cadeia, buscando reduzir o investimento em estoque; e
- produtos com baixo giro de estoque e margens baixas devem ser avaliados para verificar a viabilidade de sua descontinuidade e evitar sua obsolescência.

---

4 Essa questão foi tratada no Capítulo 19, quando do método do Custeio Baseado em Atividades.

Deixando de lado a visão de produto e pensando no relacionamento com o cliente, uma visão interessante é a de Reeve (1998), que desenvolveu o conceito do Custo Total de Entrega *(Total Cost of Delivery* – TCD).

20.2 Custo total de entrega

Reeve (1998), professor de Contabilidade da *University of Tennessee*, ao abordar a gestão do resultado econômico na Cadeia de Suprimentos, concebeu o conceito do Custo Total de Entrega, compreendendo o Custo Total de Propriedade mais o Custo Total do Processo da **Logística de Distribuição**, conforme a Figura 20.1, em que se pode observar a visão da gestão do resultado econômico da cadeia de suprimentos de uma companhia de papel, que pode ser aplicada, também, à gestão de uma empresa individual.

Fonte: Adaptada de Reeve (1998).

Figura 20.1 *Gestão do lucro da cadeia de suprimentos em uma empresa de papel.*

Nesse conceito, estão inseridos os custos totais da cadeia de suprimentos, desde à montante até a distribuição à jusante da cadeia logística. Para a análise à montante da cadeia de valor, o autor aborda o método **Custo Total de Propriedade (TCO)**, visto no Capítulo 19, que determina o custo total de bens e serviços adquiridos de um fornecedor, incluindo, além do preço da compra, todos os custos de qualquer atividade adicional associada com o relacionamento do fornecedor. Para a análise à jusante da cadeia de valor, está inserido o método de **Análise da Lucratividade de Relacionamentos**, visualizando todos os **Custos para Servir** o consumidor, incluindo Logística, Marketing e atividades relacionadas às vendas.

O Custo Total da Entrega é o total da cadeia de valor, do fornecedor ao consumidor final, e é comparado à preferência de preço do cliente, alinhando custo da entrega e valor para o cliente. Por exemplo, para obter-se mais rapidamente a peça de um avião parado, que causa grande perda, por uma linha de produção parada, o cliente dispõe-se a pagar um preço mais alto. Os gestores, negociando com fornecedores e clientes diversas configurações alternativas da cadeia de valor – vários valores possíveis de Custo Total da Entrega –, criam valor e otimizam seu resultado econômico.

A análise de uma cadeia de suprimentos vista na Figura 20.1 pode identificar oportunidades para realizar complexos *trade-offs* de custos entre seus membros. Por mais que até o presente momento tenhamos nos detido a analisar os custos de uma empresa individual, devemos considerar sua cadeia de suprimentos, pois a empresa relaciona-se com seus fornecedores e clientes. Para isso, é interessante verificar o que compreende cada um desses conceitos contemplados na Figura 20.1.

No tocante à **Logística de Distribuição**, a outra face do Custo Total da Entrega engloba o relacionamento com o cliente, que é o lado da geração da receita, requerendo uma abordagem de rentabilidade e não apenas de custos. Reeve (1998) defende duas formas de gerenciar os Custos Logísticos Totais, conforme pode ser observado no Quadro 20.3.

Quadro 20.3 *Abordagens de gestão de Custos Logísticos.*

	Planejamento e Controle de Custos e Despesas	**Custo Total da Entrega**
Usuário-alvo	Dá suporte aos gestores dos centros de responsabilidade, por exemplo, ao gestor do armazém ou de transportes.	Dá suporte aos gestores de linhas de produtos, de clientes ou outros gestores comerciais.
Escopo	Intra-empresa.	Entre empresas ou cadeias de suprimentos.
Objetivo	Planejar recursos (por níveis de *staff* do armazém) e identificar variações reais em relação ao plano.	Alinhamento de recursos logísticos e de marketing. Gerenciar resultados nos relacionamentos da cadeia de valor. Identificar oportunidade de *trade-offs* complexos entre empresas.
Método	Simulação de custos/despesas. Identificar processos/atividades e relacioná-los a seus respectivos recursos.	Rastrear atividades até os parceiros *upstream* ou *downstream* da cadeia de valor.

Fonte: Adaptado de Reeve (1998, p. 5).

Na abordagem gerencial básica, pelo planejamento e controle de gastos, os Custos Logísticos são planejados e controlados com base na vinculação de cada processo/atividade de Logística aos recursos a ela inerentes. Para tal, o autor supracitado sugere que sejam utilizados os conceitos de direcionadores para o planejamento e controle do volume de atividades, assim como das respectivas quantidades físicas de recursos requeridas.

A análise do Custo Total de Entrega e do relacionamento é mais clara na questão da distribuição e pode ser feita por linha de produto, cliente, canal de distribuição ou região para suportar o alinhamento da Logística e recursos de Marketing com estratégias e objetivos de resultados econômicos positivos. Entende-se que o objetivo desse método está no relacionamento adequado da distribuição de resultados econômicos entre empresas, clientes ou participantes do canal, proporcionando à empresa, segundo Reeve (1998, p. 13), uma compreensão quanto ao

> *valor fornecido pela empresa aos clientes; esforço das vendas apropriado para diferentes clientes/canais; direcionadores dos principais custos dos clientes/canal; sucesso ou fracasso nas estratégias ao cliente; método de avaliação de várias configurações do canal, e custo das funções ligadas horizontalmente.*

Dessa forma, este autor reconhece que o método da Análise da Rentabilidade de Relacionamento parte da premissa de que esta análise combina as atividades relacionadas às vendas, combinando as associadas à Logística e Marketing dentro de uma descrição completa do **Custo para Servir** (*Cost To Serve* – CTS) o cliente/consumidor final. A rentabilidade de um relacionamento pode ser conduzida por cliente individual, região, canal de distribuição ou tamanho do pedido.

Na opinião de Kotler e Armstrong (1999), é melhor manter um cliente satisfeito e fidelizado que desenvolver novos clientes, pois isso custa mais para a empresa, mas para podermos decidir quais são os clientes em que "vale a pena" investir nesse processo de "manutenção", é necessário que mensuremos quais são os mais rentáveis e, além da rentabilidade, os mais confiáveis, tal como se pode observar no Quadro 20.4, a seguir:

Quadro 20.4 *Níveis de relacionamento como função da margem de lucro e número de clientes.*

Número de Clientes	Margens de Lucro		
	Alta	**Média**	**Baixa**
Muitos	**Confiável**	Reativo	Básico
Médios	Proativo	**Confiável**	Básico
Poucos	Parceria	**Confiável**	Reativo

Fonte: Adaptado de Kotler e Armstrong (1999, p. 397) [grifos nossos].

Pelo que se pode observar no Quadro 20.4, o ideal para a empresa seria investir em clientes confiáveis, que apresentassem margens de lucro altas ou médias. Para estes clientes, a área de Vendas/Marketing iria dedicar-se mais, mantendo um relacionamento mais próximo, dando atenção às suas reclamações, sugestões e expectativas. É interessante, também, para a empresa manter parcerias com clientes, de forma que identifique meios para agregar valor para clientes e acionistas.

Kotler e Armstrong (1999) complementam essa posição, desenvolvendo uma matriz que contempla a análise de rentabilidade cliente/produto (Quadro 20.5).

Quadro 20.5 *Análise da rentabilidade de clientes e produtos.*

		Clientes		
		Altamente Rentável (A)	**Média Rentabilidade (B)**	**Não Rentável (C)**
Produtos	Altamente Rentável (A)	+ +		+
	Rentável (B)	+	+	
	Média Rentabilidade	+		–
	Não Rentável (C)		–	–

Fonte: Adaptado de Kotler e Armstrong (1999, p. 399) [grifos nossos].

Pelo Quadro 20.5, pode-se constatar que a empresa deveria monitorar seu desempenho, apurando quais seus produtos e clientes mais rentáveis, para que pudesse negociar os produtos mais rentáveis com os clientes mais rentáveis ou fazer um *mix*, com os produtos rentáveis e clientes com média rentabilidade e assim sucessivamente, como está no referido quadro. O que a empresa deveria minimizar ou eliminar seriam as transações com clientes não rentáveis e produtos com média rentabilidade ou não rentáveis.

Os clientes A devem ser protegidos; os B devem ser mantidos e os C devem ser avaliados freqüentemente. Christopher (1997) faz uma estimativa de que, se 20% dos clientes compram 20% dos produtos, representando 4% das transações cliente/produto, por outro lado, 80% representam 80% do resultado econômico total, ou seja, 4% das transações são responsáveis por 64% do resultado da empresa.

De acordo com os conceitos apresentados, a análise supracitada pode ser realizada por produto ou cliente individualmente, mas também pode ser efetivada por região, canal de distribuição e dimensão do pedido. Assim, na seqüência, será apresentada cada uma dessas formas de análise, iniciando pela mais relevante, que é a do cliente, que deu origem à análise do **Custo para Servir** (*Cost to Serve* – CTS) e que, posteriormente, será abordada em nível multidimensional.

20.3 O Método do Custo para Servir ao cliente (*Cost to serve* – CTS)

Para adequar as informações contábil-gerenciais à gestão da Logística de Distribuição, deverá ser avaliado o impacto econômico do atendimento ao nível de serviço comprometido com o cliente, pois os custos associados a cada cliente para atendimento ao nível de serviço requerido não necessariamente estão diretamente co-relacionados ao volume de vendas. Podem existir clientes que comprem baixo volume, mas que demandam grande esforço logístico e mercadológico. O nível de serviço pode ser estabelecido não apenas em função da necessidade dos clientes, mas também em função da rentabilidade que propiciam à organização.

Muitas empresas estão buscando analisar a rentabilidade do relacionamento de grandes e até mesmo de pequenos clientes, em que a tecnologia da informação tem reduzido os custos de transação e de informação. Conhecer e classificar os clientes de acordo com a rentabilidade proporcionada à empresa faz lembrar a ação do princípio de *Pareto*, que classifica o cliente com base no grau de rentabilidade, maior ou menor, como, por exemplo, 20% dos clientes podem estar proporcionando 80% de rentabilidade à empresa.

Se o custo da prestação de serviço é baixo, mas a receita proveniente das vendas também, a empresa deveria tentar aumentar as vendas para esses clientes. Se o custo de servir os clientes é alto e as vendas são baixas, deve-se reavaliar com cuidado e verificar se existe algum motivo estratégico para mantê-los. Se o custo é alto, mas as vendas também, deve-se tentar reduzir os custos. O cliente que apresenta baixo custo de servir e vendas altas deve ser o foco da empresa, que inclusive deveria procurar fidelizá-lo.

Atualmente, a rentabilidade do relacionamento não se refere apenas aos grandes clientes, mas, também, devem ser considerados os pequenos clientes, dada a queda no custo da informação. É preciso atentar, também, para o potencial futuro, ciclo de vida e desenvolvimento do cliente. É mais interessante (e mais econômico) manter e, inclusive, fidelizar clientes que desenvolver novos clientes.

A constatação de que altos volumes de vendas não correspondem, diretamente, a resultados econômicos expressivos tem feito com que as empresas, cada vez mais, estejam buscando formas de determinar o **Custo para Servir**, ou seja, mensurar o custo de atender aos pedidos de diferentes clientes. É comum encontrarmos clientes que apresentam demandas semelhantes em termos de produtos, mas completamente diferentes em termos de necessidade de atendimento. Os operadores logísticos, por exemplo, que buscarem equilibrar estes pontos e definirem suas estratégias e termos de negociação, de acordo com os clientes que procuram, tendem a ter uma operação mais bem ajustada aos seus clientes.

A análise por cliente individual possibilita conhecer o cliente em potencial da empresa, verificando não só a rentabilidade no relacionamento do cliente no momento da venda, como também a possibilidade de rentabilidade futura. Grandes investimentos podem ser despendidos em atividades de distribuição, para determinado cliente que não corresponda a uma rentabilidade futura para a empresa, onde o retorno financeiro aplicado nesse relacionamento pode ficar ameaçado. O ideal é que as empresas classifiquem seus clientes de acordo com a rentabilidade que proporcionam à organização. Algumas instituições do segmento bancário, no Brasil, por exemplo, já fazem isso, quando segregam seus clientes "VIPs", pois estes geram, na maioria das vezes, melhor rentabilidade futura para a organização.

De acordo com Figueiredo (2000, p. 69-72), analisando a rentabilidade de seus clientes, as empresas podem maximizar suas oportunidades visando a:

- atender melhor aos clientes existentes que são altamente rentáveis;
- conhecer o custo do serviço ao cliente e então poder cobrar pelo nível de serviço proporcionado;
- oferecer descontos, se necessário, nas operações com clientes aos quais é possível servir com custos reduzidos;
- negociar relações ganha-ganha entre fornecedores e compradores; e
- atrair os clientes que proporcionam grandes lucros para os concorrentes.

Nem todo cliente é rentável, como já foi visto no Quadro 20.5, mas o foco de Marketing e Logística deveria estar voltado àqueles que mais contribuem à otimização do resultado econômico da empresa. O ideal seria que a partir dessa informação a empresa pudesse melhorar o serviço e o retorno econômico dos clientes mais rentáveis, bem como identificar maneiras de minimizar os custos dos serviços para clientes que não sejam tão rentáveis; assim como deveria tentar aumentar o volume de vendas, sem acréscimo proporcional aos **Custos para Servir** aos clientes.

Buscar conhecer o potencial do cliente, ao invés de seu desempenho de rentabilidade corrente, é uma consideração importante. Entretanto, poucas empresas buscam, realmente, esse tipo de análise. Uma perspectiva do ciclo de vida deveria proporcionar à empresa compreensão sobre o retorno financeiro das atividades desenvolvidas para o cliente. O cliente individual pode ser classificado em muitas linhas, de acordo com a estratégia de negócios da empresa. Alguns clientes podem requerer componentes únicos para opções específicas que, podem, também, ser contemplados em um inventário específico para o cliente, para determinação dos custos de manutenção de inventário.

É possível, por exemplo, possuir um cliente que pede uma média de 450 unidades por mês, com desvio-padrão de 45 unidades; então, o fornecedor deve garantir essa variação de pedido, mantendo, pelo menos, 495 unidades no inventário. O cliente pode, também, pedir menos de 400 unidades, obrigando o fornecedor a manter o inventário, além do requerido pela demanda. Tal variação pode ser monitorada com o passar do tempo e traduzida dentro do estoque de segurança, que deve ser mantido para assegurar uma demanda incerta. Um cliente, que tem demandas altamente variáveis, coloca uma pressão intensa no inventário do fornecedor, visando a satisfazer às suas próprias necessidades. O fornecedor, na maioria das vezes, atende aos requisitos de seus clientes, para mantê-los e, se possível, fidelizá-los.

Conforme cita Figueiredo (2004), para que o valor seja criado para o cliente e este seja, inclusive, fidelizado, demanda-se muito esforço e pode custar muito para a empresa. Assim, em lugar de querer apenas clientes satisfeitos – o que não implica em fidelização – o autor sugere que se pense em grupos de clientes mais satisfeitos, o que significa, implicitamente, **selecionar clientes que se deseja atender melhor, verificando o quanto valem para a empresa em termos de atratividade, pois clientes diferentes geram diferentes níveis de resultados econômicos**.

O valor de um cliente, sob a ótica da empresa, ainda na concepção de Figueiredo (2004), é

> *o valor atualizado do fluxo de caixa proporcionado pelo cliente (vendas realizadas ao cliente menos o custo das vendas e o custo de atender e manter o cliente) durante o tempo que ele permanece cliente. Quanto mais tempo ele permanece como cliente, maior o seu valor para a empresa.*

Exigências diferenciadas implicam em rentabilidade diferente para cada cliente e os sistemas contábil-gerenciais têm de estar preparados para o fornecimento dessa informação, cada vez mais preciosa. Parece haver uma baixa atenção da Controladoria, tal como já visto no Capítulo 17, que, ao concentrar-se em aspectos mais globais das empresas, não se mostra conhecedora da relevância dos custos totais por cliente e, sobretudo, das oportunidades de redução desses custos.

Shapiro et al. (1987) indicaram que a rentabilidade (como percentual das vendas), freqüentemente, é muito maior para certos pedidos do que para outros, principalmente, no conceito empírico de que *"custa mais atender alguns pedidos do que outros"*, mas que, muitas vezes, os preços praticados não refletem o esforço despendido no atendimento aos clientes, numa abordagem parcial de que *"lucro é a diferença entre o preço líquido e o custo real de servir"*. Esses autores examinam três aspectos dos **Custos para Servir**: custos a fornecedores, o comportamento dos clientes e a gestão de clientes. São apresentados maiores detalhes sobre os custos a fornecedores, os quais se compõem dos *custos de pré-venda, custos de produção, custos de distribuição* e *custos do pós-vendas*.

Os custos de pré-venda variam em função do comportamento de compra dos clientes e de como a ação de venda faz-se necessária para atendê-los. Essa variação ocorre, logicamente, em função das características do produto/serviço que está sendo comercializado, da localização dos clientes, da forma de acesso a canais de distribuição, eventuais custos com promoção etc. Os custos de produção são afetados pelos pedidos efetivados pelos clientes, tendo em conta o tamanho do pedido, custos específicos de produção (*setup, scraps* etc.), acessórios (*features*), embalagens não usuais e oportunidade de tempo do pedido (*timing*). Uma empresa que estoca produtos em antecipação a pedidos (sistema *push*) terá dificuldade em identificar e associar custos de produção a clientes e produtos específicos. Da mesma forma, convenções e políticas de contabilização podem dificultar a alocação precisa de custos aos produtos.

Os custos de distribuição, por sua vez, variam de acordo com a localização dos clientes, embalagens, lotes de embarque e modos de transportes utilizados e, ainda, pela necessidade de centros de distribuição e de sistemas de informações de apoio logístico. Os custos de pós-venda, também, podem diferenciar-se por cliente; por exemplo, treinamento, instalação, assistência técnica etc., custos estes que podem apresentar montante considerável.

Dessa forma, pode ser considerada como essencial uma gestão individualizada dos resultados econômicos por cliente/produto, principalmente, pela intercorrência das atividades logísticas, as quais, como se sabe, mostram-se fundamentais na agregação de valor com níveis de serviços diferenciados, acoplados aos produtos e, muitas vezes, de forma personalizada a clientes específicos.

Uma variante do referido método foi registrada por Alan Braithwaite e Edouard Samakh (1998), da *Logistics Consulting Partners* (LCP), o *Cost to Serve*®. Este método, embora embasado na metodologia do Custeio Baseado em Atividades (ABC),[5] para alocação dos recursos em atividades e posterior alocação aos objetos, segundo seus criadores, não corresponde ao método propriamente dito, pois contempla, também, a mudança de mentalidade da empresa, que focará sua gestão no cliente. Em nossa opinião, a diferença é muito sutil, se é que existe,

---

5 O Custeio Baseado em Atividades (ABC) foi tratado no Capítulo 19.

pois a lógica do *Cost to Serve®* é praticamente idêntica à do ABC, sendo aplicada ao processo de Logística de Distribuição, que é corroborada por Norek e Pohlen (2001), quando comentam que *"o CTS sustenta-se nos conceitos do ABC"*.

Por sua vez, Yuhasz (2004) sugere que: (1) sejam identificadas todas as atividades voltadas a conquistar, atender e manter um cliente, tais como: visitar clientes, negociar vendas, realizar promoções, faturar, separar pedido, realizar entregas, realizar crédito e cobrança etc.; (2) seja mensurado o custo de cada uma dessas atividades, com base na metodologia do ABC; (3) identifique-se o quanto cada cliente consome de cada uma dessas atividades e, a partir daí, é possível apurar-se o Custo para Servir cada cliente.

No intuito de apurar o referido custo, Kaplan e Cooper (1998) listaram algumas características dos clientes com altos e baixos Custos de Servir, como se pode observar no Quadro 20.6.

Quadro 20.6 *Características de clientes de alto e baixo custo.*

Clientes de Alto Custo	Clientes de Baixo Custo
Pedidos de produtos personalizados	Pedidos de produtos padrão
Pedem quantidades pequenas	Pedem grandes quantidades
Chegadas imprevisíveis de pedidos	Chegadas dos pedidos é previsível
Entrega personalizada	Entrega padronizada
Mudança das necessidades de entrega	Não mudam as condições das entregas
Processamento manual	Processamento Eletrônico (EDI)
Grande volume de apoio prévio às vendas (recursos de marketing, técnicos e de vendas)	Pouco ou nenhum apoio prévio às vendas (definição de preços e pedidos padrões)
Exigem serviço pós-venda	Nenhum suporte pós-venda
Exigem que a empresa mantenha estoque	Reposição proporcional à produção
Pagam lentamente (contas a receber elevado)	Pagam no prazo

Fonte: Kaplan e Cooper (1998, p. 209).

Além da intenção de analisar a rentabilidade de cada cliente, apurar o Custo para servir a cada cliente pode embasar algumas decisões estratégicas, tais como: a determinação da política de preços diferenciada por tipo de cliente, o quanto investir em cada cliente, em quais se deve investir etc. No que diz respeito às opções para mensurar a rentabilidade dos clientes, visando a seu gerenciamento,

Kaplan e Cooper (1998), adaptando a idéia de Shapiro et al. (1987), afirmam que existem diversos tipos de clientes:

- passivos – cujo produto é crucial e tem bom relacionamento com o fornecedor do produto;
- sensíveis ao preço e com poucas exigências especiais;
- agressivos – que alavancam seu poder de compra para obter vantagens e que pedem preços baixos e utilizam muitos serviços e características personalizados; e
- que apresentam custo elevado para atender, mas pagam um preço mais alto.

Os dois primeiros tipos de clientes apresentam custos mais baixos para servi-los, mas os dois últimos são os que denotam custos mais altos, o que pode acarretar prejuízos para a empresa, caso não efetivem preços compatíveis com os serviços requeridos. Percebe-se, portanto, que a rentabilidade depende do quanto as margens líquidas dos produtos recuperam ou não os custos específicos de cada cliente, destacando a importância do ABC nesse processo.

A análise dos custos decorrentes do nível de serviço a cada cliente deve envolver os seguintes fatores: a capacidade de previsão da demanda, a demanda do mercado para inovações, as freqüências de entrega, os tempos e as distâncias, as modalidades de transportes e as embalagens utilizadas, o ciclo de reabastecimento, o tamanho do pedido e a forma de efetuá-lo, bem como suas quantidades e suportes técnicos realizados etc.

Para Christopher (1997), o princípio básico da rentabilidade por cliente é alocar todos os custos específicos em "contas" individuais, ou seja, quais os custos exclusivos que seriam evitados se não houvesse negócio com um cliente específico. O autor enfatiza os custos da Logística de Distribuição e apresenta uma lista de custos que devem ser incluídos na rentabilidade de cada cliente.

No Quadro 20.7, ressaltamos em negrito os Custos Logísticos ou elementos associados ao processo de distribuição, possíveis de serem associados aos clientes, pois os outros itens são relacionados às atividades de Vendas/Marketing. Um custo, por sua vez, difícil de ser associado ao cliente é o de armazenagem, para identificar o espaço exclusivo no armazém, se não houver um procedimento específico de segregação dos estoques por cliente. As devoluções/recusas podem ocorrer por problemas logísticos.

Quadro 20.7 *Itens constantes da análise de rentabilidade por cliente.*

Receitas menos Custos (somente custos identificáveis)	• Valor Líquido da Vendas (deduzidos os impostos); • Devoluções/Recusas; • Custos dos Produtos Vendidos; • Comissões; • Estrutura de Vendas; • Tempo de Gerenciamento das Contas-chaves; • Bônus Comerciais e Descontos Especiais; • **Custos de Processamento de Pedidos;** • Custos Promocionais; • Custos de Comercialização; • **Embalagem Não padronizada – Unitização;** • **Custos de Manutenção de Estoques Exclusivos;** • **Espaço Exclusivo no Armazém;** • **Custos de Manuseio de Materiais;** • **Custos de Transporte;** • **Custos de Manutenção/Comunicação (TI);** • Crédito Comercial (prazo real de pagamento).

Fonte: Adaptado de Christopher (1997, p. 72) [grifos nossos].

O resultado da análise de rentabilidade por cliente é obtido pelo valor das vendas líquidas subtraídos os custos diretos da produção ou custo do produto/serviço vendido. Os custos indiretos não são alocados, a não ser que sejam totalmente relativos àquele cliente. Os custos de vendas e marketing e os custos de distribuição seguem o mesmo princípio, podendo os custos indiretos ser alocados se forem totalmente relativos a clientes. Outros custos relacionados com o cliente são, também, subtraídos para se chegar ao "resultado" ou contribuição líquida do cliente. O item Custos das Vendas inclui os custos dos produtos, que já contemplam os custos associados às Logísticas de Abastecimento e Planta.

Vamos imaginar, por exemplo, a Empresa Lógica, que inclusive já foi citada nos Capítulos 2, 17 e 18, em que existem 25 clientes que representam 70% do faturamento da empresa, sendo que um cliente representa 33% desse montante. O valor da receita líquida é fácil de ser apurado, pois é registrado contabilmente, já que as empresas são obrigadas, fiscalmente, a manter os registros das notas emitidas em livros fiscais, por cliente individual e, também, têm controle dos produtos que foram vendidos por item. A dificuldade é alocar os custos para cada um de seus clientes, pois existem custos que não são facilmente identificáveis aos objetos.

A referida empresa desenvolveu uma análise de rentabilidade por cliente para o gestor da atividade de Vendas/Marketing, que contempla faturamento em unidades e valor, os custos variáveis comerciais, tais como: descontos no preço, propagandas cooperadas e comissões, mas não inclui os Custos Logísticos associados. A análise de margem líquida por cliente, elaborada pela área de Vendas, desconsidera os Custos Logísticos Variáveis, tal como o frete, bem como os custos fixos de armazenagem no Centro de Distribuição, entre outros custos fixos relacionados à própria atividade de Vendas. O que deveria ser feito para melhorar essa análise de rentabilidade da Empresa Lógica?

Todas as formas de relacionamento com os clientes implicam custos, tais como os vistos no Quadro 20.7, que devem ser classificados e contabilizados. Existem custos que podem ser apropriados diretamente a cada cliente, tais como: uma propaganda cooperada realizada por determinado cliente, controlada pelo subsistema de contas a pagar e os custos de frete (dependendo dos procedimentos de entrega da empresa), mas que podem ser identificáveis em função de: distância, tamanho da remessa, peso e cubagem da carga, que estão implícitos nos custos de transporte, entre outros. A Empresa Lógica deve, também, reconhecer os outros custos para servir cada cliente, tais como: os esforços mercadológicos e logísticos relacionados ao Centro de Distribuição, ao processamento de pedidos etc.

Segundo Reeve (1998), se na análise tivesse que ser realizado um "rateio" dos custos indiretos, o que seria desaconselhável, o resultado econômico poderia ser o inverso, ou seja, muitas vezes um cliente rentável poderia demonstrar-se não rentável e vice-versa.

Na seqüência, veremos como deveria ser realizada a análise dos Custos Logísticos por Região.

20.4 Análise de Custos Logísticos por região

Região é um agrupamento de clientes dentro de uma área geográfica sob a responsabilidade de um gestor (REEVE, 1998). As informações sobre o resultado regional podem ser usadas para avaliar os gestores regionais e dar suporte às decisões, tais como: mudanças na intensidade de cobertura de vendas ou de divulgação e atividades promocionais, bem como nas formas de comunicação com os clientes da região e de suas vendas internas, em função de densidade populacional, tipos de indústria, condições de tráfego etc.

Os custos de uma região incluem os custos diretos, tais como: os de ocupação do escritório da filial, incluindo salários da administração e dos vendedores, custos promocionais e custos de apoio aos vendedores. Além dos custos diretos, são também alocados os custos de apoio corporativo, designados a uma região de vendas, tal como, por exemplo, o faturamento de clientes ou os custos de recrutamento de pessoal. A atribuição dos custos relacionados a crédito centralizado, faturamento, registros contábil-gerenciais de clientes e outros custos relacionados às regiões pode ser direcionada com base nas unidades de serviço funcional, como quantidades de clientes, faturas, linhas de pedido de vendas e conhecimentos de fretes.

Custos de transporte, via de regra, são significativos. Vamos supor que a entrega feita por um transportador comum seja registrada por meio do sistema de contas a pagar e pode ser diretamente classificada para a região; todavia, se houver custos de uma frota própria, estes precisam ser alocados por região. Viagens que cruzam várias fronteiras regionais podem exigir valores em *ton-Km* ou algum outro direcionador de serviço, para a atribuição por região. Como ilustração, é apresentado no Quadro 20.8, a seguir, um relatório do resultado econômico regional de uma companhia de produtos químicos.

Quadro 20.8 *Relatório de resultado econômico regional.*

```
Vendas Líquidas
(–) Custo dos Produtos Vendidos
(=) Lucro Bruto

(–) Remuneração dos Vendedores

(–) Despesas com Vendas
      Viagens
      Veículos
      Comunicações

(–) Contratação
      Encargos de Movimentação
      Custos de Realocação

(–) Promocional
      Amostras
      Anúncios
      Reuniões e Convenções

(–) Apoio Centralizado
      Administração dos Pedidos de Vendas
      Recebimento
      Cotação

(=) Margem Líquida
      % Margem Líquida sobre vendas
```

Fonte: Adaptado de Reeve (1998, p. 16).

Neste relatório, os custos diretos alocados à região, tais como remuneração da força de vendas, despesas de vendas e custos promocionais, são designados para cada demonstração de resultado da região do gestor. Além disso, atribui-se, também, ao gestor da região o custo indireto, como apoio centralizado e contratação, que representam os custos de serviços consumidos pela divisão. Esses custos são alocados para a região, normalmente, em função de critérios subjetivos, como, por exemplo, uma taxa de encargo pelo serviço recebido.

Por exemplo, o custo de manuseio e movimentação pode representar um débito associado à contratação de um novo vendedor. A taxa real desse encargo pode ser apurada em função de um empregado atual, mas, se um de outra divisão for removido para esta divisão, a taxa de alocação é menor; ou se um novo empregado para a empresa for colocado dentro da divisão, a taxa de alocação é média. Se um novo empregado contratado por meio de uma agência de empregos for colocado dentro da divisão, a taxa de alocação é alta. Este último despende mais tempo e recursos para ser contratado; por esta razão, a taxa de encargo de movimentação é mais alta.

O relatório do resultado *"por região"* fornece ao gestor regional os incentivos para gerenciar a rentabilidade dos esforços das vendas, ao invés de apenas conhecer o volume de vendas. Os custos associados a aquisição e manutenção do volume passam a ser alinhados. Assim, o gestor pode avaliar os *trade-offs* entre gastos e volume de vendas.

Outra análise relevante é a dos Custos Logísticos por Canal de Distribuição, que será vista na seqüência.

20.5 Análise de Custos Logísticos por canal de distribuição

Quando falamos em Canal de Distribuição, estamos nos atendo ao meio pelo qual os produtos serão disponibilizados a seus consumidores finais, tais como, por exemplo, o atacado ou o varejo. Os vendedores, por exemplo, poderão atender, freqüentemente, aos mesmos ou a diferentes clientes, por meio de diferentes canais de distribuição. Por exemplo, uma consumidora de biquini pode comprar o produto de uma loja de clube, supermercado ou loja de *shopping*. Todas as três opções representam diferentes canais de distribuição, vendendo o mesmo produto ao mesmo cliente. Alternativamente, o vendedor pode vender a alguns clientes, unicamente por meio de diferentes canais, tais como atacadista, varejista, consumidor direto ou representante.

O **Custo para Servir** diferentes canais de distribuição e a margem obtida nos canais são diferentes. Como resultado, uma empresa pode ganhar perspicácia operacional, pela análise da rentabilidade do canal. Por exemplo, a Figura

20.2 ilustra como uma companhia de bebida, citada por Reeve (1998), avalia a rentabilidade dos seus principais canais.

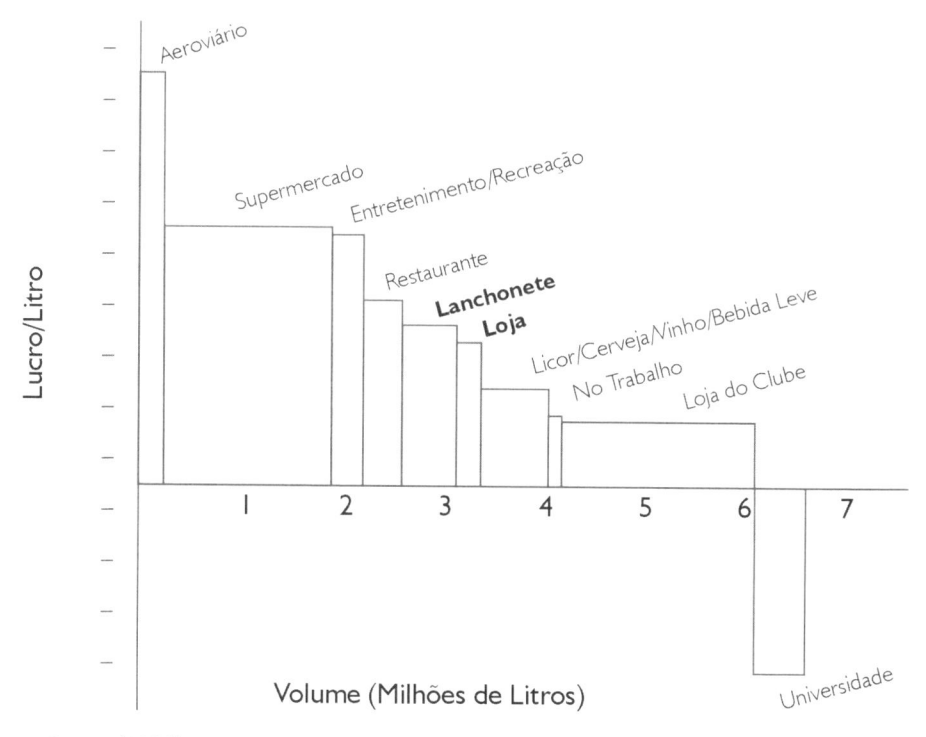

Fonte: Reeve (1998).

Figura 20.2 *Análise da rentabilidade do canal de distribuição.*

Como pode ser visto na Figura 20.2, a maior margem líquida vem do canal aeroviário, ou seja, no aeroporto; porém, há pouco volume nesse canal. Aparentemente, este canal tem preços atrativos e torna-se menos dispendioso para sustentar grandes centros. Por fim, evidencia que a Universidade é um canal que apresenta margem negativa, ou seja, a empresa perde dinheiro por vender bebidas nesse canal. O sacrifício dessa margem pode ser estratégico para ganhar exclusividade nos direitos de distribuição no *campus* e, além disso, buscar uma geração de novos consumidores.

Um mesmo produto pode ser mais rentável em um canal de distribuição que em outro. Por exemplo, pode ser que seja mais rentável para a empresa vender um mesmo produto no atacado que no varejo, mesmo que o preço unitário seja menor, mas o volume de vendas maior.

E quando descemos no nível de pedido do cliente, é possível analisar sua rentabilidade?

20.6 Análise dos Custos Logísticos pela dimensão do pedido do cliente

A dimensão de pedido do cliente, segundo Reeve (1998), influencia em muitas atividades de Marketing e Logística. Por exemplo, um pedido menor pode requerer custos de obtenção e execução similares a um pedido maior. Isso ocorre porque muitas dessas atividades, tais como visita de vendas, processamento de pedidos, documentação, separação, embarque, faturamento e cobrança, variam de acordo com o número de pedidos e não pelo número de unidades vendidas em um pedido. Como resultado, os pedidos menores podem gerar mais ônus financeiros para a empresa. Um estudo de custo desse problema pode ajudar a empresa a identificar: (a) preços diferenciais; (b) o tamanho mínimo do pedido requerido; (c) a oportunidade de redução de custos; e (d) as características de pedidos de clientes não rentáveis.

Gattorna e Walters (1996) descreveram os estágios e os custos associados com um pedido individual, que podem ser observados no Quadro 20.9.

Quadro 20.9 *Estágios e custos associados a um pedido individual.*

Estágios do Ciclo do Pedido	Custos Associados
Colocação do pedido e comunicação	Descontos de vendas; custos de recebimento do pedido e de transmissão.
Lançamento do pedido	Lançamento, emissão e reemissão, caso ocorra algum problema.
Liberação de crédito	Checagem de crédito e disponibilidade de estoque.
Documentação	Reconhecimento do pedido, preparação do conhecimento de carga, instrução para separação e embalagem, emissão da nota fiscal.
Separação do pedido	Separação, embalagem, preparação para carregamento e descarregamento.
Entrega	Modos de transporte, auditoria do conhecimento de frete e pagamento da fatura.
Pós-entrega	Recibo e postagem do pagamento, cobrança da dívida.

Fonte: Adaptado de Gattorna; Walters (1996, p. 207).

Uma maior tendência no relacionamento da cadeia de suprimentos está sendo direcionada à movimentação de pedidos menores, e mais freqüentes, ao invés de pedidos maiores e esporádicos. Isso porque os clientes não desejam comprar produtos/serviços antes da necessidade de usar. Ao contrário, os clientes estão exigindo que o fornecedor envie os produtos, de forma que cheguem no momento de serem utilizados ou consumidos. Por exemplo, algumas empresas automobilísticas recebem em suas plantas de montagem muitos dos componentes comprados, três vezes ao dia (*Just in Time*). Isso permite manter na planta de montagem o mínimo em materiais no inventário, direcionando os requerimentos no momento de serem utilizados na linha de montagem.

Se ocorrer um problema no pedido identificado anteriormente, o vendedor deve suspender e mudar o processo de obtenção e execução do pedido, de tal maneira que se torne mais econômico executar a transação do pedido para quantidades menores de produtos. Exemplo de tal estratégia é o uso do gerenciamento de inventário do fornecedor do pedido de compra, coberto pelo sistema *EDI* (ordenando e direcionando a produção, centro de distribuição *cross-docking*, notificação de embarque e controle de materiais *Kanban*). Esses conceitos estão permitindo aumentar a rentabilidade em empresas, em vendas, produções e transportes, em quantidades de pedidos pequenos.

As formas de relacionamentos apresentadas implicam custos, que devem ser classificados e contabilizados. Na opinião de Reeve (1998), os custos associados com o relacionamento são custos diretos, como custos de transportes; custos de atividades, tais como de movimentação de cargas; e custos de manutenção dos ativos, como de Estoques e Contas a Receber. Por exemplo, o gasto com propaganda contínua pode ser determinado como custo direto, que pode ser controlado por um sistema de contas a pagar, assumindo o rastreamento das atividades por meio de uma taxa de encargo, que atribua a cada uma delas a sua parcela de gasto com propaganda. Nessa abordagem, o número de anúncios contínuos deve ser atribuído a cada cliente e multiplicado pela taxa de encargo, uma vez que as contas freqüentes de propaganda contínua não capturam, intensamente, essas diferenças. As diferenças que são capturadas por essas contas podem estar entre a circulação de um jornal de baixa e de alta circulação.

Os custos de transporte, por sua vez, são diretos para cada cliente. Isso significa que os custos de transporte reais são atribuídos para cada relacionamento de cliente, evitando, assim, o efeito "médio" de todos os clientes. O número real de remessas, distância, tamanho da remessa, peso e cubagem da carga estão implícitos no custo de transporte real. Desse modo, remessas de quantidades pequenas para clientes distantes não são subsidiadas por remessas de quantidades maiores para clientes próximos.

Após evidenciarmos algumas análises para os diversos objetos de custos, em nível individual, iremos, na seqüência, verificar como podem ser efetivadas análises em nível multidimensional.

20.7 Análise multidimensional dos Custos Logísticos

Por meio dessa análise, que pode ser realizada combinando qualquer um dos objetos supracitados, o gestor é capaz de determinar padrões de rentabilidade nos segmentos de negócios e descobrir oportunidades ou ameaças. Assim, os gestores de Marketing, também poderiam ser capazes de direcionar seus esforços mercadológicos aos clientes, canais, regiões ou produtos mais rentáveis, buscando otimizar o resultado econômico da empresa. Reeve (1998), também, sugere uma estrutura conceitual para que sejam analisados os resultados por itens, pedidos, clientes e regiões.

O Quadro 20.10 fornece uma estrutura teórica para atribuir os Custos Logísticos e os de Marketing aos diversos objetos de custeio, pois as receitas são facilmente identificadas nos diversos objetos, em função do controle do faturamento. Segundo Howell e Stephen (1990), se não for possível identificar os recursos consumidos diretamente a um cliente, é possível identificá-los aos diferentes canais de distribuição ou regiões com as quais a empresa negocia seus produtos.

Há poucos exemplos de organizações que tenham desenvolvido sofisticados esquemas de relatórios multidimensionais. Muitos sistemas relatam o resultado por meio de dimensões únicas, com capacidade de informações limitadas e com muitas alocações arbitrárias de custos comuns. Entretanto, o sistema integrado (ERP) deve estar provido de informações importantes que deveriam ser direcionadas, como já descrito, gerando informações contábil-gerenciais úteis e oportunas à continuidade da empresa.

Quadro 20.10 *Relatando a margem ao longo da dimensão dos objetos.*

Itens, Custos e Margens	Comentários
Receita bruta para o item (−) Descontos na lista de preços	• lista de preços *versus* unidades vendidas pelo sistema de pedidos de vendas; • percentual da lista de preços (variações entre cliente); • percentual do preço de vendas depois dos descontos deduzidos.
(=) **Receita Líquida para a Companhia**	• atribuível para menor célula (item da linha de fatura).
(−) Custos Variáveis do item faturado	• os custos podem ser atribuídos para o nível de linhas dos itens faturados.
(=) **Margem do item**	
Somatório de todas as margens dos itens por faturamento (−) Custos diretos variáveis dos pedidos: • desconto por tamanho de pedido; • embalagem/frete; • recebimento do pedido.	• estes são custos diretos do pedido, mas comuns às linhas de pedidos de venda dentro do pedido.
(=) **Margem de venda do pedido**	• um elemento hierárquico é útil na avaliação da habilidade de geração do lucro de um vendedor.
Somatório de todos os pedidos de um cliente (−) Custos diretos/variáveis do cliente: • propaganda; • desconto comercial; • abatimento anual; • serviços técnicos/apoio em projetos; • custo de manutenção do inventário; • custo de manutenção de recebíveis.	• custos diretos para clientes, mas comuns para produtos. Requerem registro da fatura e apoio pelo código de cliente; • custo do capital associado ao inventário requerido para apoio ao cliente; • custo do capital das duplicatas a receber dos clientes.
(=) **Margem do Cliente**	
Somatório de todas as margens dos clientes na região (−) Custos diretos/variáveis por região: • custos de arrendamento; • salários de vendedores por região; • custo de manter um cliente comum.	• custos variáveis diretos por região, mas comuns aos clientes da região; • custo de inventário não associado com nenhum cliente, em particular.
(=) **Margem da Região**	
Somatório de todas as margens da região (−) Custos comuns variáveis por região	• estes são os custos remanescentes dos negócios que são diretos para dimensões diferentes e comuns às regiões.
(=) **Resultado Operacional Total**	

Fonte: Adaptado de Reeve (1998, p. 26-27).

A contribuição de Reeve (1998) é bastante completa no que diz respeito à avaliação da rentabilidade, que tanto pode ser vista por região, por cliente, tamanho do pedido, por produto ou canal de distribuição. De fato, a visão multidimensional a que alude o autor é bastante abrangente. Há, no entanto, como o próprio autor reconhece, complexidades e dificuldades na implementação, principalmente, na identificação dos custos por linhas de pedidos. Por outro lado, a **Análise de Rentabilidade de Relacionamentos** procura visualizar todos os **Custos para Servir** ao consumidor (Logística, Marketing e outras atividades relacionadas às vendas). Essa abordagem tem o mérito de permitir, como comenta o referido autor, a visualização de *"todos os custos de servir ao consumidor"*. No entanto, não contempla com aprofundamento específico dos dilemas, desafios e Custos Logísticos, relacionados ao nível de serviço e suas respectivas cadeias logísticas, visando a atender a determinadas dimensões.

Uma dimensão é o âmbito que visa ao interesse de gerenciamento de cada objeto, ou seja, cliente, canal de distribuição, região e produto, representando uma hierarquia que permeia o sistema como um todo. As dimensões consistem em elementos que formam uma hierarquia de agregação natural. Por exemplo, a dimensão da "região" pode consistir na seguinte hierarquia: Estado – Cidade – Distrito. Com tal hierarquia, um usuário poderia obter informações contábil-gerenciais agregadas em nível de "região" até o "distrito", mais baixo nível desagregado. Exemplos alternativos de formas hierárquicas são ilustrados na Figura 20.3.

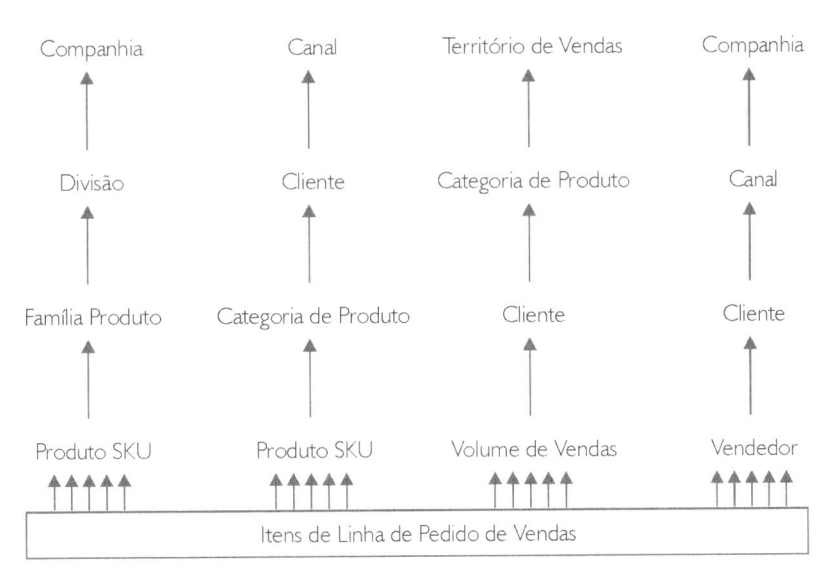

Fonte: Adaptada de Reeve (1998).

Figura 20.3 *Possíveis hierarquias de análise multidimensional.*

Na Figura 20.3, a informação mais desagregada é capturada pelas linhas de vendas faturadas. Nesse nível mais baixo, a informação de custo e receita, sobre cada linha de pedido, pode ser identificada com cada um dos elementos. Como resultado, a informação de lucro pode ser agregada a toda movimentação hierárquica. Para ilustrar, vamos considerar a questão progressiva implícita pela segunda hierarquia, apresentada na Figura 20.3, em que o gestor dentro de um escopo geral pode levantar a seguinte questão: *Qual é a margem de lucro em cada canal?*

Após conhecer o resultado do canal, o gestor pode querer conhecer a rentabilidade de cada cliente dentro do canal. Assim, a próxima questão é: *Qual é a margem de lucro de cada cliente em um canal específico?*

Se o gestor deseja mais dados sobre um cliente particular, a próxima questão pode ser: *Qual é a margem de lucro do grupo de produtos para um cliente particular, dentro do canal?*

Então, finalmente, o gestor pode perguntar: *Quais são as margens de lucro dos produtos individuais, no grupo de produtos vendidos para um cliente individual de um canal específico?*

Desse modo, o usuário é capaz de determinar padrões de resultados econômicos nos segmentos de negócios e descobrir oportunidades e anomalias. Nessa visão, os gestores deveriam ser capazes de direcionar o esforço promocional, desenvolver estratégias de preços, alinhar esforços de apoio ao cliente com o objetivo de lucro, identificar estratégias de vendas rentáveis, comparar comportamentos consistentes de clientes com os recursos despendidos aos mesmos, identificar produtos não rentáveis e as combinações rentáveis de produto/canal de distribuição.

Sabe-se que muitas empresas vêm desenvolvendo ou estão obtendo licenças para utilizar Sistemas de Informações Integrados (ERPs). Esses sistemas prometem integrar as informações requeridas por uma empresa a outras organizações, pertencentes à mesma cadeia de suprimentos. Tais sistemas fornecerão oportunidades para os gestores acessarem maior variedade de informações contábil-gerenciais, porém, os criadores desses sistemas devem ter o cuidado de desenvolver um método de custeio que forneça apoio significativo às decisões dos gestores.

A designação real do relatório de resultado multidimensional hierárquico expõe desafios significativos de implementação. Um dos desafios mais significativos é como mensurar o resultado econômico. Seria fácil se todos os custos fossem diretamente causados e facilmente identificados em uma linha de pedido individual. Todos os custos, receitas e o resultado econômico conseqüente deveriam ser totalmente relacionados em cada um dos objetos simplificados. As receitas são, freqüentemente, fáceis de serem identificadas para a linha de produto, entretanto, os custos são mais problemáticos, porque são direcionados a diferentes níveis no relato. Alguns custos são diretamente identificáveis ao nível de linha de pedidos, mas outros são comuns à linha de produto e diretos para elementos mais agregados do que as linhas de produtos. Um dos objetivos do Custeio Baseado em Atividades (ABC), tratado no Capítulo 19, é direcionar os custos que causam diminuição aos elementos reportados na hierarquia.

Na seqüência, na Figura 20.4 será apresentada uma proposta de relatório de Reeve (1998), que contempla uma análise de rentabilidade multidimensional.

Análise de rentabilidade multidimensional 355

Custos diretos do Produto
MARGEM DO PRODUTO
Custos diretos da Linha
MARGEM DA LINHA DE PRODUTO

Cada célula representa um número grande de pedidos (faturas) para os clientes individuais.
Uma fatura pode incluir informações sobre vendas de diversos produtos. Custos de frete e transporte são parte do "Custos Diretos de Pedidos do Cliente".
Referências são feitas aos custos de manufatura por nível de unidade diretos e "Margem de Pedidos" é especificado a seguir:

Fatura nº 1.235:
Preço S 2 & Custos
Preço C 3 & Custos
Preço T 2 & Custos
Frete & Trans.

Custos diretos de Pedidos do Cliente
MARGEM DE PEDIDOS
Custos diretos do Cliente
MARGEM DO CLIENTE
Custos diretos da Região
MARGEM DA REGIÃO

Dimensão do Consumidor

Região de Vendas 1 | Região de Vendas 2
Cliente 1 | Cliente 2 | Cliente 3 | Cliente 4 | Cliente 5 | Cliente 6

Dimensão de Produto
S 1
S 2
S 3
C 1
C 2
C 3
C 4
T 1
T 2

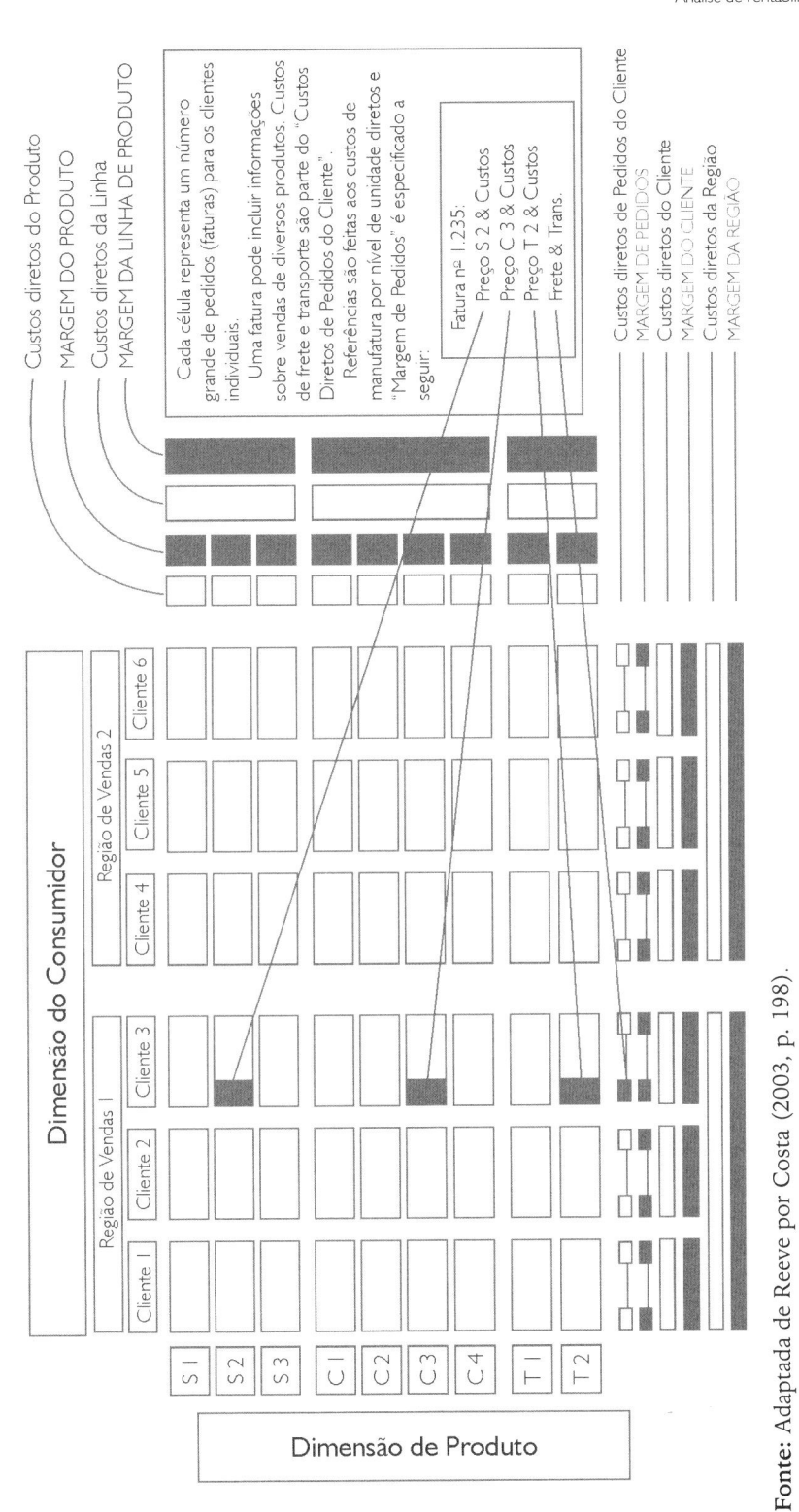

Fonte: Adaptada de Reeve por Costa (2003, p. 198).

Figura 20.4 *Dimensões de produto e cliente na análise de rentabilidade.*

O relatório multidimensional sugerido por Reeve (1998), que pode ser visualizado na Figura 20.4, apresenta uma série de desafios: nem todos os custos são facilmente identificados em uma linha de pedido individual. As receitas são facilmente identificadas a cada um desses objetos, mas os custos são mais problemáticos, pois podem ser direcionados a diferentes níveis, como já comentado anteriormente. Alguns custos podem ser diretos a um pedido, mas outros são comuns a um lote de pedidos, por exemplo. Esse relatório multidimensional pode auxiliar na solução desses desafios.

A visão vertical representa a dimensão do cliente, enquanto a visão horizontal representa a dimensão de produto. Cada dimensão, na hierarquia, tem um elemento múltiplo. Por exemplo, na dimensão do cliente, o menor elemento relatado é o faturamento individual, agregado a um pedido de venda, que corresponde a um cliente, e esse a uma região em particular. Na dimensão do produto, o menor elemento relatado é o mesmo da dimensão do cliente, por exemplo, faturamento individual, agregado ao pedido de vendas, que corresponde a um produto, e esse, finalmente, a uma linha de produto. Essas descrições hierárquicas são somente duas dos muitos tipos possíveis. As células, na Figura 20.4, acumulam as receitas e os custos associados com a combinação de produto e cliente, determinados ao nível do item de linha faturado.

Por exemplo, na coluna do Cliente 3 da Região de Vendas 1, é possível atribuir os custos diretos para pedidos desse cliente, que, por sua vez, são comuns para os produtos (S2, C3 e T2), tais como: o custo de transporte e os custos de processamento do pedido. Esses, por sua vez, podem ser atribuídos ao pedido de vendas individual, porém, não podem ser atribuídos ao faturamento de itens de linha individual, no intuito de evitar alocações arbitrárias. Esse raciocínio foi apresentado no Quadro 20.10 e é extremamente relevante para que se possa analisar a rentabilidade pelos diversos objetos supracitados. É importante ressaltar que **alocações arbitrárias devem ser evitadas.**

> Somente devem ser atribuídos aos objetos os custos diretos associados e os que não forem possíveis de serem rastreados serão atribuídos a um nível hierárquico acima, até o nível global da empresa.

O resultado total não pode ser determinado em nível de célula. A razão está na incapacidade de separar os custos comuns e traduzi-los aos elementos absolutos ao objeto reportado. Especificamente, o analista deveria atribuir para um nível hierárquico custos diretos e evitar alocações arbitrárias. Para ilustrar, considere a dimensão vertical de cliente na Figura 20.4. Os custos são diretos para um pedido de cliente individual, mas são comuns ao faturamento da linha de pedidos (ou produtos), como, por exemplo, o custo de transporte, vendas e movimentação do pedido.

Esses custos podem ser atribuídos ao pedido de vendas individuais, porém, não podem ser atribuídos ao faturamento de itens de linha individual, a menos que sejam usadas alocações arbitrárias, porque não há uma associação direta de causa e efeito para os itens de linha individual. Entretanto, os "custos diretos do pedido do cliente" são mostrados fora da célula, na base da Figura 20.4. A soma das margens de contribuição nas células na coluna do pedido (a fatura das linhas do pedido), menos os custos diretos, do pedido da coluna, resulta na margem do pedido. Esses custos diretos do pedido e receitas da linha de pedidos são alimentados pelo sistema dos pedidos de vendas que capturam essa informação.

Um nível superior de agregação na hierarquia é custo direto para o cliente particular, mas comum para os pedidos de vendas individuais e para os itens de linha. Esses custos podem incluir paletização especializada para cliente, esforço de retorno de produto, apoio de execução alfandegário e publicitário. Esses custos podem ser atribuídos para completar a coluna de cliente, como demonstrado na base das colunas de cliente da Figura 20.4, como "custos diretos do cliente". A margem do cliente pode ser calculada, subtraindo esses custos da margem do pedido desse cliente.

A venda por região é o próximo nível da hierarquia. Novamente, custos que são diretos para a região, mas são comuns para todos os clientes da região, podem ser identificados. Esses custos deveriam incluir custo de aluguel, custo de escritório de vendas, salário do gerente do distrito de vendas e custo de treinamento dos vendedores regionais. A margem da região pode ser determinada, subtraindo da margem do cliente os custos diretos da região. Essa margem é o montante do resultado econômico apurado pelo incremento de uma região. Se a região tivesse sido eliminada, a margem da região seria, aproximadamente, o montante do resultado econômico que tinha sido perdido naquela decisão. Além disso, os ativos correntes deveriam ser associados aos elementos particulares, de tal maneira que um custo de capital possa ser subtraído do resultado econômico do objeto analisado.

O **relatório multidimensional** pode ser de extrema utilidade, para os macroprocessos de Vendas e Logística, visando a agregar valor a seus clientes e acionistas e identificando quais clientes são mais rentáveis e que exigem maiores esforços logísticos. Tal como tratam Christopher (1997) e Reeve (1998), a análise da rentabilidade do cliente deve integrar os macroprocessos de Logística, Marketing/Vendas às outras atividades que envolvem os custos de atender ao cliente. A rentabilidade pode ser conduzida para clientes individuais, regiões, canais de distribuição ou tamanho do pedido.

Braithwaite e Samakh (1998), da *Logistics Consulting Partners Ltd.* (LCP), que registrou a marca Cost to Serve®, destacam que é fundamental ao bom andamento dos negócios o entendimento de *"como os custos são acumulados na cadeia de suprimentos em um caminho holístico, baseado nas combinações de produtos e clientes".*

Um exemplo que pode ser citado é o da *Kraft Foods Spain,* citado por Picazo e Molina (2004), que desenvolveu um Módulo de "*Cost To Serve*" para controlar e minimizar os Custos Logísticos associados ao atendimento de cada cliente, visando a suportar os processos de tomada de decisão, identificando ineficiências e buscando oportunidade de economia de escala em sua cadeia de suprimentos. Segundo os autores, os custos associados dependem, principalmente, da estrutura logística da empresa (fábricas e localização dos armazéns) e das condições de distribuição (nível de serviço) requeridas por cada cliente (tamanho de lote, tipos de produtos, embalagens requeridas, locais e freqüências de entrega, modo de transporte necessário etc.).

Muitas empresas têm implementado áreas de Serviço ao Cliente, que vêm abarcando as atividades logísticas de Distribuição, bem como atividades de pós-venda, criando a oportunidade de melhor servir seus clientes. Na realidade, essas áreas são tratadas como se fossem representantes dos clientes nas empresas. Exigências, tais como entregas no tempo certo, ou seja, a obrigatoriedade de entregas em "janelas" de tempo especificadas (*time windows*), embalagens especiais, a acurácia dos pedidos, podem ser gerenciadas e custeadas, e torna-se possível determinar margens de rentabilidade diferenciadas por cliente/produto.

Objetivos de atendimento de prazo de entregas e o relacionamento com clientes, ou seja, seu volume de compras, compostos de compra, freqüências de compras, podem ser gerenciados de forma mais efetiva, abandonando-se indicadores parciais e o pressuposto da relação direta entre preço e nível de serviço, mas, sim, custeando-se as ações efetivas de gestão da demanda e da cadeia de suprimentos, envolvidas na relação.

Sistemas de custeio que busquem identificar as características básicas do atendimento aos clientes e associem custos aos indicadores de atendimento aos clientes poderão ser determinantes das condições de competitividade das organizações, que, muitas vezes, envolvem-se em esforços significativos de adequar-se às exigências de mercado sem uma visão efetiva dos impactos nos seus resultados econômicos.

A atribuição dos custos ao objeto cliente, por exemplo, deve partir de uma unidade básica – o direcionador –, por exemplo, o *pallet*, unidade básica de embalamento, e que pode ser associado ao cliente, ou servir de base à estratégia de entrega direta às lojas ou Centros de Distribuição. Assim, pedidos que formem uma partida de produtos disposta em um *pallet* podem ser atribuídos a um Centro de Distribuição, e o tipo de transporte utilizado, também, pode ser atribuído ao cliente específico.

Uma questão que se apresenta está associada à descoberta do motivo pelo qual as empresas já não adotam sistemas de custeio que atendam a essas exigências. Uma resposta pode ser a avaliação do custo/benefício das informações e o caráter interfuncional do atendimento aos clientes, que se referem, diretamente, às estratégias de Marketing/Vendas e à adequação dos processos produtivos a esse atendimento, que, tradicionalmente, reflete-se no conflito clássico entre Marketing/Vendas e Produção, bem como no relacionamento com a Controladoria, em seus relatórios contábil-gerenciais, presentes em todas as etapas do processo de gestão.

Na seqüência, veremos um exemplo de Análise Multidimensional baseado no conceito de Custo para Servir.

20.8 Exemplo de análise multidimensional baseado no Custo para Servir

Na seqüência, veremos um exemplo desenvolvido por Braithwaite e Samakh (1998). Segundo estes consultores, o método não é rígido e pode ser aplicado variando seus níveis de sofisticação, desde simples planilhas eletrônicas até avançadas bases de dados relacionais, de modo a atender a circunstâncias particulares.

Neste exemplo, de uma hipotética empresa denominada HiTech, do ramo de produtos eletrônicos, estão sendo analisadas as famílias de produtos e os canais de distribuição. A empresa comercializa produtos no mercado que podem ser agregados em quatro famílias: acessórios, periféricos, monitores e processadores, distribuídos por meio de, também, quatro canais: distribuidores, grandes redes, varejistas e produtos de revenda (OEM).[6]

Com o objetivo de entender os custos e seus direcionadores, é necessário coletar dados e realizar análises para entender, quantitativamente, as características da cadeia de suprimentos, que alimentam o modelo do CTS. Segundo Braithwaite e Samakh (1998), essas análises incluem: fluxo total e variedade de produtos por família de produtos/canal; perfil dos pedidos e do inventário; sazonalidade; fornecimento; desempenho da distribuição, da armazenagem e do transporte. A complexidade do modelo dependerá do número de produtos e canais existentes.

Na Tabela 20.1, estão apresentadas as características físicas dos produtos, levando-se em consideração os agentes causadores dos Custos Logísticos, que neste caso são o peso (t) e a cubagem (m^3). Estes fatores poderão ser utilizados como direcionadores de recursos ou atividades, dependendo do que estiver sendo analisado.

---

6 Os produtos OEM são aqueles que são vendidos de um fabricante para outro, e não diretamente para o consumidor final.

Tabela 20.1 *Segregação por família de produtos – características físicas.*

Família de Produtos	Total ($/m)	% Receita	m³	m³ – %	$/Kg	$/m³	Ton.	Ton. – %
Acessórios	151	12%	8,807	6,2%	90	17,100	1,673	9,0%
Periféricos	439	35%	33,002	23,1%	110	13,310	3,993	21,4%
Monitores	226	18%	85,568	59,8%	22	2,640	10,268	55,0%
Processadores	439	35%	15,688	11,0%	160	28,000	2,745	14,7%
Total	1.255	100%	143,065				18,679	

Fonte: Adaptada de Braithwaite e Samakh (1998).

Outro dado importante para a análise é a segregação da receita por família de produtos e canais de distribuição, pois os produtos que direcionam os custos em função de toneladas (t) e cubagem (m³) nem sempre são os mesmos que direcionam as receitas. Por exemplo, os monitores são os que mais pesam e ocupam espaço (55% e 59,8%), mas são representativos em termos de faturamento (18%). Por sua vez, os processadores não são tão pesados nem ocupam espaço, mas são representativos em termos de faturamento. A representatividade da receita pode ser, também, visualizada, de forma matricial, evidenciando Família de Produtos e Canais de Distribuição, na Tabela 20.2.

Tabela 20.2 *Segregação da receita por família de produtos e canais de distribuição ($ Mil e %).*

	Distribuidores	Grandes redes	Varejistas	OEM	Total
Receita ($ Mil)	602	188	226	238	1.255
% da Receita	48%	15%	18%	19%	100%
Acessórios	69	18	20	44	**151**
Periféricos	255	83	44	57	**439**
Monitores	54	25	79	68	**226**
Processadores	224	61	83	70	**439**
Proporção da Receita					
Acessórios	46%	12%	13%	29%	12%
Periféricos	58%	19%	10%	13%	35%
Monitores	24%	11%	35%	30%	18%
Processadores	51%	14%	19%	16%	35%

Fonte: Adaptada de Braithwaite e Samakh (1998).

Os recursos consumidos devem, inicialmente, ser contabilizados nos departamentos (Centros de Custos), tal como apresentado no Quadro 19.3, para facilitar a interação com a Contabilidade Financeira, da maneira como já é feito pela maioria das médias e grandes empresas. Cabe ressaltar que, como já comentado, os Custos de Oportunidade que constam no referido quadro não são registrados pela Contabilidade Financeira, mas, para efeito de apuração dos custos e resultados gerenciais, devem ser considerados.

Quadro 20.11 *Direcionadores de custos por atividades.*

Atividade	Direcionadores de Custos
Gerenciamento de pedidos e administração	Pedidos ou linhas de pedidos
Transporte primário	Cubagem, rotas e freqüência
Armazenagem	Unidade de movimentação (*pallets*, caixas etc.) e detalhe da separação
Custos Financeiros de Inventário	Cobertura de Estoque
Obsolescência	Cobertura de Estoque e Ciclo de Vida do Produto
Entrega Direta	Cubagem (carga) e freqüência
Entrega Local	Freqüência ou tamanho do pedido

Fonte: Adaptado de Braithwaite e Samakh (1998).

Conforme afirmam Braithwaite e Samakh (1998), o custo de cada atividade supracitada no Quadro 20.11 é atribuído com base na ocorrência de seus direcionadores. Nas Tabelas 20.3 e 20.4, verificaremos a ocorrência dos agentes causadores de custos, no caso da empresa HiTech.

Tabela 20.3 *Ocorrência dos direcionadores de custos relacionados ao canal.*

Relacionados ao Canal	Unidades	Total Unit.	Custo Unit. $	Distribuidores	Grandes redes	Varejistas	OEM
Gerenciam. do Pedido	Pedidos	135.000	14,81	35.000	10.000	78.000	12.000
Armazenagem	Pallets	158.960	96,88	57.477	21.040	41.527	38.916
	Caixas	1.350.000	4,89	337.500	540.000	472.500	–
Custos Fin. Inventário	Estoque	Semanas	15%	4	3	6	0
Entrega Direta	Carga	3.395	980	1.216	283	399	1.497
Entrega Local	Entregas	47.497	120	12.932	3.419	31.146	

Fonte: Adaptada de Braithwaite e Samakh (1998).

A Tabela 20.3 evidencia a ocorrência efetiva (aspecto físico) dos direcionadores de custos relacionados aos Canais de Distribuição. Podemos observar, por exemplo, que foram emitidos 135.000 pedidos, sendo que, destes, 78.000 foram recebidos do canal varejista. Das 1.350.000 caixas armazenadas, 540.000 estavam relacionadas às Grandes Redes, e assim sucessivamente.

Por sua vez, a Tabela 20.4 demonstra a ocorrência dos direcionadores de custos relacionados ao transporte primário, de algumas fontes para a Holanda, bem como os custos específicos de cada fonte, já alocados às diversas famílias de produtos.

Tabela 20.4 *Ocorrência dos direcionadores de custos relacionados ao transporte para produtos.*

Transporte Primário para Holanda	Direcionadores	Unidades	Custo Unit. $	Acessórios ($)	Periféricos ($)	Monitores ($)	Processadores ($)	Total ($)
Malásia	Truck	272.913	4,000	0	796.588	295.063		1.091.651
Coréia	Truck	515.111	3,500	239.156	995.735		567.996	1.802.887
China	Truck Load	737.657	2,100			1.549.179		1.549.079
EUA	Truck	152.967	2,500		213.372		169.046	382.418
Terceirização Europa	Truck Load	787.978	0,950		79.339	630.697	38.543	748.579
Total				239.156	2.085.034	2.474.839	775.585	5.574.614
Obsolescência	% da Receita			2%	1%	1%	2%	
	Custo por Ano			3,0	4,4	2,3	8,8	18,5

Fonte: Adaptada de Braithwaite e Samakh (1998).

Observa-se na Tabela 20.4 que o custo unitário de transporte da Malásia para a Holanda é de $ 4 por unidade, e foram transportadas 272.913 unidades de periféricos e monitores, em um total de $ 1.091.651. Para a China foram transportados apenas 737.657 monitores. Os acessórios foram enviados apenas para a Coréia. A venda dos processadores para a Coréia, também, foi bastante significativa em termos monetários.

E como poderíamos alocar os custos de transporte, que foram associados às famílias de produtos para os canais de distribuição?

Para isso, precisamos definir quais os direcionadores de custos, para realizar essa apropriação. Braithwaite e Samakh (1998) alocaram os custos de transporte para os canais de distribuição, baseados na proporção da receita (Tabela 20.5). Fazendo uma dedução dos valores que constam no artigo dos referidos autores, obtemos as seguintes informações:

Tabela 20.5 *Transporte primário por produto e canal de distribuição.*

Em $	Distrib.	Grandes Redes	Varejistas	OEMS	Total
Acessórios	110.012	28.699	31.090	69.355	239.156
Periféricos	1.209.320	396.156	208.503	271.054	2.085.034
Monitores	593.961	272.232	866.194	742.452	2.474.839
Processadores	395.548	108.582	147.361	124.094	775.585
Total	2.308.841	805.669	1.253.148	1.206.955	5.574.614

Os valores ($) que constam na Tabela 20.5 representam uma simplificação, tendo sido obtidos a partir da proporção da receita, tal como os autores sugeriram subjetivamente, mas o mais correto seria apurar as quantidades de cada família de produto que foram transportadas para cada canal de distribuição.

Na seqüência, deveríamos apurar os custos das atividades para cada canal de distribuição, que podem ser observados na Tabela 20.6.

Tabela 20.6 *Alocação dos custos das atividades pelos canais de distribuição.*

Em $ Milhões	Distrib.	Grandes Redes	Varejistas	OEMS	Total
Processamento de Pedido	0,5	0,1	1,2	0,1	2,0
Transporte Primário	**2,3**	**0,8**	**1,3**	**1,2**	**5,6**
Armaz. – Paletes	5,6	2,0	4,0	3,8	15,4
– Caixas	1,6	2,6	2,3	0,0	6,6
– Total	7,2	4,7	6,3	3,8	22,0
Custo de Capital do Inventário	1,5	0,4	1,1	0,0	3,0
Obsolescência	9,0	2,7	3,3	3,5	18,5
Entrega Direta	1,2	0,3	0,4	1,5	3,3
Entrega Local	1,6	0,4	3,7	0,0	5,7
Total	23,2	9,4	17,3	10,1	60,0
% da Receita	3,9%	5,0%	7,6%	4,3%	4,8%

Fonte: Adaptada de Braithwaite e Samakh (1998).

Os custos das atividades que totalizaram $ 60 milhões foram alocados aos canais de acordo de algum direcionador de atividade diferenciado, apresentado na Tabela 20.6. Ou como realizado para o transporte primário (Tabela 20.5), em que este custo foi alocado na proporção da receita, o que é um critério subjetivo, como já comentado, pois pode não ser o que mais representa a operação logística, tal como o peso (t) ou a cubagem (m^3).

Dessa maneira, obtivemos os custos das atividades por canal de distribuição, sendo $ 23,2 milhões para os distribuidores, $ 9,4 milhões para as grandes redes e $ 17,3 e $ 10,1 milhões para os varejistas e OEM, respectivamente. Mas, para realizar uma análise bidimensional, necessitamos alocá-los, também, às famílias de produtos.

Para tanto, necessitamos verificar qual o melhor direcionador para alocar os custos obtidos para o objeto família de produtos. Os autores Braithwaite e Samakh (1998) consideraram a cubagem (m^3) transportada. O ideal seria obter a informação da cubagem (m^3) transportada (143,065), que consta na Tabela 20.1 por família de produtos, também, pelos diversos canais de distribuição. Foi tomada como base, novamente, a proporção da receita, e a informação obtida pode ser analisada na Tabela 20.7.

Tabela 20.7 *Cubagem (m^3) dos produtos movimentados nos canais de distribuição.*

Cubagem (m^3)	Distribuidores	Grandes Redes	Varejistas	OEMS	Total
Acessórios	4,051	1,057	1,145	2,554	8,807
Periféricos	19,141	6,270	3,300	4,290	33,002
Monitores	20,536	9,412	29,949	25,670	85,568
Processadores	8,001	2,196	2,981	2,510	15,688
Total	51,730	18,936	37,375	35,025	143,065

A partir das informações obtidas, podemos alocar os custos das atividades, que já havíamos apurado para os canais de distribuição, também, para as famílias de produtos, conforme se observa na Tabela 20.8.

Tabela 20.8 *Custos para servir ($) – matriz produtos/canais de distribuição.*

Em $ Milhões	Distribuidores	Grandes Redes	Varejistas	OEMS	Total
Acessórios	1,8	0,5	0,5	0,7	3,6
Periféricos	8,6	3,1	1,5	1,2	14,5
Monitores	9,2	4,7	13,8	7,4	35,1
Processadores	3,6	1,1	1,4	0,7	6,8
Total	23,2	9,4	17,3	10,1	60,0

(aproximação baseada nos m^3)

Fonte: Adaptada de Braithwaite e Samakh (1998).

Percebe-se que os $ 60 milhões de custos, que haviam sido demonstrados na Tabela 20.6, alocados pelos canais de distribuição, estão, também, alocados às famílias de produtos. Para melhor analisá-los, vamos observar a Tabela 20.9.

Tabela 20.9 *Relevância dos custos para servir em relação à receita.*

%	Distribuidores	Grandes Redes	Varejistas	OEMS	Total
Acessórios	2,6%	2,9%	2,7%	1,7%	2,4%
Periféricos	3,4%	3,7%	3,5%	2,2%	3,3%
Monitores	17,0%	18,8%	17,5%	11,0%	15,6%
Processadores	1,6%	1,8%	1,7%	1,0%	1,5%
Total	3,9%	5,0%	7,6%	4,2%	4,8%

Fonte: Adaptada de Braithwaite e Samakh (1998).

No que diz respeito às famílias de produtos, a família dos processadores é a que apresenta menores custos, seguida pela de acessórios, periféricos e os monitores, que são os mais onerosos. Por sua vez, no que tange aos canais de distribuição, o canal dos varejistas é o que mais custa para a empresa, seguido pelas grandes redes, os OEM e os distribuidores, que são os menos onerosos.

Contudo, o que mais importa para a empresa é a rentabilidade obtida nesses objetos, ou seja, sua margem, que pode ser avaliada na Tabela 20.10, relacionada à receita por família de produtos e canais de distribuição, apresentada anteriormente na Tabela 20.2.

Tabela 20.10 *Margem bruta em relação à receita.*

%	Distribuidores	Grandes Redes	Varejistas	OEMS	Total
Acessórios	97,4%	97,1%	97,3%	98,3%	97,6%
Periféricos	96,6%	96,3%	96,5%	97,8%	96,7%
Monitores	83,0%	81,2%	82,5%	89,0%	84,4%
Processadores	98,4%	98,2%	98,3%	99,0%	98,5%
Total	96,1%	95,0%	92,4%	95,8%	**95,2%**

A avaliação a ser feita deve ser baseada na rentabilidade apurada nos diversos canais e famílias de produtos. Por exemplo, os monitores são os que apresentam menor margem bruta em relação à receita (84.4%), mas o pior canal, que merece ter suas práticas revistas, é o das Grandes Redes (81,2%), pois no OEM a margem é maior (89%). Os processadores, por sua vez, apresentam margem bruta significativa (98,5%), enquanto a margem média da empresa é de 95,2%, e mantêm uma margem equilibrada entre os canais, sendo mais rentável também no OEM. Se formos analisar a dimensão dos canais, o melhor canal de distribuição em termos de rentabilidade é o dos Distribuidores (96,1%) e o pior é o dos Varejistas (92,4%).

Tomando como base o exemplo apresentado, concluímos que é possível desenvolver uma "receita de bolo" para apurar o Custo para Servir.

20.9 Metodologia para apurar o Custo para Servir em nível multidimensional

Em primeiro lugar, de uma maneira muito semelhante à que foi vista no Capítulo 19, quando se tratou sobre o Custeio Baseado em Atividades (ABC), deve-se, inicialmente, verificar qual será objeto de análise, antes de "mapear" os processos existentes, ou seja, verificar seus fluxos físicos e de informações, tanto na área de Vendas/Marketing quanto na de Logística. Para tanto, devem ser realizadas as seguintes etapas:

1. definir o escopo de análise, ou seja, qual o objeto que será analisado, tal como a rentabilidade do canal de distribuição, do cliente, do produto, da região etc.;
2. verificar quais os processos/atividades ou subatividades existentes (mapeamento), tal como o exemplo do Quadro 20.12;
3. analisar as características e especificidades dos referidos processos/atividades ou subatividade, bem como seus fluxos físicos e de informações;
4. identificar os recursos consumidos (custos) em cada um dos processos/atividade ou subatividades, com base em informações contábil-gerenciais;
5. definir os direcionadores de recursos dos referidos custos para alocá-los aos processos/atividades ou subatividades;
6. definir os objetos de custeio (família de produtos, itens (SKU's), clientes, segmentos de clientes, canais de distribuição, regiões etc.);
7. definir os direcionadores de atividades dos referidos custos para alocá-los aos objetos; e
8. desenvolver a matriz de Custo para Servir, tal como as que foram apresentadas nas Tabelas 20.8. e 20.9.

Quadro 20.12 *Atividades e subatividades relevantes associadas aos processos de servir aos diversos objetos (clientes, regiões, canais e produtos).*

Atividades	Subatividades
Divulgar (marketing)	Realizar propagandas, promoções e *merchandising* e pesquisar mercado.
Vender	Visitar clientes; cadastrar; aprovar cadastro e emitir pedidos.
Faturar	Receber pedidos; analisar inconsistências; analisar descontos e prazos a serem concedidos; aprovar crédito; e processar o faturamento.
Distribuir	Verificar níveis de inventário; contratar transporte (caso terceirize); separar produtos; conferir pedidos; formar cargas; transferir produtos; e acompanhar recebimento no cliente.
Atender no pós-venda	Disponibilizar Serviço de Atendimento ao Cliente (SAC); controlar qualidade dos produtos; disponibilizar e realizar assistência técnica.

Resumindo, a empresa, de forma global, ou a Unidade de Negócio (estudada no Capítulo 18), de forma específica, deve gerar informações relevantes para saber quais os produtos que continuarão a ser comercializados, em que região, por meio de qual canal e para qual cliente.

Contabilmente, as informações dos custos para servir aos clientes não estão explícitas, pois, normalmente, empresas que utilizam Contabilidade de Custos tradicional terão o Custo do Produto Vendido (CPV) individual por produto (mas com critérios arbitrários para alocar os custos indiretos de fabricação). A partir das faturas individuais para cada cliente, em que constam os produtos comprados, pode-se apurar a receita por produto, apurando, sem muita acurácia, o resultado econômico por produto.

Além do CPV, existem outros gastos que deveriam ser alocados para o objeto cliente. Por exemplo, para ser apurada a rentabilidade por cliente, temos: os custos de processamento de um pedido, os custos de transporte, armazenagem e movimentação que, normalmente, estão contabilizados nas Despesas Comerciais na Contabilidade Financeira.

A dificuldade começa aí, pois não são todos os gastos que possuem uma vinculação direta ao cliente, requerendo a definição de direcionadores de custos para alocá-los. Além desses, deveriam ser considerados os Custos de Manutenção de Inventários, mas outra dificuldade seria a definição do prazo dessa manutenção para cada cliente, pois o cliente não vai querer pagar por desperdícios da empresa, caso tenham ocorrido.

Christopher (1997, p. 83) sugere que o plano de contas da empresa deve ser capaz de acumular custos na medida em que forem ocorrendo, por cliente, desde o momento da geração do pedido até a entrega final. Isso é questionável, pois se busca, na Contabilidade, deixar o plano de contas o mais simples possível, de maneira que ocorra uma contabilização rápida e eficaz.

O que consideramos que seja viável, como já ocorre em empresas que possuem controles de seus custos ou resultados econômicos, por Centros de Responsabilidade (custos, resultados ou investimentos), é que sejam criados **códigos para os clientes**, e que na entrada dos dados, ou seja, na contabilização dos gastos que forem identificáveis diretamente aos referidos clientes, isso já ocorra automaticamente. Cabe um tratamento diferenciado para gastos que são comuns a diversos clientes, tais como os salários dos executivos da área comercial ou mesmo da Logística, ou outros gastos que necessitam ser rastreados para a devida alocação.

Não vamos conseguir resolver todas as questões genericamente, pois cada empresa também apresenta suas especificidades, mas a lógica para a apuração da Análise de Rentabilidade Multidimensional está associada ao raciocínio básico do Custeio Baseado em Atividades (ABC), tratado no Capítulo 19.

Referências bibliográficas

BRAITHWAITE, Alan; SAMAKH, Edouard. The Cost-to-Serve Method. *International Journal of Logistics Management*, Ponte Vedra Beach, v. 9, nº 1, 1998.

CHRISTOPHER, Martin. Integrating logistic strategy in the corporate financial plan. In: ROBESON, James F.; COPACINO, William C. *The Logistics Handbook*. New York: Macmillan, 1994.

_____. *Logística e gerenciamento da cadeia de suprimentos*. Tradução de Francisco Roque Monteiro Leite. São Paulo: Pioneira, 1997.

COSTA, Maria de Fátima G. da. *Gestão dos custos logísticos de distribuição*. 2003. Dissertação (Mestrado em Controladoria e Contabilidade) – FEA/USP, São Paulo.

FIGUEIREDO, Kleber. Rentabilidade de clientes e nível de serviço. FLEURY, Paulo Fernando; WANKE, Peter; FIGUEIREDO, Kleber Fossati. In: *Logística empresarial*. Centro de Estudos em Logística. São Paulo: Atlas, 2000.

_____. A logística e a fidelização de clientes ou qual a diferença entre conseguir que mais clientes fiquem satisfeitos e conseguir que grupos específicos de clientes fiquem mais satisfeitos? Disponível em: <http://www.cel.coppead.ufrj.br/fs-public.html>. Acesso em: 4-8-2004.

GASPARETTO, Valdirene et al. Custeio da cadeia logística: uma análise das ferramentas disponíveis. In: CONGRESSO INTERNACIONAL DE CUSTOS 6. Minho, 1999.

GATTORNA, John L.; WALTERS, D. W. *Managing the supply chain*: a strategic perspective. London: Macmillan, 1996.

HOWELL, Robert A.; STEPHEN, R. Soucy. Customer profitability: as critical as product profitability. *Management Accounting*, Oct. 1990.

KAPLAN, Robert S.; COOPER, Robin. *Custo e desempenho*: administre seus custos para ser mais competitivo. Tradução de O. P. Produções. São Paulo: Futura, 1998.

KOTLER, Philip; ARMSTONG, Gary. *Princípios de Marketing*. Tradução de Vera Whatly. 7. ed. Rio de Janeiro: LTC, 1999.

LA LONDE, Bernard J.; POHLEN, Terrance L. Issues in supply chain costing. *International Journal of Logistics Management*, v. 7, nº 1, p. 1-12, 1996.

LAMBERT, Douglas M.; STOCK, James R.; VANTINE, José G. *Administração estratégica da logística*. Tradução de Maria Cristina Vondrak. São Paulo: Vantine Consultoria, 1998.

MANNING, Kenneth H. Distribution channel profitability: ABC concepts can help companies make strategic decisions. *Management Accounting*, Jan. 1995.

MICHAELIS. *Moderno dicionário da língua portuguesa*. Disponível em: <http://www.uol.com.br/michaelis>. Acesso em: 16-2-2005.

NOREK, Christopher D.; POHLEN, Terrance L. Cost knowledge: a foundation for improving supply chain relationships. *International Journal of Logistics Management*, v. 12, nº 1, 2001.

PICAZO, Carlos; MOLINA, Miguel. Supply chain management. Disponível em: <http://www.sdgconsulting.net/communication/newsletter/dec2002/page3.html.> Acesso em: 4-8-2004.

PIRTTILÃ, Timo; HAUTANIEMI, Petri. Activity-based costing and distribution logistics management. *International Journal of Production Economics*, Finlândia, Oct. 1994.

REEVE, James M. Logistics and marketing costs. *Handbook of Cost Accounting*. University of Tennessee. Knoxville: Prentice Hall, 1998.

SHANK, John K.; GOVINDARAJAN, Vijay. *A revolução dos custos*. Rio de Janeiro: Campus, 1997.

SHAPIRO, Benson P.; RANGAN, V. Kasturi; MORIARTY, Rowland T.; ROSS, Elliot B. Manage customers for profits (not just sales). *Harvard Business Review*, Sept./Oct. 1987.

YUHASZ, Fernando. Você conhece seus melhores clientes? Disponível em: <http://www.aesetorial.com.br/comercio/artigos/2004/jan/26/333.htm>. Acesso em: 5-8-2004.

21

O *Balanced Scorecard* (BSC) e os indicadores de desempenho na logística

Inicialmente, devemos comentar que, quando se fala em desempenho, costuma-se relacioná-lo à apuração de resultados, ou seja, a obtenção de informações econômico-financeiras. Drucker (1999, p. 40), quando tratou dos desafios para o século XXI, comentou que gerenciar o interior de uma empresa é um grande desafio e que os gestores devem preocupar-se com os esforços despendidos e não apenas com os custos gerados. Isso remete para a questão de que os gestores precisam focalizar sua atenção para a utilização dos recursos da maneira mais eficiente possível, para que possam apurar resultados econômicos positivos.

Este autor preconizou que a primeira coisa é saber o que significa desempenho para uma empresa: relaciona-se a atender às necessidades de rentabilidade dos acionistas ou atender às necessidades dos clientes? A ênfase ao desempenho voltada para "valor ao acionista", bastante atual, por exemplo, tem como objetivo "equilibrar resultados no curto prazo", mas o grande objetivo é a continuidade no longo prazo e isso se consegue, também, com o compromisso dos colaboradores da empresa que estejam comprometidos com as metas.

Na opinião de Lima Jr. (2001), existem duas abordagens para tratar a questão do desempenho: (1) a monitoração do desempenho, visando a acompanhar seu comportamento, ou (2) identificando e executando ações no sistema para alterar o referido comportamento e, por sua vez, os resultados econômicos da empresa, por meio de comparações com referências ou metas estabelecidas (*benchmarking*).[1]

---

1 *Benchmarking*, segundo Bogan e English (1997), associa-se à referência de produtos, serviços e métodos, em relação aos mais fortes concorrentes ou empresas reconhecidas, de maneira contínua.

Toda empresa, para manter sua continuidade, necessita ter seu desempenho avaliado, seja em nível corporativo, tal como se realiza na Contabilidade Financeira, quando se tem uma visão do resultado econômico ou do patrimônio global da empresa, ou específico, que é preconizado pela Controladoria, em que se pode visualizar o mesmo resultado econômico ou patrimônio, de maneira segregada, por exemplo, por Unidades de Negócios, produtos, clientes, filiais etc.

Na Figura 21.1, pode-se observar a Pirâmide do Desempenho, desenvolvida por Lynch e Cross (1995), que permite que sejam observados os níveis de visão, corporativa ou específica, objetivando alcançar a eficiência e eficácia nas empresas.

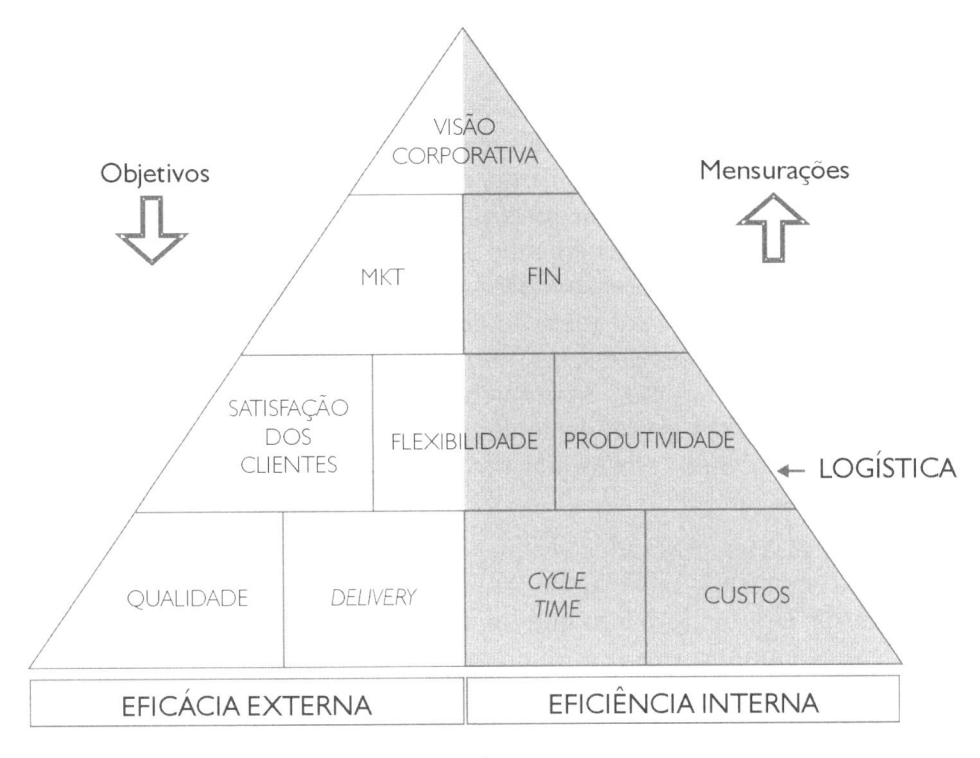

Fonte: Adaptada de Lynch e Cross (1995, p. 65).

Figura 21.1 *Pirâmide do desempenho.*

Na Figura 21.1, pode-se observar que a **Eficácia Externa** está relacionada às preocupações operacionais de Marketing, como satisfação dos clientes, flexi-

---

Esta técnica é utilizada em nível operacional para entender as melhores práticas ou processos, com o objetivo de melhorar o desempenho próprio e alcançar destaque de excelência em nível mundial.

bilidade, qualidade e distribuição (*delivery*), cujos objetivos podem ser atendidos, mas necessitam do subsídio da Controladoria, no que diz respeito às informações necessárias à sua gestão. Esta área, por sua vez, como gestora do sistema de informações da empresa, auxilia os gestores operacionais, através das atividades de identificar, mensurar e informar, econômica e financeiramente, a **Eficiência Interna**, que será controlada a partir da análise dos custos, do ciclo de vida e da produtividade.

Para atingir a eficiência e a eficácia, as empresas podem utilizar-se de alguns paradigmas de produção, além do *Just in time*, que proporcionam melhorias nas operações em todo o processo, permitindo respostas rápidas e eficientes, de forma segura, com redução de custos, flexibilidades, eliminação de custo total, alcançando as necessidades e expectativas do cliente e garantindo a entrega do produto no tempo esperado, tais como:

- *Lean Manufacturing* (Manufatura Enxuta) – que objetiva a redução dos desperdícios em tempos de operações com melhorias de *layouts,* acessos, estoques, processos mais robustos etc., de maneira cada vez mais estratégica, ou seja, que ganhe sinergia na empresa;
- *6-Sigma* – é um processo inovador, fundamentado em métodos quantitativos, e focado na satisfação dos clientes e dos acionistas, visando à melhoria dos processos, redução da variabilidade, minimização dos erros, atuando na "raiz" do problema de forma direta e conseqüente redução dos custos, tentando conduzir à filosofia do "zero defeito",[2] assim como buscando transformar problemas em oportunidades.

Os paradigmas supracitados visam, cada vez mais, a buscar eficiência e eficácia de uma empresa, gerando assim vantagem competitiva através da otimização dos processos. Um instrumento que foi desenvolvido para monitorar o desempenho de uma empresa, em seus diferentes níveis, foi o *Balanced Scorecard*.

21.1 O que é o *Balanced Scorecard* (BSC) e quais suas perspectivas?

Há mais de uma década, a maioria das empresas utilizava como indicadores de desempenho, principalmente, os resultados financeiros; mas essa atitude foi modificada, pois, com o aumento da complexidade do ambiente empresarial, esses indicadores financeiros eram úteis, mas não apontavam problemas nas ativi-

---

[2] Preconizada por *Edwards Deming* – mais conhecido acadêmico da Gestão de Qualidade Total.

dades operacionais, que geravam os resultados econômicos. Frost (1999) salientou que certos indicadores não financeiros, utilizados freqüentemente, podem ajudar a direcionar essas atividades.

Existe a necessidade de monitoramento da implementação de ações nas diversas áreas de uma empresa, de forma a avaliar a conformidade e consistência dos resultados e, também, identificar problemas e falhas, visando a impulsionar ações corretivas em todo o processo.

Entre os sistemas contemporâneos de mensuração e avaliação de desempenho, destaca-se o *Balanced Scorecard* (BSC), cujas origens remontam a 1990, quando o Instituto Nola Norton, unidade de pesquisa e desenvolvimento da KPMG, patrocinou um estudo denominado *"Measuring Performance in the Organization of the Future"*, com o objetivo de avaliar a forma como os executivos de empresas sentiam-se seguros com os métodos existentes de avaliação do desempenho empresarial.

Apurou-se nessa pesquisa que os objetivos estratégicos de uma empresa são atingidos quando a Alta Administração é capaz de difundir uma visão comum e induzir a ações relevantes (estratégicas, táticas ou operacionais) para que seja atingido o sucesso empresarial. A terminologia *Balanced*, normalmente, é utilizada para ressaltar o equilíbrio existente entre os objetivos empresariais de curto e longo prazo e a utilização de medidas financeiras e não financeiras. Por sua vez, o termo *Scorecard* é utilizado para evidenciar a maneira como os resultados são demonstrados, de forma semelhante a um placar, em um jogo.

O primeiro artigo sobre o BSC foi escrito por dois professores da *Harvard Business School*, Robert S. Kaplan e David P. Norton, em 1992, *"The Balanced Scorecard – Measures That Drive Performance"*, publicado pela *Harvard Business Review*. Na concepção destes autores,

> o Balanced Scorecard *é um instrumento que integra as medidas derivadas da estratégia sem menosprezar o desempenho passado, sob quatro perspectivas diferentes. Assim, esse modelo traduz a missão e a estratégia de uma empresa em objetivos e medidas tangíveis. As medidas representam o equilíbrio entre os diversos indicadores externos (voltados para acionistas e clientes), e as medidas internas dos processos críticos de negócios (como a inovação, o aprendizado e o crescimento).*

Constata-se que o BSC é um sistema para avaliação do desempenho empresarial que parte do estabelecimento de indicadores e metas relacionadas às diretrizes e estratégias definidas pela Alta Administração da empresa ou gestores de determinada área, tal como a Logística. Seu principal diferencial em relação aos artefatos tradicionais é reconhecer que os indicadores financeiros, por si só, não são suficientes para isso, uma vez que só mostram os resultados dos investimentos e das atividades, não contemplando outros aspectos relevantes, que impulsionam a rentabilidade no longo prazo.

Ainda de acordo com seus idealizadores, Kaplan e Norton (1997), o BSC é um sistema de mensuração do desempenho que utiliza uma filosofia inovadora e prática de gestão de desempenho organizacional, visando a auxiliar as empresas a expressar sua estratégia em metas, objetivos e indicadores, alinhados e balanceados, direcionando comportamentos e desempenhos. Os indicadores devem emanar da visão e da estratégia da empresa ou área.

O BSC não é mais um sistema de indicadores financeiros e sim um processo, que parte da visão estratégica da gestão da empresa e vai até as medidas individuais, visando a avaliar os efeitos gerenciais das decisões tomadas, por meio da transparência das informações de controle, até seu processo de aperfeiçoamento. Não gera estratégia, mas é um instrumento que visa à concretização e à comunicação da referida estratégia.

Fischmann e Zilber (1999) comentam que, em 1986, no Brasil, já haviam proposto um conjunto de indicadores divididos, de forma semelhante às quatro perspectivas do BSC, que visavam a oferecer aos gestores uma visão completa e inter-relacionada da empresa, com o objetivo de estabelecer uma ligação entre as informações de indicadores e de planejamento estratégico, para empresas do setor elétrico.

Na opinião de Leite (2004), o BSC é uma excelente alternativa para resolver o paradigma Estratégia *versus* Ação existente nas empresas modernas. Entretanto, há algumas premissas intrínsecas que geram certa confusão durante sua execução. Um dos pontos mais desalinhados neste aspecto, na concepção desse autor, é a visão equivocada que muitas empresas têm sobre a atividade de monitorar, sendo que, por definição, o objetivo principal do monitoramento é a ação corretiva, ou seja, evitar que problemas ocorram novamente ou que as operações sejam otimizadas.

A implantação do BSC objetiva criar uma visão partilhada das metas da organização entre todos os seus níveis, visando a direcionar a empresa para seu sucesso futuro, definindo quais os objetivos a atingir e medindo o seu desempenho a partir de quatro perspectivas distintas. Estas quatro **perspectivas: Financeira, do Cliente, de Processos Internos e Aprendizado e Crescimento**, devem estar refletidas no Planejamento Estratégico da empresa, em que são definidas suas diretrizes estratégicas, devendo contemplar algumas questões relevantes e correlacionadas, que podem ser observadas na Figura 21.2.

Visão de Futuro

Para atingir nossa visão, como devemos nos apresentar aos nossos acionistas?

Financeira

Para atingir o resultado financeiro, a que requerimentos do mercado devemos atender?

Cliente

Para atender aos nossos clientes e acionistas, em quais processos devemos ser excelentes?

Processos Internos

Para atingir as nossas metas, como a nossa organização poderá aprender a inovar?

Aprendizado e Crescimento

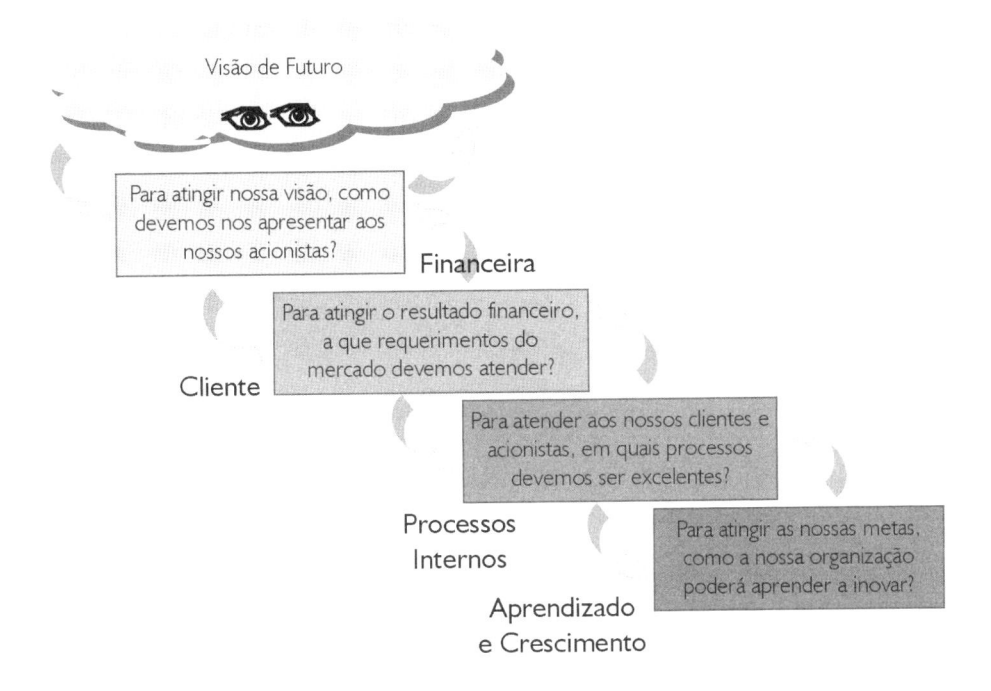

Fonte: Adaptada de Kaplan e Norton *in* Symnetics (2004).

Figura 21.2 *Questões estratégicas associadas às perspectivas do BSC.*

As quatro perspectivas formam um conjunto coeso e interdependente, de maneira que suas metas e indicadores estejam inter-relacionados, a partir de um fluxo de causa e efeito, que se inicia na perspectiva do aprendizado e crescimento e é finalizado na perspectiva financeira, conforme se pode observar na Figura 21.3, que faz analogia a uma árvore:

- **Perspectiva do Aprendizado e Crescimento** – é como se fosse a raiz da árvore, que busca a continuidade da "vida da empresa"; é a principal causa do sucesso das operações, pois depende do conhecimento, das habilidades, dos sistemas e das ferramentas utilizadas. Proporciona a base necessária à obtenção dos objetivos de outras perspectivas. Com isso, é identificada a infra-estrutura necessária para propiciar o crescimento e melhorias a serem realizadas no longo prazo, a qual se origina de três fontes principais: pessoas, sistemas e ferramentas a serem utilizadas. Está relacionada, também, às capacidades de que a empresa deve dispor para conseguir processos internos capazes de gerar valor para clientes e acionistas. Como exemplo de indicadores relacionados à inovação, melhoria contínua, ativos intelectuais etc. podemos citar, entre outros: nível de satisfação dos funcionários, rotatividade dos funcionários, rentabilidade por funcionário, treinamento dos funcionários e participação dos funcionários nos resultados ou por meio de sugestões para otimização dos processos e resultados.

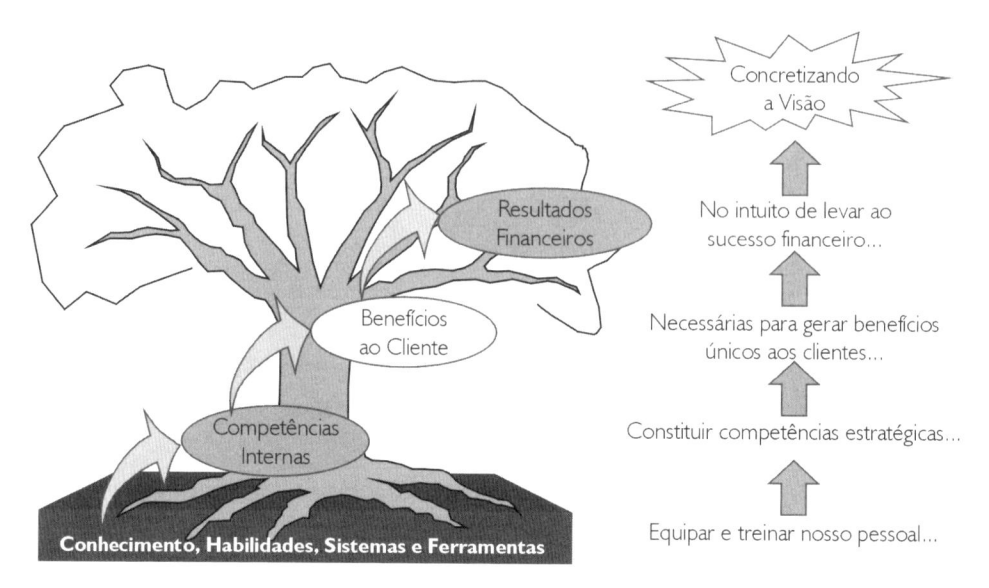

Fonte: Adaptada de Symnetics (2004).

Figura 21.3 *Lógica das perspectivas (analogia com uma árvore).*

- **Perspectiva dos Processos Internos** – A partir das habilidades dos funcionários e dos instrumentos utilizados, desenvolvem-se as competências internas, que estão associadas aos processos internos, que, por sua vez, estão relacionados às diversas atividades realizadas na organização, abrangendo os processos de inovação (criação de produtos e serviços), operacionais (compras, abastecimento, produção, vendas e distribuição) e de serviços pós-venda (suporte ao consumidor após as vendas). De acordo com a maneira como os processos internos ocorrem, o cliente estará mais ou menos satisfeito, o que está relacionado com a próxima perspectiva. Entre os indicadores voltados ao controle do tempo, qualidade e retenção, por exemplo, que podem ser citados, estão: índice de erros, tempos de ciclos, indicadores de produtividade etc.
- **Perspectiva do Cliente** – evidencia os segmentos de mercado atendidos pela empresa e as medidas de seu desempenho em cada um dos segmentos. É importante ressaltar quais as necessidades de cada clien-

te, em termos de tempo, qualidade, desempenho e serviço. Os indicadores mais tradicionais relacionados a esta perspectiva, voltados ao nível de serviço e qualidade, são: participação de mercado, precisão no atendimento de pedidos, obtenção de novos clientes, retenção de clientes, sua rentabilidade (que foi comentada no Capítulo 20) e o nível de satisfação dos consumidores, que é fator crítico para a retenção dos clientes.
- **Perspectiva Financeira** – Analisando os efeitos das ações realizadas nas outras, esta perspectiva avalia a rentabilidade da estratégia direcionada para a empresa, de maneira que sejam mensurados os resultados gerados, necessários a seu crescimento e desenvolvimento, que agregarão valor a seus acionistas. Voltados à rentabilidade, crescimento e valor aos acionistas, podem ser citados os seguintes indicadores: Redução de Custos, Retorno sobre o Investimento (ROI) e o Valor Econômico Agregado (EVA®) (que serão comentados no Capítulo 22), entre outros objetivos de cunho financeiro que estejam alinhados à estratégia.

Os indicadores de uma mesma perspectiva ou de perspectivas distintas são inter-relacionados em **relações de causa-efeito**. Os efeitos finais (associados ao sucesso ou não no alcance das metas estratégicas da empresa) decorrem das causas intermediárias mensuradas pelos indicadores selecionados pelos gestores. Quando as quatro perspectivas estão integradas, proporcionam uma análise e uma visão ponderada da situação atual e futura do desempenho do negócio, produzindo um equilíbrio entre:

- objetivos de curto prazo e objetivos de longo prazo;
- indicadores financeiros e indicadores não financeiros;
- mensurações com foco externo (clientes e acionistas) e foco interno (processos internos, inovação e aprendizado); e
- mensurações de resultado de esforços passados e impulsionadores de desempenho futuro.

O BSC deve ser implementado nas empresas para garantir convergência em relação às suas metas, bem como estruturar uma lógica visando a alinhá-la às suas estratégias, de forma que todos os recursos materiais, humanos, tecnológicos e financeiros estejam focados na realização das prioridades estratégicas. E como deve ser realizada sua implantação?

21.2 Implantação do BSC

O BSC não precisa ser desenvolvido para a organização toda – em nível corporativo. Dependendo do porte e características da organização, pode ser adequado desenvolver um BSC para cada uma de suas divisões ou unidades de negócios (UN), conforme citam Gasparetto e Bornia (2002). O BSC pode ser aplicado à Logística, considerando-a como uma UN, como foi visto no Capítulo 18. Para que esta decisão seja tomada, deve haver alinhamento entre a estratégia da unidade ou divisão e a estratégia corporativa.

Na opinião de Kaplan e Norton (1997), antes de iniciar o processo de criação e implantação do BSC, a empresa deve tomar duas providências: (1) obter o consenso na alta administração sobre os **objetivos** estratégicos relacionados à adoção do instrumento, e (2) definir o líder do processo, a pessoa que o viabilizará, geralmente, um alto executivo da organização.

Focalizando nossa atenção na Cadeia de Suprimentos, poderíamos definir, tal como sugeriu Gasparetto (2003), que os objetivos estratégicos, a serem observados no Quadro 21.1, sejam os seguintes:

Quadro 21.1 *Definição dos objetivos estratégicos da cadeia de suprimentos de acordo com as perspectivas do* Balanced Scorecard *(BSC)*.

Diretrizes Estratégicas		Perspectivas do BSC			
		Financeira	Dos Clientes	Dos Processos	Do Aprendizado e Crescimento
Empresas Individuais (membros da Cadeia)	Excelência na utilização de ativos	Melhorar o ciclo e o Fluxo de caixa; Aumentar a Receita de Vendas; e Melhorar o Retorno sobre Investimento (ROI).		Reduzir a quantidade de Inventário e Aumentar a acuracidade das previsoes.	Incentivar sugestoes dos empregados para implementação de melhorias contínuas.
	Confiabilidade e responsabilidade		Nível de satisfação dos clientes	Melhorar a qualidade e Melhorar a utilização da capacidade.	
	Agilidade		Melhorar o tempo de ciclo para atendimento aos clientes (lead time)	Melhorar flexibilidade (volume, *mix*, planejamento da produção, entrega e introdução de novos produtos) e Melhorar lead time.	
	Redução de custos			**Reduzir os custos dos processos;** Reduzir custos com garantia, devolução e concessao de descontos e Reduzir custos com materiais/ produtos.	
De Cooperação e Colaboração (na Cadeia)	Planejamento conjunto			Planejar desenvolvimento de produtos e processos de abastecimento e distribuição.	Planejar troca de informações entre as empresas membros da cadeia.
	Ações colaborativas conjuntas	Influência do relacionamento no EVA® e no lucro das empresas.	Satisfação dos clientes finais na cadeia envolvida	Desenvolver esforços conjuntos para melhorar qualidade e tempo, resolver problemas e eliminar atividades duplicadas e desperdicios nos processos e Reduzir custos de processos de *interface* entre os membros da cadeia.	Nível de automação nos processos de contato e Nível de troca e compartilhamento de informações.

Fonte: Adaptado de Gasparetto (2003, p. 166).

Dando continuidade ao raciocínio, para que ocorra a implantação do BSC, a empresa tem necessidade de estruturar-se visando a percorrer várias etapas. A lógica de implantação pode ser observada na Figura 21.4.

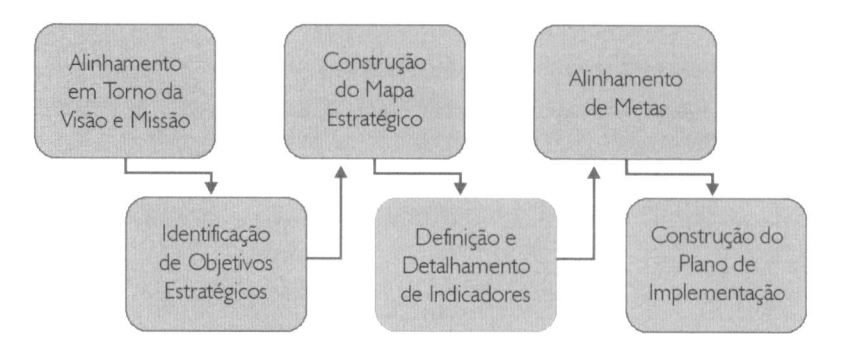

[Fluxograma: Alinhamento em Torno da Visão e Missão → Identificação de Objetivos Estratégicos → Construção do Mapa Estratégico → Definição e Detalhamento de Indicadores → Alinhamento de Metas → Construção do Plano de Implementação]

Fonte: Adaptada de Kaplan e Norton por Symnetics (2004).

Figura 21.4 *Lógica de implantação do BSC.*

1. **Estruturação do programa de mensuração** – Esta primeira etapa não consta da Figura 21.4, mas é anterior ao alinhamento em torno da visão e missão da organização como um todo. Nesta etapa será selecionada a UN a ser avaliada, no caso, a Logística, bem como deve ser realizada uma análise de seus pontos fortes e fracos, assim como das ameaças e oportunidades a que esteja suscetível no ambiente em que esteja relacionada (Análise de SWOT).
2. **Definição dos objetivos estratégicos** – os gestores deverão, a partir da análise do ambiente externo e interno, alinhados à visão/missão da empresa, definir seus objetivos estratégicos, tal como sugerido no Quadro 21.1. A partir da definição da visão/missão, as diretrizes, os objetivos e as metas estratégicas, bem como os fatores críticos de sucesso (que não serão tratados neste livro), deverão ser selecionados os indicadores de desempenho a serem utilizados no BSC para monitorar o cumprimento dos objetivos e metas supracitadas.
3. **Construção dos mapas estratégicos** – Para que os mapas estratégicos possam ser elaborados, é necessário: (1) que sejam analisados os documentos de planejamento estratégico da empresa; (2) buscar entendimento de seu alinhamento com sua missão e visão; (3) capacitação dos principais participantes do projeto BSC; e (4) realização de entrevistas com a equipe de líderes do projeto, para daí elaborar-se o Mapa.
4. **Escolha dos indicadores estratégicos** – Visando a avaliar se a estratégia está sendo atingida, devem ser definidos os chamados "indicadores

estratégicos de desempenho", que evidenciarão a intenção que a empresa tem com o BSC e, para cada indicador, descobrir as fontes de informações necessárias e como usá-las. Deve ser elaborado um documento que transmita as intenções e o conteúdo do BSC a todos os funcionários da UN ou da empresa como um todo.
5. **Elaboração do plano de implementação** – Após muitas reuniões, alinhado às metas da organização, deve ser desenvolvido um plano com os gestores envolvidos, de maneira que seja finalizada a implantação, integrando o BSC ao sistema gerencial da organização (SYMNETICS, 2004).

Como comumente encontramos em processos de implementação de novos sistemas ou metodologias, vários obstáculos devem ser ultrapassados:

(a) a Alta Administração da empresa deve "comprar" a idéia do sistema e disseminá-lo nos outros níveis;
(b) os usuários do BSC não deveriam considerá-lo como uma ferramenta de indicadores e sim como um sistema de gestão da estratégia;
(c) todos os funcionários devem ser comunicados eficientemente sobre o que é o BSC, qual seu objetivo, como deve ser utilizado; e
(d) deve ser minimizada ou eliminada a falta de integração entre o BSC e o processo de gestão da empresa.

Para que o instrumento seja útil ao processo de tomada de decisão, é mister que, na elaboração dos indicadores, sejam reconhecidos alguns conceitos e procedimentos relevantes, tais como: o custo de oportunidade, as metodologias utilizadas na depreciação e as formas de avaliações dos ativos, entre outras.

O BSC apresenta-se como um importante instrumento de gestão para todos os tipos de empresa e tem por objetivo antecipar-se aos concorrentes oferecendo maior qualidade de serviços aos clientes e melhorando os aspectos internos da empresa. Na literatura existente sobre BSC, apontam-se mais fatores positivos à implantação do modelo do que críticas ou limitações, apesar de seu alto custo de implementação. Irá tornar-se um sistema de *feedback* e aprendizado estratégico, à medida que seus indicadores sejam avaliados periodicamente e que os resultados dessas avaliações sejam considerados na definição de novos objetivos estratégicos e redirecionamento para que, com base no aprendizado, as estratégias que emergiram no período sejam incluídas na estratégia realizada pela empresa.

No processo de Planejamento Estratégico da empresa ou de uma UN, tal como a Logística, cujo produto final são as diretrizes estratégicas, será desenvolvido o Mapa Estratégico.

21.3 Mapas estratégicos

A construção do Mapa Estratégico segue a lógica das perspectivas apresentada na Figura 21.3, ou seja, da perspectiva do Aprendizado e Crescimento, passando pela de Processos Internos, a do Cliente e finaliza na Financeira, tal como pode ser observado na Figura 21.5.

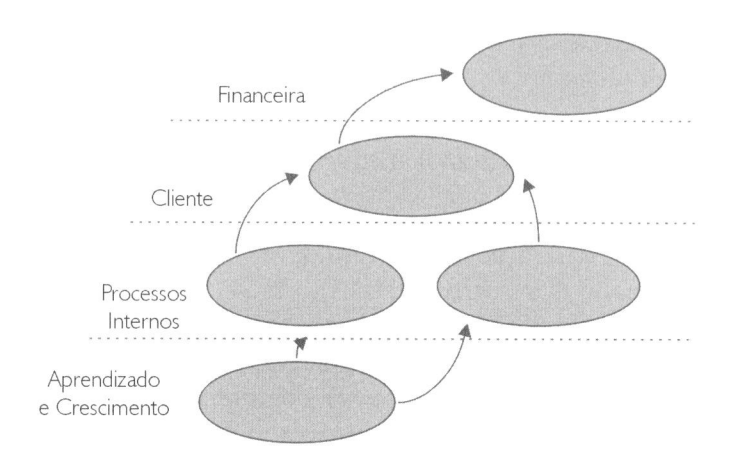

Fonte: Adaptada de Kaplan e Norton por Symnetics (2004).

Figura 21.5 *Lógica do mapa estratégico.*

O Mapa Estratégico do BSC, segundo Kaplan e Norton (2004, p. 81),

> *explicita a hipótese da estratégia. Cada indicador do BSC converte-se em parte integrante de uma cadeia lógica de causa e efeito que conecta os resultados almejados da estratégia com os vetores que induzirão a essas conseqüências [...] descreve o processo de transformação de ativos intangíveis em resultados tangíveis para os clientes e, por conseguinte, em resultados financeiros.*

Para entender melhor, vamos ilustrar com o exemplo de uma empresa aérea, adaptado de Kaplan e Norton pela Symnetics (2004) (Figura 21.6).

Diretriz Estratégica: Eficiência operacional	Southwest Airlines
Financeira — Rentabilidade (Menos aviões, Mais clientes)	• O que nos levará a alcançar a eficiência operacional? – Mais clientes em menos aeronaves.
Cliente — Vôo no horário certo, Preços mais baixos	• De que forma faremos isto? – Atraindo segmentos específicos de clientes que valorizam preço baixo e pontualidade nas chegadas.
Processos Internos — Rápida preparação de aeronave em terra	• Qual deve ser o foco interno? – Rápida preparação de aeronaves em terra.

Aprendizado e Conhecimento — Equipe de terra e alinhamento	• Como nosso pessoal fará isto?
	   – Treinando e recompensando a equipe de terra, levando em consideração como contribuem para o sucesso da empresa.
	   – Desenvolvendo o Programa de empregados-acionistas.

Fonte: Adaptada de Symnetics (2004).

Figura 21.6 *Exemplo de mapa estratégico e questões associadas.*

Qual a diretriz estratégica visualizada? Buscar a eficiência operacional.

Em cada perspectiva, existe um objetivo estratégico para atender a esta diretriz. O objetivo, de acordo com a perspectiva financeira, é obter maior rentabilidade e, para isso, é necessária a utilização de menos aeronaves e buscar desenvolver e manter mais clientes. Para que isso ocorra, é preciso atrair segmentos específicos de clientes, a partir de vôos pontuais e preços atrativos. Com vistas a atender o quesito anterior, o processo interno deverá estar focado na rápida preparação das aeronaves, o que depende de treinamento da equipe em solo, de sistemas de motivação e recompensas, tal como o fato do empregado tornar-se um acionista da empresa. O Mapa Estratégico, portanto, é um diagrama de causa e efeito entre os objetivos.

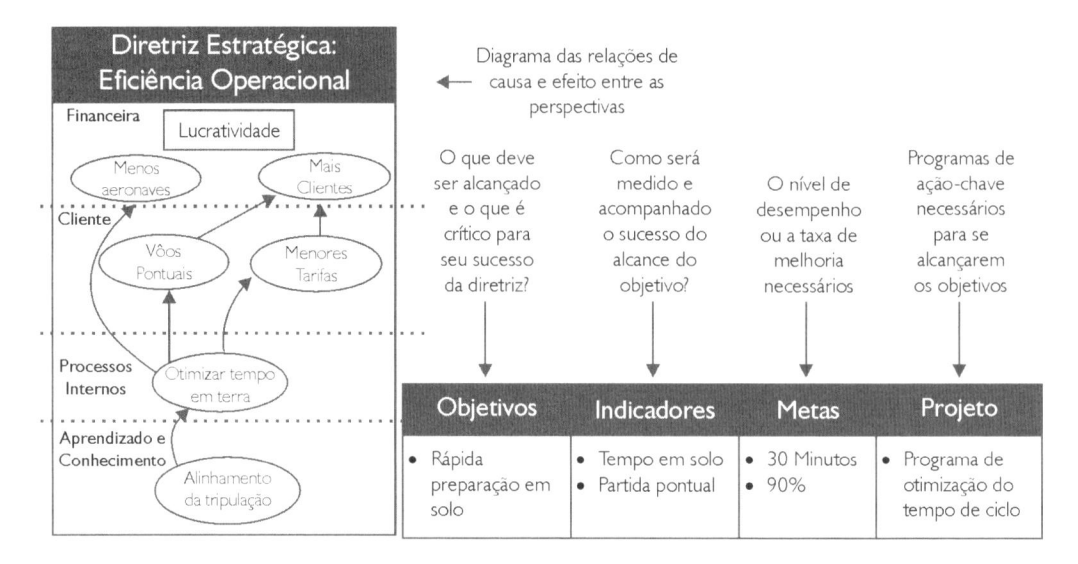

Fonte: Adaptada de Symnetics (2004).

Figura 21.7 *Exemplo do mapa estratégico e de indicadores de uma empresa aérea.*

Conforme pudemos observar na Figura 21.7, a partir desse diagrama, em que foram evidenciadas as relações de causa e efeito entre os objetivos estratégicos, deverão ser desenvolvidos, em cada um deles, alguns indicadores de desempenho, com suas metas e ações de melhoria, tal como o supracitado acompanhamento do tempo em solo ou pontualidade na partida.

21.4 Indicadores de desempenho

Os indicadores de desempenho, bem como sua forma de comunicação, servem para dar perspicácia direta aos elementos essenciais do processo de gestão, o que é, particularmente, importante na Logística, onde um bom controle requer medidas que relacionem tempo, lugar, quantidade, qualidade e custos.

Na criação dos Indicadores de Desempenho, deve-se levar em conta o objetivo das medidas para que se possa atuar sobre as causas do desempenho. Os indicadores que permitem que os gestores atuem e decidam com mais eficiência têm, em sua maioria, algumas das seguintes características:

- são independentes (cada indicador mede um aspecto, relacionado aos objetivos estratégicos), mas ao mesmo tempo têm conexão com outros indicadores, para que todos os aspectos e problemas sejam efetivamente medidos;
- possuem cálculos simples e, geralmente, acumulam os dados dos períodos planejados e reais;

- sua definição é invariável e são representativos das medidas nele definidas; e
- definem, de forma clara, a extensão do problema.

Os indicadores de desempenho devem ser mensurados e acompanhados periodicamente, em curtos espaços de tempo, de forma que permitam a atuação imediata sobre as causas dos problemas que possam estar ocorrendo, assim como o estabelecimento de melhorias contínuas em cada um dos processos/atividades da Logística.

Voltando à implantação do BSC, no que diz respeito aos indicadores de desempenho, Kaplan e Norton (1997) sugerem que sejam definidos de quatro a sete indicadores estratégicos de desempenho para cada uma das quatro perspectivas supracitadas.

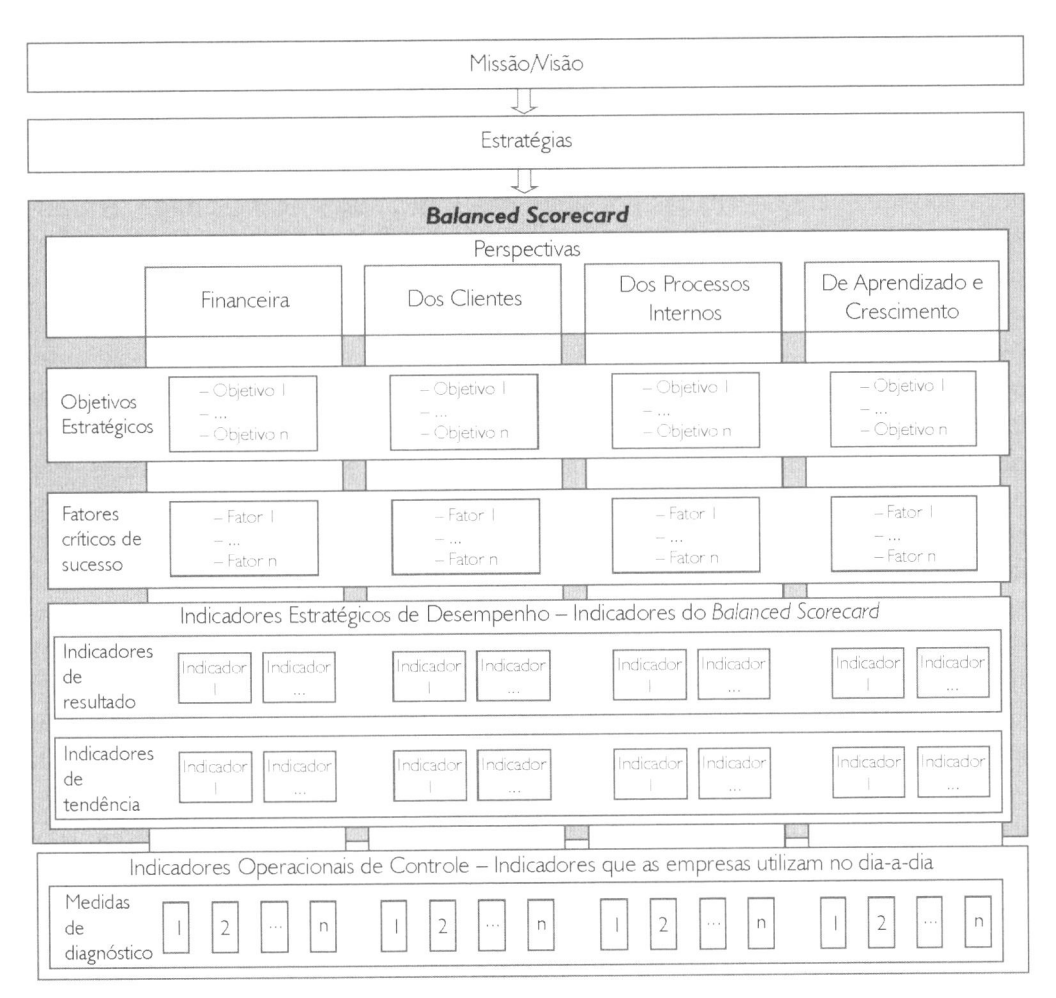

Fonte: Gasparetto e Bornia (2002).

Figura 21.8 *Lógica do* Balanced Scorecard *– indicadores de desempenho.*

Conforme se pode observar na Figura 21.8, que contempla uma estrutura lógica para os indicadores de desempenho, o BSC apresenta dois conjuntos de indicadores estratégicos: os Indicadores de Resultado e os Indicadores de Tendência. Segundo Kaplan e Norton (1997), os Indicadores de Resultado (*lagging indicators*) são indicadores genéricos, comuns a todas as unidades de negócios, e os Indicadores de Tendência (*leading indicators* ou *drivers*) são determinados de acordo com as especificidades de cada empresa ou UN e com sua estratégia. Os primeiros são indicadores de longo prazo, mas correspondem aos efeitos das decisões tomadas e ações realizadas anteriormente. Podem ser citados como exemplos: retorno sobre o investimento e participação de mercado. Por sua vez, os Indicadores de Tendência denotam o que deve ser realizado para que sejam obtidos os resultados previstos para o longo prazo. Para cada Indicador de Resultado, identifica-se um Indicador de Tendência.

Os Indicadores de Resultado, na concepção de Gasparetto e Bornia (2002), justificam mensurações menos freqüentes do que os Indicadores de Tendência, já que estes últimos sinalizarão os tomadores de decisão no atendimento dos objetivos estratégicos e monitorarão, também, o alcance das metas de longo prazo, que serão avaliadas por meio dos Indicadores de Resultado. Sintetizando, os Indicadores de Resultados captam os efeitos das ações nos resultados econômicos e os Indicadores de Tendências acompanham as decisões e ações, desde a origem dos recursos empregados até o produto final de seu processamento.

Olve et al. citados por Gasparetto e Bornia (2002) comentam que é difícil traçar uma linha divisória entre os dois conjuntos de indicadores, pois estão relacionados em uma cadeia de fins e meios. Como citam estes últimos autores, por exemplo, para gestores de Logística, o tempo de entrega é um Indicador de Resultado; mas quando a intenção é melhorar o relacionamento com os clientes, este fator deve ser considerado como um Indicador de Tendência, que pode melhorar a satisfação dos clientes, proporcionando, inclusive, sua lealdade. Além desses indicadores de desempenho supracitados, as empresas necessitam, também, de Indicadores Operacionais (a serem observados na Figura 21.8), tal como sugerem Gasparetto e Bornia (2002), indicadores referentes aos itens de controle dos programas de qualidade e os indicadores de Controle Estatístico de Processos (CEP).

Os Indicadores Operacionais, ainda segundo os referidos autores, são *medidas de diagnóstico*, pois monitoram as operações, indicando o momento em que fatos incomuns afetam os processos (falhas, perdas anormais). Estes são os chamados **Indicadores-Chave de Desempenho – *Key Perfomance Indicators (KPI's)***. Para o gerenciamento de seus processos/atividades, uma empresa ou UN necessita de um número razoável de medidas operacionais de controle, que podem ser utilizadas, também, para manter o equilíbrio dos indicadores de desempenho do BSC.

Para que a empresa ou a UN mantenha um nível de serviço adequado às suas necessidades, deve-se unir esforços para identificar e resolver os pontos onde se concentram os maiores problemas operacionais e desenvolver um conjunto de KPI's (Indicadores-Chave de Desempenho). Os KPI's têm por objetivo conscientizar a organização da necessidade de um maior envolvimento por parte de todos os envolvidos, visando a agregar valor a clientes e acionistas.

Segundo Gasparetto e Bornia (2002), para que o BSC seja utilizado na empresa, é conveniente que os indicadores operacionais estejam relacionados aos Indicadores de Tendência, sendo um desdobramento dos mesmos; e, por sua vez, estes últimos, desdobramentos dos Indicadores de Resultado, que se originam dos objetivos estratégicos da empresa ou da UN. Dessa maneira, todos os indicadores estariam vinculados à estratégia.

Complementando esta questão, na opinião de Campos (1998), se os quatro conjuntos de indicadores estiverem "balanceados", ou seja, aplicados com graus de importância relativa, porém, de maneira eqüitativa, visando a possibilitar um desenvolvimento equilibrado, a organização estará na rota de seu sucesso. Os indicadores balanceados convertem a estratégia em um sistema integrado, que demonstra a relação de causa-efeito, definida sob as quatro perspectivas de negócio e, apresentada por meio do Mapa Estratégico. Como já comentado, para cada objetivo do Mapa Estratégico devem ser propostos indicadores.

Por serem quantitativos, os Indicadores de Desempenho podem ser apresentados das seguintes **formas**: (a) Tabelas; (b) Gráficos; (c) Escrita, e (d) Combinação de várias das outras formas. A forma gráfica é a mais indicada para uma análise rápida da situação, mas está limitada na determinação simples de valores precisos, pois esses valores são de difícil leitura exata, em ambos os eixos do gráfico, o que se consegue mais facilmente com a utilização de uma tabela.

Já os relatórios escritos têm a desvantagem de que a força dos dados quantitativos desaparece e a inclinação existe para debilitar divergências que são muito grandes em algum grau, além do que, muito tempo é consumido para se escrever relatórios cujos dados estão baseados em informação quantitativa já disponível; portanto, conclui-se que utilizar **relatórios combinados entre tabelas e gráficos é a melhor forma de apresentação para os Indicadores de Desempenho**, devendo-se, sempre mencionar a definição do indicador, seu objetivo (finalidade) e as metas a serem atingidas.

A **freqüência** de mensuração dos indicadores, bem como sua informação (diária, semanal, mensal etc.), também, é questão crítica e deverá estar alinhada ao tempo de reação do processo sob consideração. Esse alinhamento é necessário para impedir que o processo fique desequilibrado, por meio de freqüentes intervenções (caráter dinâmico do ciclo de controle). Ainda no que diz respeito à informação, os gestores, usuários dos relatórios, devem: (a) ser responsáveis por sua avaliação e (b) ter perspicácia no significado e conhecimento dos indicadores de desempenho informados, assim como nos processos.

Andel (1997) afirma que há um impacto dual na elaboração dos relatórios: por um lado, existe um aumento nos custos com a preparação de relatórios, controles, sistemas de informações etc., mas, por outro, por meio desses controles, pode ser acompanhado todo o fluxo sincronizado de materiais e processos, visando a minimizar/eliminar os desperdícios ou atividades que não agregam valor. É a famosa dualidade entre **custos *versus* benefícios** da informação.

Os aspectos supracitados são importantes, pois o bom entendimento por parte do grupo de usuários é fundamental para evitar que os relatórios sejam considerados redundantes, e não sejam utilizados. Para isso, é necessário que sejam observados os objetivos estratégicos nas perspectivas supracitadas, mais precisamente voltados aos de Marketing e financeiros, tal como pode ser observado, como exemplo, na Figura 21.9.

Fonte: Adaptada de Lynch e Cross citados por McNair (1998).

Figura 21.9 *Objetivos estratégicos e indicadores de desempenho.*

Os objetivos de Marketing estão focalizados na satisfação dos clientes, inclusive, apresentando flexibilidade de volume, *mix* e entrega, sendo que para isso é preciso que a empresa tenha processos eficientes de entrega e com qualidade assegurada. Estes aspectos podem ser monitorados, a partir, por exemplo, de indicadores operacionais, que irão mensurar o número de defeitos e custos das perdas, bem como o nível de cumprimento dos prazos e a frequência de entrega.

Por sua vez, os objetivos financeiros, também, estão associados à flexibilidade, acompanhando a produtividade existente, que estão associadas ao tempo de processo (cuja tendência é ser comprimido a cada dia) e seus custos (que, também, devem ser minimizados). Esses fatores podem ser monitorados, por exemplo, por indicadores de controle do tempo de ciclo e de espera dos processos, assim como dos custos associados, reconhecendo inclusive as ociosidades e os desperdícios.

Kaplan e Norton (1997), comentando sobre a implantação do BSC na Mobil NAM&R, ilustraram o tema com alguns exemplos de indicadores estratégicos, desenvolvidos a partir dos objetivos estratégicos definidos pela Alta Administração, dos quais selecionamos alguns que acreditamos estar associados à Logística e que podem ser visualizados no Quadro 21.2.

Quadro 21.2 *BSC da Mobil NAM&R.*

Perspectivas	Diretrizes Estratégicas	Objetivos Estratégicos	Indicadores Estratégicos
Financeira	Crescimento Financeiro	• Retorno sobre o capital investido; • Utilização dos ativos existentes; • Rentabilidade.	• Retorno sobre Investimento ROI; • Fluxo de Caixa; • Classificação em Margem Líquida;
Clientes	Encantar o consumidor (Nível de Serviço)	• Encantar continuamente os clientes almejados.	• Participação no mercado
Processos Internos	• Fornecedor Competitivo • Qualidade	• Gerenciamento dos Estoques; • Liderança de Custos no Setor; • Conformidade com especificações; • Pontualidade.	• Índices de Faltas ou Falhas no Processo; • Custo da Atividade *versus* Concorrência; • Pedidos Perfeitos (precisos e atendidos no tempo desejado).
Aprendizado e Crescimento	Força de trabalho motivada e preparada	• Clima para a ação; • Competências e Habilidade Essenciais; • Acesso à informação estratégica.	• Pesquisa entre empregados; • Disponibilidade de competência e informação estratégica.

Fonte: Adaptado de Kaplan e Norton (1997, p. 51).

Quadro 21.3 *Objetivos e Indicadores a serem atendidos por processos excelentes de gestão operacional (processos internos).*

Perspectiva	Objetivos	Indicadores
Financeira	Tornar-se líder em custo do setor	• Custo por unidade comparado com o dos concorrentes; • Porcentagem de redução anual no custo por unidade de produto; • Porcentagem de variação no custo orçado; e • Despesas gerais, com vendas e administrativas por unidade de produto ou por localidade.
	Maximizar o uso dos ativos existentes	• Índice Vendas/Ativo (Giro); • Giro dos Estoques; • Geração de caixa disponível; • Eficiência dos investimentos (Valor presente líquido dos novos projetos dividido pelo investimento total); • Produtos novos em desenvolvimento, em relação à capacidade disponível; e • Porcentagem de faturas pagas no vencimento.
	Aumentar participação nas compras dos clientes existentes	• Porcentagem de crescimento nas compras dos atuais clientes
	Aumentar a receita decorrente dos clientes	• Receita em moeda corrente ($) oriunda de novos clientes.
Cliente	Reduzir os custos dos clientes e Aumentar o lucro dos clientes	• Preço, em comparação com o dos concorrentes; • Custo de Propriedade dos Clientes; e • Rentabilidade dos clientes com os produtos e serviços da empresa.
	Entregar aos clientes produtos e serviços zero defeitos	• Porcentagem de defeitos experimentados pelo cliente; • Número e porcentagem de reclamações dos clientes; e • Número de consertos sob garantia e em visitas em campo.
	Entregas pontuais	• Porcentagem das entregas pontuais; • Prazo de entrega para o cliente; e • Porcentagem de pedidos perfeitos.
	Oferta de *portfólio* excelente	• Índice de ofertas de produtos e serviços que meça a porcentagem de atendimento das necessidades dos clientes; e • Porcentagem de faltas nos estoques (rupturas/ *stockouts*).
Aprendizado e Crescimento	Desenvolver habilidade em gestão da qualidade e em melhoria dos processos	• Porcentagem de empregados treinados em técnicas de gestão da qualidade; • Número e porcentagem de empregados qualificados no nível *black belt* da qualidade Seis Sigma; • Porcentagem de empregados com conhecimento e treinamento em Gestão Baseada em Atividades (ABM), *Just in time* e Teoria das Restrições.
	Adotar tecnologias que promovam a melhoria dos processos e a satisfação dos clientes	• Porcentagem de empregados que recebem *feedback* imediato das operações e • Porcentagem de clientes capazes de monitorar por meio eletrônico a situação de seus pedidos.
	Infundir cultura de melhoria contínua (*kaizen*)	• Resultados de pesquisas sobre cultura favorável à melhoria contínua e ao compartilhamento de conhecimentos; • Número de novas idéias referentes à melhoria de processos; • Índice de adoção de sugestões dos empregados para melhoria dos processos; • Quantidade de idéias referentes à melhoria da qualidade e dos processos que sejam compartilhadas entre várias unidades organizacionais; e • Casos de melhoria de desempenho resultantes de sugestões e iniciativas dos empregados (economias de custos, redução de defeitos e de prazos, aumento na produtividade etc.).

Fonte: Adaptado de Kaplan e Norton (2004, p. 83-88).

Observa-se no Quadro 21.3, que a partir das diretrizes traçadas para cada perspectiva, devem ser definidos os objetivos estratégicos e, por sua vez, os indicadores de desempenho. Se, por exemplo, focarmos nossas atenções para os processos internos da Logística, comentados no Capítulo 2 (Abastecimento, Planta e Distribuição), e associá-los às outras perspectivas, poderíamos ter, entre outros, os seguintes objetivos e indicadores.

Para que possamos definir os objetivos e, por sua vez, os indicadores, na opinião de Leite, R. (2004), devemos levar em conta a segregação da empresa em departamentos ou áreas, com objetivos específicos, mas que, também, devem estar congruentes com os objetivos globais da empresa. Este autor considera que a área comercial está voltada à gestão de indicadores de rentabilidade de clientes (incluindo os descontos concedidos), crescimento de vendas e participação de mercado.

Quadro 21.4 *Exemplos de indicadores por área nos diversos níveis de decisão.*

Níveis de Decisão/Área	Comercial	Logística	Financeira
Estratégico	Indicadores de crescimento do negócio e participação no mercado.	Indicadores de controle do fluxo de movimentação dos materiais/produtos, nível de utilização dos recursos contratados (espaço em depósito, espaço em caminhão no caso de rotas itinerantes ou pré-contratadas, mão-de-obra fixa) e nível de terceirização.	Alavancagem Financeira, Gestão dos Ativos, Gestão do risco (controle sobre capacidade de endividamento).
Tático	Desempenho de reajuste de tabelas, indicadores de gestão de novas vendas e retenção de clientes, além de mensuração do nível de satisfação da carteira.	Roteirização, metas gerais de qualidade, custo e produtividade.	Administração do capital de giro, gestão do caixa e títulos (tesouraria) e inadimplência.
Operacional	Controle de visitas e contatos diversos, gestão das ocorrências cotidianas.	Controle de avarias, solução de problemas diários de não-conformidades e sinistros no transporte e desvios de estoque.	Cobrança dos títulos e controle dos eventos contábeis.

Fonte: Adaptado de Leite, R. (2004).

A área operacional (voltada para a Logística) responsabiliza-se por indicadores de produtividade de coleta de materiais, entregas e transferências, cumprimento de prazos, ocorrências diversas com mercadorias e taxas de ocupação de caminhões e depósitos. E a área Financeira, normalmente, está focada no controle dos prazos médios de pagamento de fornecedores, recebimento de vendas e de renovação dos estoques e, em alguns casos, também, atua sobre a inadimplência, juntamente com a área Comercial. Em termos de decisões nos vários níveis, como vimos no Capítulo 5, podemos considerar que as áreas supracitadas podem desenvolver indicadores para monitorar o efeito de suas decisões, tal como pode ser observado no Quadro 21.4.

Os exemplos de indicadores supracitados podem ser incorporados a outros, dependendo do segmento da empresa ou do objetivo estratégico de cada uma das áreas. O foco é evidenciar que cada área busca melhorar seus resultados econômicos e pode, para isso, utilizar-se de indicadores de desempenho. Na seqüência, iremos focalizar os Indicadores de Desempenho voltados à Logística.

21.5 Indicadores de desempenho na Logística e na Cadeia de Suprimentos

No contexto atual, a Logística é bastante promissora para obter economias significativas de custos, que, em alguns casos, podem ter um impacto muito maior na rentabilidade da empresa do que, por exemplo, aumentar o volume de vendas, pois pode, inclusive, resultar em redução dos ativos. Para isso, é imprescindível que o desempenho logístico possa ser monitorado. Sem dados precisos de Custos Logísticos, a mensuração do desempenho, visualizando apenas os aspectos físico-operacionais, fica quase impossível.

Muito se comenta sobre a necessidade de redução dos Custos Logísticos, mas pouco é sugerido, no que tange ao estabelecimento de variáveis e medidas que possam ser incorporadas a um sistema de Custeio Logístico dinâmico, que seja adaptável às variações na demanda; aos níveis crescentes de exigências dos clientes; às inovações tecnológicas aplicadas aos sistemas de produção, estes cada vez mais propensos à incorporação de outros custos indiretos; aos avanços relacionados à integração e fluxo das informações, no âmbito de todas as etapas dos processos logísticos; variabilidade no mercado e leis governamentais; níveis de instabilidade das pessoas que fazem parte do processo, quando da adoção de mudanças no seu ambiente de trabalho; tecnologias usadas na movimentação e transporte de materiais e produtos, respectivamente; enfim, de uma gama de variáveis que devem ser agregadas aos sistemas de custeio para avaliação efetiva do desempenho da Logística.

A consultoria A. T. Kearney (1991) sugeriu que a Logística fosse avaliada sob três aspectos, que podem ser observados de maneiras e profundidades distintas, dependendo do interesse de cada empresa:

1. Produtividade – que se relaciona à eficiência no uso dos recursos, acompanhando suas entradas e saídas, mas no que diz respeito ao aspecto físico. Pode ser apurada relacionando os resultados produzidos e os insumos consumidos;
2. Utilização – análise da capacidade disponível e efetivamente utilizada, também, relacionando-se ao aspecto físico. Pode ser apurada relacionando a capacidade/recursos utilizados e a capacidade/recursos disponíveis; e
3. Desempenho – comparação entre o que ocorreu com o que foi planejado (eficácia), ou seja, o resultado produzido em relação ao resultado padrão (planejado), tanto no aspecto físico quanto no econômico-financeiro.

Seja na empresa individual ou na Cadeia de Suprimentos, os sistemas de gestão devem ser otimizados, contemplando os aspectos supracitados. Zanquetto Filho e Pizzolato (2000) sugeriram algumas questões a serem refletidas pelos gestores antes de desenvolverem os indicadores de desempenho para a Cadeia de Suprimentos, mas que consideramos ser pertinentes, também, às empresas individuais:

1. De que forma os benefícios a serem alcançados (na cadeia) serão distribuídos (para cada empresa) na Cadeia de Suprimentos?
2. Como será considerada a questão temporal (curto e longo prazo) na apuração dos resultados econômicos na cadeia?
3. Qual o melhor método de custeio para a Cadeia de Suprimentos?
4. Quais as ferramentas de custeio disponíveis para a cadeia logística?
5. Como devem ser aplicados os instrumentos de mensuração para avaliar a rentabilidade e o desempenho ao longo do tempo?
6. De que maneira o sistema utilizado para a avaliação do desempenho da cadeia será integrado ao da empresa individual?
7. Quais os requisitos mínimos, no que diz respeito à avaliação de desempenho (*benchmarking*), para novos entrantes na cadeia?

Essas reflexões devem ser consideradas antes de avaliarmos o desempenho da empresa ou da Cadeia de Suprimentos. A resposta para a questão 3 presume-se que tenha sido respondida no Capítulo 19, quando tratamos sobre os Métodos de Custeio, considerando o Custeio Baseado em Atividades como o melhor método para melhorar a qualidade das informações de custos nos diversos objetos, mas reconhecendo a relevância do Custeio Variável para decisões de curto prazo. No que diz respeito às ferramentas disponíveis, não só para o custeio, mas também para apuração da rentabilidade em nível multidimensional, tratamos sobre o Custo Total de Propriedade (TCO) no Capítulo 19 e sobre a Rentabilidade Direta por Produto (DPP) e o Custo para Servir (CTS), entre outras, no Capítulo 20. Todas essas questões são relevantes e devem ser levadas em consideração quando da definição dos indicadores de desempenho a serem utilizados.

Para verificar a efetiva utilização dos indicadores, Lavalle (1995) realizou uma pesquisa com dez empresas de diversos segmentos que, *"frente a uma lista de 49 indicadores (representando seis dimensões de desempenho) e perguntadas sobre quais daqueles eram utilizados, as empresas revelaram um alto grau de utilização dos mesmos"*. Segundo este pesquisador, as empresas utilizam 84,7% dos indicadores analisados e duas utilizavam todos, denotando que existe uma ênfase na melhoria de seu desempenho. Na Tabela 21.1, são apresentados os indicadores mais utilizados e a importância que lhes foi atribuída.

Tabela 21.1   *Pesquisa sobre a importância atribuída aos indicadores de desempenho.*

Conjunto de Indicadores	Benchmarking	Custos Logísticos	Serviço ao Cliente	Qualidade	Ativo	Produtividade	Média
% uso	88,0	**85,8**	82,2	84,0	83,3	82,9	84,7
Importância	4,4	**4,2**	4,2	3,9	3,8	3,6	4,0

Fonte: Adaptada de Lavalle (1995) [grifo nosso].

Percebe-se na Tabela 21.1 que o *Benchmarking* (88%), ou seja, a comparação com as melhores práticas, é o indicador mais utilizado e ao qual está sendo dada a maior importância, sendo seguido pelo monitoramento dos Custos Logísticos (85,8%) e pelo Serviço ao Cliente (82,2%), nas empresas pesquisadas. É comentado pelos pesquisadores que a preocupação com os indicadores não é correspondida pela "qualidade dos mesmos", ou seja, as próprias empresas questionam a forma de mensuração dos referidos instrumentos.

Para que isso seja melhorado, no que diz respeito ao sistema de mensuração do desempenho logístico, segundo o Instituto dos Contadores Gerenciais (IMA) (1992), devem-se levar em conta a responsabilidade e a competência desde o nível mais baixo até a Alta Administração, devendo incorporar tanto as mensurações do empreendimento (custos totais da empresa ou da cadeia) quanto as mensurações de unidade (custos dos processos/atividades), identificando, também, os fatores críticos de sucesso de todos os níveis do negócio, como por exemplo: fluxo de caixa, **custos, resultados**, tempo de ciclo, inovação, qualidade, satisfação dos clientes, participação no mercado, nível de investimento e retorno sobre o investimento.

Uma das tarefas mais ingratas aos profissionais que militam num terreno extremamente minado como o de custos é o desenvolvimento de um sistema de custeio das operações logísticas, que possa subsidiar o gestor em seu processo de gestão, o que foi abordado nos Capítulos 17 e 19, quando se tratou sobre a Visibilidade dos Custos Logísticos Totais e os Métodos de Custeio Aplicados à Logística. Tal sistema deve retratar com fidelidade o custo de cada processo/atividade e ser flexível o bastante para incorporar variáveis contingenciais, não raramente estranhas ao processo de avaliação de desempenho logístico.

Uma questão relevante nesse contexto é: *Como devem ser desenvolvidos indicadores relacionados aos Custos Logísticos? Quais os parâmetros utilizados para estabelecimento destes direcionadores, sem que deixe margem para exclusão de variáveis importantes relacionadas ao grau de participação em determinada atividade ao longo do processo de produção, entrega e suporte do bem/serviço a ser produzido?*

Lima Jr. (2001, p. 142), abordando a avaliação de desempenho de serviços de transporte de carga, estabeleceu um **roteiro para a elaboração dos indicadores**, que envolveu algumas reflexões a serem realizadas antes de suas definições:

1. Qual será a sua denominação e em que processo/atividade será aplicado?
2. Como será calculado e em que unidade monetária?
3. Como será mensurado e de onde virão os dados a serem utilizados (fonte)?
4. Qual a freqüência de sua mensuração?
5. Qual será sua utilidade e para quais áreas?
6. Quais as causas e os efeitos que serão contemplados em sua mensuração e quais os padrões adotados?
7. O valor apurado será um valor absoluto, valor relativo ou valor histórico?
8. Qual o nível de precisão necessária?
9. Os custos de sua obtenção e monitoramento serão menores que os benefícios gerados pela informação obtida?

Observa-se que antes de definirmos e desenvolvermos os indicadores deve-se parar para pensar em qual é seu efetivo objetivo, como será calculado, quem serão seus usuários e, entre outros fatores, também avaliar se os benefícios da informação superam os custos de sua obtenção.

Outro foco de discussão é a definição de que tipos de indicadores serão utilizados para mensurar o desempenho da Cadeia de Suprimento. Após análise realizada, Beamon (1999) sugeriu que avaliações qualitativas do tipo "bom", "fraco", "regular" e "adequado" são insuficientes e de difícil utilização para qualquer método de mensuração e, por esta razão, freqüentemente, são preferidas as medidas de desempenho quantitativas. É muito comum usar uma medida de desempenho numérica, pois os dados estão prontamente disponíveis, ou pelo fato de que foi historicamente utilizada. Porém, o indicador de desempenho escolhido pode não descrever o desempenho do sistema adequadamente e pode ser tão vago e de difícil utilização quanto as avaliações qualitativas supracitadas.

Na concepção de Maskell (1991), mensurar o uso dos recursos, especialmente por meio de valores, é essencial à Cadeia de Suprimentos, e muitas metas estratégicas das empresas reconhecem não apenas a importância de otimizar recursos, como também a importância global da produção do sistema. Esse autor identificou como fatores vitais para garantir o sucesso da cadeia de suprimento: o uso de recursos (que, quando consumidos, geram custos), a produção desejada e a flexibilidade. Por este prisma, um sistema de indicadores para a Logística e para a Cadeia de Suprimentos deve ser focado em medidas distintas de desempenho, ou seja, **medida de recursos, medida de produção (ou de processos)** e **medida de flexibilidade**, que possuem metas diferentes, conforme destacado no Quadro 21.5.

Quadro 21.5 *Medidas, metas e objetivos a serem considerados nos indicadores.*

Tipo de medida	Metas	Objetivos
Recursos	Alto nível de eficiência	Gerenciamento de recursos é crítico para a rentabilidade
Produção desejada (processo)	Alto nível de atendimento ao cliente	Sem produção aceitável, os clientes irão para outras cadeias de abastecimento
Flexibilidade	Habilidade de resposta rápida em um ambiente de mudanças	Em um ambiente incerto, a cadeia de suprimentos deve estar apta para responder às mudanças

Fonte: Adaptado de Maskell (1991).

Ainda na concepção de Maskell (1991), as **medidas de recursos** incluem: níveis de inventário, requerimentos de pessoal, utilização de equipamentos, uso de energia elétrica etc. Os recursos são, geralmente, mensurados em termos de exigências mínimas (quantidade) ou numa medida de eficiência composta, em que a eficiência mede a utilização dos recursos no sistema. São poucos os recursos que podem afetar negativamente a produção e a flexibilidade do sistema, mas o desenvolvimento artificial de muitos recursos, geralmente, aumenta as exigências do sistema.

Enquanto atender às demandas apresentadas, a Cadeia de Suprimentos pode ser reconfigurada com recursos reduzidos, mas tais análises de curto prazo não atendem à natureza dinâmica de demanda. Deste modo, os recursos estão diretamente relacionados a produção e desempenho de flexibilidade. Alguns exemplos de **indicadores de desempenho de recursos** na Cadeia de Suprimentos são: custo total dos recursos utilizados, custo total de distribuição, inclusive transporte e custos de armazenagem e movimentação, custos industriais, custos de manutenção de inventário e retorno sobre investimentos (ROI).

As **medidas de produção (ou de processos)**, por sua vez, incluem: responsabilidade com o cliente e qualidade, que estão associadas ao nível de serviço negociado e à quantidade de produto/serviço final produzido, movimentado ou realizado. Muitas medidas de desempenho dos processos são de fácil representação numérica, tais como: número de itens produzidos ou movimentados, tempo requerido para produzir um item específico ou conjunto de itens e número de entregas de pedidos no prazo. Contudo, existem medidas de desempenho de produção de difícil expressão quantitativa, tais como satisfação do cliente e qualidade do produto.

As medidas de desempenho de processos não só devem corresponder às metas estratégicas globais da organização, como também às metas dos clientes, uma vez que, de maneira geral, as metas estratégicas estão endereçadas ao atendimento das necessidades desse agente. Para o cliente, um *lead time* curto é secundário, em relação a ter o produto entregue no prazo; embora esse fator possa ser extremamente importante para o fabricante, a entrega no prazo é mais importante para o cliente. Neste caso, ambas medidas de desempenho de processo deverão ser utilizadas.

No que diz respeito à flexibilidade, algumas das vantagens para que a Cadeia de Suprimentos torne-se flexível são: reduções no número de pedidos devolvidos, vendas perdidas e pedidos atrasados; aumento da satisfação do cliente; habilidade para responder e acomodar as variações de demanda, como sazonalidade; habilidade para responder e acomodar períodos de baixo desempenho industrial (máquinas quebradas), ou baixo desempenho de fornecedor, ou baixo desempenho de entrega; e habilidade para responder e acomodar novos produtos, novos mercados ou concorrentes. As **medidas de flexibilidade** mensuram a habilidade de um sistema para acomodar volume e flutuações de tempo dos fornecedores, fabricantes e clientes, e são vitais para o sucesso da Cadeia de Suprimentos, uma vez que o ambiente é incerto.

Independentemente do tipo de medidas a ser adotado, o grande desafio das empresas é **limitar o número de indicadores**, quando estão desenvolvendo o processo de avaliação do desempenho da Cadeia de Suprimentos, pois muitos de seus membros estão envolvidos em negócios muito complexos, com múltiplas divisões funcionais e grande quantidade de tarefas sendo que, no afã de mensurar tudo, tendem a criar grande número de indicadores. O recomendado é seguir o que foi explícito, anteriormente, na lógica do BSC, que se criem alguns indicadores por objetivo estratégico, para garantir que a implementação seja de fácil controle e garanta bons resultados. Definido o número de indicadores, devem-se selecionar apenas os mais importantes, que devem estar alinhados aos objetivos estratégicos de desempenho da Cadeia de Suprimentos, tal como já comentado anteriormente.

O Supply Chain Council (SCC) (2005) foi criado em 1996 pelas empresas Pittiglio Rabin Todd e McGrath (PRTM) e pela AMR Research, sendo composto, atualmente, por mais de 1.000 membros de países da Europa, Japão, Austrália e Nova Zelândia, Ásia e África, voltados para melhorar a gestão de suas Cadeias de Suprimentos, por meio da padronização da linguagem entre seus membros. Esta organização desenvolveu o Modelo-Referência para Operações da Cadeia de Suprimentos (*Supply Chain Operations Reference Model*), conhecido como SCOR. Normalmente, a última versão está disponível no *site* da organização.[3]

Quadro 21.6 *Indicadores de desempenho sugeridos pelo modelo SCOR.*

Atributos do Desempenho	Relativos aos Clientes			Relativos à Empresa	
	Confia-bilidade	Responsa-bilidade	Flexi-bilidade	Custos	Ativos
Desempenho na Entrega	✓				
Taxa de Ocupação	✓				
Pedido Perfeito	✓				
Lead Time do pedido		✓			
Tempo de resposta da Cadeia de Suprimentos			✓		
Flexibilidade de Produção			✓		
Custo Total da Cadeia de Suprimentos				✓	
Custo dos Produtos Vendidos				✓	
Produtividade – Valor Agregado				✓	
Custo de Garantia ou de processamento de retornos				✓	
Tempo de Ciclo de Caixa					✓
Estoque em dias de Suprimento					✓
Giro do Ativo					✓

Fonte: Adaptado do Supply Chain Council citado por Gasparetto (2003, p. 112).

---

[3] Maiores detalhes sobre o Supply Chain Council podem ser obtidos pelo *site* <http://www.supply-chain.org/public/aboutus.asp>.

Pelo modelo SCOR, cinco processos devem ser mapeados: planejamento (*plan*), obtenção (*source*), fabricação (*make*), entrega (*deliver*) e retorno (*return*) e, posteriormente, detalhados até o nível de atividades, tal como visto no Capítulo 19, quando se tratou sobre o Custeio Baseado em Atividades (ABC). Os indicadores de desempenho, por sua vez, serão categorizados relacionando-os à Empresa (**Custos** e Ativos) e aos Clientes Externos (Confiabilidade, Flexibilidade e Responsabilidade), tal como pode ser visto no Quadro 21.6.

A maioria dos indicadores citados envolve o processo da Logística de Distribuição, mas, por exemplo, quando se trata do tempo de ciclo de caixa, estamos nos referindo a todos os processos, desde o momento do pagamento dos fornecedores até o recebimento dos clientes (chamado de ciclo financeiro), o que vale, também, para o giro do ativo e os estoques.

Um aspecto de suma importância a ser considerado na definição dos indicadores é o de que a Gestão da Cadeia de Suprimentos deve ser baseada em medidas preventivas, e não apenas em medidas "pós-fato" ou corretivas.

> Não se deve mensurar o desempenho somente após a ocorrência de um fato negativo, por exemplo, a perda de um cliente importante; o ideal é que sejam desenvolvidas formas para monitorar o desempenho antes ou no momento da ocorrência.

Nos modelos voltados para a Cadeia de Suprimentos tem predominado a utilização dos **indicadores de desempenho de custo**, combinados com indicadores voltados à satisfação do cliente. Os indicadores de custos podem incluir todos os elementos de custos comentados nos Capítulos 7 a 14, enquanto os relacionados à satisfação do cliente incluem *lead time*, probabilidade de falta no estoque e taxa de atendimento. Muito embora esses indicadores possam ter características importantes de uma Cadeia de Suprimentos, seu uso em modelos da referida cadeia é desafiador, uma vez que a natureza qualitativa de tais medidas torna-as de difícil incorporação nos modelos quantitativos, como já comentado anteriormente.

Por outro lado, usar uma única medida de desempenho é atraente por causa de sua simplicidade, mas o gestor necessita assegurar que a mesma mensure, adequadamente, o desempenho do sistema. Exemplificando, apesar de ser importante, se um indicador de Custo Logístico for adotado como um único indicador da Cadeia de Suprimentos, existirão falhas do tipo falta de relevância das categorias de custo e distorções de custo e inflexibilidade, que não permitirão considerá-la confiável como medida de desempenho.

Considerando a concepção atual de que a Administração da Cadeia de Suprimentos é fator estratégico para o aumento da eficiência organizacional e para atingir melhores metas, atendimento ao cliente e rentabilidade, Gunasekaran, Patel, Tirtiroglu (2001) apresentaram alguns exemplos de indicadores de desempenho, segregando-os nos diversos níveis de decisão, tal como apresentado no Capítulo 5, classificando-os em financeiros e não financeiros. Pires (2004) fez uma adaptação bastante interessante da sugestão desses autores, segregando-os por nível de decisão e por processos, tal como pode ser visto nos Quadros 21.7 e 21.8.

Quadro 21.7 *Indicadores financeiros e não financeiros para a Cadeia de Suprimentos por nível de decisão.*

Nível de Decisão	Indicador de Desempenho	Financeiro	
		Sim	Não
Estratégico	Tempo total do Fluxo de Caixa (*cash to cash*)		X
	Taxa de Retorno sobre Investimento (ROI)	X	
	Flexibilidade em atender às necessidades dos clientes		X
	Lead time de entrega		X
	Total do tempo de ciclo		X
	Nível das parcerias na Cadeia de Suprimentos	X	
	Lucro Líquido *versus* relação de produtividade	X	
Tático	Tempo de ciclo para desenvolvimento do produto		X
	Confiabilidade na entrega		X
	Extensão da cooperação na melhoria da qualidade		X
	Qualidade dos métodos de previsão de demanda		X
Operacional	Utilização da capacidade		X
	Custo-horário por operação	X	
	Custos de Transportes e Inventários	X	
	Custos de Tecnologia de Informação	X	
	Variações no orçamento	X	

Fonte: Adaptado de Gunasekaran, Patel, Tirtiroglu (2001) e Pires (2004, p. 230).

Observa-se que, em qualquer dos níveis de decisão, podemos definir alguns indicadores para monitorarmos o desempenho do sistema logístico. Por outro lado, podemos estabelecer indicadores, também, para os processos de planejar, abastecer, produzir/montar e distribuir, tal como se vê no Quadro 21.8.

Quadro 21.8 *Indicadores financeiros e não financeiros para a Cadeia de Suprimentos por processos.*

Processo	Indicador de Desempenho
Planejar	Tempo total de ciclo da Cadeia de Suprimentos Tempo de ciclo de desenvolvimento do produto Tempo total do Fluxo de Caixa (*cash to cash*) Métodos de entrada de pedidos Precisão das previsões de vendas Gama de produtos e serviços (*mix*) Custos de Tecnologia de Informação Retorno sobre Investimentos (ROI)
Abastecer	Desempenho das entregas *Lead time* do fornecedor para a empresa Nível das entregas sem defeitos pelo fornecedor Tempo do ciclo para pedido de compra Taxa de rejeição do fornecedor Iniciativas de economias de custos pelo fornecedor Habilidade para resolução de problemas de qualidade

Produzir/ Montar	Utilização da capacidade
	Custos de Produção
	Tempo de ciclo do processo produtivo
	Efetividade do programa-mestre de produção
	Nível dos Estoques:
	   – Matérias-primas e Materiais em trânsito
	   – Produtos em Processo
	   – Produtos Acabados
	Nível de Perdas/Desperdícios no processo produtivo (*scraps*/retrabalhos)

Distribuir	Número de entregas com problemas *Lead time* do pedido e da entrega Efetividade do programa de distribuição planejada Flexibilidade no atendimento das necessidades do cliente Nível de Satisfação do Cliente Custo total da Distribuição

Fonte: Adaptado de Gunasekaran, Patel, Tirtiroglu (2001) e Pires (2004, p. 231).

Keebler et al. (1999) comentaram que os indicadores baseados nos processos, tais como os supracitados nos Quadros 21.7 e 21.8, estão crescendo a cada dia, pois não basta para a empresa apurar indicadores globais, já que, normalmente, o desempenho no abastecimento é diferente na distribuição. Observou-se nos referidos quadros um indicador que apareceu em ambos: o *cash-to-cash*, que é o tempo do fluxo de caixa, no qual é mensurado o tempo do ciclo financeiro entre o pagamento a ser feito ao fornecedor e o recebimento do cliente. O *cash-to-cash* define o tempo entre o pagamento da matéria-prima pelo fabricante e o recebimento da venda do produto acabado. Pensar no *cash-to-cash*, ou no ciclo desde o pagamento até o recebimento, significa descartar o conceito de uma cadeia de abastecimento linear e adotar a colaboração pela rede, especialmente quando se trata de planejamento.

Keebler et al. (1999) comentam sobre uma pesquisa realizada com 500 executivos de Logística pela Computer Sciences Corporation e pela University of Tennessee, em que foi apurado que os **indicadores mais utilizados pelas empresas na Logística**, nos EUA, são:

- **custos de transporte de distribuição** (87%);
- acurácia do inventário (86%) – consistência entre o saldo físico e o contábil;
- atendimento do pedido (81%);
- giros do inventário de produtos acabados (80%);
- tempo de ciclo da distribuição (79%);
- reclamações dos clientes (77%);
- níveis de perdas/avarias (72%);
- produtos acabados que não serão comercializados (*out of stocks*) – (71%);
- **descontos e cancelamentos (69%)**;
- atendimento do item na linha de produção (69%);
- **custos de transporte de abastecimento** (69%);
- **obsolescência do inventário** (63%);
- tempo de ciclo do pedido (62%);
- satisfação dos clientes (61%);
- **custos de manutenção do inventário** (60%);
- prazo médio de recebimento das vendas (59%);
- **custo da terceirização da estocagem** (59%);
- acurácia do planejamento (*forecast*) – (54%);
- **Custos Logísticos** por Unidade comparados ao Orçamento (52%), entre outros.

Percebe-se que os Custos Logísticos são sempre lembrados, tanto por pesquisadores quanto por profissionais da área de Logística. Fawcett, Calantone, Roath (2000) focalizaram seus estudos na mensuração dos Custos Logísticos e sugerem que sejam desenvolvidos alguns indicadores, para que os gestores de Logística obtenham algumas informações relevantes, além dos que já foram citados anteriormente, tais como:

- custos relativos à flexibilidade a resposta dos sistemas logísticos;
- custo de qualidade no nível de serviço logístico;
- custo da velocidade e confiabilidade na entrega; e
- Custos Logísticos Totais.

Percebe-se que, na sugestão desses autores, existe a preocupação com os custos dos requisitos contemplados no modelo do Supply Chain Council, além de apuração dos Custos Logísticos Totais, que já comentamos no decorrer desta obra.

Como **exemplos** de formas de cálculo para os indicadores, no Quadro 21.9, serão evidenciados **alguns** indicadores de desempenho específicos para a Logística, citados pelo Instituto de Movimentação e Armazenagem de Materiais – IMAM (2001), bem como suas respectivas fórmulas de cálculo. Os indicadores devem ser utilizados como meio de avaliar os custos e o desempenho do fluxo logístico, cujo objetivo é integrar recursos ao longo de todo o trajeto que se estende desde os fornecedores até os consumidores finais.

Quadro 21.9 *Alguns indicadores de desempenho para a logística e suas fórmulas de apuração.*

Indicadores de desempenho	Fórmulas
Satisfação dos clientes	
Reclamações dos clientes	Número de reclamações ÷ número total de pedidos atendidos pelo período x 100%
Desempenho na entrega (prazo)	Número de pedidos atendidos no prazo ÷ número total de entregas no período x 100%
Avarias	Número de avarias ÷ número total de pedidos expedidos no período x 100%
Retornos/devoluções/cancelamentos	Número de produtos devolvidos/cancelados e/ou retornados ÷ número total de pedidos expedidos no período x 100%
Tempo de ciclo do pedido	Data de entrega do pedido – data de solicitação pelo cliente (dias)
Acuracidade de previsão	(Quantidade expedida – quantidade prevista) ÷ quantidade expedida x 100%
Pedido perfeito (acuracidade)	(Pedidos atendidos – pedidos separados, embalados e expedidos corretamente) ÷ total de pedidos atendidos · 100%
Lançamento de novos produtos	Receita Operacional Líquida com novos produtos ÷ Receita Operacional Líquida Total x 100%
Foco interno	
Acuracidade do inventário	Quantidade de itens com saldo correto ÷ quantidade de itens verificados x 100%
Atendimento de pedidos	Quantidade de pedidos atendidos prontamente ÷ total de pedidos recebidos x 100%
Falhas nas Compras	Erros em ordens de compras ÷ Ordens de compras auditadas
Obsolescência de inventário	Quantidade de itens obsoletos ÷ quantidade total de itens x 100%

CUSTOS LOGÍSTICOS	
Custos Logísticos do Abastecimento	Custo Total do Abastecimento ÷ Valor Total das Compras
Custo de Transporte da Distribuição	Custo total de fretes de distribuição ÷ Receita Operacional Líquida x 100%
Custo de Transporte do Abastecimento	Custo total de fretes de recebimento ÷ Receita Operacional Líquida x 100%
Custo de Manutenção do Inventário (matérias-primas, produtos em processo e produtos acabados)	
a) Custo de Manutenção do Inventário – Matérias-primas	(Valor médio de estoque de Matérias-primas x Taxa de Oportunidade) ÷ Receita Operacional Líquida x 100%
b) Custo de Manutenção do Inventário – Produtos em Processo	(Valor médio de estoque de Produtos em Processo x Taxa de Oportunidade) ÷ Receita Operacional Líquida x 100%
c) Custo de Manutenção do Inventário – Produtos Acabados	(Valor médio do estoque de Produtos Acabados x Taxa de Oportunidade) ÷ Receita Operacional Líquida x 100%
Custo de Armazenagem/Movimentação própria	Custo de armazenagem/movimentação próprias ÷ Receita Operacional Líquida x 100%
Custo de Armazenagem/Movimentação com terceiros	Custo de armazenagem/movimentação com terceiros ÷ Receita Operacional Líquida x 100%
Produtividade	
Giro de inventário	Receita operacional líquida ÷ saldo médio do inventário (Nº de vezes)
Produtividade da operação (tempo)	[Horas Produtivas * (produtos entregues ÷ padrão por hora)] ÷ Horas trabalhadas
Produtividade dos recursos	Resultados produzidos ÷ recursos consumidos
Utilização de recursos	
Taxa de Ocupação dos espaços de estocagem	Espaço utilizado ÷ espaço disponível total (incluindo áreas de circulação) x 100%
Fator de ocupação da frota de veículos industriais (empilhadeiras etc.)	Tempo de utilização dos veículos ÷ tempo total disponível x 100%
Fator de ocupação da frota (transporte)	Volume transportado ÷ volume disponível x 100%

Fonte: Adaptado de Bowersox, Closs (2001, p. 562); Instituto de Movimentação e Armazenagem de Materiais (IMAM) (2001) e Martins; Alt (2000, p. 277-278).

Os indicadores de desempenho que constam no Quadro 21.9 são alguns dos exemplos de possíveis indicadores a serem aplicados na Logística, tais como os que, também, foram sugeridos anteriormente por Keebler et al. (1999), Fawcett, Calantone, Roath (2000), Gunasekaran, Patel, Tirtiroglu (2001). O que é imprescindível, é que sejam desenvolvidos instrumentos para monitorar o desempenho dos gestores.

Complementando a questão, uma sugestão relevante de Christopher (1997) é que, além da definição e do desenvolvimento dos indicadores, sejam estabelecidos pesos (ponderações) para cada um deles, tais como, por exemplo:

Entrega pontual = 20%
Execução completa do pedido = 35%
Precisão do pedido = 20%
Devoluções = 15%
Precisão da fatura = 10%

Se houve, para esses indicadores, um nível de desempenho de, respectivamente, 90%, 80%, 95%, 70% e 85%, realizando uma ponderação, apura-se um índice médio de 84%, que precisa ter um parâmetro (*benchmarking*) para saber se é razoável ou não, pois depende do tipo de negócio em que a empresa está inserida.

Percebemos durante o desenvolvimento deste capítulo que, para implementar o *Balanced Scorecard* na Logística, existe a necessidade de que os indicadores a serem utilizados estejam de acordo com a estratégia definida por seus gestores. Além disso, faz-se necessário que sejam compreendidas as necessidades dos clientes, para verificar o nível de serviço a ser implementado, o que impacta os Custos Logísticos diretamente. Estes custos devem ser adequadamente identificados e mensurados nos três processos logísticos: Abastecimento, Planta e Distribuição, como vimos no decorrer desta obra e, posteriormente, informados a seus gestores, para que as decisões a serem tomadas em seus diversos níveis sejam as mais eficazes possíveis.

O sistema de mensuração do desempenho deve ser revisto regularmente para definir se estão sendo úteis ou não ao processo de gestão da Logística, pois não adianta ter instrumentos, se estes não forem eficientes e eficazes. A mensuração de desempenho, em todas as perspectivas do *Balanced Scorecard* supracitadas, é uma ferramenta utilizada pelos gestores para julgar como o progresso está ocorrendo, de acordo com as metas definidas anteriormente, para todas as atividades da própria empresa analisada e entre esta e as empresas-membros da Cadeia de Suprimentos com as quais esteja interagindo.

Referências bibliográficas

ANDEL, Tom. How to beat costs at hide and seek. *Transportation and Distribution Review*, EUA, 1997.

BEAMON, Benita M. Measuring supply chain performance. *International Journal of Operations & Production Management*. v. 19, nº 3, 1999.

BOGAN, Christopher E.; ENGLISH, Michael J. *Benchmarking*: aplicações e práticas – melhoria contínua. Tradução de Miguel Cabrera. São Paulo: Makron Books do Brasil, 1997.

BOWERSOX, Donald J.; CLOSS, David J. *Logística empresarial*: o processo de integração da cadeia de suprimento. Tradução da Equipe do Centro de Estudos em Logística, Adalberto Ferreira das Neves. São Paulo: Atlas, 2001.

CAMPOS, José Antônio. *Cenário balanceado*: painel de indicadores para a gestão estratégica dos negócios. São Paulo: Aquariana, 1998.

CHRISTOPHER, Martin. *Logística e gerenciamento da cadeia de suprimentos*. São Paulo: Pioneira, 1997.

DRUCKER, Peter F. *Desafios gerenciais para o século XXI*. São Paulo: Pioneira, 1999.

FAWCETT, Stanley E.; CALANTONE, Roger J.; ROATH, Anthony. Meeting quality and cost imperatives in a global market. *International Journal of Physical Distribution & Logistics Management*, v. 30, nº 6, Emerald-library, 2000.

FISCHMANN, Adalberto A.; ZILBER, Moisés A. Competitividade e a importância de indicadores de desempenho: utilização de um modelo de tendência. *Anais*. Rio de Janeiro: ANPAD, 2002.

FROST, Bob. Performance metrics: the new strategic discipline. *Strategy & Leadership*, Chicago, May 1999.

GASPARETTO, Valdirene. *Proposta de uma sistemática para avaliação de desempenho em cadeias de suprimento*. 2003. Tese (Doutorado em Engenharia de Produção) – Universidade Federal de Santa Catarina, Florianópolis.

_____; BORNIA, Antonio C. O *Balanced Scorecard* como uma ferramenta de *feedback* e aprendizado estratégico. *Anais*. São Paulo: IX Congresso Brasileiro de Custos, 2002.

GUNASEKARAN, A.; PATEL, C.; TIRTIROGLU, E. Performance measures and metrics in a supply chain environment. *International Journal of Operations & Production Management*, v. 21, nº 1/2, 2001.

KAPLAN, Robert S.; COOPER, Robin. *Custo e desempenho*: administre seus custos para ser mais competitivo. Tradução de O. P. Traduções. São Paulo: Futura, 1998.

_____; NORTON, David P. *Balanced Scorecard*: a estratégia em ação. 16. ed. Tradução de Luiz Euclydes T. Frazão Filho. Rio de Janeiro: Campus, 1997.

KAPLAN, Robert S. *Mapas estratégicos*: convertendo ativos intangíveis em resultados tangíveis. Tradução de Afonso C. da C. Serra. Rio de Janeiro: Campus, 2004.

KEARNEY, A. T., *Improving quality and productivity in the logistics process*. Oak Brook: Council of Logistics Management, 1991.

KEEBLER, James S. et al. *Keeping score*: measuring the business value of logistics in the supply chain. Oak Brook: Council of Logistics Management, 1999.

LAVALLE, César. *O estágio de desenvolvimento da organização logística em empresas brasileiras*: estudos de casos. 1995. Dissertação (Mestrado) – COPPEAD/UFRJ, Rio de Janeiro.

LEITE, Ricardo. *Balanced scorecard na logística*. Disponível em: <http://www.ietec.com.br>. Acesso em: 2 set. 2004.

LIMA JR., Orlando F. Análise e avaliação do desempenho dos serviços de transporte de carga. In: CAIXETA FILHO, José V.; MARTINS, Ricardo S. *Gestão logística do transporte de cargas*. São Paulo: Atlas, 2001.

LYNCH, Richard L.; CROSS, Kelvin F. *Measure up*: how to measure corporate performance. Massachusetts: Blackwell, 1995.

MARTINS, Petrônio Garcia; ALT, Paulo Renato Campo. *Administração de materiais e recursos patrimoniais*. São Paulo: Saraiva, 2001.

MASKEL, Brian H. *Performance measurement for world class manufacturing*: a model for american companies. Cambridge: Productivity, 1991.

McNAIR, Carol. Tools and techniques for implementing integrated performance management systems. In: INSTITUTE OF MANAGEMENT ACCOUNTANTS – IMA. [S.I.]: National Association of Accountants. *Statements on Management Accounting*. 4D-D, May 1998.

PIRES, Sílvio R. I. *Gestão da cadeia de suprimentos (supply chain management)*: conceitos, estratégias, práticas e casos. São Paulo: Atlas, 2004.

SUPPLY CHAIN COUNCIL – SCC. *Supply chain operations reference model – SCOR*. Disponível em: < http://www.supply-chain.org> Acesso em: 4 Mar. 2005.

SYMNETICS. *O que é o balanced scorecard?* Disponível em: <http://www.symnetics.com.br/bscr.asp>. Acesso em: 6 June 2004.

ZANQUETTO FILHO, Hélio; PIZZOLATO, Nélio D. Desempenho na cadeia logística: ênfase no sistema de custeio. *Anais*. São Paulo: Encontro Nacional de Engenharia de Produção – ENEGEP, 2000.

22

Valor econômico agregado (EVA®) e Logística

Transformar as medidas de desempenho visando agregar valor ao acionista é um ponto crítico para solucionar objetivos conflitantes e suportar os custos de *trade-offs* na empresa ou por meio da cadeia de suprimento, especialmente nas áreas onde valores ou aumentos de recursos são requeridos por alguns acionistas. A complexidade da Logística requer uma abordagem diferente para definir medidas e mensurar o desempenho. Assim, os indicadores de desempenho devem refletir esta complexidade e considerar as operações da organização, desde o fornecedor na origem até o cliente final.

Quando os gestores estão tomando suas decisões, além do resultado econômico positivo, ou seja, o lucro, um elemento que exerce grande influência é o fluxo de caixa. Nosso foco nesta obra está relacionado aos **Custos** incorridos na Logística, e estamos associando-os à ocorrência do fato gerador, que é uma visão econômica. Por outro lado, o caixa, associado aos recebimentos e desembolsos, reflete uma preocupação eminentemente financeira, e não estamos focalizando nossa preocupação nesse sentido.

Outra preocupação relevante é com a utilização adequada dos recursos, principalmente no que diz respeito à utilização de ativos imobilizados e capital de giro. Daí a preocupação com o Retorno sobre os Investimentos e sobre o Patrimônio Líquido, que é eminentemente de agregação de valor aos acionistas. O acionista pode, por exemplo, estipular metas estratégicas a serem atingidas, tais como: 10% de Retorno sobre Vendas; 20% de crescimento em "X" anos e 30% de Retorno sobre os Ativos, mas precisa desenvolver instrumentos para poder mensurar esses indicadores.

A questão do Valor em Logística já foi tratada no Capítulo 3, mas nossa intenção neste capítulo é demonstrar como as decisões logísticas, sejam estratégicas (de posicionamento no ambiente externo), táticas ou operacionais (do cotidiano e de âmbito interno), causam impacto no valor econômico do negócio. Fica, então, uma questão relevante a que pretendemos responder neste capítulo:

> De que forma podemos mensurar o valor agregado aos acionistas, via Logística?

Para responder a esta questão, antes de estudarmos o EVA®, que nomeia este capítulo e está sendo bastante utilizado por empresas de diversos segmentos, analisaremos alguns conceitos relacionados que têm sido amplamente tratados por pesquisadores do tema.

22.1 Modelo estratégico de rentabilidade (STRATEGIC PROFIT MODEL)

Considerado como o critério mais utilizado para a avaliação do desempenho das Unidades de Negócios (UN), principalmente na Logística, o Modelo Estratégico de Rentabilidade (SPM), também conhecido como **Método Du Pont**[1] ou Modelo de Análise de Rentabilidade, foi criado para auxiliar a empresa a compreender como mudanças nas operações impactam o valor ao acionista. E, na opinião de Lambert e Burduroglu (2000), demonstra como o gerenciamento dos ativos e das margens irá influenciar o retorno dos ativos e o retorno sobre o patrimônio líquido, que é o retorno dos investimentos dos acionistas (Capital Social) somados aos ganhos retidos (Reservas e Lucros Acumulados).

A base do Modelo Estratégico de Rentabilidade, cuja base é o Retorno sobre Investimentos, sobre Ativos ou sobre Capital Empregado (ROI, ROA ou ROCE) e o Retorno sobre o Patrimônio Líquido (RONW), é um indicador de desempenho cujo coeficiente é o resultado obtido na UN ou empresa analisada, em relação ao total dos investimentos nos ativos empregados.

$$ROI = \frac{\text{Resultado Líquido}}{\text{Venda Líquida}} \text{ (Margem Líquida)} \times \frac{\text{Venda Líquida}}{\text{Ativos Operacionais}} \text{ (Giro do Ativo)}$$

---

[1] Segundo Padoveze e Benedicto (2004), esta fórmula foi desenvolvida em 1930 e apresentada à comunidade empresarial e acadêmica dos EUA como um instrumento relevante para a avaliação de seus investimentos em suas Unidades de Negócios.

Nesta versão de apuração do Retorno sobre Investimentos ou Ativos, este indicador foi segregado em dois: Retorno sobre Vendas (Margem Líquida) e Giro do Ativo, o que para a Logística é interessante, pois os gestores poderão agir tanto na melhoria das margens líquidas (ROS) quanto no giro dos ativos. O ROI ou ROA, em essência, eliminando-se a Venda Líquida que aparece no numerador e no denominador das duas frações que constam na fórmula, é apurado pela divisão entre o Resultado Operacional obtido e os investimentos em ativos operacionais,[2] que contribuíram para a obtenção do referido resultado.

Segundo Stapleton et al. (2002), o Retorno sobre o Patrimônio Líquido (RONW), que é o indicador gerado pelo Modelo Estratégico de Rentabilidade, é apurado da seguinte maneira:

$$RONW = ROI \times \text{Alavancagem Financeira}$$

A maior dificuldade para apurar o RONW, que poderá ser visualizado na Figura 22.1, é calcular o grau de Alavancagem Financeira,[3] que pode ser obtida da seguinte forma:

$$GAF = \frac{RsPL}{RSA} = \frac{RSA + (RSA - CD) * (PE/PL)}{RSA}$$

Em que,

RsPL = Retorno sobre o Patrimônio Líquido
RSA = Retorno sobre o Ativo (semelhante ao ROI)
CD = Custo da Dívida (juros reais sobre capital de terceiros)
PE = Passivo Financeiro (dívidas com encargos)
PL = Patrimônio Líquido

O Grau de Alavancagem Financeira é mais fácil de ser obtido para a empresa como um todo, pois, para que fosse mensurado apenas para a Unidade de Negócio da Logística, seria necessário que os ativos e passivos financeiros (aplicações financeiras, financiamentos, empréstimos, fornecedores, com suas respectivas

---

[2] Ativos operacionais são os ativos utilizados nas operações da empresa, tais como Estoques e Ativos Imobilizados, ou os gerados na referida operação, tais como as Contas a Receber.

[3] A Alavancagem Financeira é o resultado da participação do capital de terceiros na estrutura de capital da empresa, ou seja, está relacionada ao que a empresa poderá gerar de resultado econômico por meio da estrutura de financiamentos que utiliza (ASSAF NETO, 2000, p. 122; MATARAZZO, 1995, p. 404).

Fonte: Adaptada de Lambert e Burduroglu (2000).

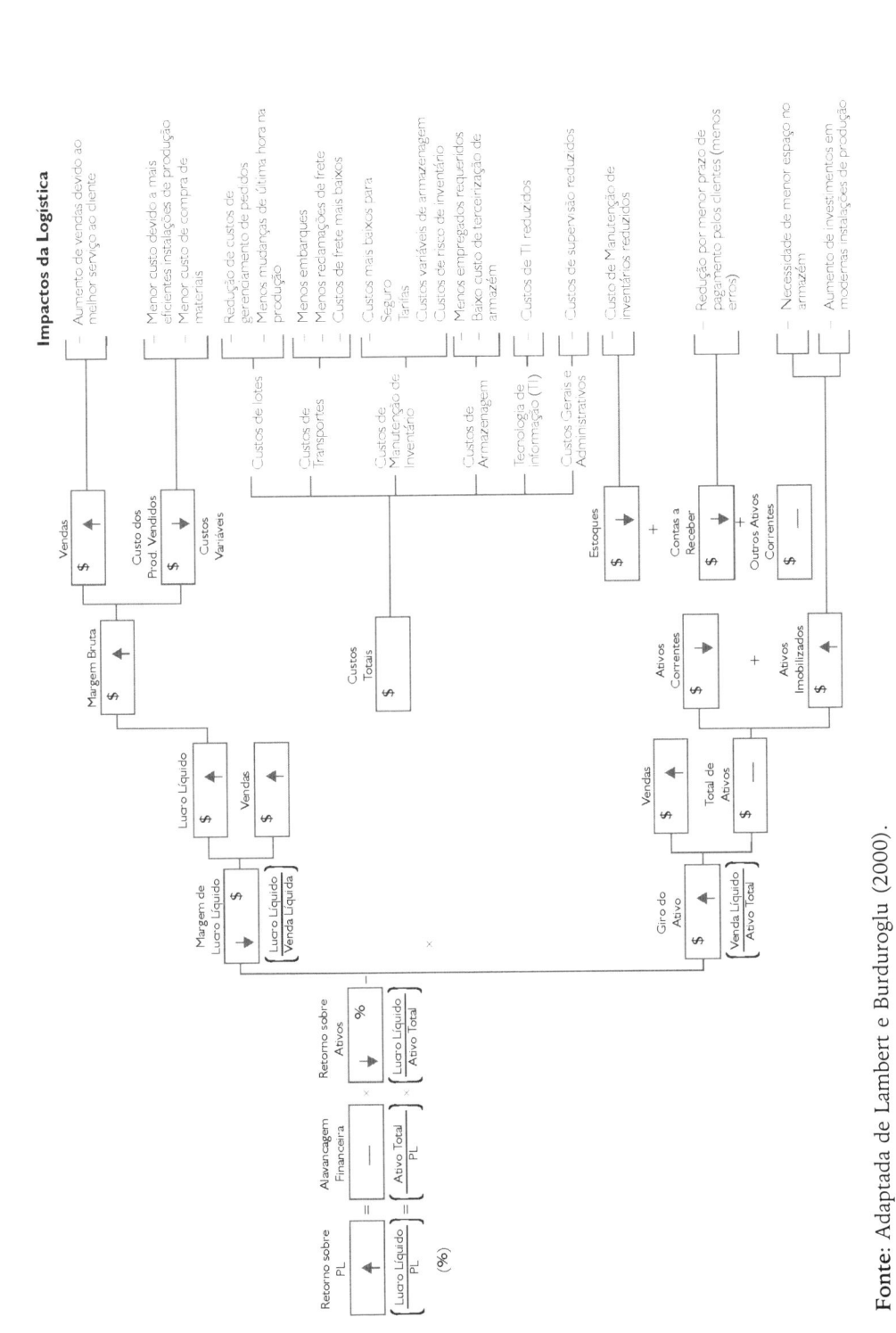

Figura 22.1 *O modelo estratégico de rentabilidade e os impactos da Logística.*

variações monetárias e juros) da referida UN também estivessem segregados no Balanço Patrimonial.

O Modelo Estratégico de Rentabilidade, na opinião de Stock e Lambert (2001), demonstra a influência da administração de recursos e da margem no retorno sobre os ativos, assim como o retorno do investimento do acionista. Além de mensurar o valor da Logística ao cliente, este método serve, também, para mostrar à Alta Administração a importância do desempenho da Logística no sucesso da empresa e os impactos que este macroprocesso pode causar nos negócios, como evidenciado na Figura 22.1.

Por meio do indicador de desempenho Retorno sobre Patrimônio Líquido, é apurado um **percentual (%)** de retorno, que possibilita a comparação entre empresas ou Unidades de Negócios (UNs) para propósitos de avaliação da eficiência de como os ativos estão sendo utilizados, bem como a intensidade em que está ocorrendo essa utilização. Está sendo mensurada a rentabilidade final obtida sobre os recursos investidos na empresa/unidade de negócio.

Como podemos melhorar o retorno sobre os investimentos realizados ou o retorno sobre o Patrimônio Líquido – via Logística? A resposta está associada, por exemplo, ao aumento do volume das vendas; à redução dos ativos logísticos envolvidos (inventários ou imobilizados); à redução dos custos operacionais (transporte, armazenagem, embalagem etc.) ou a uma melhora nas margens de lucro, por aumento do preço de venda (nível de serviço) ou por melhorar o *"mix"* de produção. Podemos observar isso analisando detalhadamente o Modelo Estratégico de Rentabilidade (Figura 22.1).

Tendo utilizado por muito tempo o ROI e o RONW e tendo detectado alguns problemas em relação aos retornos das diversas Unidades de Negócios por serem diferentes do retorno global da empresa, costuma-se dizer que a General Electric Company foi a empresa responsável pela introdução, na década de 1950, do conceito de Lucro Residual, difundido na literatura a partir dos anos 60.

22.2 Lucro residual (*RESIDUAL INCOME*)

O Lucro Residual é o resultado incremental de uma empresa ou Unidade de Negócios (UN) após deduzir um custo de capital, baseado no valor do investimento em ativos. Por este conceito, avalia-se o desempenho das UNs, depois de descontada uma taxa apropriada sobre o capital investido, conseguida nos diferentes tipos de ativos. O Lucro Residual é um número absoluto, e não um índice. Algumas empresas preferem enfatizar um valor absoluto de resultado em vez de uma taxa de retorno. Por exemplo, assumindo que uma unidade tenha um resultado planejado de R$ 50.000 para este ano, com um investimento planejado de R$ 250.000 e considerando o custo de capital (custo de oportunidade) para a corporação de 15%, o resultado objetivo da unidade, em termos de resultado residual, é:

Lucro da UN	$ 50.000
(–) Custo de Capital usado pela UN (15% de $ 250.000)	($ 37.500)
(=) Lucro Residual da UN	$ 12.500

A principal vantagem do Lucro Residual é que encoraja o investimento de capital que exceda o custo de capital da empresa, bem como mostra taxas de retorno distintas para diferentes tipos de ativos. Horngreen (1985, p. 225) cita que, pelo ROI, o lema básico é: *"Vá adiante e maximize sua taxa de retorno em porcentagem"*, enquanto pelo Lucro Residual é: *"Vá em frente e maximize o lucro residual em valor absoluto."*

Na seqüência, iremos verificar qual a relação desses conceitos com o EVA®.

22.3 Valor de mercado agregado (MVA®) e valor econômico agregado (EVA®)[4]

No intuito de aumentar o valor para os acionistas (*Shareholder Value* – SVA), que ocorre quando o custo de capital exceder ou ao menos igualar o risco do investimento, muitas empresas, principalmente nos EUA e mais recentemente no Brasil, preocupadas em avaliar o seu desempenho e verificar o quanto geram de riquezas para seus acionistas, cujo objetivo é o crescimento de seu capital, estão utilizando-se de novas ferramentas para controle do quanto cada decisão está gerando de resultado econômico (riqueza) para a empresa: o **Valor de Mercado Agregado (MVA®)** e o **Valor Econômico Agregado (EVA®)**.

Na época em que estes conceitos foram desenvolvidos, algumas empresas premiavam seus executivos com polpudas gratificações, mesmo sem terem gerado nenhum resultado benéfico para a empresa. Os acionistas, sofrendo com as quedas no valor das ações, desejavam vincular as gratificações aos resultados obtidos, mas não sabiam de que forma ou por meio de qual indicador de desempenho obteriam informações necessárias para reverter essa situação.

Alguns acionistas achavam que as informações contábeis não acrescentavam muita coisa à gestão, ou seja, não se concentravam no aumento de valor, pois existiam muitas regras, além de possíveis técnicas, que apenas os iludiam, mas que não faziam com que essas informações demonstrassem, efetivamente, o que a empresa estava gerando de riqueza. A maioria das empresas tenta operar

---

[4] Tanto o Valor de Mercado Agregado (MVA®) quanto o Valor Econômico Agregado (EVA®) são marcas registradas pela Stern Stewart & CO., que têm como base de divulgação o livro *The quest for value: the EVA* de Bennett G. Stewart III (1990).

apenas administrando orçamentos, ou seja, fazendo controle de gastos, mas isso não faz com que se maximize a riqueza do acionista. Atualmente, a busca de valor por parte das empresas está sendo desafiada por um sistema de gerenciamento financeiro ultrapassado.

Quais seriam as opções para avaliar se determinado negócio gera ou não riqueza para os acionistas e se o desempenho dos gestores do referido negócio está criando essa riqueza? Entre outras, poderia ser lucro por ação, ROI, participação de mercado e cotação das ações nas bolsas, que são alguns dos indicadores mais utilizados para avaliar a saúde da empresa.

Em um primeiro instante, buscando avaliar o quanto a empresa está agregando de valor para os acionistas, alguns estudiosos começaram a suscitar a importância do fluxo de caixa, mas perceberam que esta demonstração não denota nada sobre desempenho e, para avaliar o quanto a empresa está gerando de riqueza, há necessidade de avaliar-se também o desempenho da mesma. Diante dessa dúvida, o que determina a valorização do preço de ações?

As evidências têm apontado para o fluxo de caixa da empresa, mas levando em consideração o tempo e o risco que os investidores podem esperar recuperar durante a vida da empresa. O que o mercado quer não são ganhos (recebimentos) atuais, mas, sim, valor atual. A questão é: como pode o fluxo de caixa, descontado o valor do dinheiro no tempo, tornar-se a força motriz e integrante subjacente ao sistema de gerenciamento operacional e financeiro de uma empresa?

Para que se tenha esta visão de futuro é que foi desenvolvido o conceito do MVA®, que é apurado pela diferença entre o valor justo de mercado de uma empresa, que é obtido pelo valor de venda de todas as suas ações, e o capital investido pelos acionistas (valor econômico contábil, que está registrado no Patrimônio Líquido da empresa). O cálculo do MVA® é bastante simples:

> MVA® = (Número de ações × valor das ações no mercado) − Capital Investido

O MVA® mede o valor acumulado em todo o período de existência da empresa. Este indicador expressa as estimativas de mercado quanto às perspectivas de crescimento da empresa. Segundo Martinez et al. (2001), o MVA® mede a *"percepção do mercado sobre os esforços realizados pelos gestores para gerar riqueza"*. Essa percepção pode ser de médio e longo prazo, pois pode afetar o futuro.

Já com o intuito de calcular a riqueza apurada no curto prazo, por exemplo, um ano ou mesmo um mês, utiliza-se o EVA®, que indica a forma de aplicação do capital investido em cada operação da empresa, ou seja, a sua rentabilidade "verdadeira". Quando falamos disso, devemos considerar a razão pela qual uma empresa existe, sendo que o objetivo principal da mesma é maximizar seu valor em prol dos acionistas.

Utilizando o conceito do EVA®, é possível analisar o quanto cada atividade contribui na criação de valor de uma empresa. Na opinião de Lambert e Burduroglu (2000), por meio deste conceito os acionistas mensuram a criação de valor, em determinado momento, e não a preservação do valor. Para que esse valor seja preservado, a empresa deve fornecer, no mínimo, dividendos de crescimento àqueles que investiram na mesma. Ao mesmo tempo em que as empresas geram valor e crescimento, a sociedade também é beneficiada. A busca por valor direciona recursos escassos em direção aos usos mais promissores e usuários mais produtivos. Quanto mais eficientemente os recursos forem empregados e gerenciados, maior crescimento econômico ativo e taxas de melhoria em nosso nível de vida como sociedade.

O conceito do EVA® é semelhante ao do Lucro Residual, visto na seção 21.2, e está inserido na Gestão Baseada no Valor. Esta, por sua vez, como um sistema de gestão, orienta decisões baseadas no valor agregado e faz uso do EVA® visando a tornar tangíveis os resultados obtidos com as ações implementadas. Por sua vez, o EVA® é apenas um indicador financeiro, que revela, de maneira simples, **em valor absoluto**, o resultado desta gestão. É um indicador de curto prazo, que não considera os fluxos futuros.

Segundo Drucker (1999, p. 98), *"ao medir o valor adicionado sobre todos os custos, inclusive os de capital, o EVA® mede, de fato, a produtividade de todos os fatores de produção"*. Uma empresa só agregará valor, economicamente, se retornar um resultado econômico superior ao seu custo de capital.

Este indicador é definido como os resultados operacionais pós-tributação menos o custo do capital empregado para gerar tais resultados. EVA® é um resultado operacional líquido depois dos impostos, menos os encargos do capital equivalente à quantia de lucro necessária para cobrir as despesas de juros monetários e prover um retorno adequado para os investidores. O EVA® aumentará à medida que esses resultados operacionais aumentarem, sem comprometer capital adicional.

A forma mais simplista de cálculo é encontrada pela diferença entre a taxa de retorno sobre o capital **R** e o custo do capital **C**[5] e, então, multiplicando-se pelo valor econômico do capital comprometido na empresa:

$$EVA® = R - (C\% * \text{Capital Investido})$$

---

[5] O cálculo do Custo de Capital é o mesmo que foi apresentado no Capítulo 10, quando tratamos da apuração da **taxa de oportunidade** para o cálculo do Custo de Manutenção dos Inventários.

Em que:

R = Resultado Operacional Líquido após IR/CSLL (NOPAT).
C = % do Custo do Capital (próprio e de terceiros).
Capital Investido = o valor econômico do capital comprometido na empresa.

Se, por exemplo, o Resultado Operacional Líquido pós-tributação (NOPAT) é de R$ 1.000 e o capital é de R$ 4.000, isto resulta em uma taxa de retorno (**r**) de 25% (resultado/capital). Se **c** (custo de capital) for de 10%, então, o EVA® será de R$ 600, sendo apurado da seguinte maneira: [(25% – 10%) * R$ 4.000].

O maior desafio no cálculo do EVA® é a definição do Custo do Capital (custo de oportunidade ou taxa de oportunidade). No Capítulo 10, na seção 10.1, quando tratamos dos Custos de Oportunidade dos Estoques, falamos sobre o Custo Médio Ponderado de Capital (CMPC). Quando a empresa não dispuser do percentual do Custo do Capital, o CMPC é a melhor opção para apurá-lo.

Um negócio cria valor quando se iguala ou excede um custo de capital, que reflete o risco de seu investimento. O EVA® é, ao mesmo tempo, uma medida de valor e de desempenho. E está sendo considerado como a medida que pode ligar a valorização estratégica futura com a previsão de capital e orçamento, com a maneira pela qual o desempenho deve ser, posteriormente, medido. Como fazer para aumentar o EVA®?

Existem várias coisas que podem ser feitas para criar valor em uma empresa, mas, eventualmente, cairão em uma das três categorias medidas por um aumento de EVA. O EVA® aumentará se os processos operacionais forem melhorados, se novos investimentos que agreguem valor aos resultados forem feitos, ou se o capital for retirado de atividades economicamente improdutivas. Para resumir, o EVA® aumentará quando:

a) a taxa de retorno recebida sobre a base de capital existente melhora, de modo que mais lucros operacionais sejam gerados sem a utilização de fundos adicionais;
b) capital adicional é investido em projetos cujo retorno é maior do que o custo de garantia de novo capital; e
c) capital é retirado ou são adiados novos investimentos, em operações cujo retorno não é igual ao custo do capital.

Estas são as maneiras pelas quais o valor pode ser criado, e o EVA® consegue abranger todas. Na seqüência, vamos verificar o EVA® na Logística.

22.4 O EVA® na Logística

Como indicador de impacto financeiro da Logística, é possível evidenciar, por meio do EVA®, tal como veremos na Figura 22.2, de que maneira as operações logísticas afetam o valor da empresa.

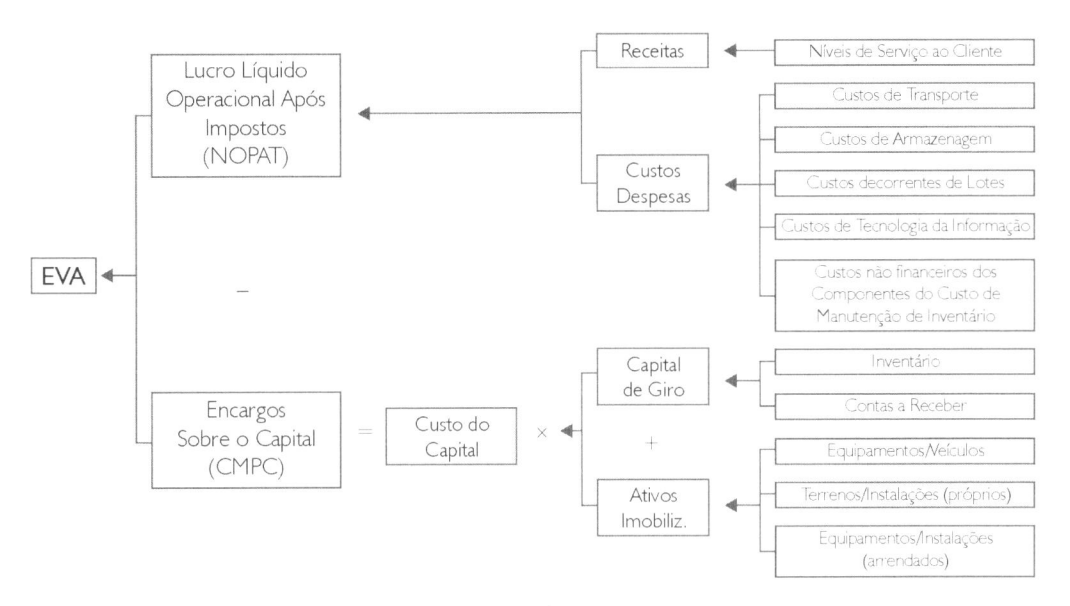

Fonte: Adaptada de Lambert e Burduroglu (2000).

Figura 22.2 *Como as operações logísticas afetam o EVA®.*

Para melhor interpretação da Figura 22.2, devem ser considerados os seguintes elementos:

- **receitas**: o nível de serviço aumenta a probabilidade de o cliente permanecer fiel ao fornecedor;
- **custos e despesas operacionais**: é de grande importância mostrar ao acionista como as economias alcançadas nos Custos Logísticos afetam o EVA® de sua empresa;
- **lucro líquido operacional após os impostos sobre o lucro (IR/CSLL)**: é a diferença entre as receitas e os custos/despesas, não incluindo nesse resultado as despesas financeiras;
- **capital de giro**: a habilidade de cobrar as contas a receber, no devido tempo, sofre forte impacto do atendimento do pedido e da precisão do faturamento, pois a rápida cobrança desses valores e menor nível de

estoques liberam o caixa para outros investimentos, isto é, a diminuição do tempo na cadeia de suprimento somada à melhoria no ciclo de tempo do fluxo de caixa reduz as necessidades de capital de giro; e

- **ativos imobilizados**: sempre que for possível investir em veículos (caminhões), materiais de manuseio e equipamentos e instalações para arrendamento de armazéns, de forma a permitir a redução de investimento em ativos imobilizados, deve-se mensurar o impacto no EVA® do cliente. Reduções de investimentos em ativos imobilizados, geradas pela própria Logística, devem ser mensuradas e informadas à Alta Administração da empresa.

Para mensurar o valor do EVA® na Logística, é necessário que os itens supracitados sejam obtidos, para a Unidade de Negócio – Logística, tal como foi visto no Capítulo 18.

E além da UN, pode-se mensurar, também, o desempenho da Cadeia de Suprimentos. Apesar da complexidade existente na maioria das Cadeias de Suprimentos, Lambert e Pohlen (2001) consideram que os gestores podem desenvolver indicadores, tal como foi visto no Capítulo 21, quando se tratou do *Balanced Scorecard*, para alinhar o desempenho de cada elo (fornecedor/cliente) com a Cadeia de Suprimentos, por meio da utilização dos seguintes sete passos:

1. realizar o mapeamento da Cadeia de Suprimentos desde o ponto de origem até o ponto de consumo, visando identificar os elos-chave existentes, que são críticos para o sucesso, focalizando, inicialmente, o gerenciamento daqueles com maior potencial para aumentar a rentabilidade e desenvolver uma vantagem competitiva sustentável. Segundo Lambert e Pohlen (2001), *"o gerenciamento da relação com o cliente (CRM) e o gerenciamento da relação com o fornecedor (SRM) são os dois maiores processos que capturam o desempenho global de uma relação fornecedor/cliente e podem ser usados para vincular a cadeia de suprimento inteira"*;
2. introduzir os conceitos de CRM e SRM com o intuito de analisar cada elo e determinar onde deve ser criado valor adicional para a Cadeia de Suprimentos. Neste passo, o fornecedor aplica o processo de CRM para determinar como irá gerenciar o relacionamento com os clientes, identifica os clientes-chave, e a equipe de CRM do fornecedor trabalha com aquelas contas para alinhavar acordos de produtos e serviços que atendam às suas necessidades e, também, especifica o nível de desempenho (Figura 22.3). Este processo cria valor quando é trabalhado com o cliente para melhorar o desempenho;

Impacto do gerenciamento da relação com o cliente

Vendas
- Retêm e reforçam a relação com clientes lucrativos
- Aumentam o volume de vendas
- Aumentam a margem de venda de produtos
- Melhoram a participação do cliente
- Melhoram o *mix* (alinham serviços e custos de atendimento)

− Custos dos Prod. Vendidos
- Aumentam a produtividade da planta

Custos Totais
- Alvo no mercado
- Reduzem serviços aos clientes menos lucrativos
- Melhoram gastos de comercialização
- Eliminam ou reduzem serviços a clientes de baixa lucratividade
- Otimizam rede/instalações físicas
- Influenciam novos e/ou alternativos canais de distribuição
- Reduzem custo de serviço ao cliente e de gerenciamento de pedidos
- Reduzem custos gerais de gerenciamento/administração
- Reduzem custo de processamento de pedidos
- Reduzem custo de recursos humanos/melhoram a efetividade

Inventários
- Melhoram o planejamento da demanda
- Reduzem o estoque de segurança
- Produzem os pedidos com customização em massa dos inventários

Outros Ativos Correntes
- Reduzem contas a receber em função de pagamentos mais rápidos por parte dos clientes

Ativos Imobiliz.
- Melhoram a racionalização e a utilização dos ativos
- Melhoram o desenvolvimento do produto e o investimento em ativos
- Melhoram o planejamento e desenvolvimento do investimento

Margem Bruta → Lucro Líq. → Margem de Lucro Líq. (Lucro Líq.)/(Venda Líq.)

Venda Líq.

Ativos Correntes + Ativos Imobiliz. → Ativos Totais × Custo do Capital %

EVA =

Fonte: Adaptada de Lambert e Pohlen (2001).

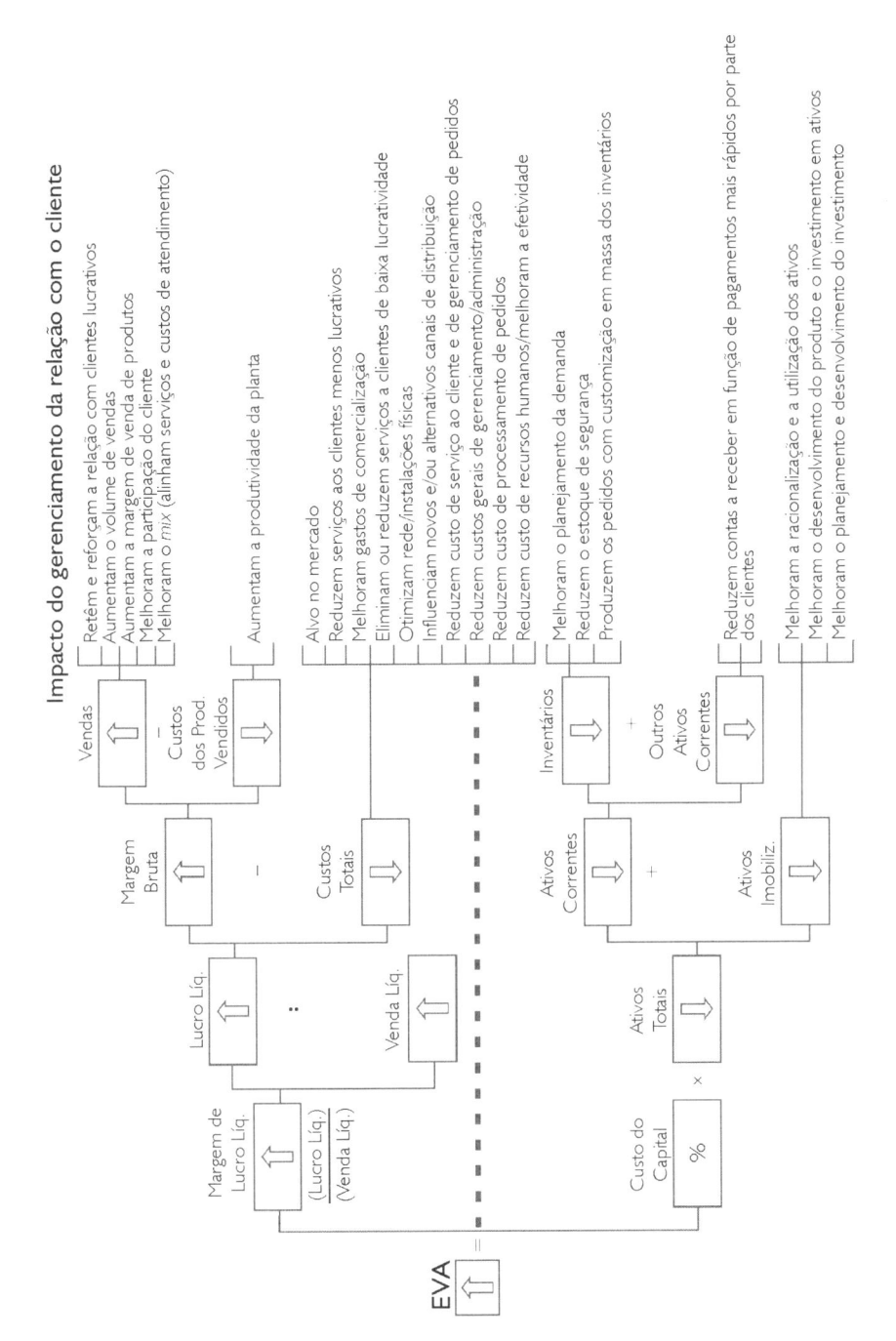

Figura 22.3 *Como o gerenciamento da relação com o cliente (CRM) afeta o EVA®.*

Do lado oposto, os clientes usam o processo de SRM para gerenciar o relacionamento com seus fornecedores, selecionando-os e desenvolvendo-os com base em suas contribuições e criticidade. Assim como no processo de CRM, aqui é possível identificar como o SRM afeta o EVA®, conforme se pode observar na Figura 22.4.

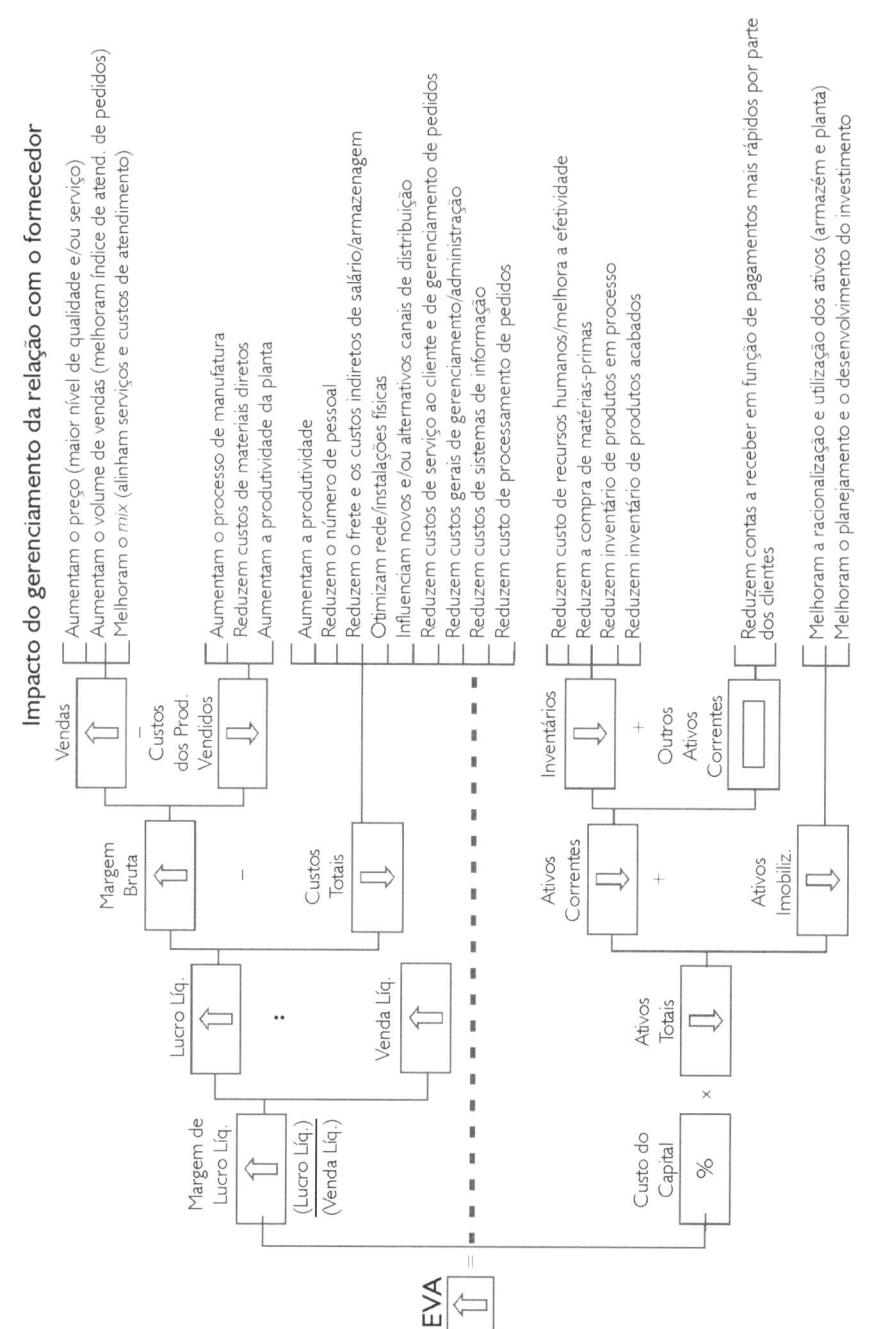

Fonte: Adaptada de Lambert e Pohlen (2001).

Figura 22.4 *Como o gerenciamento da relação com o fornecedor (SRM) afeta o EVA®.*

3. apurar resultados econômicos para clientes e fornecedores, de forma que estes possam avaliar o efeito do relacionamento na rentabilidade e no valor ao acionista de ambas empresas. No caso do fornecedor (fabri-

cante), os custos de manufatura variáveis devem ser deduzidos das vendas líquidas para calcular a margem de contribuição da fábrica. Em seguida, são deduzidos os Custos Logísticos Variáveis para calcular a margem de contribuição. Para obtenção da margem controlável são deduzidos determinados custos fixos e custos de manutenção de ativos imobilizados;
4. promover o realinhamento dos processos e atividades da Cadeia de Suprimentos, visando a atingir os objetivos traçados;
5. desenvolver indicadores financeiros e não financeiros para avaliação de desempenho, que alinhem o comportamento individual de cada empresa com as metas e objetivos financeiros da Cadeia de Suprimentos, tal como já comentado no capítulo anterior;
6. comparar o valor ao cliente e a capitalização do mercado, por meio de empresas com objetivos de cadeia de suprimentos e revisar os processos e os indicadores de desempenho, se necessário. O desempenho global é determinado pelo aumento na capitalização do mercado para cada empresa na cadeia de suprimento, enquanto a meta da administração é aumentar o valor ao acionista. Condições econômicas ou outros eventos podem conduzir a múltiplos ganhos de preços não tão significativos. Nestas situações, pode ser melhor, simplesmente, resumir as mudanças em lucros líquidos. A cadeia de suprimentos pode eliminar alguns intermediários que não agregam valor, ou inserir outros, que podem aumentar a rentabilidade ou certos segmentos; por exemplo, um distribuidor pode ser usado para servir a um amplo número de pequenas contas ou atingir distribuição em regiões distantes. A análise de rentabilidade cliente/fornecedor deve ser aplicada em cada elo da cadeia de suprimentos, a partir do atendimento dos pedidos (Figura 22.5), e, uma vez entendido o valor criado pelo elo, os gestores podem alinhar os processos da cadeia de suprimentos, para oferecer o melhor valor para o cliente/consumidor final e a mais alta rentabilidade e valor ao acionista para cada companhia;
7. repetir todos os passos para cada elo da cadeia de suprimentos. O gerenciamento maximiza o desempenho em cada elo e, com o passar do tempo, as empresas obtêm o melhor desempenho. Os clientes devem tomar ações proativas para suas companhias, assim como negociar com outras empresas para, então, aumentar o desempenho global da cadeia de suprimento. Precisam entender como é criado valor para cada processo em cada elo na cadeia, tomar ação colaborativa para aumentar valor e repetir os passos através de toda a cadeia de suprimentos.

Impacto do atendimento do produto

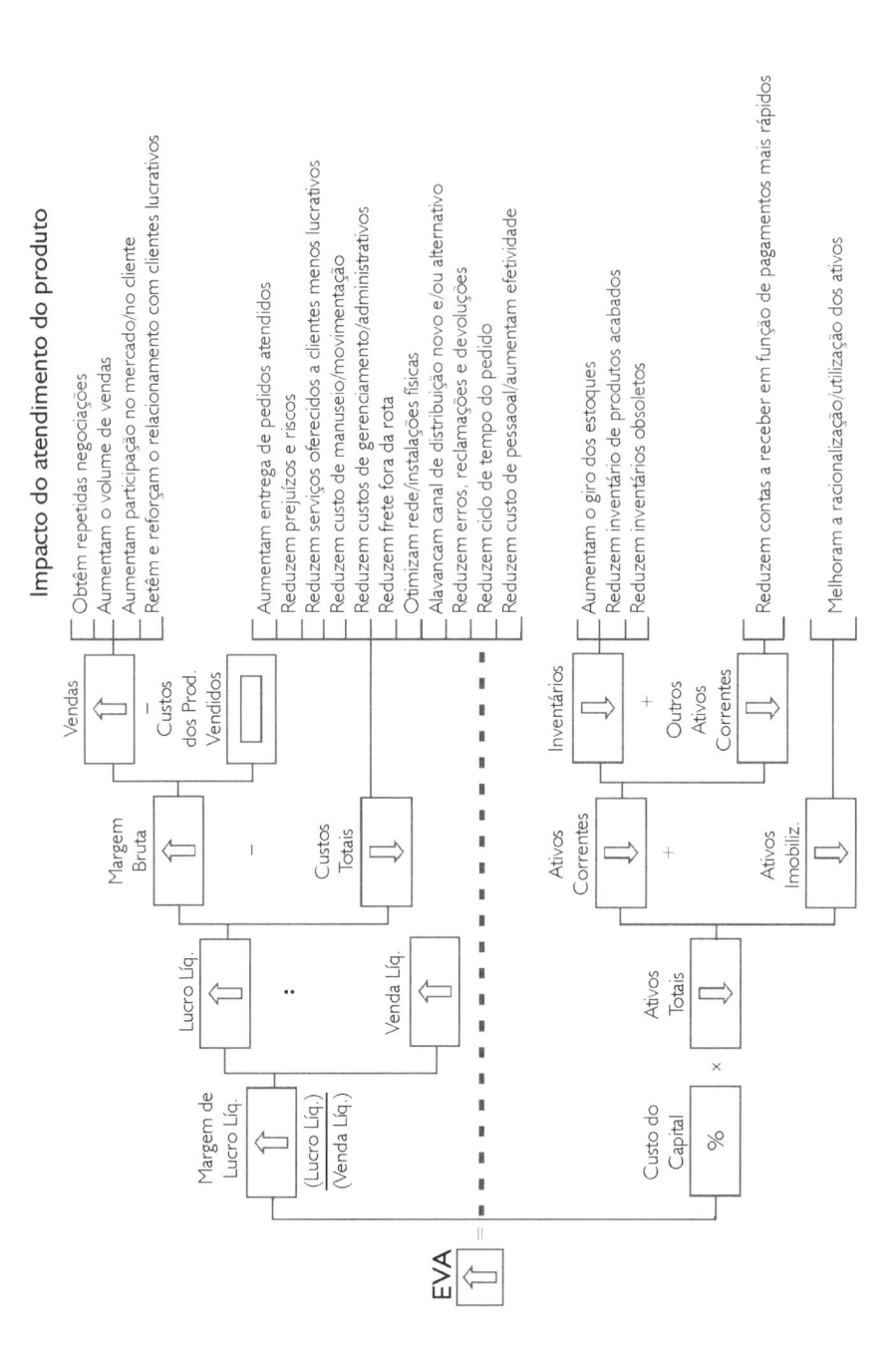

- Vendas ⇑
  - Obtêm repetidas negociações
  - Aumentam o volume de vendas
  - Aumentam participação no mercado/no cliente
  - Retêm e reforçam o relacionamento com clientes lucrativos

- Custos dos Prod. Vendidos −

- Custos Totais ⇓
  - Aumentam entrega de pedidos atendidos
  - Reduzem prejuízos e riscos
  - Reduzem serviços oferecidos a clientes menos lucrativos
  - Reduzem custo de manuseio/movimentação
  - Reduzem custos de gerenciamento/administrativos
  - Reduzem frete fora da rota
  - Otimizam rede/instalações físicas
  - Alavancam canal de distribuição novo e/ou alternativo
  - Reduzem erros, reclamações e devoluções
  - Reduzem ciclo de tempo do pedido
  - Reduzem custo de pessoal/aumentam efetividade

- Margem Bruta ⇑
- Lucro Líq. ⇑
- Venda Líq. ⇑
- Margem de Lucro Líq. ⇑ = (Lucro Líq.)/(Venda Líq.)

- Inventários ⇓
  - Aumentam o giro dos estoques
  - Reduzem inventário de produtos acabados
  - Reduzem inventários obsoletos

- Outros Ativos Correntes ⇓
  - Reduzem contas a receber em função de pagamentos mais rápidos

- Ativos Correntes ⇓
- Ativos Imobiliz. ⇓
  - Melhoram a racionalização/utilização dos ativos

- Ativos Totais ⇓
- Custo do Capital %

EVA ⇑

Fonte: Adaptada de Lambert e Pohlen (2001).

Figura 22.5 *Como o atendimento do pedido afeta o EVA®.*

Segundo Lambert e Pohlen (2001), por meio da maximização da rentabilidade de cada elo da cadeia de suprimentos é que seu desempenho migrará em direção ao gerenciamento dos objetivos e maximizará o desempenho de forma global.

Diante de todo o contexto desenvolvido, para a utilização na empresa individual ou na cadeia de suprimentos, Faria (2003) sugeriu um relatório (Quadro 22.1) que prioriza a apuração do Custo Logístico da empresa como um todo, segregando os variáveis e os fixos, bem como a apuração do resultado econômico das atividades, com agregação de valor para o acionista, focalizando a apuração no EVA®.

Quadro 22.1 *Relatório para otimização do EVA® – via Logística.*

RECEITA OPERACIONAL BRUTA
(–) Devoluções/Cancelamentos
(–) Abatimentos concedidos
(–) Impostos incidentes s/ Vendas
(=) RECEITA LÍQUIDA
(–) CUSTO DE MATERIAL (FOB)
(=) VALOR AGREGADO
(–) CUSTOS LOGÍSTICOS VARIÁVEIS
(–) DESPESAS COMERCIAIS VARIÁVEIS
(=) MARGEM DE CONTRIBUIÇÃO
% DE MARGEM
(–) CUSTOS DE PRODUÇÃO
Mão-de-Obra Direta
GGF (sem Logística de Planta)
(–) CUSTOS LOGÍSTICOS FIXOS
(–) DESPESAS OPERACIONAIS FIXAS
Comerciais
Administrativas
(=) CONTRIBUIÇÃO OPERACIONAL
(EBIT)
(–) CUSTOS FINANCEIROS SOBRE OS ATIVOS
(=) EVA®

Fonte: Faria (2003, p. 257).

Um dos diferenciais deste relatório, em relação a outros relatórios contábil-gerenciais já elaborados pela Controladoria ou por gestores de Logística, conforme evidenciado por nossa revisão bibliográfica e visitas em empresas de diversos segmentos, está na questão da segregação do custo do material (nacional ou importado), destacando que nesta rubrica consta apenas o custo FOB, em que não estão embutidos os Custos Logísticos inerentes ao processo de obtenção dos insumos. A diferença apurada entre a Receita Líquida e o Custo do Material (FOB) é o Valor Agregado nas operações. Outro diferencial encontra-se na segregação dos Custos de Produção, nos quais, nos Gastos Gerais de Fabricação (ou Custos Indiretos), estão sendo desconsiderados os custos relacionados à Logística de Planta.

Seria interessante, também, que fosse realizada uma análise vertical para verificar a relevância de cada item do resultado econômico apurado por meio do conceito de Valor Econômico Agregado, em relação à Receita Líquida, no intuito de verificar o quanto são representativos os Custos Logísticos Totais no negócio, tal como tratado em diversos capítulos anteriores.

Este relatório pode ser usado em todos os níveis do processo de gestão da Logística: estratégico, tático e operacional, bem como na etapa de Controle, quando serão apuradas as variações entre orçado e real, por exemplo; de maneira consistente, garantindo um instrumento útil para suas tomadas de decisão, onde os gestores podem verificar o impacto econômico de suas decisões logísticas.

Na seqüência, o Quadro 22.2 evidencia os efeitos desejados e as possíveis ações de Logística que podem ser realizadas, em cada elemento componente do resultado de uma empresa, visando a agregar valor ao acionista, por meio da otimização desse resultado econômico, que faz parte da missão da Controladoria.

Quadro 22.2 *Otimização do EVA® da empresa – via Logística.*

Item da DRE	Efeitos desejados	Ações de logística
Receita Bruta	• Zero vendas perdidas • Aumento de Vendas frente a melhoria no nível de serviço • Cliente Fidelizado	• Reconfigurar a Logística de Distribuição • Pacote de Produtos e Serviços • Fluxo Físico e de Informação
(–) Impostos	• Carga Tributária Reduzida	• Integrar soluções logísticas com planejamento tributário
(=) **Receita Líquida**		
(–) Custos dos Materiais (FOB)	• Reduzir o custo dos insumos	• Replanejamento: localizações e *network* logístico • Capacitar /mudar fontes de fornecimento • Viabilizar cadeias complexas de abastecimento • Otimizar/Inovar os processos de Planta
(=) **Valor Agregado**		
(–) Custos Logísticos Variáveis	• Redução dos Custos de Transporte • Eliminação/Minimização das perdas	• Replanejar processos logísticos com novas técnicas de produção e de relacionamento com o cliente/Logística Integrada • Otimização de Cargas • Terceirização/Alianças com Operadores Logísticos
(–) Desp. Comerciais Variáveis		
(=) **Margem de Contribuição**		
(–) Custos de Produção		
(–) Custos Logísticos Fixos	• "Variabilização" dos custos fixos	• Replanejar processos logísticos: SCM/Logística Integrada
(–) Desp. Operac. Fixas		
(=) **Contribuição Operacional (EBIT)**		
(–) Custos Financeiros sobre Ativos Logísticos e outros Ativos (=) **EVA®**	• Redução dos custos de: Estoques (manutenção e financeiros) • Reduzir/Eliminar investimentos em Logística	• Alianças/Terceirização de operações logísticas • Replanejar processos logísticos

Fonte: Faria (2003, p. 258).

Pelo Quadro 22.2, observa-se que a maioria dos itens desse relatório, desenvolvido com base no conceito do EVA®, mostra os impactos das ações realizadas pelos gestores da empresa, sendo destacados apenas os inerentes à gestão da Logística, bem como as ações possíveis de serem realizadas por esta atividade, no sentido de otimizar o resultado econômico. Outras ações podem ser realizadas para otimizar o resultado econômico global da empresa, mas, como fazem parte do escopo de outras áreas, optou-se por não comentá-las nesta obra.

O ideal é que, se houver novas injeções de capital, estas sejam feitas em projetos que criarão ganhos maiores do que o custo do capital ou, se o capital puder ser desviado ou liquidado de atividades empresariais que não fornecem retorno apropriado, então o EVA® aumentará. Será reduzido caso a administração direcionar recursos a projetos que ganham menos do que o custo de capital ou subestimar projetos que podem ganhar mais do que o custo de capital.

Referências bibliográficas

ASSAF NETO, Alexandre. *Estrutura e análise de balanços*: um enfoque econômico-financeiro. 5. ed. São Paulo: Atlas, 2000.

DRUCKER, Peter F. *Desafios gerenciais para o século XXI*. São Paulo: Pioneira, 1999.

FARIA, Ana C. *Custos logísticos*: uma abordagem na adequação das informações de controladoria à Gestão da logística empresarial. 2003. Tese (Doutorado em Controladoria e Contabilidade) – FEA/USP, São Paulo.

HORNGREEN, Charles T. *Introdução à contabilidade gerencial*. 5. ed. Rio de Janeiro: Prentice Hall do Brasil, 1985.

LAMBERT, Douglas M.; BURDUROGLU, Renan. Measuring and selling the value of logistics. *International Journal of Logistics Management*. [S.I.], v. 11, nº 1, EUA, 2000.

_____; POHLEN, Terrance L. Supply chain metrics. *International Journal of Logistics Management*, EUA, v. 12, nº 1, 2001.

MARTINEZ, Antonio L. et al. Custo de oportunidade, custo de capital, juros sobre o capital próprio, EVA® e MVA®. In: MARTINS, Eliseu. *Avaliação de empresas:* da mensuração contábil à econômica. São Paulo: Atlas, 2001.

MATARAZZO, Dante C. *Análise financeira de balanços:* abordagem básica e gerencial. 3. ed. São Paulo: Atlas, 1995.

PADOVEZE, Clóvis L.; BENEDICTO, Gideon C. *Análise das demonstrações financeiras*. São Paulo: Pioneira Thomson Learning, 2004.

STAPLETON, Drew et al. Measuring logistics performance using strategic profit model. *International Journal of Logistics Management*, EUA, v. 13, nº 1, 2002.

STEWART III, Bennett G. *The quest for value:* The EVA. New York: HarperCollins, 1990.

STOCK, James; LAMBERT, Douglas M. *Strategic logistics management*. 4. ed. New York: McGraw-Hill, 2001.

Considerações finais – Parte III

A pesar do intenso debate acadêmico, empresarial e profissional sobre a Logística, o campo dos Custos Logísticos e de seus impactos nos resultados econômicos, conseqüentes das mudanças que estão ocorrendo no mundo empresarial, é pouco explorado e compreendido. No âmbito da pesquisa acadêmica sobre Custos Logísticos, identificou-se uma lacuna quanto ao desenvolvimento de um conhecimento estruturado, sistematizado e suficientemente aprofundado a respeito desse tema, assim como o impacto das atividades de Logística no resultado econômico das empresas.

Em todo o processo de evolução pelo qual a Logística vem passando, ela deixou de ser considerada suporte às operações para ser elemento de caráter estratégico. Além do desafio de integração do ambiente interno da empresa, a tendência dos negócios é caminhar na direção da maior interação e integração entre os membros de uma cadeia de suprimentos, desde a origem dos primeiros insumos até produtos/serviços entregues ao mercado. Nesta tendência de arranjo de negócios, predomina a colaboração entre os membros da cadeia, sendo considerada toda a cadeia de valor.

Há uma série de "forças" puxando essas mudanças rápidas que podem ser citadas: a globalização, os acordos comerciais entre os países e parcerias interempresas, mudanças de conceitos de contratação com fornecedores (*pay on production*, consignação), mudanças nos modelos de produção (manufatura enxuta, teoria das restrições), terceirização de funções logísticas etc., indicando a percepção do valor da Logística no negócio.

Um exemplo da intensidade de mudanças que vêm ocorrendo no campo da terceirização e do avanço da atividade de prestação de serviços logísticos é o da indústria automobilística no Brasil. Segundo Bio (2001), em 1993, ocorreu a primeira terceirização de um processo logístico complexo e de grande volume (exportação CKD), com a concomitante criação de uma *"joint venture"* de um grupo local de transporte com uma empresa internacional especializada em operações desta natureza.

Já no curto período de tempo de 1996 a 2001, praticamente todos os principais operadores logísticos mundiais que se dedicavam à indústria automotiva encontravam-se no país e, em alguns casos, com terceirizações verdadeiramente impensáveis há alguns anos, tais como, por exemplo, a operação logística total do Condomínio Industrial (plantas de montagem) da Ford em Camaçari (BA) e da General Motors – GM em Gravataí (RS), entre outras.

Nos últimos anos, a importância da atividade da Logística está levando muitas empresas a repensarem suas funções e estruturas organizacionais, apresentando-se como fator estratégico para a competitividade das empresas.

Como se espera ter demonstrado ao longo deste livro, a Logística é estratégica para a conquista, manutenção e ampliação de mercados, por meio de um nível de serviço de excelência, produzido por um sistema logístico diferenciado e de difícil reprodução. A Logística também é relevante, em muitos segmentos de negócio, pelos seus custos, pelas oportunidades de minimização dos mesmos e pelos impactos na apuração de valor econômico que podem resultar do aperfeiçoamento do processo logístico, como discutido a seguir.

A Logística vem sendo desafiada pela globalização, pela diversidade de produtos e pressões ambientais, que têm levado os profissionais desta atividade a redesenhar e operar redes globais que estejam, constantemente, em funcionamento, respondendo a uma série de preocupações críticas, tais como: nível de serviço, resultados econômicos, políticas internacionais, reciclagem, entre outros fatores, apresentando raciocínios e modelos de decisão próprios, que requerem informações específicas e apropriadas dos sistemas contábil-gerenciais.

A atividade de Logística causa impacto no valor econômico das empresas, agregando valor a clientes e acionistas. Nesta afirmação, leva-se, também, em consideração o que foi tratado no Capítulo 3, quando se tratou a respeito do valor em Logística e, especialmente, da conseqüência das decisões logísticas no Valor Econômico Agregado, conforme evidenciado no Capítulo 22.

Mudanças e melhorias relevantes no sistema logístico, de fato, ocupam espaço singular na agregação de valor econômico, quando comparada a outras atividades da empresa, pois, a um só tempo, oferecem oportunidades de: (1) melhorar receitas; (2) reduzir custos; (3) adequar custos aos volumes de atividades (pela transformação de custos fixos em variáveis); e (4) liberar investimentos em ativos logísticos.

O raciocínio peculiar da atividade de Logística é o uso do conceito de Logística Integrada, estudado no Capítulo 4, cujo foco é considerar:

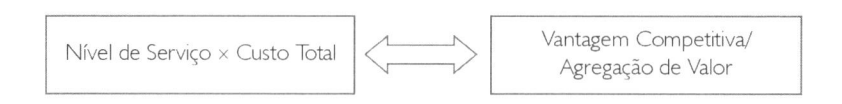

> Nível de Serviço × Custo Total ⟷ Vantagem Competitiva/ Agregação de Valor

A atividade de Logística, buscando tornar-se fator de vantagem competitiva, deve estar preparada para atender ao desafio da agregação de valor ao cliente e ao acionista. E a ótica de Logística Integrada representa, com efeito, o caminho para tanto.

Para tomar decisões dentro desse raciocínio, os gestores da atividade de Logística, em função, muitas vezes, de não receber da Controladoria informações necessárias à sua tomada de decisão, empregam relatórios localizados específicos às suas atividades, tal como na decisão de localização apresentada no Capítulo 17.

Por outro lado, a Controladoria necessita dar a devida importância ao impacto estratégico na redução dos custos e otimização do resultado econômico, via Logística, e deve realizar uma adequação das informações geradas às necessidades de seus gestores.

Nos Capítulos 17 e 18, comentou-se, também, que as atividades de Logística encontram-se dispersas e não centralizadas em uma única área organizacional, o que evidencia a dificuldade de ser ter uma visão integral do processo logístico e dos requisitos de informações contábil-gerenciais.

As informações de Custos Logísticos são apresentadas de maneira dispersa nos relatórios contábil-gerenciais existentes. Isso não atende aos raciocínios já comentados, pois os Custos Logísticos não são apresentados nos referidos relatórios, de modo a não subsidiar a natureza de seu processo de tomada de decisão.

O ideal é que as empresas tenham a visão de seus Custos Logísticos como um todo, e não somente de maneira individual, por elemento de custo, por processo, produto, cliente, região etc. Para isso, é necessário que a Controladoria fique inteirada de como funcionam os processos logísticos, identifique e mensure seus Custos Logísticos, subsidiando os gestores de Logística com as informações necessárias a seus processos de tomada de decisão.

As linhas gerais da reorientação, para que as informações contábeis e de custos geradas pela Controladoria tornem-se adequadas às necessidades de tomada de decisão dos gestores de Logística, foram propostas na Parte III, dando maior ênfase, pela sua relevância, à gestão da Logística de Distribuição, no Capítulo 20, que trata da Análise de Rentabilidade Multidimensional (por cliente/

produto/região). Foram indicadas, também, orientações para os aspectos relevantes das Logísticas de Abastecimento e de Planta, além das proposições sobre a Visibilidade do Custo Logístico da empresa em sua totalidade e da verificação das conseqüências das ações logísticas no resultado econômico da empresa.

No Capítulo 21, por sua vez, foi tratado sobre o *Balanced Scorecard* na Logística, evidenciando como pode ser realizada a gestão da Logística com a utilização da avaliação de desempenho por meio de indicadores.

Percebeu-se no decorrer desta obra que a Logística e o campo dos Custos Logísticos são temas vastos para serem explorados, como se espera ter demonstrado no desenvolvimento deste livro. Uma questão relevante e complexa é a Gestão da Cadeia de Suprimentos (*Supply Chain Management*). Nesta obra, não se buscou abordar as conseqüências da Gestão da Cadeia de Suprimentos na competitividade e nos resultados econômicos das empresas. Este é um campo de estudo que, pela magnitude das transformações empresariais e pelo impacto econômico nos negócios que pode promover, deve merecer especial atenção em seu aprofundamento.

Além disso, caberia focalizar, entre outros, alguns temas, tais como:

- avaliação com maior profundidade sobre o comportamento dos Custos Logísticos frente às inovações tecnológicas e de negócios, variações de volumes e mudanças de planos ao longo dos processos logísticos;
- avaliação dos Custos Logísticos Totais nos processos de exportação e o efeito na competitividade global de empresas;
- análise do impacto no Valor Econômico Agregado gerado pelos processos de terceirização da atividade de Logística (contratos de escopo amplo); e
- sistemas de informações contábil-gerenciais voltados à gestão da Logística etc.

O intuito de abordar o tema – informações de custos para decisões logísticas – foi o de se fazer uma abordagem sobre a natureza e o impacto das decisões logísticas nos negócios, bem como apresentar instrumentos para adequar as informações contábil-gerenciais geradas pela Controladoria à tomada de decisões logísticas.

Impressão e Acabamento:
Geográfica editora

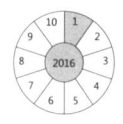